PHILOSOPHISCHE UNTERSUCHUNGEN

PHILOSOPHICAL INVESTIGATIONS

PHILOSOPHISCHE UNTERSUCHUNGEN

von

LUDWIG WITTGENSTEIN

Dritte Auflage

Mit englischem und deutschem Register

The Macmillan Company

PHILOSOPHICAL INVESTIGATIONS

By
LUDWIG WITTGENSTEIN

Translated by
G. E. M. ANSCOMBE

Third Edition

With English and German Indexes

The Macmillan Company

Printed in the United States of America

Third Printing, 1969

TRANSLATOR'S NOTE

My acknowledgments are due to the following, who either checked the translation or allowed me to consult them about German and Austrian usage or read the translation through and helped me to improve the English: Mr. R. Rhees, Professor G. H. von Wright, Mr. P. Geach, Mr. G. Kreisel, Miss L. Labowsky, Mr. D. Paul, Miss I. Murdoch.

NOTE TO SECOND EDITION

The text has been revised for the new edition. Alterations on the German side have been few, and have been confined to mistakes in spelling or punctuation. A large number of small changes have been made in the English text. The following passages have been significantly altered:

In Part I: §§ 108, 109, 116, 189, 193, 251, 284, 352, 360, 393, 418, 426, 442, 456, 493, 520, 556, 582, 591, 644, 690, 692.

In Part II: pp. 193e, 211e, 216e, 217e, 220e, 232e.

BEMERKUNG DER HERAUSGEBER

WAS in diesem Band als Teil I vorliegt, war seit 1945 abgeschlossen. Teil II entstand zwischen 1947 und 1949. Hätte Wittgenstein selber sein Werk veröffentlicht, so hätte er das, was jetzt ungefähr die letzten 30 Seiten von Teil I ausmacht, größtenteils fortgelassen und stattdessen den Inhalt von Teil II, unter Hinzufügung weiteren Materials, eingearbeitet.

Überall im Manuskript mußten wir uns zwischen verschiedenen Lesungen einzelner Wörter und Wendungen entscheiden. Der Sinn wurde durch die Auswahl niemals berührt.

Die Stellen, die gelegentlich am Fuße der Seite unter einem Strich gedruckt sind, waren auf Zetteln geschrieben, die Wittgenstein aus anderen Schriften ausgeschnitten und den betreffenden Seiten beigefügt hatte, ohne genauer anzugeben wo sie hingehörten.

Worte in doppelter Klammer sind Wittgensteins Hinweise auf Bemerkungen, sei es in diesem Werk, sei es in anderen seiner Schriften, die, wie wir hoffen, später erscheinen werden.

Für die Einordnung des letzten Bruchstücks von Teil II an seinem gegenwärtigen Orte sind wir verantwortlich.

G. E. M. ANSCOMBE
R. RHEES

EDITORS' NOTE

WHAT appears as Part I of this volume was complete by 1945. Part II was written between 1947 and 1949. If Wittgenstein had published his work himself, he would have suppressed a good deal of what is in the last thirty pages or so of Part I and worked what is in Part II, with further material, into its place.

We have had to decide between variant readings for words and phrases throughout the manuscript. The choice never affected the sense.

The passages printed beneath a line at the foot of some pages are written on slips which Wittgenstein had cut from other writings and inserted at these pages, without any further indication of where they were to come in.

Words standing between double brackets are Wittgenstein's references to remarks either in this work or in other writings of his which we hope will appear later.

We are responsible for placing the final fragment of Part II in its present position.

G. E. M. ANSCOMBE
R. RHEES

"Überhaupt hat der Fortschritt das an sich, daß er viel größer ausschaut, als er wirklich ist".

NESTROY

VORWORT

In dem Folgenden veröffentliche ich Gedanken, den Niederschlag philosophischer Untersuchungen, die mich in den letzten 16 Jahren beschäftigt haben. Sie betreffen viele Gegenstände: Den Begriff der Bedeutung, des Verstehens, des Satzes, der Logik, die Grundlagen der Mathematik, die Bewußtseinszustände und Anderes. Ich habe diese Gedanken alle als *Bemerkungen*, kurze Absätze, niedergeschrieben. Manchmal in längeren Ketten, über den gleichen Gegenstand, manchmal in raschem Wechsel von einem Gebiet zum andern überspringend.—Meine Absicht war es von Anfang, alles dies einmal in einem Buche zusammenzufassen, von dessen Form ich mir zu verschiedenen Zeiten verschiedene Vorstellungen machte. Wesentlich aber schien es mir, daß darin die Gedanken von einem Gegenstand zum andern in einer natürlichen und lückenlosen Folge fortschreiten sollten.

Nach manchen mißglückten Versuchen, meine Ergebnisse zu einem solchen Ganzen zusammenzuschweißen, sah ich ein, daß mir dies nie gelingen würde. Daß das beste, was ich schreiben konnte, immer nur philosophische Bemerkungen bleiben würden; daß meine Gedanken bald erlahmten, wenn ich versuchte, sie, gegen ihre natürliche Neigung, in *einer* Richtung weiterzuzwingen.——Und dies hing freilich mit der Natur der Untersuchung selbst zusammen. Sie nämlich zwingt uns, ein weites Gedankengebiet, kreuz und quer, nach allen Richtungen hin zu durchreisen.——Die philosophischen Bemerkungen dieses Buches sind gleichsam eine Menge von Landschaftskizzen, die auf diesen langen und verwickelten Fahrten entstanden sind.

Die gleichen Punkte, oder beinahe die gleichen, wurden stets von neuem von verschiedenen Richtungen her berührt und immer neue Bilder entworfen. Eine Unzahl dieser war verzeichnet, oder uncharakteristisch, mit allen Mängeln eines schwachen Zeichners behaftet. Und wenn man diese ausschied, blieb eine Anzahl halbwegser übrig, die nun so angeordnet, oftmals beschnitten, werden mußten, daß sie dem Betrachter ein Bild der Landschaft geben konnten.—So ist also dieses Buch eigentlich nur ein Album.

Ich hatte bis vor Kurzem den Gedanken an eine Veröffentlichung meiner Arbeit bei meinen Lebzeiten eigentlich aufgegeben. Er wurde allerdings von Zeit zu Zeit rege gemacht, und zwar hauptsächlich dadurch, daß ich erfahren mußte, daß meine Ergebnisse, die ich in Vorlesungen, Skripten und Diskussionen weitergegeben hatte, vielfach

PREFACE

THE thoughts which I publish in what follows are the precipitate of philosophical investigations which have occupied me for the last sixteen years. They concern many subjects: the concepts of meaning, of understanding, of a proposition, of logic, the foundations of mathematics, states of consciousness, and other things. I have written down all these thoughts as *remarks*, short paragraphs, of which there is sometimes a fairly long chain about the same subject, while I sometimes make a sudden change, jumping from one topic to another.—It was my intention at first to bring all this together in a book whose form I pictured differently at different times. But the essential thing was that the thoughts should proceed from one subject to another in a natural order and without breaks.

After several unsuccessful attempts to weld my results together into such a whole, I realized that I should never succeed. The best that I could write would never be more than philosophical remarks; my thoughts were soon crippled if I tried to force them on in any single direction against their natural inclination.——And this was, of course, connected with the very nature of the investigation. For this compels us to travel over a wide field of thought criss-cross in every direction.—The philosophical remarks in this book are, as it were, a number of sketches of landscapes which were made in the course of these long and involved journeyings.

The same or almost the same points were always being approached afresh from different directions, and new sketches made. Very many of these were badly drawn or uncharacteristic, marked by all the defects of a weak draughtsman. And when they were rejected a number of tolerable ones were left, which now had to be arranged and sometimes cut down, so that if you looked at them you could get a picture of the landscape. Thus this book is really only an album.

Up to a short time ago I had really given up the idea of publishing my work in my lifetime. It used, indeed, to be revived from time to time: mainly because I was obliged to learn that my results (which I had communicated in lectures, typescripts and discussions), variously

mißverstanden, mehr oder weniger verwässert oder verstümmelt im Umlauf waren. Hierdurch wurde meine Eitelkeit aufgestachelt und ich hatte Mühe, sie zu beruhigen.

Vor vier Jahren aber hatte ich Veranlassung, mein erstes Buch (die "Logisch-Philosophische Abhandlung") wieder zu lesen und seine Gedanken zu erklären. Da schien es mir plötzlich, daß ich jene alten Gedanken und die neuen zusammen veröffentlichen sollte: daß diese nur durch den Gegensatz und auf dem Hintergrund meiner ältern Denkweise ihre rechte Beleuchtung erhalten könnten.

Seit ich nämlich vor 16 Jahren mich wieder mit Philosophie zu beschäftigen anfing, mußte ich schwere Irrtümer in dem erkennen, was ich in jenem ersten Buche niedergelegt hatte. Diese Irrtümer einzusehen, hat mir—in einem Maße, das ich kaum selbst zu beurteilen vermag—die Kritik geholfen, die meine Ideen durch Frank Ramsey erfahren haben,—mit welchem ich sie während der zwei letzten Jahre seines Lebens in zahllosen Gesprächen erörtert habe.—Mehr noch als dieser—stets kraftvollen und sichern—Kritik verdanke ich derjenigen, die ein Lehrer dieser Universität, Herr P. Sraffa durch viele Jahre unablässig an meinen Gedanken geübt hat. *Diesem* Ansporn verdanke ich die folgereichsten der Ideen dieser Schrift.

Aus mehr als *einem* Grunde wird, was ich hier veröffentliche, sich mit dem berühren, was Andre heute schreiben.—Tragen meine Bemerkungen keinen Stempel an sich, der sie als die meinen kennzeichnet,—so will ich sie auch weiter nicht als mein Eigentum beanspruchen.

Ich übergebe sie mit zweifelhaften Gefühlen der Öffentlichkeit. Daß es dieser Arbeit in ihrer Dürftigkeit und der Finsternis dieser Zeit beschieden sein sollte, Licht in ein oder das andere Gehirn zu werfen, ist nicht unmöglich; aber freilich nicht wahrscheinlich.

Ich möchte nicht mit meiner Schrift Andern das Denken ersparen. Sondern, wenn es möglich wäre, jemand zu eigenen Gedanken anregen.

Ich hätte gerne ein gutes Buch hervorgebracht. Es ist nicht so ausgefallen; aber die Zeit ist vorbei, in der es von mir verbessert werden könnte.

CAMBRIDGE,
im Januar 1945.

misunderstood, more or less mangled or watered down, were in circulation. This stung my vanity and I had difficulty in quieting it.

Four years ago I had occasion to re-read my first book (the *Tractatus Logico-Philosophicus*) and to explain its ideas to someone. It suddenly seemed to me that I should publish those old thoughts and the new ones together: that the latter could be seen in the right light only by contrast with and against the background of my old way of thinking.[1]

For since beginning to occupy myself with philosophy again, sixteen years ago, I have been forced to recognize grave mistakes in what I wrote in that first book. I was helped to realize these mistakes—to a degree which I myself am hardly able to estimate—by the criticism which my ideas encountered from Frank Ramsey, with whom I discussed them in innumerable conversations during the last two years of his life. Even more than to this—always certain and forcible—criticism I am indebted to that which a teacher of this university, Mr. P. Sraffa, for many years unceasingly practised on my thoughts. I am indebted to *this* stimulus for the most consequential ideas of this book.

For more than one reason what I publish here will have points of contact with what other people are writing to-day.—If my remarks do not bear a stamp which marks them as mine,—I do not wish to lay any further claim to them as my property.

I make them public with doubtful feelings. It is not impossible that it should fall to the lot of this work, in its poverty and in the darkness of this time, to bring light into one brain or another—but, of course, it is not likely.

I should not like my writing to spare other people the trouble of thinking. But, if possible, to stimulate someone to thoughts of his own.

I should have liked to produce a good book. This has not come about, but the time is past in which I could improve it.

CAMBRIDGE,
January 1945.

[1] It was hoped to carry out this plan in a purely German edition of the present work.

TEIL I
PART I

1. *Augustinus*, in den Confessionen 1/8: cum ipsi (majores homines) appellabant rem aliquam, et cum secundum eam vocem corpus ad aliquid movebant, videbam, et tenebam hoc ab eis vocari rem illam, quod sonabant, cum eam vellent ostendere. Hoc autem eos velle ex motu corporis aperiebatur: tamquam verbis naturalibus omnium gentium, quae fiunt vultu et nutu oculorum, ceterorumque membrorum actu, et sonitu vocis indicante affectionem animi in petendis, habendis, rejiciendis, fugiendisve rebus. Ita verba in variis sententiis locis suis posita, et crebro audita, quarum rerum signa essent, paulatim colligebam, measque jam voluntates, edomito in eis signis ore, per haec enuntiabam.[1]

In diesen Worten erhalten wir, so scheint es mir, ein bestimmtes Bild von dem Wesen der menschlichen Sprache. Nämlich dieses: Die Wörter der Sprache benennen Gegenstände—Sätze sind Verbindungen von solchen Benennungen.——In diesem Bild von der Sprache finden wir die Wurzeln der Idee: Jedes Wort hat eine Bedeutung. Diese Bedeutung ist dem Wort zugeordnet. Sie ist der Gegenstand, für welchen das Wort steht.

Von einem Unterschied der Wortarten spricht Augustinus nicht. Wer das Lernen der Sprache so beschreibt, denkt, so möchte ich glauben, zunächst an Hauptwörter, wie "Tisch", "Stuhl", "Brot", und die Namen von Personen, erst in zweiter Linie an die Namen gewisser Tätigkeiten und Eigenschaften, und an die übrigen Wortarten als etwas, was sich finden wird.

Denke nun an diese Verwendung der Sprache: Ich schicke jemand einkaufen. Ich gebe ihm einen Zettel, auf diesem stehen die Zeichen: "fünf rote Äpfel". Er trägt den Zettel zum Kaufmann; der öffnet die

---

[1] Nannten die Erwachsenen irgend einen Gegenstand und wandten sie sich dabei ihm zu, so nahm ich das wahr und ich begriff, daß der Gegenstand durch die Laute, die sie aussprachen, bezeichnet wurde, da sie auf *ihn* hinweisen wollten. Dies aber entnahm ich aus ihren Gebärden, der natürlichen Sprache aller Völker, der Sprache, die durch Mienen- und Augenspiel, durch die Bewegungen der Glieder und den Klang der Stimme die Empfindungen der Seele anzeigt, wenn diese irgend etwas begehrt, oder festhält, oder zurückweist, oder flieht. So lernte ich nach und nach verstehen, welche Dinge die Wörter bezeichneten, die ich wieder und wieder, an ihren bestimmten Stellen in verschiedenen Sätzen, aussprechen hörte. Und ich brachte, als nun mein Mund sich an diese Zeichen gewöhnt hatte, durch sie meine Wünsche zum Ausdruck.

1. "Cum ipsi (majores homines) appellabant rem aliquam, et cum secundum eam vocem corpus ad aliquid movebant, videbam, et tenebam hoc ab eis vocari rem illam, quod sonabant, cum eam vellent ostendere. Hoc autem eos velle ex motu corporis aperiebatur: tamquam verbis naturalibus omnium gentium, quae fiunt vultu et nutu oculorum, ceterorumque membrorum actu, et sonitu vocis indicante affectionem animi in petendis, habendis, rejiciendis, fugiendisve rebus. Ita verba in variis sententiis locis suis posita, et crebro audita, quarum rerum signa essent, paulatim colligebam, measque jam voluntates, edomito in eis signis ore, per haec enuntiabam." (Augustine, *Confessions*, I. 8.) [1]

These words, it seems to me, give us a particular picture of the essence of human language. It is this: the individual words in language name objects—sentences are combinations of such names.—In this picture of language we find the roots of the following idea: Every word has a meaning. This meaning is correlated with the word. It is the object for which the word stands.

Augustine does not speak of there being any difference between kinds of word. If you describe the learning of language in this way you are, I believe, thinking primarily of nouns like "table", "chair", "bread", and of people's names, and only secondarily of the names of certain actions and properties; and of the remaining kinds of word as something that will take care of itself.

Now think of the following use of language: I send someone shopping. I give him a slip marked "five red apples". He takes the slip to

---

[1] "When they (my elders) named some object, and accordingly moved towards something, I saw this and I grasped that the thing was called by the sound they uttered when they meant to point it out. Their intention was shewn by their bodily movements, as it were the natural language of all peoples: the expression of the face, the play of the eyes, the movement of other parts of the body, and the tone of voice which expresses our state of mind in seeking, having, rejecting, or avoiding something. Thus, as I heard words repeatedly used in their proper places in various sentences, I gradually learnt to understand what objects they signified; and after I had trained my mouth to form these signs, I used them to express my own desires."

Lade, auf welcher das Zeichen "Äpfel" steht; dann sucht er in einer Tabelle das Wort "rot" auf und findet ihm gegenüber ein Farbmuster; nun sagt er die Reihe der Grundzahlwörter—ich nehme an, er weiß sie auswendig—bis zum Worte "fünf" und bei jedem Zahlwort nimmt er einen Apfel aus der Lade, der die Farbe des Musters hat.——So, und ähnlich, operiert man mit Worten.——"Wie weiß er aber, wo und wie er das Wort 'rot' nachschlagen soll und was er mit dem Wort 'fünf' anzufangen hat?"——Nun, ich nehme an, er *handelt*, wie ich es beschrieben habe. Die Erklärungen haben irgendwo ein Ende.—Was ist aber die Bedeutung des Wortes "fünf"?—Von einer solchen war hier garnicht die Rede; nur davon, wie das Wort "fünf" gebraucht wird.

2. Jener philosophische Begriff der Bedeutung ist in einer primitiven Vorstellung von der Art und Weise, wie die Sprache funktioniert, zu Hause. Man kann aber auch sagen, es sei die Vorstellung einer primitiveren Sprache, als der unsern.

Denken wir uns eine Sprache, für die die Beschreibung, wie Augustinus sie gegeben hat, stimmt: Die Sprache soll der Verständigung eines Bauenden A mit einem Gehilfen B dienen. A führt einen Bau auf aus Bausteinen; es sind Würfel, Säulen, Platten und Balken vorhanden. B hat ihm die Bausteine zuzureichen, und zwar nach der Reihe, wie A sie braucht. Zu dem Zweck bedienen sie sich einer Sprache, bestehend aus den Wörtern: "Würfel", "Säule", "Platte", "Balken". A ruft sie aus;—B bringt den Stein, den er gelernt hat, auf diesen Ruf zu bringen.——Fasse dies als vollständige primitive Sprache auf.

3. Augustinus beschreibt, könnten wir sagen, ein System der Verständigung; nur ist nicht alles, was wir Sprache nennen, dieses System. Und das muß man in so manchen Fällen sagen, wo sich die Frage erhebt: "Ist diese Darstellung brauchbar, oder unbrauchbar?" Die Antwort ist dann: "Ja, brauchbar; aber nur für dieses eng umschriebene Gebiet, nicht für das Ganze, das du darzustellen vorgabst."

Es ist, als erklärte jemand: "Spielen besteht darin, daß man Dinge, gewissen Regeln gemäß, auf einer Fläche verschiebt . . . "—und wir ihm antworten: Du scheinst an die Brettspiele zu denken; aber das sind nicht alle Spiele. Du kannst deine Erklärung richtigstellen, indem du sie ausdrücklich auf diese Spiele einschränkst.

4. Denk dir eine Schrift, in welcher Buchstaben zur Bezeichnung von Lauten benützt würden, aber auch zur Bezeichnung der Betonung und als Interpunktionszeichen. (Eine Schrift kann man auffassen als eine Sprache zur Beschreibung von Lautbildern.) Denk dir nun, daß Einer jene Schrift so verstünde, als entspräche einfach jedem Buch-

the shopkeeper, who opens the drawer marked "apples"; then he looks up the word "red" in a table and finds a colour sample opposite it; then he says the series of cardinal numbers—I assume that he knows them by heart—up to the word "five" and for each number he takes an apple of the same colour as the sample out of the drawer.——It is in this and similar ways that one operates with words.——"But how does he know where and how he is to look up the word 'red' and what he is to do with the word 'five'?"——Well, I assume that he *acts* as I have described. Explanations come to an end somewhere.—But what is the meaning of the word "five"?—No such thing was in question here, only how the word "five" is used.

2. That philosophical concept of meaning has its place in a primitive idea of the way language functions. But one can also say that it is the idea of a language more primitive than ours.

Let us imagine a language for which the description given by Augustine is right. The language is meant to serve for communication between a builder A and an assistant B. A is building with building-stones: there are blocks, pillars, slabs and beams. B has to pass the stones, and that in the order in which A needs them. For this purpose they use a language consisting of the words "block", "pillar", "slab", "beam". A calls them out;—B brings the stone which he has learnt to bring at such-and-such a call.——Conceive this as a complete primitive language.

3. Augustine, we might say, does describe a system of communication; only not everything that we call language is this system. And one has to say this in many cases where the question arises "Is this an appropriate description or not?" The answer is: "Yes, it is appropriate, but only for this narrowly circumscribed region, not for the whole of what you were claiming to describe."

It is as if someone were to say: "A game consists in moving objects about on a surface according to certain rules . . ."—and we replied: You seem to be thinking of board games, but there are others. You can make your definition correct by expressly restricting it to those games.

4. Imagine a script in which the letters were used to stand for sounds, and also as signs of emphasis and punctuation. (A script can be conceived as a language for describing sound-patterns.) Now imagine someone interpreting that script as if there were simply a

staben ein Laut und als hätten die Buchstaben nicht auch ganz andere Funktionen. So einer, zu einfachen, Auffassung der Schrift gleicht Augustinus' Auffassung der Sprache.

5. Wenn man das Beispiel im §1 betrachtet, so ahnt man vielleicht, inwiefern der allgemeine Begriff der Bedeutung der Worte das Funktionieren der Sprache mit einem Dunst umgibt, der das klare Sehen unmöglich macht.—Es zerstreut den Nebel, wenn wir die Erscheinungen der Sprache an primitiven Arten ihrer Verwendung studieren, in denen man den Zweck und das Funktionieren der Wörter klar übersehen kann.

Solche primitive Formen der Sprache verwendet das Kind, wenn es sprechen lernt. Das Lehren der Sprache ist hier kein Erklären, sondern ein Abrichten.

6. Wir könnten uns vorstellen, daß die Sprache im §2 die *ganze* Sprache des A und B ist; ja, die ganze Sprache eines Volksstamms. Die Kinder werden dazu erzogen, *diese* Tätigkeiten zu verrichten, *diese* Wörter dabei zu gebrauchen, und *so* auf die Worte des Anderen zu reagieren.

Ein wichtiger Teil der Abrichtung wird darin bestehen, daß der Lehrende auf die Gegenstände weist, die Aufmerksamkeit des Kindes auf sie lenkt, und dabei ein Wort ausspricht; z.B. das Wort "Platte" beim Vorzeigen dieser Form. (Dies will ich nicht "hinweisende Erklärung", oder "Definition", nennen, weil ja das Kind noch nicht nach der Benennung *fragen* kann. Ich will es "hinweisendes Lehren der Wörter" nennen.——Ich sage, es wird einen wichtigen Teil der Abrichtung bilden, weil es bei Menschen so der Fall ist; nicht, weil es sich nicht anders vorstellen ließe.) Dieses hinweisende Lehren der Wörter, kann man sagen, schlägt eine assoziative Verbindung zwischen dem Wort und dem Ding. Aber was heißt das? Nun, es kann Verschiedenes heißen; aber man denkt wohl zunächst daran, daß dem Kind das Bild des Dings vor die Seele tritt, wenn es das Wort hört. Aber wenn das nun geschieht,—ist das der Zweck des Worts?—Ja, es *kann* der Zweck sein.—Ich kann mir eine solche Verwendung von Wörtern (Lautreihen) denken. (Das Aussprechen eines Wortes ist gleichsam ein Anschlagen einer Taste auf dem Vorstellungsklavier.) Aber in der Sprache im §2 ist es *nicht* der Zweck der Wörter, Vorstellungen zu erwecken. (Es kann freilich auch gefunden werden, daß dies dem eigentlichen Zweck förderlich ist.)

Wenn aber das das hinweisende Lehren bewirkt,—soll ich sagen, es bewirkt das Verstehen des Worts? Versteht nicht der den Ruf "Platte!", der so und so nach ihm handelt?—Aber dies half wohl das hinweisende Lehren herbeiführen; aber doch nur zusammen mit einem bestimmten

correspondence of letters to sounds and as if the letters had not also completely different functions. Augustine's conception of language is like such an over-simple conception of the script.

5. If we look at the example in §1, we may perhaps get an inkling how much this general notion of the meaning of a word surrounds the working of language with a haze which makes clear vision impossible. It disperses the fog to study the phenomena of language in primitive kinds of application in which one can command a clear view of the aim and functioning of the words.

A child uses such primitive forms of language when it learns to talk. Here the teaching of language is not explanation, but training.

6. We could imagine that the language of §2 was the *whole* language of A and B; even the whole language of a tribe. The children are brought up to perform *these* actions, to use *these* words as they do so, and to react in *this* way to the words of others.

An important part of the training will consist in the teacher's pointing to the objects, directing the child's attention to them, and at the same time uttering a word; for instance, the word "slab" as he points to that shape. (I do not want to call this "ostensive definition", because the child cannot as yet *ask* what the name is. I will call it "ostensive teaching of words".——I say that it will form an important part of the training, because it is so with human beings; not because it could not be imagined otherwise.) This ostensive teaching of words can be said to establish an association between the word and the thing. But what does this mean? Well, it can mean various things; but one very likely thinks first of all that a picture of the object comes before the child's mind when it hears the word. But now, if this does happen—is it the purpose of the word?—Yes, it *can* be the purpose.—I can imagine such a use of words (of series of sounds). (Uttering a word is like striking a note on the keyboard of the imagination.) But in the language of §2 it is *not* the purpose of the words to evoke images. (It may, of course, be discovered that that helps to attain the actual purpose.)

But if the ostensive teaching has this effect,—am I to say that it effects an understanding of the word? (Don't you understand the call "Slab!" if you act upon it in such-and-such a way?) (Doubtless the ostensive teaching helped to bring this about; but only together with a particular

Unterricht. Mit einem anderen Unterricht hätte dasselbe hinweisende Lehren dieser Wörter ein ganz anderes Verständnis bewirkt.

"Indem ich die Stange mit dem Hebel verbinde, setze ich die Bremse instand."—Ja, gegeben den ganzen übrigen Mechanismus. Nur mit diesem ist er der Bremshebel; und losgelöst von seiner Unterstützung ist er nicht einmal Hebel, sondern kann alles Mögliche sein, oder nichts.

7. In der Praxis des Gebrauchs der Sprache (2) ruft der eine Teil die Wörter, der andere handelt nach ihnen; im Unterricht der Sprache aber wird sich *dieser* Vorgang finden: Der Lernende *benennt* die Gegenstände. D.h. er spricht das Wort, wenn der Lehrer auf den Stein zeigt.—Ja, es wird sich hier die noch einfachere Übung finden: der Schüler spricht die Worte nach, die der Lehrer ihm vorsagt——beides sprachähnliche Vorgänge.

Wir können uns auch denken, daß der ganze Vorgang des Gebrauchs der Worte in (2) eines jener Spiele ist, mittels welcher Kinder ihre Muttersprache erlernen. Ich will diese Spiele "*Sprachspiele*" nennen, und von einer primitiven Sprache manchmal als einem Sprachspiel reden.

Und man könnte die Vorgänge des Benennens der Steine und des Nachsprechens des vorgesagten Wortes auch Sprachspiele nennen. Denke an manchen Gebrauch, der von Worten in Reigenspielen gemacht wird.

Ich werde auch das Ganze: der Sprache und der Tätigkeiten, mit denen sie verwoben ist, das "Sprachspiel" nennen.

8. Sehen wir eine Erweiterung der Sprache (2) an. Außer den vier Wörtern "Würfel", "Säule", etc. enthalte sie eine Wörterreihe, die verwendet wird, wie der Kaufmann in (1) die Zahlwörter verwendet (es kann die Reihe der Buchstaben des Alphabets sein); ferner, zwei Wörter, sie mögen "dorthin" und "dieses" lauten (weil dies schon ungefähr ihren Zweck andeutet), sie werden in Verbindung mit einer zeigenden Handbewegung gebraucht; und endlich eine Anzahl von Farbmustern. A gibt einen Befehl von der Art: "d-Platte-dorthin". Dabei läßt er den Gehilfen ein Farbmuster sehen, und beim Worte "dorthin" zeigt er an eine Stelle des Bauplatzes. B nimmt von dem Vorrat der Platten je eine von der Farbe des Musters für jeden Buchstaben des Alphabets bis zum "d" und bringt sie an den Ort, den A bezeichnet.—Bei anderen Gelegenheiten gibt A den Befehl: "dieses-dorthin". Bei "dieses" zeigt er auf einen Baustein. U.s.w. .

9. Wenn das Kind diese Sprache lernt, muß es die Reihe der 'Zahlwörter' a, b, c, . . . auswendiglernen. Und es muß ihren Gebrauch lernen.—Wird in diesem Unterricht auch ein hinweisendes Lehren der Wörter vorkommen?—Nun, es wird z.B. auf Platten gewiesen und

training.) With different training the same ostensive teaching of these words would have effected a quite different understanding.

"I set the brake up by connecting up rod and lever."—Yes, given the whole of the rest of the mechanism. Only in conjunction with that is it a brake-lever, and separated from its support it is not even a lever; it may be anything, or nothing.

7. In the practice of the use of language (2) one party calls out the words, the other acts on them. In instruction in the language the following process will occur: the learner *names* the objects; that is, he utters the word when the teacher points to the stone.—And there will be this still simpler exercise: the pupil repeats the words after the teacher——both of these being processes resembling language.

We can also think of the whole process of using words in (2) as one of those games by means of which children learn their native language. I will call these games "language-games" and will sometimes speak of a primitive language as a language-game.

And the processes of naming the stones and of repeating words after someone might also be called language-games. Think of much of the use of words in games like ring-a-ring-a-roses.

I shall also call the whole, consisting of language and the actions into which it is woven, the "language-game".

8. Let us now look at an expansion of language (2). Besides the four words "block", "pillar", etc., let it contain a series of words used as the shopkeeper in (1) used the numerals (it can be the series of letters of the alphabet); further, let there be two words, which may as well be "there" and "this" (because this roughly indicates their purpose), that are used in connexion with a pointing gesture; and finally a number of colour samples. A gives an order like: "d—slab—there". At the same time he shews the assistant a colour sample, and when he says "there" he points to a place on the building site. From the stock of slabs B takes one for each letter of the alphabet up to "d", of the same colour as the sample, and brings them to the place indicated by A.—On other occasions A gives the order "this—there". At "this" he points to a building stone. And so on.

9. When a child learns this language, it has to learn the series of 'numerals' a, b, c, . . . by heart. (And it has to learn their use.)—Will this training include ostensive teaching of the words?—Well, people

gezählt werden: "a, b, c Platten".—Mehr Ähnlichkeit mit dem hinweisenden Lehren der Wörter "Würfel", "Säule", etc. hätte das hinweisende Lehren von Zahlwörtern, die nicht zum Zählen dienen, sondern zur Bezeichnung mit dem Auge erfaßbarer Gruppen von Dingen. So lernen ja Kinder den Gebrauch der ersten fünf oder sechs Grundzahlwörter.

Wird auch "dorthin" und "dieses" hinweisend gelehrt?—Stell dir vor, wie man ihren Gebrauch etwa lehren könnte! Es wird dabei auf Örter und Dinge gezeigt werden,—aber hier geschieht ja dieses Zeigen auch im *Gebrauch* der Wörter und nicht nur beim Lernen des Gebrauchs.—

10. Was *bezeichnen* nun die Wörter dieser Sprache?—Was sie bezeichnen, wie soll sich das zeigen, es sei denn in der Art ihres Gebrauchs? Und den haben wir ja beschrieben. Der Ausdruck "dieses Wort bezeichnet *das*" müßte also ein Teil dieser Beschreibung werden. Oder: die Beschreibung soll auf die Form gebracht werden "Das Wort . . . . bezeichnet. . . .".

Nun, man kann ja die Beschreibung des Gebrauchs des Wortes "Platte" dahin abkürzen, daß man sagt, dieses Wort bezeichne diesen Gegenstand. Das wird man tun, wenn es sich z.B. nurmehr darum handelt, das Mißverständnis zu beseitigen, das Wort "Platte" beziehe sich auf die Bausteinform, die wir tatsächlich "Würfel" nennen,—die Art und Weise dieses '*Bezugs*' aber, d.h. der Gebrauch dieser Worte im übrigen, bekannt ist.

Und ebenso kann man sagen, die Zeichen "a", "b", etc. bezeichnen Zahlen; wenn dies etwa das Mißverständnis behebt, "a", "b", "c", spielten in der Sprache die Rolle, die in Wirklichkeit "Würfel", "Platte", "Säule", spielen. Und man kann auch sagen, "c" bezeichne diese Zahl und nicht jene; wenn damit etwa erklärt wird, die Buchstaben seien in der Reihenfolge a, b, c, d, etc. zu verwenden und nicht in der: a, b, d, c.

Aber dadurch, daß man so die Beschreibungen des Gebrauchs der Wörter einander anähnelt, kann doch dieser Gebrauch nicht ähnlicher werden! Denn, wie wir sehen, ist er ganz und gar ungleichartig.

11. Denk an die Werkzeuge in einem Werkzeugkasten: es ist da ein Hammer, eine Zange, eine Säge, ein Schraubenzieher, ein Maßstab, ein Leimtopf, Leim, Nägel und Schrauben.—So verschieden die Funktionen dieser Gegenstände, so verschieden sind die Funktionen der Wörter. (Und es gibt Ähnlichkeiten hier und dort.)

Freilich, was uns verwirrt ist die Gleichförmigkeit ihrer Erscheinung, wenn die Wörter uns gesprochen, oder in der Schrift und im Druck entgegentreten. Denn ihre *Verwendung* steht nicht so deutlich vor uns. Besonders nicht, wenn wir philosophieren!

will, for example, point to slabs and count: "a, b, c slabs".—Something more like the ostensive teaching of the words "block", "pillar", etc. would be the ostensive teaching of numerals that serve not to count but to refer to groups of objects that can be taken in at a glance. Children do learn the use of the first five or six cardinal numerals in this way.

Are "there" and "this" also taught ostensively?—Imagine how one might perhaps teach their use. One will point to places and things—but in this case the pointing occurs in the *use* of the words too and not merely in learning the use.—

10. Now what do the words of this language *signify?*—What is supposed to shew what they signify, if not the kind of use they have? And we have already described that. So we are asking for the expression "This word signifies *this*" to be made a part of the description. In other words the description ought to take the form: "The word . . . . signifies . . . .".

Of course, one can reduce the description of the use of the word "slab" to the statement that this word signifies this object. This will be done when, for example, it is merely a matter of removing the mistaken idea that the word "slab" refers to the shape of building-stone that we in fact call a "block"—but the kind of '*referring*' this is, that is to say the use of these words for the rest, is already known.

Equally one can say that the signs "a", "b", etc. signify numbers; when for example this removes the mistaken idea that "a", "b", "c", play the part actually played in language by "block", "slab", "pillar". And one can also say that "c" means this number and not that one; when for example this serves to explain that the letters are to be used in the order a, b, c, d, etc. and not in the order a, b, d, c.

But assimilating the descriptions of the uses of words in this way cannot make the uses themselves any more like one another. For, as we see, they are absolutely unlike.

11. Think of the tools in a tool-box: there is a hammer, pliers, a saw, a screw-driver, a rule, a glue-pot, glue, nails and screws.—The functions of words are as diverse as the functions of these objects. (And in both cases there are similarities.)

Of course, what confuses us is the uniform appearance of words when we hear them spoken or meet them in script and print. For their *application* is not presented to us so clearly. Especially when we are doing philosophy!

12. Wie wenn wir in den Führerstand einer Lokomotive schauen: da sind Handgriffe, die alle mehr oder weniger gleich aussehen. (Das ist begreiflich, denn sie sollen alle mit der Hand angefaßt werden.) Aber einer ist der Handgriff einer Kurbel, die kontinuierlich verstellt werden kann (sie reguliert die Öffnung eines Ventils); ein andrer ist der Handgriff eines Schalters, der nur zweierlei wirksame Stellungen hat, er ist entweder umgelegt, oder aufgestellt; ein dritter ist der Griff eines Bremshebels, je stärker man zieht, desto stärker wird gebremst; ein vierter, der Handgriff einer Pumpe; er wirkt nur, solange er hin und her bewegt wird.

13. Wenn wir sagen: "jedes Wort der Sprache bezeichnet etwas" so ist damit vorerst noch *gar* nichts gesagt; es sei denn, daß wir genau erklärten, *welche* Unterscheidung wir zu machen wünschen. (Es könnte ja sein, daß wir die Wörter der Sprache (8) von Wörtern 'ohne Bedeutung' unterscheiden wollten, wie sie in Gedichten Lewis Carroll's vorkommen, oder von Worten wie "juwiwallera" in einem Lied.)

14. Denke dir, jemand sagte: "*Alle* Werkzeuge dienen dazu, etwas zu modifizieren. So, der Hammer die Lage des Nagels, die Säge die Form des Bretts, etc."—Und was modifiziert der Maßstab, der Leimtopf, die Nägel?—"Unser Wissen um die Länge eines Dings, die Temperatur des Leims, und die Festigkeit der Kiste."——Wäre mit dieser Assimilation des Ausdrucks etwas gewonnen?—

15. Am direktesten ist das Wort "bezeichnen" vielleicht da angewandt, wo das Zeichen auf dem Gegenstand steht, den es bezeichnet. Nimm an, die Werkzeuge, die A beim Bauen benützt, tragen gewisse Zeichen. Zeigt A dem Gehilfen ein solches Zeichen, so bringt dieser das Werkzeug, das mit dem Zeichen versehen ist.

So, und auf mehr oder weniger ähnliche Weise, bezeichnet ein Name ein Ding, und wird ein Name einem Ding gegeben.—Es wird sich oft nützlich erweisen, wenn wir uns beim Philosophieren sagen: Etwas benennen, das ist etwas Ähnliches, wie einem Ding ein Namentäfelchen anheften.

16. Wie ist es mit den Farbmustern, die A dem B zeigt,—gehören sie zur *Sprache*? Nun, wie man will. Zur Wortsprache gehören sie nicht; aber wenn ich jemandem sage: "Sprich das Wort 'das' aus", so wirst du doch dieses zweite " 'das' " auch noch zum Satz rechnen. Und doch spielt es eine ganz ähnliche Rolle, wie ein Farbmuster im Sprachspiel (8); es ist nämlich ein Muster dessen, was der Andre sagen soll.

Es ist das Natürlichste, und richtet am wenigsten Verwirrung an, wenn wir die Muster zu den Werkzeugen der Sprache rechnen.

((Bemerkung über das reflexive Fürwort "*dieser* Satz".))

12. It is like looking into the cabin of a locomotive. We see handles all looking more or less alike. (Naturally, since they are all supposed to be handled.) But one is the handle of a crank which can be moved continuously (it regulates the opening of a valve); another is the handle of a switch, which has only two effective positions, it is either off or on; a third is the handle of a brake-lever, the harder one pulls on it, the harder it brakes; a fourth, the handle of a pump: it has an effect only so long as it is moved to and fro.

13. When we say: "Every word in language signifies something" we have so far said *nothing whatever;* unless we have explained exactly *what* distinction we wish to make. (It might be, of course, that we wanted to distinguish the words of language (8) from words 'without meaning' such as occur in Lewis Carroll's poems, or words like "Lilliburlero" in songs.)

14. Imagine someone's saying: "*All* tools serve to modify something. Thus the hammer modifies the position of the nail, the saw the shape of the board, and so on."—And what is modified by the rule, the glue-pot, the nails?—"Our knowledge of a thing's length, the temperature of the glue, and the solidity of the box."——Would anything be gained by this assimilation of expressions?—

15. The word "to signify" is perhaps used in the most straightforward way when the object signified is marked with the sign. Suppose that the tools A uses in building bear certain marks. When A shews his assistant such a mark, he brings the tool that has that mark on it.

It is in this and more or less similar ways that a name means and is given to a thing.—It will often prove useful in philosophy to say to ourselves: naming something is like attaching a label to a thing.

16. What about the colour samples that A shews to B: are they part of the *language*? Well, it is as you please. They do not belong among the words; yet when I say to someone: "Pronounce the word 'the' ", you will count the second "the" as part of the sentence. Yet it has a role just like that of a colour-sample in language-game (8); that is, it is a sample of what the other is meant to say.

It is most natural, and causes least confusion, to reckon the samples among the instruments of the language.

((Remark on the reflexive pronoun "*this* sentence".))

17. Wir werden sagen können: in der Sprache (8) haben wir verschiedene *Wortarten*. Denn die Funktion des Wortes "Platte" und des Wortes "Würfel" sind einander ähnlicher, als die von "Platte" und von "d". Wie wir aber die Worte nach Arten zusammenfassen, wird vom Zweck der Einteilung abhängen,—und von unserer Neigung.

Denke an die verschiedenen Gesichtspunkte, nach denen man Werkzeuge in Werkzeugarten einteilen kann. Oder Schachfiguren in Figurenarten.

18. Daß die Sprachen (2) und (8) nur aus Befehlen bestehen, laß dich nicht stören. Willst du sagen, sie seien darum nicht vollständig, so frage dich, ob unsere Sprache vollständig ist;—ob sie es war, ehe ihr der chemische Symbolismus und die Infinitesimalnotation einverleibt wurden; denn dies sind, sozusagen, Vorstädte unserer Sprache. (Und mit wieviel Häusern, oder Straßen, fängt eine Stadt an, Stadt zu sein?) Unsere Sprache kann man ansehen als ein alte Stadt: Ein Gewinkel von Gäßchen und Plätzen, alten und neuen Häusern, und Häusern mit Zubauten aus verschiedenen Zeiten; und dies umgeben von einer Menge neuer Vororte mit geraden und regelmäßigen Straßen und mit einförmigen Häusern.

19. Man kann sich leicht eine Sprache vorstellen, die nur aus Befehlen und Meldungen in der Schlacht besteht.—Oder eine Sprache, die nur aus Fragen besteht und einem Ausdruck der Bejahung und der Verneinung. Und unzähliges Andere.——Und eine Sprache vorstellen heißt, sich eine Lebensform vorstellen.

Wie ist es aber: Ist der Ruf "Platte!" im Beispiel (2) ein Satz oder ein Wort?—Wenn ein Wort, so hat es doch nicht dieselbe Bedeutung, wie das gleichlautende unserer gewöhnlichen Sprache, denn im §2 ist es ja ein Ruf. Wenn aber ein Satz, so ist es doch nicht der elliptische Satz "Platte!" unserer Sprache.——Was die erste Frage anbelangt, so kannst du "Platte!" ein Wort, und auch einen Satz nennen; vielleicht treffend einen 'degenerierten Satz' (wie man von einer degenerierten Hyperbel spricht), und zwar ist es eben unser 'elliptischer' Satz.—Aber der ist doch nur eine verkürzte Form des Satzes "Bring mir eine Platte!" und diesen Satz gibt es doch in Beispiel (2) nicht.—Aber warum sollte ich nicht, umgekehrt, den Satz "Bring mir eine Platte!" eine *Verlängerung* des Satzes "Platte!" nennen?—Weil der, der "Platte!" ruft, eigentlich meint: "Bring mir eine Platte!".—Aber wie machst du das, *dies meinen*, während du "Platte" *sagst*? Sprichst du dir inwendig den unverkürzten Satz vor? Und warum soll ich, um zu sagen, was Einer mit dem Ruf "Platte!" meint, diesen Ausdruck in einen andern

17. It will be possible to say: In language (8) we have different *kinds of word*. For the functions of the word "slab" and the word "block" are more alike than those of "slab" and "d". But how we group words into kinds will depend on the aim of the classification,—and on our own inclination.

Think of the different points of view from which one can classify tools or chess-men.

18. Do not be troubled by the fact that languages (2) and (8) consist only of orders. If you want to say that this shews them to be incomplete, ask yourself whether our language is complete;—whether it was so before the symbolism of chemistry and the notation of the infinitesimal calculus were incorporated in it; for these are, so to speak, suburbs of our language. (And how many houses or streets does it take before a town begins to be a town?) Our language can be seen as an ancient city: a maze of little streets and squares, of old and new houses, and of houses with additions from various periods; and this surrounded by a multitude of new boroughs with straight regular streets and uniform houses.

19. It is easy to imagine a language consisting only of orders and reports in battle.—Or a language consisting only of questions and expressions for answering yes and no. And innumerable others.——And to imagine a language means to imagine a form of life.

But what about this: is the call "Slab!" in example (2) a sentence or a word?—If a word, surely it has not the same meaning as the like-sounding word of our ordinary language, for in §2 it is a call. But if a sentence, it is surely not the elliptical sentence: "Slab!" of our language.——As far as the first question goes you can call "Slab!" a word and also a sentence; perhaps it could be appropriately called a 'degenerate sentence' (as one speaks of a degenerate hyperbola); in fact it *is* our 'elliptical' sentence.—But that is surely only a shortened form of the sentence "Bring me a slab", and there is no such sentence in example (2).—But why should I not on the contrary have called the sentence "Bring me a slab" a *lengthening* of the sentence "Slab!"?—Because if you shout "Slab!" you really mean: "Bring me a slab".—But how do you do this: how do you *mean that* while you *say* "Slab!"? Do you say the unshortened sentence to yourself? And why should I translate the call "Slab!" into a different expression in order to say

übersetzen? Und wenn sie das Gleiche bedeuten,—warum soll ich nicht sagen: "wenn er 'Platte!' sagt, meint er 'Platte!' "? Oder: warum sollst du nicht "Platte!" meinen können, wenn du "Bring mir die Platte" meinen kannst?——Aber wenn ich "Platte!" rufe, so will ich doch, *er soll mir eine Platte bringen*!——Gewiß, aber besteht 'dies wollen' darin, daß du in irgend einer Form einen andern Satz denkst, als den, den du sagst?—

20. Aber wenn nun Einer sagt "Bring mir eine Platte!", so scheint es ja jetzt, als könnte er diesen Ausdruck als *ein* langes Wort meinen: entsprechend nämlich dem einen Worte "Platte!".——Kann man ihn also einmal als *ein* Wort, einmal als vier Wörter meinen? Und wie meint man ihn gewöhnlich?——Ich glaube, wir werden geneigt sein, zu sagen: Wir meinen den Satz als einen von *vier* Wörtern, wenn wir ihn im Gegensatz zu andern Sätzen gebrauchen, wie "*Reich* mir eine Platte zu", "Bring *ihm* eine Platte", "Bring *zwei* Platten", etc.; also im Gegensatz zu Sätzen, welche die Wörter unseres Befehls in andern Verbindungen enthalten.——Aber worin besteht es, einen Satz im Gegensatz zu andern Sätzen gebrauchen? Schweben einem dabei etwa diese Sätze vor? Und *alle*? Und *während* man den einen Satz sagt, oder vor-, oder nachher?—Nein! Wenn auch so eine Erklärung einige Versuchung für uns hat, so brauchen wir doch nur einen Augenblick zu bedenken, was wirklich geschieht, um zu sehen, daß wir hier auf falschem Weg sind. Wir sagen, wir gebrauchen den Befehl im Gegensatz zu andern Sätzen, weil *unsere Sprache* die Möglichkeit dieser andern Sätze enthält. Wer unsere Sprache nicht versteht, ein Ausländer, der öfter gehört hätte, wie jemand den Befehl gibt "Bring mir eine Platte!", könnte der Meinung sein, diese ganze Lautreihe sei ein Wort und entspräche etwa dem Wort für "Baustein" in seiner Sprache. Wenn er selbst dann diesen Befehl gegeben hätte, würde er ihn vielleicht anders aussprechen, und wir würden sagen: Er spricht ihn so sonderbar aus, weil er ihn für *ein* Wort hält.——Aber geht also nicht, wenn er ihn ausspricht, eben auch etwas anderes in ihm vor,—*dem* entsprechend, daß er den Satz als *ein* Wort auffaßt?——Es kann das Gleiche in ihm vorgehen, oder auch anderes. Was geht denn in dir vor, wenn du so einen Befehl gibst; bist du dir bewußt, daß er aus vier Wörtern besteht, *während* du ihn aussprichst? Freilich, du *beherrschst* diese Sprache—in der es auch jene andern Sätze gibt—aber ist dieses Beherrschen etwas, was '*geschieht*', während du den Satz aussprichst?—Und ich habe ja zugegeben: der Fremde wird den Satz, den er anders auffaßt, wahrscheinlich anders aussprechen; aber, was wir die falsche Auffassung nennen, *muß* nicht in irgend etwas liegen, was das Aussprechen des Befehls begleitet.

what someone means by it? And if they mean the same thing—why should I not say: "When he says 'Slab!' he means 'Slab!' "? Again, if you can mean "Bring me the slab", why should you not be able to mean "Slab!"?——But when I call "Slab!", then what I want is, *that he should bring me a slab*!——Certainly, but does 'wanting this' consist in thinking in some form or other a different sentence from the one you utter?—

20. But now it looks as if when someone says "Bring me a slab" he could mean this expression as *one* long word corresponding to the single word "Slab!"——Then can one mean it sometimes as one word and sometimes as four? And how does one usually mean it?——I think we shall be inclined to say: we mean the sentence as *four* words when we use it in contrast with other sentences such as "*Hand* me a slab", "Bring *him* a slab", "Bring *two* slabs", etc.; that is, in contrast with sentences containing the separate words of our command in other combinations.——But what does using one sentence in contrast with others consist in? Do the others, perhaps, hover before one's mind? *All* of them? And *while* one is saying the one sentence, or before, or afterwards?—No. Even if such an explanation rather tempts us, we need only think for a moment of what actually happens in order to see that we are going astray here. We say that we use the command in contrast with other sentences because *our language* contains the possibility of those other sentences. Someone who did not understand our language, a foreigner, who had fairly often heard someone giving the order: "Bring me a slab!", might believe that this whole series of sounds was one word corresponding perhaps to the word for "building-stone" in his language. If he himself had then given this order perhaps he would have pronounced it differently, and we should say: he pronounces it so oddly because he takes it for a *single* word.——But then, is there not also something different going on in him when he pronounces it,—something corresponding to the fact that he conceives the sentence as a *single* word?——Either the same thing may go on in him, or something different. For what goes on in you when you give such an order? Are you conscious of its consisting of four words *while* you are uttering it? Of course you have a *mastery* of this language—which contains those other sentences as well—but is this having a mastery something that *happens* while you are uttering the sentence?—And I have admitted that the foreigner will probably pronounce a sentence differently if he conceives it differently; but what we call his wrong conception *need* not lie in anything that accompanies the utterance of the command.

'Elliptisch' ist der Satz nicht, weil er etwas ausläßt, was wir meinen, wenn wir ihn aussprechen, sondern weil er gekürzt ist—im Vergleich mit einem bestimmten Vorbild unserer Grammatik.—Man könnte hier freilich den Einwand machen: "Du gibst zu, daß der verkürzte und der unverkürzte Satz den gleichen Sinn haben.—Welchen Sinn haben sie also? Gibt es denn für diesen Sinn nicht einen Wortausdruck?"——Aber besteht der gleiche Sinn der Sätze nicht in ihrer gleichen *Verwendung*?—(Im Russischen heißt es "Stein rot" statt "der Stein ist rot"; geht ihnen die Kopula im Sinn ab, oder *denken* sie sich die Kopula dazu?)

21. Denke dir ein Sprachspiel, in welchem B dem A auf dessen Frage die Anzahl der Platten, oder Würfel in einem Stoß meldet, oder die Farben und Formen der Bausteine, die dort und dort liegen.—So eine Meldung könnte also lauten: "Fünf Platten". Was ist nun der Unterschied zwischen der Meldung, oder Behauptung, "Fünf Platten" und dem Befehl "Fünf Platten!"?—Nun, die Rolle, die das Aussprechen dieser Worte im Sprachspiel spielt. Aber es wird wohl auch der Ton, in dem sie ausgesprochen werden, ein anderer sein, und die Miene, und noch manches andere. Aber wir können uns auch denken, daß der Ton der gleiche ist,—denn ein Befehl und eine Meldung können in *mancherlei* Ton ausgesprochen werden und mit mancherlei Miene—und daß der Unterschied allein in der Verwendung liegt. (Freilich könnten wir auch die Worte "Behauptung" und "Befehl" zur Bezeichnung einer grammatischen Satzform und eines Tonfalls gebrauchen; wie wir ja "Ist das Wetter heute nicht herrlich?" eine Frage nennen, obwohl sie als Behauptung verwendet wird.) Wir könnten uns eine Sprache denken, in der *alle* Behauptungen die Form und den Ton rhetorischer Fragen hätten; oder jeder Befehl die Form der Frage: "Möchtest du das tun?". Man wird dann vielleicht sagen: "Was er sagt, hat die Form der Frage, ist aber wirklich ein Befehl"—d.h., hat die Funktion des Befehls in der Praxis der Sprache. (Ähnlich sagt man "Du wirst das tun", nicht als Prophezeihung, sondern als Befehl. Was macht es zu dem einen, was zu dem andern?)

22. Freges Ansicht, daß in einer Behauptung eine Annahme steckt, die dasjenige ist, was behauptet wird, basiert eigentlich auf der Möglichkeit, die es in unserer Sprache gibt, jeden Behauptungssatz in der Form zu schreiben "Es wird behauptet, daß das und das der Fall ist."—Aber "Daß das und das der Fall ist" ist eben in unsrer Sprache kein Satz—es ist noch kein *Zug* im Sprachspiel. Und schreibe ich statt "Es wird behauptet, daß . . ." "Es wird behauptet: das und das ist der Fall", dann sind hier die Worte "Es wird behauptet" eben überflüssig.

Wir könnten sehr gut auch jede Behauptung in der Form einer Frage

The sentence is 'elliptical', not because it leaves out something that we think when we utter it, but because it is shortened—in comparison with a particular paradigm of our grammar.—Of course one might object here: "You grant that the shortened and the unshortened sentence have the same sense.—What is this sense, then? Isn't there a verbal expression for this sense?"——But doesn't the fact that sentences have the same sense consist in their having the same *use*?—(In Russian one says "stone red" instead of "the stone is red"; do they feel the copula to be missing in the sense, or attach it in *thought*?)

21. Imagine a language-game in which A asks and B reports the number of slabs or blocks in a pile, or the colours and shapes of the building-stones that are stacked in such-and-such a place.—Such a report might run: "Five slabs". Now what is the difference between the report or statement "Five slabs" and the order "Five slabs!"?—Well, it is the part which uttering these words plays in the language-game. No doubt the tone of voice and the look with which they are uttered, and much else besides, will also be different. But we could also imagine the tone's being the same—for an order and a report can be spoken in a *variety* of tones of voice and with various expressions of face—the difference being only in the application. (Of course, we might use the words "statement" and "command" to stand for grammatical forms of sentence and intonations; we do in fact call "Isn't the weather glorious to-day?" a question, although it is used as a statement.) We could imagine a language in which *all* statements had the form and tone of rhetorical questions; or every command the form of the question "Would you like to . . .?". Perhaps it will then be said: "What he says has the form of a question but is really a command",—that is, has the function of a command in the technique of using the language. (Similarly one says "You will do this" not as a prophecy but as a command. What makes it the one or the other?)

22. Frege's idea that every assertion contains an assumption, which is the thing that is asserted, really rests on the possibility found in our language of writing every statement in the form: "It is asserted that such-and-such is the case."—But "that such-and-such is the case" is *not* a sentence in our language—so far it is not a *move* in the language-game. And if I write, not "It is asserted that . . . .", but "It is asserted: such-and-such is the case", the words "It is asserted" simply become superfluous.

We might very well also write every statement in the form of a

mit nachgesetzter Bejahung schreiben; etwa: "Regnet es? Ja!". Würde das zeigen, daß in jeder Behauptung eine Frage steckt?

Man hat wohl das Recht, ein Behauptungszeichen zu verwenden im Gegensatz z.B. zu einem Fragezeichen; oder wenn man eine Behauptung unterscheiden will von einer Fiktion, oder einer Annahme. Irrig ist es nur, wenn man meint, daß die Behauptung nun aus zwei Akten besteht, dem Erwägen und dem Behaupten (Beilegen des Wahrheitswerts, oder dergl.) und daß wir diese Akte nach dem Zeichen des Satzes vollziehen, ungefähr wie wir nach Noten singen. Mit dem Singen nach Noten ist allerdings das laute, oder leise Lesen des geschriebenen Satzes zu vergleichen, aber nicht das '*Meinen*' (Denken) des gelesenen Satzes.

Das Fregesche Behauptungszeichen betont den *Satzanfang*. Es hat also eine ähnliche Funktion, wie der Schlußpunkt. Es unterscheidet die ganze Periode vom Satz *in* der Periode. Wenn ich Einen sagen höre "es regnet", aber nicht weiß, ob ich den Anfang und den Schluß der Periode gehört habe, so ist dieser Satz für mich noch kein Mittel der Verständigung.

23. Wieviele Arten der Sätze gibt es aber? Etwa Behauptung, Frage und Befehl?—Es gibt *unzählige* solcher Arten: unzählige verschiedene Arten der Verwendung alles dessen, was wir "Zeichen", "Worte", "Sätze", nennen. Und diese Mannigfaltigkeit ist nichts Festes, ein für allemal Gegebenes; sondern neue Typen der Sprache, neue Sprachspiele, wie wir sagen können, entstehen und andre veralten und werden vergessen. (Ein *ungefähres Bild* davon können uns die Wandlungen der Mathematik geben.)

Das Wort "Sprach*spiel*" soll hier hervorheben, daß das *Sprechen* der Sprache ein Teil ist einer Tätigkeit, oder einer Lebensform.

Führe dir die Mannigfaltigkeit der Sprachspiele an diesen Beispielen, und andern, vor Augen:

Befehlen, und nach Befehlen handeln—
Beschreiben eines Gegenstands nach dem Ansehen, oder nach Messungen—
Herstellen eines Gegenstands nach einer Beschreibung (Zeichnung)—
Berichten eines Hergangs—
Über den Hergang Vermutungen anstellen—

Denken wir uns ein Bild, einen Boxer in bestimmter Kampfstellung darstellend. Dieses Bild kann nun dazu gebraucht werden, um jemand mitzuteilen, wie er stehen, sich halten soll; oder, wie er sich nicht halten soll; oder, wie ein bestimmter Mann dort und dort gestanden hat; oder etc. etc.. Man könnte dieses Bild (chemisch gesprochen) ein Satzradikal nennen. Ähnlich dachte sich wohl Frege die "Annahme".

question followed by a "Yes"; for instance: "Is it raining? Yes!" Would this shew that every statement contained a question?

Of course we have the right to use an assertion sign in contrast with a question-mark, for example, or if we want to distinguish an assertion from a fiction or a supposition. It is only a mistake if one thinks that the assertion consists of two actions, entertaining and asserting (assigning the truth-value, or something of the kind), and that in performing these actions we follow the propositional sign roughly as we sing from the musical score. Reading the written sentence loud or soft is indeed comparable with singing from a musical score, but '*meaning*' (thinking) the sentence that is read is not.

Frege's assertion sign marks the *beginning of the sentence*. Thus its function is like that of the full-stop. It distinguishes the whole period from a clause *within* the period. If I hear someone say "it's raining" but do not know whether I have heard the beginning and end of the period, so far this sentence does not serve to tell me anything.

23. But how many kinds of sentence are there? Say assertion, question, and command?—There are *countless* kinds: countless different kinds of use of what we call "symbols", "words", "sentences". And this multiplicity is not something fixed, given once for all; but new types of language, new language-games, as we may say, come into existence, and others become obsolete and get forgotten. (We can get a *rough picture* of this from the changes in mathematics.)

Here the term "language-*game*" is meant to bring into prominence the fact that the *speaking* of language is part of an activity, or of a form of life.

Review the multiplicity of language-games in the following examples, and in others:

Giving orders, and obeying them—
Describing the appearance of an object, or giving its measurements—
Constructing an object from a description (a drawing)—
Reporting an event—
Speculating about an event—

Imagine a picture representing a boxer in a particular stance. Now, this picture can be used to tell someone how he should stand, should hold himself; or how he should not hold himself; or how a particular man did stand in such-and-such a place; and so on. One might (using the language of chemistry) call this picture a proposition-radical. This will be how Frege thought of the "assumption".

Eine Hypothese aufstellen und prüfen—
Darstellen der Ergebnisse eines Experiments durch Tabellen und Diagramme—
Eine Geschichte erfinden; und lesen—
Theater spielen—
Reigen singen—
Rätsel raten—
Einen Witz machen; erzählen—
Ein angewandtes Rechenexempel lösen—
Aus einer Sprache in die andere übersetzen—
Bitten, Danken, Fluchen, Grüßen, Beten.

—Es ist interessant, die Mannigfaltigkeit der Werkzeuge der Sprache und ihrer Verwendungsweisen, die Mannigfaltigkeit der Wort- und Satzarten, mit dem zu vergleichen, was Logiker über den Bau der Sprache gesagt haben. (Und auch der Verfasser der *Logisch-Philosophischen Abhandlung.*)

24. Wem die Mannigfaltigkeit der Sprachspiele nicht vor Augen ist, der wird etwa zu Fragen geneigt sein, wie dieser: "Was ist eine Frage?"—Ist es die Feststellung, daß ich das und das nicht weiß, oder die Feststellung, daß ich wünsche, der Andre möchte mir sagen . . . . ? Oder ist es die Beschreibung meines seelischen Zustandes der Ungewißheit?—Und ist der Ruf "Hilfe!" so eine Beschreibung?

Denke daran, wieviel verschiedenartiges "Beschreibung" genannt wird: Beschreibung der Lage eines Körpers durch seine Koordinaten; Beschreibung eines Gesichtsausdrucks; Beschreibung einer Tastempfindung; einer Stimmung.

Man kann freilich statt der gewöhnlichen Form der Frage die der Feststellung, oder Beschreibung setzen: "Ich will wissen, ob . . . . ", oder "Ich bin im Zweifel, ob . . . . "—aber damit hat man die verschiedenen Sprachspiele einander nicht näher gebracht.

Die Bedeutsamkeit solcher Umformungsmöglichkeiten, z.B. aller Behauptungssätze in Sätze, die mit der Klausel "Ich denke", oder "Ich glaube" anfangen (also sozusagen in Beschreibungen *meines* Innenlebens) wird sich an anderer Stelle deutlicher zeigen. (Solipsismus.)

25. Man sagt manchmal: die Tiere sprechen nicht, weil ihnen die geistigen Fähigkeiten fehlen. Und das heißt: "sie denken nicht, darum sprechen sie nicht". Aber: sie sprechen eben nicht. Oder besser: sie verwenden die Sprache nicht—wenn wir von den primitivsten Sprachformen absehen.—Befehlen, fragen, erzählen, plauschen gehören zu unserer Naturgeschichte so, wie gehen, essen, trinken, spielen.

26. Man meint, das Lernen der Sprache bestehe darin, daß man Gegenstände benennt. Und zwar: Menschen, Formen, Farben,

Forming and testing a hypothesis—
Presenting the results of an experiment in tables and diagrams—
Making up a story; and reading it—
Play-acting—
Singing catches—
Guessing riddles—
Making a joke; telling it—
Solving a problem in practical arithmetic—
Translating from one language into another—
Asking, thanking, cursing, greeting, praying.

—It is interesting to compare the multiplicity of the tools in language and of the ways they are used, the multiplicity of kinds of word and sentence, with what logicians have said about the structure of language. (Including the author of the *Tractatus Logico-Philosophicus*.)

24. If you do not keep the multiplicity of language-games in view you will perhaps be inclined to ask questions like: "What is a question?"—Is it the statement that I do not know such-and-such, or the statement that I wish the other person would tell me . . . .? Or is it the description of my mental state of uncertainty?—And is the cry "Help!" such a description?

Think how many different kinds of thing are called "description": description of a body's position by means of its co-ordinates; description of a facial expression; description of a sensation of touch; of a mood.

Of course it is possible to substitute the form of statement or description for the usual form of question: "I want to know whether . . . ." or "I am in doubt whether . . . ."—but this does not bring the different language-games any closer together.

The significance of such possibilities of transformation, for example of turning all statements into sentences beginning "I think" or "I believe" (and thus, as it were, into descriptions of *my* inner life) will become clearer in another place. (Solipsism.)

25. It is sometimes said that animals do not talk because they lack the mental capacity. And this means: "they do not think, and that is why they do not talk." But—they simply do not talk. Or to put it better: they do not use language—if we except the most primitive forms of language.—Commanding, questioning, recounting, chatting, are as much a part of our natural history as walking, eating, drinking, playing.

26. One thinks that learning language consists in giving names to objects. Viz, to human beings, to shapes, to colours, to pains, to

Schmerzen, Stimmungen, Zahlen, etc.. Wie gesagt—das Benennen ist etwas Ähnliches, wie, einem Ding ein Namentäfelchen anheften. Man kann das eine Vorbereitung zum Gebrauch eines Wortes nennen Aber *worauf* ist es eine Vorbereitung?

27. "Wir benennen die Dinge und können nun über sie reden. Uns in der Rede auf sie beziehen."—Als ob mit dem Akt des Benennens schon das, was wir weiter tun, gegeben wäre. Als ob es nur Eines gäbe, was heißt: "von Dingen reden". Während wir doch das verschiedenartigste mit unsern Sätzen tun. Denken wir allein an die Ausrufe. Mit ihren ganz verschiedenen Funktionen.

Wasser!
Fort!
Au!
Hilfe!
Schön!
Nicht!

Bist du nun noch geneigt, diese Wörter "Benennungen von Gegenständen" zu nennen?

In den Sprachen (2) und (8) gab es ein Fragen nach der Benennung nicht. Dies und sein Korrelat, die hinweisende Erklärung, ist, wie wir sagen könnten, ein eigenes Sprachspiel. Das heißt eigentlich: wir werden erzogen, abgerichtet dazu, zu fragen: "Wie heißt das?"—worauf dann das Benennen erfolgt. Und es gibt auch ein Sprachspiel: Für etwas einen Namen erfinden. Also, zu sagen: "Das heißt . . . .", und nun den neuen Namen zu verwenden. (So benennen Kinder z.B. ihre Puppen und reden dann von ihnen, und zu ihnen. Dabei bedenke gleich, wie eigenartig der Gebrauch des Personennamens ist, mit welchem wir den Benannten *rufen*!)

28. Man kann nun einen Personennamen, ein Farbwort, einen Stoffnamen, ein Zahlwort, den Namen einer Himmelsrichtung, etc. hinweisend definieren. Die Definition der Zahl Zwei "Das heißt 'zwei' "—wobei man auf zwei Nüsse zeigt—ist vollkommen exakt.—Aber wie kann man denn die Zwei so definieren? Der, dem man die Definition gibt, weiß ja dann nicht, *was* man mit "zwei" benennen will; er wird annehmen, daß du *diese* Gruppe von Nüssen "zwei" nennst!——Er *kann* dies annehmen; vielleicht nimmt er es aber nicht an. Er könnte ja auch, umgekehrt, wenn ich dieser Gruppe von Nüssen einen Namen beilegen will, ihn als Zahlnamen mißverstehen. Und ebensogut, wenn ich einen Personennamen hinweisend erkläre, diesen als Farbnamen, als Bezeichnung der Rasse, ja als Namen einer

moods, to numbers, etc.. To repeat—naming is something like attaching a label to a thing. One can say that this is preparatory to the use of a word. But *what* is it a preparation *for*?

27. "We name things and then we can talk about them: can refer to them in talk."—As if what we did next were given with the mere act of naming. As if there were only one thing called "talking about a thing". Whereas in fact we do the most various things with our sentences. Think of exclamations alone, with their completely different functions.

Water!
Away!
Ow!
Help!
Fine!
No!

Are you inclined still to call these words "names of objects"?

In languages (2) and (8) there was no such thing as asking something's name. This, with its correlate, ostensive definition, is, we might say, a language-game on its own. That is really to say: we are brought up, trained, to ask: "What is that called?"—upon which the name is given. And there is also a language-game of inventing a name for something, and hence of saying, "This is . . . ." and then using the new name. (Thus, for example, children give names to their dolls and then talk about them and to them. Think in this connexion how singular is the use of a person's name to *call* him!)

28. Now one can ostensively define a proper name, the name of a colour, the name of a material, a numeral, the name of a point of the compass and so on. The definition of the number two, "That is called 'two' "—pointing to two nuts—is perfectly exact.—But how can two be defined like that? The person one gives the definition to doesn't know what one wants to call "two"; he will suppose that "two" is the name given to *this* group of nuts!——He *may* suppose this; but perhaps he does not. He might make the opposite mistake; when I want to assign a name to this group of nuts, he might understand it as a numeral. And he might equally well take the name of a person, of which I give an ostensive definition, as that of a colour, of a race, or even of a point

Himmelsrichtung auffassen. Das heißt, die hinweisende Definition kann in *jedem* Fall so und anders gedeutet werden.

29. Vielleicht sagt man: die Zwei kann nur *so* hinweisend definiert werden: "Diese *Zahl* heißt 'zwei' ". Denn das Wort "Zahl" zeigt hier an, an welchen *Platz* der Sprache, der Grammatik, wir das Wort setzen. Das heißt aber, es muß das Wort "Zahl" erklärt sein, ehe jene hinweisende Definition verstanden werden kann.—Das Wort "Zahl" in der Definition zeigt allerdings diesen Platz an; den Posten, an den wir das Wort stellen. Und wir können so Mißverständnissen vorbeugen, indem wir sagen: "Diese *Farbe* heißt so und so", "Diese *Länge* heißt so und so", u.s.w. Das heißt: Mißverständnisse werden manchmal so vermieden. Aber läßt sich denn das Wort "Farbe", oder "Länge" nur so auffassen?—Nun, wir müssen sie eben erklären.—Also erklären durch andere Wörter! Und wie ist es mit der letzten Erklärung in dieser Kette? (Sag nicht "Es gibt keine 'letzte' Erklärung". Das ist gerade so, als wolltest du sagen: "Es gibt kein letztes Haus in dieser Straße; man kann immer noch eines dazubauen.")

Ob das Wort "Zahl" in der hinweisenden Definition der Zwei nötig ist, das hängt davon ab, ob er sie ohne dieses Wort anders auffaßt, als ich es wünsche. Und das wird wohl von den Umständen abhängen, unter welchen sie gegeben wird, und von dem Menschen, dem ich sie gebe.

Und wie er die Erklärung 'auffaßt', zeigt sich darin, wie er von dem erklärten Wort Gebrauch nacht.

30. Man könnte also sagen: Die hinweisende Definition erklärt den Gebrauch—die Bedeutung—des Wortes, wenn es schon klar ist, welche Rolle das Wort in der Sprache überhaupt spielen soll. Wenn ich also weiß, daß Einer mir ein Farbwort erklären will, so wird mir die hinweisende Erklärung "Das heißt 'Sepia' " zum Verständnis des Wortes

---

Könnte man zur Erklärung des Wortes "rot" auf etwas weisen, was *nicht rot* ist? Das wäre ähnlich, wie wenn man Einem, der der deutschen Sprache nicht mächtig ist, das Wort "bescheiden" erklären sollte, und man zeigte zur Erklärung auf einen arroganten Menschen und sagte "Dieser ist *nicht* beschieden". Es ist kein Argument gegen eine solche Erklärungsweise, daß sie vieldeutig ist. Jede Erklärung kann mißverstanden werden.

Wohl aber könnte man fragen: Sollen wir das noch eine "Erklärung" nennen?—Denn sie spielt im Kalkül natürlich eine andere Rolle, als das was wir gewöhnlich "hinweisende Erklärung" des Wortes "rot" nennen; auch wenn sie dieselben praktischen Folgen, dieselbe *Wirkung* auf den Lernenden hätte.

of the compass. That is to say: an ostensive definition can be variously interpreted in *every* case.

29. Perhaps you say: two can only be ostensively defined in *this* way: "This *number* is called 'two' ". For the word "number" here shews what place in language, in grammar, we assign to the word. But this means that the word "number" must be explained before the ostensive definition can be understood.—The word "number" in the definition does indeed shew this place; does shew the post at which we station the word. And we can prevent misunderstandings by saying: "This *colour* is called so-and-so", "This *length* is called so-and-so", and so on. That is to say: misunderstandings are sometimes averted in this way. But is there only *one* way of taking the word "colour" or "length"?—Well, they just need defining.—Defining, then, by means of other words! And what about the last definition in this chain? (Do not say: "There isn't a 'last' definition". That is just as if you chose to say: "There isn't a last house in this road; one can always build an additional one".)

Whether the word "number" is necessary in the ostensive definition depends on whether without it the other person takes the definition otherwise than I wish. And that will depend on the circumstances under which it is given, and on the person I give it to.

And how he 'takes' the definition is seen in the use that he makes of the word defined.

30. So one might say: the ostensive definition explains the use—the meaning—of the word when the overall role of the word in language is clear. Thus if I know that someone means to explain a colour-word to me the ostensive definition "That is called 'sepia' " will help me to understand the word.—And you can say this, so long as

---

Could one define the word "red" by pointing to something that was *not red*? That would be as if one were supposed to explain the word "modest" to someone whose English was weak, and one pointed to an arrogant man and said "That man is *not* modest". That it is ambiguous is no argument against such a method of definition. Any definition can be misunderstood.

But it might well be asked: are we still to call this "definition"?—For, of course, even if it has the same practical consequences, the same *effect* on the learner, it plays a different part in the calculus from what we ordinarily call "ostensive definition" of the word "red".

verhelfen.—Und dies kann man sagen, wenn man nicht vergißt, daß sich nun allerlei Fragen an das Wort "wissen", oder "klar sein" anknüpfen.

Man muß schon etwas wissen (oder können), um nach der Benennung fragen zu können. Aber was muß man wissen?

31. Wenn man jemandem die Königsfigur im Schachspiel zeigt und sagt "Das ist der Schachkönig", so erklärt man ihm dadurch nicht den Gebrauch dieser Figur,—es sei denn, daß er die Regeln des Spiels schon kennt, bis auf diese letzte Bestimmung: die Form einer Königsfigur. Man kann sich denken, er habe die Regeln des Spiels gelernt, ohne daß ihm je eine wirkliche Spielfigur gezeigt wurde. Die Form der Spielfigur entspricht hier dem Klang, oder der Gestalt eines Wortes.

Man kann sich aber auch denken, Einer habe das Spiel gelernt, ohne je Regeln zu lernen, oder zu formulieren. Er hat etwa zuerst durch Zusehen ganz einfache Brettspiele gelernt und ist zu immer komplizierteren fortgeschritten. Auch diesem könnte man die Erklärung geben: "Das ist der König"—wenn man ihm z.B. Schachfiguren von einer ihm ungewohnten Form zeigt. Auch diese Erklärung lehrt ihn den Gebrauch der Figur nur darum, weil, wie wir sagen könnten, der Platz schon vorbereitet war an den sie gestellt wurde. Oder auch: Wir werden nur dann sagen, sie lehre ihn den Gebrauch, wenn der Platz schon vorbereitet ist. Und er ist es hier nicht dadurch, daß der, dem wir die Erklärung geben, schon Regeln weiß, sondern dadurch, daß er in anderm Sinne schon ein Spiel beherrscht.

Betrachte noch diesen Fall: Ich erkläre jemandem das Schachspiel; und fange damit an, indem ich auf eine Figur zeige und sage: "Das ist der König. Er kann so und so ziehen, etc. etc.".—In diesem Fall werden wir sagen: die Worte "Das ist der König" (oder "Das heißt 'König' ") sind nur dann eine Worterklärung, wenn der Lernende schon 'weiß, was eine Spielfigur ist'. Wenn er also etwa schon andere Spiele gespielt hat, oder dem Spielen Anderer 'mit Verständnis' zugesehen hat—*und dergleichen*. Auch nur dann wird er beim Lernen des Spiels relevant fragen können: "Wie heißt das?"—nämlich, diese Spielfigur.

Wir können sagen: Nach der Benennung fragt nur der sinnvoll, der schon etwas mit ihr anzufangen weiß.

Wir können uns ja auch denken, daß der Gefragte antwortet: "Bestimm die Benennung selber"—und nun müßte, der gefragt hat, für alles selber aufkommen.

32. Wer in ein fremdes Land kommt, wird manchmal die Sprache der Einheimischen durch hinweisende Erklärungen lernen, die sie ihm geben; und er wird die Deutung dieser Erklärungen oft *raten* müssen und manchmal richtig, manchmal falsch raten.

Und nun können wir, glaube ich, sagen: Augustinus beschreibe das

you do not forget that all sorts of problems attach to the words "to know" or "to be clear".

(One has already to know (or be able to do) something in order to be capable of asking a thing's name. But what does one have to know?)

31. When one shews someone the king in chess and says: "This is the king", this does not tell him the use of this piece—unless he already knows the rules of the game up to this last point: the shape of the king. You could imagine his having learnt the rules of the game without ever having been shewn an actual piece. The shape of the chessman corresponds here to the sound or shape of a word.

One can also imagine someone's having learnt the game without ever learning or formulating rules. He might have learnt quite simple board-games first, by watching, and have progressed to more and more complicated ones. He too might be given the explanation "This is the king",—if, for instance, he were being shewn chessmen of a shape he was not used to. This explanation again only tells him the use of the piece because, as we might say, the place for it was already prepared. Or even: we shall only say that it tells him the use, if the place is already prepared. And in this case it is so, not because the person to whom we give the explanation already knows rules, but because in another sense he is already master of a game.

Consider this further case: I am explaining chess to someone; and I begin by pointing to a chessman and saying: "This is the king; it can move like this, ... and so on."—In this case we shall say: the words "This is the king" (or "This is called the 'king' ") are a definition only if the learner already 'knows what a piece in a game is'. That is, if he has already played other games, or has watched other people playing 'and understood'—*and similar things*. Further, only under these conditions will he be able to ask relevantly in the course of learning the game: "What do you call this?"—that is, this piece in a game.

(We may say: only someone who already knows how to do something with it can significantly ask a name.)

And we can imagine the person who is asked replying: "Settle the name yourself"—and now the one who asked would have to manage everything for himself.

32. Someone coming into a strange country will sometimes learn the language of the inhabitants from ostensive definitions that they give him; and he will often have to *guess* the meaning of these definitions; and will guess sometimes right, sometimes wrong.

And now, I think, we can say: Augustine describes the learning

Lernen der menschlichen Sprache so, als käme das Kind in ein fremdes Land und verstehe die Sprache des Landes nicht; das heißt: so als habe es bereits eine Sprache, nur nicht diese. Oder auch: als könne das Kind schon *denken*, nur noch nicht sprechen. Und "denken" hieße hier etwas, wie: zu sich selber reden.

33. Wie aber, wenn man einwendete: "Es ist nicht wahr, daß Einer schon ein Sprachspiel beherrschen muß, um eine hinweisende Definition zu verstehen, sondern er muß nur—selbstverständlich—wissen (oder erraten) worauf der Erklärende zeigt! Ob also z.B. auf die Form des Gegenstandes, oder auf seine Farbe, oder auf die Anzahl, etc. etc." ——Und worin besteht es denn—'auf die Form zeigen', 'auf die Farbe zeigen'? Zeig auf ein Stück Papier!—Und nun zeig auf seine Form,—nun auf seine Farbe,—nun auf seine Anzahl (das klingt seltsam)!—Nun, wie hast du es gemacht?—Du wirst sagen, du habest jedesmal etwas anderes beim Zeigen '*gemeint*'. Und wenn ich frage, wie das vor sich geht, wirst du sagen, du habest deine Aufmerksamkeit auf die Farbe, Form, etc. konzentriert. Nun aber frage ich noch einmal, wie *das* vor sich geht.

Denke, jemand zeigt auf eine Vase und sagt: "Schau das herrliche Blau an!—auf die Form kommt es nicht an.—" Oder: "Schau die herrliche Form an!—die Farbe ist gleichgültig." Es ist zweifellos, du wirst *Verschiedenes* tun, wenn du diesen beiden Aufforderungen nachkommst. Aber tust du immer das *Gleiche*, wenn du deine Aufmerksamkeit auf die Farbe richtest? Stell dir doch verschiedene Fälle vor! Ich will einige andeuten:

"Ist dieses Blau das gleiche, wie das dort? Siehst du einen Unterschied?"—

Du mischst Farben und sagst: "Dieses Blau des Himmels ist schwer zu treffen."

"Es wird schön, man sieht schon wieder blauen Himmel!"

"Schau, wie verschieden diese beiden Blau wirken!"

"Siehst du dort das blaue Buch? Bring es her."

"Dieses blaue Lichtsignal bedeutet . . . ."

"Wie heißt nur dieses Blau?—ist es 'Indigo'?"

Die Aufmerksamkeit auf die Farbe richten, das tut man manchmal, indem man sich die Umrisse der Form mit der Hand weghält; oder den Blick nicht auf die Kontur des Dinges richtet; oder auf den Gegenstand starrt und sich zu erinnern trachtet, wo man diese Farbe schon gesehen hat.

Man richtet seine Aufmerksamkeit auf die Form, manchmal, indem man sie nachzeichnet, manchmal, indem man blinzelt, um die Farbe nicht deutlich zu sehen, etc. etc. . Ich will sagen: dies und Ähnliches geschieht, *während* man 'die Aufmerksamkeit auf das und das

of human language as if the child came into a strange country and did not understand the language of the country; that is, as if it already had a language, only not this one. Or again: as if the child could already *think*, only not yet speak. And "think" would here mean something like "talk to itself".

33. Suppose, however, someone were to object: "It is not true that you must already be master of a language in order to understand an ostensive definition: all you need—of course!—is to know or guess what the person giving the explanation is pointing to. That is, whether for example to the shape of the object, or to its colour, or to its number, and so on."——And what does 'pointing to the shape', 'pointing to the colour' consist in? Point to a piece of paper.—And now point to its shape—now to its colour—now to its number (that sounds queer).—How did you do it?—You will say that you 'meant' a different thing each time you pointed. And if I ask how that is done, you will say you concentrated your attention on the colour, the shape, etc. But I ask again: how is *that* done?

Suppose someone points to a vase and says "Look at that marvellous blue—the shape isn't the point."—Or: "Look at the marvellous shape—the colour doesn't matter." Without doubt you will do something *different* when you act upon these two invitations. But do you always do the *same* thing when you direct your attention to the colour? Imagine various different cases. To indicate a few:

"Is this blue the same as the blue over there? Do you see any difference?"—

You are mixing paint and you say "It's hard to get the blue of this sky."

"It's turning fine, you can already see blue sky again."

"Look what different effects these two blues have."

"Do you see the blue book over there? Bring it here."

"This blue signal-light means . . . ."

"What's this blue called?—Is it 'indigo'?"

You sometimes attend to the colour by putting your hand up to keep the outline from view; or by not looking at the outline of the thing; sometimes by staring at the object and trying to remember where you saw that colour before.

You attend to the shape, sometimes by tracing it, sometimes by screwing up your eyes so as not to see the colour clearly, and in many other ways. I want to say: This is the sort of thing that happens *while* one 'directs one's attention to this or that'. But it isn't these things by

richtet'. Aber das ist es nicht allein, was uns sagen läßt, Einer richte seine Aufmerksamkeit auf die Form, die Farbe, etc. . Wie ein Schachzug nicht allein darin besteht, daß ein Stein so und so auf dem Brett verschoben wird,—aber auch nicht in den Gedanken und Gefühlen des Ziehenden, die den Zug begleiten; sondern in den Umständen, die wir nennen: "eine Schachpartie spielen", "ein Schachproblem lösen", und dergl.

34. Aber nimm an, Einer sagte: "Ich tue immer das Gleiche, wenn ich meine Aufmerksamkeit auf die Form richte: ich folge der Kontur mit den Augen und fühle dabei. . . .". Und nimm an, dieser gibt einem Andern die hinweisende Erklärung "Das heißt 'Kreis' ", indem er, mit all diesen Erlebnissen, auf einen kreisförmigen Gegenstand zeigt ——kann der Andre die Erklärung nicht dennoch anders deuten, auch wenn er sieht, daß der Erklärende der Form mit den Augen folgt, und auch wenn er fühlt, was der Erklärende fühlt? Das heißt: diese 'Deutung' kann auch darin bestehen, wie er nun von dem erklärten Wort Gebrauch macht, z.B., worauf er zeigt, wenn er den Befehl erhält "Zeige auf einen Kreis!".—Denn weder der Ausdruck "die Erklärung so und so meinen", noch der, "die Erklärung so und so deuten", bezeichnen einen Vorgang, der das Geben und Hören der Erklärung begleitet.

35. Es gibt freilich, was man "charakteristische Erlebnisse", für das Zeigen auf die Form etwa, nennen kann. Zum Beispiel, das Nachfahren der Kontur mit dem Finger, oder mit dem Blick, beim Zeigen.—Aber so wenig, wie *dies* in allen Fällen geschieht, in denen ich 'die Form meine', so wenig geschieht irgend ein anderer charakteristischer Vorgang in allen diesen Fällen.—Aber auch, wenn ein solcher sich in allen wiederholte, so käme es doch auf die Umstände an—d.h., auf das, was vor und nach dem Zeigen geschieht—ob wir sagen würden "Er hat auf die Form und nicht auf die Farbe gezeigt".

Denn es werden die Worte "auf die Form zeigen", "die Form meinen", etc. nicht so gebraucht, wie *die*: "auf dies Buch zeigen" (nicht auf jenes), "auf den Stuhl zeigen, nicht auf den Tisch", etc. .—Denn denk nur, wie anders wir den Gebrauch der Worte *lernen*: "auf dieses Ding zeigen", "auf jenes Ding zeigen", und anderseits: "auf die Farbe, nicht auf die Form, zeigen", "die *Farbe* meinen", etc. etc. .

Wie gesagt, in gewissen Fällen, besonders beim Zeigen 'auf die Form', oder 'auf die Anzahl' gibt es charakteristische Erlebnisse und Arten des Zeigens—'charakteristisch', weil sie sich oft (nicht immer) wiederholen, wo Form, oder Anzahl 'gemeint' werden. Aber kennst du auch ein charakteristisches Erlebnis für das Zeigen auf die Spielfigur, als *Spielfigur*? Und doch kann man sagen: "Ich meine,

themselves that make us say someone is attending to the shape, the colour, and so on. Just as a move in chess doesn't consist simply in moving a piece in such-and-such a way on the board—nor yet in one's thoughts and feelings as one makes the move: but in the circumstances that we call "playing a game of chess", "solving a chess problem", and so on.

34. But suppose someone said: "I always do the same thing when I attend to the shape: my eye follows the outline and I feel . . . .". And suppose this person to give someone else the ostensive definition "That is called a 'circle' ", pointing to a circular object and having all these experiences——cannot his hearer still interpret the definition differently, even though he sees the other's eyes following the outline, and even though he feels what the other feels? That is to say: this 'interpretation' may also consist in how he now makes use of the word; in what he points to, for example, when told: "Point to a circle".—For neither the expression "to intend the definition in such-and-such a way" nor the expression "to interpret the definition in such-and-such a way" stands for a process which accompanies the giving and hearing of the definition.

35. There are, of course, what can be called "characteristic experiences" of pointing to (e.g.) the shape. For example, following the outline with one's finger or with one's eyes as one points.—But *this* does not happen in all cases in which I 'mean the shape', and no more does any other one characteristic process occur in all these cases.—Besides, even if something of the sort did recur in all cases, it would still depend on the circumstances—that is, on what happened before and after the pointing—whether we should say "He pointed to the shape and not to the colour".

For the words "to point to the shape", "to mean the shape", and so on, are not used in the same way as *these*: "to point to this book (not to that one), "to point to the chair, not to the table", and so on.—Only think how differently we *learn* the use of the words "to point to this thing", "to point to that thing", and on the other hand "to point to the colour, not the shape", "to mean the colour", and so on.

To repeat: in certain cases, especially when one points 'to the shape' or 'to the number' there are characteristic experiences and ways of pointing—'characteristic' because they recur often (not always) when shape or number are 'meant'. But do you also know of an experience characteristic of pointing to a piece in a game *as a piece in a game*?

diese *Spielfigur* heißt 'König', nicht dieses bestimmte Stück Holz, worauf ich zeige". (Wiedererkennen, wünschen, sich erinnern, etc. .)

36. Und wir tun hier, was wir in tausend ähnlichen Fällen tun: Weil wir nicht *eine* körperliche Handlung angeben können, die wir das Zeigen auf die Form (im Gegensatz z.B. zur Farbe) nennen, so sagen wir, es entspreche diesen Worten eine *geistige* Tätigkeit.

Wo unsere Sprache uns einen Körper vermuten läßt, und kein Körper ist, dort, möchten wir sagen, sei ein *Geist*.

37. Was ist die Beziehung zwischen Namen und Benanntem?—Nun, was *ist* sie? Schau auf das Sprachspiel (2), oder ein anderes! dort ist zu sehen, worin diese Beziehung etwa besteht. Diese Beziehung kann, unter vielem andern, auch darin bestehen, daß das Hören des Namens uns das Bild des Benannten vor die Seele ruft, und sie besteht unter anderem auch darin, daß der Name auf das Benannte geschrieben ist, oder daß er beim Zeigen auf das Benannte ausgesprochen wird.

38. Was benennt aber z.B. das Wort "dieses" im Sprachspiel (8), oder das Wort "das" in der hinweisenden Erklärung "Das heißt. . . ."? —Wenn man keine Verwirrung anrichten will, so ist es am besten, man sagt garnicht, daß diese Wörter etwas benennen.—Und merkwürdigerweise wurde von dem Worte "dieses" einmal gesagt, es sei der *eigentliche* Name. Alles, was wir sonst "Name" nennen, sei dies also nur in einem ungenauen, angenäherten Sinn.

Diese seltsame Auffassung rührt von einer Tendenz her, die Logik unserer Sprache zu sublimieren—wie man es nennen könnte. Die eigentliche Antwort darauf ist: "Name" nennen wir *sehr Verschiedenes*; das Wort "Name" charakterisiert viele verschiedene, mit einander

---

Wie geht es vor sich: die Worte "*Das* ist blau" einmal als Aussage über den Gegenstand, auf den man zeigt—einmal als Erklärung des Wortes "blau" *meinen*? Im zweiten Falle meint man also eigentlich "Das heißt 'blau' "—Kann man also das Wort "ist" einmal als "heißt" meinen, und das Wort "blau" als " 'blau' "? und ein andermal das "ist" wirklich als "ist"?

Es kann auch geschehen, daß jemand aus dem, was als Mitteilung gemeint war, eine Worterklärung zieht. [*Randbemerkung:* Hier liegt ein folgenschwerer Aberglaube verborgen.]

Kann ich mit dem Wort "bububu" meinen "Wenn es nicht regnet, werde ich spazieren gehen"?—Nur in einer Sprache kann ich etwas mit etwas meinen. Das zeigt klar, daß die Grammatik von "meinen" nicht ähnlich der ist des Ausdrucks "sich etwas vorstellen" und dergl. .

All the same one can say: "I mean that this *piece* is called the 'king', not this particular bit of wood I am pointing to". (Recognizing, wishing, remembering, etc. .)

36. And we do here what we do in a host of similar cases: because we cannot specify any *one* bodily action which we call pointing to the shape (as opposed, for example, to the colour), we say that a *spiritual* [mental, intellectual] activity corresponds to these words.

Where our language suggests a body and there is none: there, we should like to say, is a *spirit*.

37. What is the relation between name and thing named?—Well, what *is* it? Look at language-game (2) or at another one: there you can see the sort of thing this relation consists in. This relation may also consist, among many other things, in the fact that hearing the name calls before our mind the picture of what is named; and it also consists, among other things, in the name's being written on the thing named or being pronounced when that thing is pointed at.

38. But what, for example, is the word "this" the name of in language-game (8) or the word "that" in the ostensive definition "that is called . . . ."?—If you do not want to produce confusion you will do best not to call these words names at all.—Yet, strange to say, the word "this" has been called the only *genuine* name; so that anything else we call a name was one only in an inexact, approximate sense.

This queer conception springs from a tendency to sublime the logic of our language—as one might put it. The proper answer to it is: we call very different things "names"; the word "name" is used to

---

What is it to *mean* the words "*That* is blue" at one time as a statement about the object one is pointing to—at another as an explanation of the word "blue"? Well, in the second case one really means "That is called 'blue' ".—Then can one at one time mean the word "is" as "is called" and the word "blue" as " 'blue' ", and another time mean "is" really as "is"?

It is also possible for someone to get an explanation of the words out of what was intended as a piece of information. [Marginal note: Here lurks a crucial superstition.]

Can I say "bububu" and mean "If it doesn't rain I shall go for a walk"?—It is only in a language that I can mean something by something. This shews clearly that the grammar of "to mean" is not like that of the expression "to imagine" and the like.

auf viele verschiedene Weisen verwandte, Arten des Gebrauchs eines Worts;—aber unter diesen Arten des Gebrauchs ist nicht die des Wortes "dieses".

Es ist wohl wahr, daß wir oft, z.B. in der hinweisenden Definition, auf das Benannte zeigen und dabei den Namen aussprechen. Und ebenso sprechen wir, z.B. in der hinweisenden Definition, das Wort "dieses" aus, indem wir auf ein Ding zeigen. Und das Wort "dieses" und ein Name stehen auch oft an der gleichen Stelle im Satzzusammenhang. Aber charakteristisch für den Namen ist es gerade, daß er durch das hinweisende "Das ist N" (oder "Das heißt 'N' ") erklärt wird. Erklären wir aber auch: "Das heißt 'dieses' ", oder "Dieses heißt 'dieses' "?

Dies hängt mit der Auffassung des Benennens als eines, sozusagen, okkulten Vorgangs zusammen. Das Benennen erscheint als eine *seltsame* Verbindung eines Wortes mit einem Gegenstand.—Und so eine seltsame Verbindung hat wirklich statt, wenn nämlich der Philosoph, um herauszubringen, was *die* Beziehung zwischen Namen und Benanntem ist, auf einen Gegenstand vor sich starrt und dabei unzähliche Male einen Namen wiederholt, oder auch das Wort "dieses". Denn die philosophischen Probleme entstehen, wenn die Sprache *feiert*. Und *da* können wir uns allerdings einbilden, das Benennen sei irgend ein merkwürdiger seelischer Akt, quasi eine Taufe eines Gegenstandes. Und wir können so auch das Wort "dieses" gleichsam *zu* dem Gegenstand sagen, ihn damit *ansprechen*—ein seltsamer Gebrauch dieses Wortes, der wohl nur beim Philosophieren vorkommt.

39. Aber warum kommt man auf die Idee, gerade dieses Wort zum Namen machen zu wollen, wo es offenbar *kein* Name ist?—Gerade darum. Denn man ist versucht, gegen das, was gewöhnlich "Name" heißt, einen Einwand zu machen; und den kann man so ausdrücken: *daß der Name eigentlich Einfaches bezeichnen soll.* Und man könnte dies etwa so begründen: Ein Eigenname im gewöhnlichen Sinn ist etwa das Wort "Nothung". Das Schwert Nothung besteht aus Teilen in einer bestimmten Zusammensetzung. Sind sie anders zusammengesetzt, so existiert Nothung nicht. Nun hat aber offenbar der Satz "Nothung hat eine scharfe Schneide" *Sinn*, ob Nothung noch ganz ist, oder schon zerschlagen. Ist aber "Nothung" der Name eines Gegenstandes, so gibt es diesen Gegenstand nicht mehr, wenn Nothung zerschlagen ist; und da dem Namen dann kein Gegenstand entspräche, so hätte er keine Bedeutung. Dann aber stünde in dem Satz "Nothung hat eine scharfe Schneide" ein Wort, das keine Bedeutung hat, und daher wäre der Satz Unsinn. Nun hat er aber Sinn; also muß den Wörtern, aus denen er besteht, immer etwas entsprechen. Also muß das Wort "Nothung" bei der Analyse des

characterize many different kinds of use of a word, related to one another in many different ways;—but the kind of use that "this" has is not among them.

It is quite true that, in giving an ostensive definition for instance, we often point to the object named and say the name. And similarly, in giving an ostensive definition for instance, we say the word "this" while pointing to a thing. And also the word "this" and a name often occupy the same position in a sentence. But it is precisely characteristic of a name that it is defined by means of the demonstrative expression "That is N" (or "That is called 'N' "). But do we also give the definitions: "That is called 'this' ", or "This is called 'this' "?

This is connected with the conception of naming as, so to speak, an occult process. Naming appears as a *queer* connexion of a word with an object.—And you really get such a queer connexion when the philosopher tries to bring out *the* relation between name and thing by staring at an object in front of him and repeating a name or even the word "this" innumerable times. For philosophical problems arise when language *goes on holiday*. And *here* we may indeed fancy naming to be some remarkable act of mind, as it were a baptism of an object. And we can also say the word "this" *to* the object, as it were *address* the object as "this"—a queer use of this word, which doubtless only occurs in doing philosophy.

39. But why does it occur to one to want to make precisely this word into a name, when it evidently is *not* a name?—That is just the reason. For one is tempted to make an objection against what is ordinarily called a name. It can be put like this: *a name ought really to signify a simple*. And for this one might perhaps give the following reasons: The word "Excalibur", say, is a proper name in the ordinary sense. The sword Excalibur consists of parts combined in a particular way. If they are combined differently Excalibur does not exist. But it is clear that the sentence "Excalibur has a sharp blade" makes *sense* whether Excalibur is still whole or is broken up. But if "Excalibur" is the name of an object, this object no longer exists when Excalibur is broken in pieces; and as no object would then correspond to the name it would have no meaning. But then the sentence "Excalibur has a sharp blade" would contain a word that had no meaning, and hence the sentence would be nonsense. But it does make sense; so there must always be something corresponding to the words of which it consists. So the word "Excalibur" must disappear when the sense is

Sinnes verschwinden und statt seiner müssen Wörter eintreten, die Einfaches benennen. Diese Wörter werden wir billigerweise die eigentlichen Namen nennen.

40. Laß uns zuerst über *den* Punkt dieses Gedankengangs reden: daß das Wort keine Bedeutung hat, wenn ihm nichts entspricht.—Es ist wichtig, festzustellen, daß das Wort "Bedeutung" sprachwidrig gebraucht wird, wenn man damit das Ding bezeichnet, das dem Wort 'entspricht'. Dies heißt, die Bedeutung eines Namens verwechseln mit dem *Träger* des Namens. Wenn Herr N.N. stirbt, so sagt man, es sterbe der Träger des Namens, nicht, es sterbe die Bedeutung des Namens. Und es wäre unsinnig, so zu reden, denn hörte der Name auf, Bedeutung zu haben, so hätte es keinen Sinn, zu sagen "Herr N.N. ist gestorben".

41. Im §15 haben wir in die Sprache (8) Eigennamen eingeführt. Nimm nun an, das Werkzeug mit dem Namen "N" sei zerbrochen. A weiß es nicht und gibt dem B das Zeichen "N". Hat dieses Zeichen nun Bedeutung, oder hat es keine?—Was soll B tun, wenn er dieses Zeichen erhält?—Wir haben darüber nichts vereinbart. Man könnte fragen: was *wird* er tun? Nun, er wird vielleicht ratlos dastehen, oder A die Stücke zeigen. Man *könnte* hier sagen: "N" sei bedeutungslos geworden; und dieser Ausdruck würde besagen, daß für das Zeichen "N" in unserm Sprachspiel nun keine Verwendung mehr ist (es sei denn, wir gäben ihm eine neue). "N" könnte auch dadurch bedeutungslos werden, daß man, aus welchem Grund immer, dem Werkzeug eine andere Bezeichnung gibt und das Zeichen "N" im Sprachspiel nicht weiter verwendet.—Wir können uns aber auch eine Abmachung denken, nach der B, wenn ein Werkzeug zerbrochen ist und A das Zeichen dieses Werkzeugs gibt, als Antwort darauf den Kopf zu schütteln hat.—Damit, könnte man sagen, ist der Befehl "N", auch wenn dieses Werkzeug nicht mehr existiert, in das Sprachspiel aufgenommen worden, und das Zeichen "N" habe Bedeutung, auch wenn sein Träger zu existieren aufhört.

42. Aber haben etwa auch Namen in jenem Spiel Bedeutung, die *nie* für ein Werkzeug verwendet worden sind?——ehmen wir also an, "X" sei so ein Zeichen, und A gäbe dieses Zeichen dem B—nun, es könnten auch solche Zeichen in das Sprachspiel aufgenommen werden, und B hätte etwa auch sie mit einem Kopfschütteln zu beantworten. (Man könnte sich dies als eine Art Belustigung der Beiden denken.)

43. Man kann für eine *große* Klasse von Fällen der Benützung des Wortes "Bedeutung"—wenn auch nicht für *alle* Fälle seiner Benützung—dieses Wort so erklären: Die Bedeutung eines Wortes ist sein Gebrauch in der Sprache.

analysed and its place be taken by words which name simples. It will be reasonable to call these words the real names.

40. Let us first discuss *this* point of the argument: that a word has no meaning if nothing corresponds to it.—It is important to note that the word "meaning" is being used illicitly if it is used to signify the thing that 'corresponds' to the word. That is to confound the meaning of a name with the *bearer* of the name. When Mr. N. N. dies one says that the bearer of the name dies, not that the meaning dies. And it would be nonsensical to say that, for if the name ceased to have meaning it would make no sense to say "Mr. N. N. is dead."

41. In §15 we introduced proper names into language (8). Now suppose that the tool with the name "N" is broken. Not knowing this, A gives B the sign "N". Has this sign meaning now or not?—What is B to do when he is given it?—We have not settled anything about this. One might ask: what *will* he do? Well, perhaps he will stand there at a loss, or shew A the pieces. Here one *might* say: "N" has become meaningless; and this expression would mean that the sign "N" no longer had a use in our language-game (unless we gave it a new one). "N" might also become meaningless because, for whatever reason, the tool was given another name and the sign "N" no longer used in the language-game.—But we could also imagine a convention whereby B has to shake his head in reply if A gives him the sign belonging to a tool that is broken.—In this way the command "N" might be said to be given a place in the language-game even when the tool no longer exists, and the sign "N" to have meaning even when its bearer ceases to exist.

42. But has for instance a name which has *never* been used for a tool also got a meaning in that game?——Let us assume that "X" is such a sign and that A gives this sign to B—well, even such signs could be given a place in the language-game, and B might have, say, to answer them too with a shake of the head. (One could imagine this as a sort of joke between them.)

43. For a *large* class of cases—though not for all—in which we employ the word "meaning" it can be defined thus: the meaning of a word is its use in the language.

Und die *Bedeutung* eines Namens erklärt man manchmal dadurch, daß man auf seinen *Träger* zeigt.

44. Wir sagten: der Satz "Nothung hat eine scharfe Schneide" habe Sinn, auch wenn Nothung schon zerschlagen ist. Nun, das ist so, weil in diesem Sprachspiel ein Name auch in der Abwesenheit seines Trägers gebraucht wird. Aber wir können uns ein Sprachspiel mit Namen denken (d.h. mit Zeichen, die wir gewiß auch "Namen" nennen werden), in welchem diese nur in der Anwesenheit des Trägers gebraucht werden; also *immer* ersetzt werden können durch das hinweisende Fürwort mit der hinweisenden Gebärde.

45. Das hinweisende "dieses" kann nie trägerlos werden. Man könnte sagen: "Solange es ein *Dieses* gibt, solange hat das Wort 'dieses' auch Bedeutung, ob *dieses* nun einfach oder zusammengesetzt ist."——Aber das macht das Wort eben nicht zu einem Namen. Im Gegenteil; denn ein Name wird nicht mit der hinweisenden Geste verwendet, sondern nur durch sie erklärt.

46. Was hat es nun für eine Bewandtnis damit, daß Namen eigentlich das Einfache bezeichnen?—

Sokrates (im Theätetus): "Täusche ich mich nämlich nicht, so habe ich von Etlichen gehört: für die *Urelemente*—um mich so auszudrücken—aus denen wir und alles übrige zusammengesetzt sind, gebe es keine Erklärung; denn alles, was an und für sich ist, könne man nur mit Namen *bezeichnen*; eine andere Bestimmung sei nicht möglich, weder die, es *sei*, noch die, es *sei nicht*. . . . . . Was aber an und für sich ist, müsse man . . . . ohne alle anderen Bestimmungen benennen. Somit aber sei es unmöglich, von irgend einem Urelement erklärungsweise zu reden; denn für dieses gebe es nichts, als die bloße Benennung; es habe ja nur seinen Namen. Wie aber das, was aus diesen Urelementen sich zusammensetzt, selbst ein verflochtenes Gebilde sei, so seien auch seine Benennungen in dieser Verflechtung zur erklärenden Rede geworden; denn deren Wesen sei die Verflechtung von Namen."[1]

Diese Urelemente waren auch Russell's 'individuals', und auch meine 'Gegenstände' (*Log. Phil. Abb.*).

47. Aber welches sind die einfachen Bestandteile, aus denen sich die Realität zusammensetzt?—Was sind die einfachen Bestandteile eines Sessels?—Die Stücke Holz, aus denen er zusammengefügt ist? Oder die Moleküle, oder die Atome?—"Einfach" heißt: nicht zusammengesetzt. Und da kommt es darauf an: in welchem Sinne 'zusammengesetzt'? Es hat gar keinen Sinn von den 'einfachen Bestandteilen des Sessels schlechtweg' zu reden.

---

[1] Preisendanz's Übersetzung.

And the *meaning* of a name is sometimes explained by pointing to its *bearer*.

44. We said that the sentence "Excalibur has a sharp blade" made sense even when Excalibur was broken in pieces. Now this is so because in this language-game a name is also used in the absence of its bearer. But we can imagine a language-game with names (that is, with signs which we should certainly include among names) in which they are used only in the presence of the bearer; and so could *always* be replaced by a demonstrative pronoun and the gesture of pointing.

45. The demonstrative "this" can never be without a bearer. It might be said: "so long as there is a *this*, the word 'this' has a meaning too, whether *this* is simple or complex."——But that does not make the word into a name. On the contrary: for a name is not used with, but only explained by means of, the gesture of pointing.

46. What lies behind the idea that names really signify simples?—
Socrates says in the Theaetetus: "If I make no mistake, I have heard some people say this: there is no definition of the primary elements—so to speak—out of which we and everything else are composed; for everything that exists[1] in its own right can only be *named*, no other determination is possible, neither that it *is* nor that it *is not* . . . . . But what exists[1] in its own right has to be . . . . . named without any other determination. In consequence it is impossible to give an account of any primary element; for it, nothing is possible but the bare name; its name is all it has. But just as what consists of these primary elements is itself complex, so the names of the elements become descriptive language by being compounded together. For the essence of speech is the composition of names."

Both Russell's 'individuals' and my 'objects' (*Tractatus Logico-Philosophicus*) were such primary elements.

47. But what are the simple constituent parts of which reality is composed?—What are the simple constituent parts of a chair?—The bits of wood of which it is made? Or the molecules, or the atoms?—"Simple" means: not composite. And here the point is: in what sense 'composite'? It makes no sense at all to speak absolutely of the 'simple parts of a chair'.

---

[1] I have translated the German translation which Wittgenstein used rather than the original. Tr.

Oder: Besteht mein Gesichtsbild dieses Baumes, dieses Sessels, aus Teilen? und welches sind seine einfachen Bestandteile? Mehrfarbigkeit ist *eine* Art der Zusammengesetztheit; eine andere ist, z.B., die einer gebrochenen Kontur aus geraden Stücken. Und ein Kurvenstück kann man zusammengesetzt nennen aus einem aufsteigenden und einem absteigenden Ast.

Wenn ich jemandem ohne weitere Erklärung sage "Was ich jetzt vor mir sehe, ist zusammengesetzt", so wird er mit Recht fragen: "Was meinst du mit 'zusammengesetzt'? Das kann ja alles Mögliche heißen!"—Die Frage "Ist, was du siehst, zusammengesetzt?" hat wohl Sinn, wenn bereits feststeht, um welche Art des Zusammengesetztseins —d.h., um welchen besonderen Gebrauch dieses Wortes—es sich handeln soll. Wäre festgelegt worden, das Gesichtsbild eines Baumes solle "zusammengesetzt" heißen, wenn man nicht nur einen Stamm, sondern auch Äste sieht, so hätte die Frage "Ist das Gesichtsbild dieses Baumes einfach oder zusammengesetzt?" und die Frage "Welches sind seine einfachen Bestandteile?" einen klaren Sinn—eine klare Verwendung. Und auf die zweite Frage ist die Antwort natürlich nicht "Die Äste" (dies wäre eine Antwort auf die *grammatische* Frage: "Was *nennt* man hier die 'einfachen Bestandteile'?") sondern etwa eine Beschreibung der einzelnen Äste.

Aber ist z.B. nicht ein Schachbrett offenbar und schlechtweg zusammengesetzt?—Du denkst wohl an die Zusammensetzung aus 32 weißen und 32 schwarzen Quadraten. Aber könnten wir z.B. nicht auch sagen, es sei aus den Farben Weiß, Schwarz und dem Schema des Quadratnetzes zusammengesetzt? Und wenn es hier ganz verschiedene Betrachtungsweisen gibt, willst du dann noch sagen, das Schachbrett sei 'zusammengesetzt' schlechtweg?—*Außerhalb* eines bestimmten Spiels zu fragen "Ist dieser Gegenstand zusammengesetzt?", das ist ähnlich dem, was einmal ein Junge tat, der angeben sollte ob die Zeitwörter in gewissen Satzbeispielen in der aktiven, oder in der passiven Form gebraucht seien, und der sich nun darüber den Kopf zerbrach, ob z.B. das Zeitwort "schlafen" etwas Aktives, oder etwas Passives bedeute.

Das Wort "zusammengesetzt" (und also das Wort "einfach") wird von uns in einer Unzahl verschiedener, in verschiedenen Weisen mit einander verwandten, Arten benützt. (Ist die Farbe eines Schachfeldes einfach, oder besteht sie aus reinem Weiß und reinem Gelb? Und ist das Weiß einfach, oder besteht es aus den Farben des Regenbogens?— Ist diese Strecke von 2 cm einfach, oder besteht sie aus zwei Teilstrecken von je 1 cm? Aber warum nicht aus einem Stück von 3 cm Länge und einem, in negativem Sinn angesetzten, Stück von 1 cm?)

Auf die *philosophische* Frage: "Ist das Gesichtsbild dieses Baumes

Again: Does my visual image of this tree, of this chair, consist of parts? And what are its simple component parts? Multi-colouredness is one kind of complexity; another is, for example, that of a broken outline composed of straight bits. And a curve can be said to be composed of an ascending and a descending segment.

If I tell someone without any further explanation: "What I see before me now is composite", he will have the right to ask: "What do you mean by 'composite'? For there are all sorts of things that that can mean!"—The question "Is what you see composite?" makes good sense if it is already established what kind of complexity—that is, which particular use of the word—is in question. If it had been laid down that the visual image of a tree was to be called "composite" if one saw not just a single trunk, but also branches, then the question "Is the visual image of this tree simple or composite?", and the question "What are its simple component parts?", would have a clear sense—a clear use. And of course the answer to the second question is not "The branches" (that would be an answer to the *grammatical* question: "What are here called 'simple component parts'?") but rather a description of the individual branches.

But isn't a chessboard, for instance, obviously, and absolutely, composite?—You are probably thinking of the composition out of thirty-two white and thirty-two black squares. But could we not also say, for instance, that it was composed of the colours black and white and the schema of squares? And if there are quite different ways of looking at it, do you still want to say that the chessboard is absolutely 'composite'?—Asking "Is this object composite?" *outside* a particular language-game is like what a boy once did, who had to say whether the verbs in certain sentences were in the active or passive voice, and who racked his brains over the question whether the verb "to sleep" meant something active or passive.

We use the word "composite" (and therefore the word "simple") in an enormous number of different and differently related ways. (Is the colour of a square on a chessboard simple, or does it consist of pure white and pure yellow? And is white simple, or does it consist of the colours of the rainbow?—Is this length of 2 cm. simple, or does it consist of two parts, each 1 cm. long? But why not of one bit 3 cm. long, and one bit 1 cm. long measured in the opposite direction?)

To the *philosophical* question: "Is the visual image of this tree

zusammengesetzt, und welches sind seine Bestandteile?" ist die richtige Antwort: "Das kommt drauf an, was du unter "zusammengesetzt" verstehst." (Und das ist natürlich keine Beantwortung, sondern eine Zurückweisung der Frage.)

48. Laß uns die Methode des §2 auf die Darstellung im *Theätetus* anwenden. Betrachten wir ein Sprachspiel, wofür diese Darstellung wirklich gilt. Die Sprache diene dazu, Kombinationen farbiger Quadrate auf einer Fläche darzustellen. Die Quadrate bilden einen schachbrettförmigen Komplex. Es gibt rote, grüne, weiße und schwarze Quadrate. Die Wörter der Sprache seien (entsprechend): "R", "G", "W", "S", und ein Satz ist eine Reihe dieser Wörter. Sie beschreiben eine Zusammenstellung von Quadraten in der Reihenfolge

1	2	3
4	5	6
7	8	9

Der Satz "RRSGGGRWW" beschreibt also z.B. eine Zusammensetzung dieser Art:

Hier ist der Satz ein Komplex von Namen, dem ein Komplex von Elementen entspricht. Die Urelemente sind die farbigen Quadrate. "Aber sind diese einfach?"—Ich wüßte nicht, was ich in diesem Sprachspiel natürlicher das "Einfache" nennen sollte. Unter anderen Umständen aber würde ich ein einfärbiges Quadrat "zusammengesetzt" nennen, etwa aus zwei Rechtecken, oder aus den Elementen Farbe und Form. Aber der Begriff der Zusammensetzung könnte auch so gedehnt werden, daß die kleinere Fläche 'zusammengesetzt' genannt wird aus einer größeren und einer von ihr subtrahierten. Vergleiche 'Zusammensetzung' der Kräfte, 'Teilung' einer Strecke durch einen Punkt

composite, and what are its component parts?" the correct answer is: "That depends on what you understand by 'composite'." (And that is of course not an answer but a rejection of the question.)

48. Let us apply the method of §2 to the account in the *Theaetetus*. Let us consider a language-game for which this account is really valid. The language serves to describe combinations of coloured squares on a surface. The squares form a complex like a chessboard. There are red, green, white and black squares. The words of the language are (correspondingly) "R", "G", "W", "B", and a sentence is a series of these words. They describe an arrangement of squares in the order:

1	2	3
4	5	6
7	8	9

And so for instance the sentence "RRBGGGRWW" describes an arrangement of this sort:

Here the sentence is a complex of names, to which corresponds a complex of elements. The primary elements are the coloured squares. "But are these simple?"—I do not know what else you would have me call "the simples", what would be more natural in this language-game. But under other circumstances I should call a monochrome square "composite", consisting perhaps of two rectangles, or of the elements colour and shape. But the concept of complexity might also be so extended that a smaller area was said to be 'composed' of a greater area and another one subtracted from it. Compare the 'composition of

außerhalb; diese Ausdrücke zeigen, daß wir unter Umständen auch geneigt sind, das Kleinere als Resultat der Zusammensetzung von Größerem aufzufassen, und das Größere als ein Resultat der Teilung des Kleineren.

Aber ich weiß nicht, ob ich nun sagen soll, die Figur, die unser Satz beschreibt, bestehe aus vier Elementen oder aus neun! Nun, besteht jener Satz aus vier Buchstaben oder aus neun?—Und welches sind *seine* Elemente: die Buchstabentypen, oder die Buchstaben? Ist es nicht gleichgültig, welches wir sagen? wenn wir nur im besonderen Fall Mißverständnisse vermeiden!

49. Was heißt es aber, daß wir diese Elemente nicht erklären (d.h. beschreiben) sondern nur benennen können? Das könnte etwa sagen, daß die Beschreibung eines Komplexes, wenn er, in einem Grenzfall, nur aus *einem* Quadrat besteht, einfach der Name des Farbquadrates ist.

Man könnte hier sagen—obwohl dies leicht zu allerlei philosophischem Aberglauben führt—ein Zeichen "R", oder "S", etc., könne einmal Wort und einmal Satz sein. Ob es aber 'Wort oder Satz ist', hängt von der Situation ab, in der es ausgesprochen oder geschrieben wird. Soll z.B. A dem B Komplexe von Farbquadraten beschreiben und gebraucht er hier das Wort "R" *allein*, so werden wir sagen können, das Wort sei eine Beschreibung—ein Satz. Memoriert er aber etwa die Wörter und ihre Bedeutungen, oder lehrt er einen Andern den Gebrauch der Wörter und spricht sie beim hinweisenden Lehren aus, so werden wir nicht sagen, sie seien hier Sätze. In dieser Situation ist das Wort "R" z.B. keine Beschreibung; man *benennt* damit ein Element——aber darum wäre es hier seltsam zu sagen, das Element könne man *nur* benennen! Benennen und Beschreiben stehen ja nicht auf *einer* Ebene: Das Benennen ist eine Vorbereitung zur Beschreibung. Das Benennen ist noch gar kein Zug im Sprachspiel,—so wenig, wie das Aufstellen einer Schachfigur ein Zug im Schachspiel. Man kann sagen: Mit dem Benennen eines Dings ist noch *nichts* getan. Es *hat* auch keinen Namen, außer im Spiel. Das war es auch, was Frege damit meinte: ein Wort habe nur im Satzzusammenhang Bedeutung.

50. Was heißt es nun, von den Elementen zu sagen, daß wir ihnen weder Sein noch Nichtsein beilegen können?—Man könnte sagen: Wenn alles, was wir "Sein" und "Nichtsein" nennen, im Bestehen und Nichtbestehen von Verbindungen zwischen den Elementen liegt, dann hat es keinen Sinn vom Sein (Nichtsein) eines Elements zu sprechen; sowie, wenn alles, was wir "zerstören" nennen, in der Trennung von Elementen liegt, es keinen Sinn hat, vom Zerstören eines Elements zu reden.

forces', the 'division' of a line by a point outside it; these expressions shew that we are sometimes even inclined to conceive the smaller as the result of a composition of greater parts, and the greater as the result of a division of the smaller.

But I do not know whether to say that the figure described by our sentence consists of four or of nine elements! Well, does the sentence consist of four letters or of nine?—And which are *its* elements, the types of letter, or the letters? Does it matter which we say, so long as we avoid misunderstandings in any particular case?

49. But what does it mean to say that we cannot define (that is, describe) these elements, but only name them? This might mean, for instance, that when in a limiting case a complex consists of only *one* square, its description is simply the name of the coloured square.

Here we might say—though this easily leads to all kinds of philosophical superstition—that a sign "R" or "B", etc. may be sometimes a word and sometimes a proposition. But whether it 'is a word or a proposition' depends on the situation in which it is uttered or written. For instance, if A has to describe complexes of coloured squares to B and he uses the word "R" *alone*, we shall be able to say that the word is a description—a proposition. But if he is memorizing the words and their meanings, or if he is teaching someone else the use of the words and uttering them in the course of ostensive teaching, we shall not say that they are propositions. In this situation the word "R", for instance, is not a description; it *names* an element——but it would be queer to make that a reason for saying that an element can *only* be named! For naming and describing do not stand on the same level: naming is a preparation for description. Naming is so far not a move in the language-game—any more than putting a piece in its place on the board is a move in chess. We may say: *nothing* has so far been done, when a thing has been named. It has not even *got* a name except in the language-game. This was what Frege meant too, when he said that a word had meaning only as part of a sentence.

50. What does it mean to say that we can attribute neither being nor non-being to elements?—One might say: if everything that we call "being" and "non-being" consists in the existence and non-existence of connexions between elements, it makes no sense to speak of an element's being (non-being); just as when everything that we call "destruction" lies in the separation of elements, it makes no sense to speak of the destruction of an element.

Aber man möchte sagen: Man kann dem Element nicht Sein beilegen, denn *wäre* es nicht, so könnte man es auch nicht einmal nennen und also garnichts von ihm aussagen.—Betrachten wir doch einen analogen Fall! Man kann von *einem* Ding nicht aussagen, es sei 1 m lang, noch, es sei nicht 1 m lang, und das ist das Urmeter in Paris.—Damit haben wir aber diesem natürlich nicht irgend eine merkwürdige Eigenschaft zugeschrieben, sondern nur seine eigenartige Rolle im Spiel des Messens mit dem Metermaß gekennzeichnet.—Denken wir uns auf ähnliche Weise wie das Urmeter auch die Muster von Farben in Paris aufbewahrt. So erklären wir: "Sepia" heiße die Farbe des dort unter Luftabschluß aufbewahrten Ur-Sepia. Dann wird es keinen Sinn haben, von diesem Muster auszusagen, es habe diese Farbe, noch, es habe sie nicht.

Wir können das so ausdrücken: Dieses Muster ist ein Instrument der Sprache, mit der wir Farbaussagen machen. Es ist in diesem Spiel nicht Dargestelltes, sondern Mittel der Darstellung.—Und eben das gilt von einem Element im Sprachspiel (48), wenn wir, es benennend, das Wort "R" aussprechen: wir haben damit diesem Ding eine Rolle in unserm Sprachspiel gegeben; es ist nun *Mittel* der Darstellung. Und zu sagen "*Wäre* es nicht, so könnte es keinen Namen haben" sagt nun so viel, und so wenig, wie: gäbe es dieses Ding nicht, so könnten wir es in unserem Spiel nicht verwenden.—Was es, scheinbar, geben *muß*, gehört zur Sprache. Es ist in unserem Spiel ein Paradigma; etwas, womit verglichen wird. Und dies feststellen, kann heißen, eine wichtige Feststellung machen; aber es ist dennoch eine Feststellung unser Sprachspiel—unsere Darstellungsweise—betreffend.

51. In der Beschreibung des Sprachspiels (48) sagte ich, den Farben der Quadrate entsprächen die Wörter "R", "S", etc. . Worin aber besteht diese Entsprechung; in wiefern kann man sagen, diesen Zeichen entsprächen gewisse Farben der Quadrate? Die Erklärung in (48) stellte ja nur einen Zusammenhang zwischen diesen Zeichen und gewissen Wörtern unserer Sprache her (den Farbnamen).—Nun, es war vorausgesetzt, daß der Gebrauch der Zeichen im Spiel anders, und zwar durch Hinweisen auf Paradigmen, gelehrt würde. Wohl; aber was heißt es nun, zu sagen, in der *Praxis der Sprache* entsprächen den Zeichen gewisse Elemente?—Liegt es darin, daß der, welcher die Komplexe von Farbquadraten beschreibt, hierbei immer "R" sagt, wo ein rotes Quadrat steht; "S", wo ein schwarzes steht, etc.? Aber wie, wenn er sich bei der Beschreibung irrt und, fälschlich, "R" sagt, wo er ein schwarzes Quadrat sieht——was ist hier das Kriterium dafür, daß dies ein *Fehler* war?—Oder besteht, daß "R" ein rotes Quadrat bezeichnet, darin, daß den Menschen, die die Sprache gebrauchen,

One would, however, like to say: existence cannot be attributed to an element, for if it did not *exist*, one could not even name it and so one could say nothing at all of it.—But let us consider an analogous case. There is *one* thing of which one can say neither that it is one metre long, nor that it is not one metre long, and that is the standard metre in Paris.—But this is, of course, not to ascribe any extraordinary property to it, but only to mark its peculiar role in the language-game of measuring with a metre-rule.—Let us imagine samples of colour being preserved in Paris like the standard metre. We define: "sepia" means the colour of the standard sepia which is there kept hermetically sealed. Then it will make no sense to say of this sample either that it is of this colour or that it is not.

We can put it like this: This sample is an instrument of the language used in ascriptions of colour. In this language-game it is not something that is represented, but is a means of representation.—And just this goes for an element in language-game (48) when we name it by uttering the word "R": this gives this object a role in our language-game; it is now a *means* of representation. And to say "If it did not *exist*, it could have no name" is to say as much and as little as: if this thing did not exist, we could not use it in our language-game.—What looks as if it *had* to exist, is part of the language. It is a paradigm in our language-game; something with which comparison is made. And this may be an important observation; but it is none the less an observation concerning our language-game—our method of representation.

51. In describing language-game (48) I said that the words "R", "B", etc. corresponded to the colours of the squares. But what does this correspondence consist in; in what sense can one say that certain colours of squares correspond to these signs? For the account in (48) merely set up a connexion between those signs and certain words of our language (the names of colours).—Well, it was presupposed that the use of the signs in the language-game would be taught in a different way, in particular by pointing to paradigms. Very well; but what does it mean to say that in the *technique of using the language* certain elements correspond to the signs?—Is it that the person who is describing the complexes of coloured squares always says "R" where there is a red square; "B" when there is a black one, and so on? But what if he goes wrong in the description and mistakenly says "R" where he sees a black square——what is the criterion by which this is a *mistake*?—Or does "R"s standing for a red square consist in this, that when the

immer ein rotes Quadrat im Geist vorschwebt, wenn sie das Zeichen "R" gebrauchen?

Um klarer zu sehen, müssen wir hier, wie in unzähligen ähnlichen Fällen, die Einzelheiten der Vorgänge ins Auge fassen; was vorgeht *aus der Nähe betrachten*.

52. Wenn ich dazu neige, anzunehmen, daß eine Maus durch Urzeugung aus grauen Fetzen und Staub entsteht, so wird es gut sein, diese Fetzen genau daraufhin zu untersuchen, wie eine Maus sich in ihnen verstecken konnte, wie sie dort hin kommen konnte, etc.. Bin ich aber überzeugt, daß eine Maus aus diesen Dingen nicht entstehen kann, dann wird diese Untersuchung vielleicht überflüssig sein.

Was es aber ist, das sich in der Philosophie einer solchen Betrachtung der Einzelheiten entgegensetzt, müssen wir erst verstehen lernen.

53. Es gibt nun *verschiedene* Möglichkeiten für unser Sprachspiel (48), verschiedene Fälle, in denen wir sagen würden, ein Zeichen benenne in dem Spiel ein Quadrat von der und der Farbe. Wir würden dies z.B. sagen, wenn wir wüßten, daß den Menschen, die diese Sprache gebrauchen, der Gebrauch der Zeichen auf die und die Art beigebracht wurde. Oder, wenn es schriftlich, etwa in Form einer Tabelle, niedergelegt wäre, daß diesem Zeichen dieses Element entspricht, und wenn diese Tabelle beim Lehren der Sprache benützt und in gewissen Streitfällen zur Entscheidung herangezogen würde.

Wir können uns aber auch denken, daß eine solche Tabelle ein Werkzeug im Gebrauch der Sprache ist. Die Beschreibung eines Komplexes geht dann so vor sich: Der den Komplex beschreibt, führt eine Tabelle mit sich und sucht in ihr jedes Element des Komplexes auf und geht von ihm in der Tabelle zum Zeichen über (und es kann auch der, dem die Beschreibung gegeben wird, die Worte derselben durch eine Tabelle in die Anschauung von färbigen Quadraten übersetzen). Man könnte sagen, diese Tabelle übernehme hier die Rolle, die in anderen Fällen Gedächtnis und Assoziation spielen. (Wir werden den Befehl "Bring mir eine rote Blume!" für gewöhnlich nicht so ausführen, daß wir die Farbe Rot in einer Farbentabelle aufsuchen und dann eine Blume bringen von der Farbe, die wir in der Tabelle finden; aber wenn es sich darum handelt, einen bestimmten Ton von Rot zu wählen, oder zu mischen, dann geschieht es, daß wir uns eines Musters, oder einer Tabelle bedienen.)

Nennen wir eine solche Tabelle den Ausdruck einer Regel des Sprachspiels, so kann man sagen, daß dem, was wir Regel eines Sprachspiels nennen, sehr verschiedene Rollen im Spiel zukommen können.

54. Denken wir doch daran, in was für Fällen wir sagen, ein Spiel werde nach einer bestimmten Regel gespielt!

people whose language it is use the sign "R" a red square always comes before their minds?

In order to see more clearly, here as in countless similar cases, we must focus on the details of what goes on; must look at them *from close to.*

52. If I am inclined to suppose that a mouse has come into being by spontaneous generation out of grey rags and dust, I shall do well to examine those rags very closely to see how a mouse may have hidden in them, how it may have got there and so on. But if I am convinced that a mouse cannot come into being from these things, then this investigation will perhaps be superfluous.

But first we must learn to understand what it is that opposes such an examination of details in philosophy.

53. Our language-game (48) has *various* possibilities; there is a variety of cases in which we should say that a sign in the game was the name of a square of such-and-such a colour. We should say so if, for instance, we knew that the people who used the language were taught the use of the signs in such-and-such a way. Or if it were set down in writing, say in the form of a table, that this element corresponded to this sign, and if the table were used in teaching the language and were appealed to in certain disputed cases.

We can also imagine such a table's being a tool in the use of the language. Describing a complex is then done like this: the person who describes the complex has a table with him and looks up each element of the complex in it and passes from this to the sign (and the one who is given the description may also use a table to translate it into a picture of coloured squares). This table might be said to take over here the role of memory and association in other cases. (We do not usually carry out the order "Bring me a red flower" by looking up the colour red in a table of colours and then bringing a flower of the colour that we find in the table; but when it is a question of choosing or mixing a particular shade of red, we do sometimes make use of a sample or table.)

If we call such a table the expression of a rule of the language-game, it can be said that what we call a rule of a language-game may have very different roles in the game.

54. Let us recall the kinds of case where we say that a game is played according to a definite rule.

Die Regel kann ein Behelf des Unterrichts im Spiel sein. Sie wird dem Lernenden mitgeteilt und ihre Anwendung eingeübt.—Oder sie ist ein Werkzeug des Spieles selbst.—Oder: Eine Regel findet weder im Unterricht noch im Spiel selbst Verwendung; noch ist sie in einem Regelverzeichnis niedergelegt. Man lernt das Spiel, indem man zusieht, wie Andere es spielen. Aber wir sagen, es werde nach den und den Regeln gespielt, weil ein Beobachter diese Regeln aus der Praxis des Spiels ablesen kann,—wie ein Naturgesetz, dem die Spielhandlungen folgen.——Wie aber unterscheidet der Beobachter in diesem Fall zwischen einem Fehler der Spielenden und einer richtigen Spielhandlung?—Es gibt dafür Merkmale im Benehmen der Spieler. Denke an das charakteristische Benehmen dessen, der ein Versprechen korrigiert. Es wäre möglich, zu erkennen, daß Einer dies tut, auch wenn wir seine Sprache nicht verstehen.

55. "Was die Namen der Sprache bezeichnen, muß unzerstörbar sein: denn man muß den Zustand beschreiben können, in dem alles, was zerstörbar ist, zerstört ist. Und in dieser Beschreibung wird es Wörter geben; und was ihnen entspricht, darf dann nicht zerstört sein, denn sonst hätten die Wörter keine Bedeutung." Ich darf mir nicht den Ast absägen, auf welchem ich sitze.

Man könnte nun freilich gleich einwenden, daß ja die Beschreibung selbst sich von der Zerstörung ausnehmen müsse.—Aber das, was den Wörtern der Beschreibung entspricht und also nicht zerstört sein darf, wenn sie wahr ist, ist, was den Wörtern ihre Bedeutung gibt,—ohne welches sie keine Bedeutung hätten.——Aber dieser Mensch ist ja doch in einem Sinne das, was seinem Namen entspricht. Er aber ist zerstörbar; und sein Name verliert seine Bedeutung nicht, wenn der Träger zerstört wird.—Das, was dem Namen entspricht, und ohne den er keine Bedeutung hätte, ist, z.B., ein Paradigma, das im Sprachspiel in Verbindung mit dem Namen gebraucht wird.

56. Aber wie, wenn kein solches Muster zur Sprache gehört, wenn wir uns, z.B., die Farbe, die ein Wort bezeichnet, *merken*?——"Und wenn wir sie uns merken, so tritt sie also vor unser geistiges Auge, wenn wir etwa das Wort aussprechen. Sie muß also an sich unzerstörbar sein, wenn die Möglichkeit bestehen soll, daß wir uns jederzeit an sie erinnern."——Aber was sehen wir denn als das Kriterium dafür an, daß wir uns richtig an sie erinnern?—Wenn wir mit einem Muster statt mit unserm Gedächtnis arbeiten, so sagen wir unter Umständen, das Muster habe seine Farbe verändert und beurteilen dies mit dem Gedächtnis. Aber können wir nicht unter Umständen auch von einem Nachdunkeln (z.B.) unseres Erinnerungsbildes reden? Sind wir dem Gedächtnis nicht ebenso ausgeliefert, wie einem Muster? (Denn es

The rule may be an aid in teaching the game. The learner is told it and given practice in applying it.—Or it is an instrument of the game itself.—Or a rule is employed neither in the teaching nor in the game itself; nor is it set down in a list of rules. One learns the game by watching how others play. But we say that it is played according to such-and-such rules because an observer can read these rules off from the practice of the game—like a natural law governing the play.——But how does the observer distinguish in this case between players' mistakes and correct play?—There are characteristic signs of it in the players' behaviour. Think of the behaviour characteristic of correcting a slip of the tongue. It would be possible to recognize that someone was doing so even without knowing his language.

55. "What the names in language signify must be indestructible; for it must be possible to describe the state of affairs in which everything destructible is destroyed. And this description will contain words; and what corresponds to these cannot then be destroyed, for otherwise the words would have no meaning." I must not saw off the branch on which I am sitting.

One might, of course, object at once that this description would have to except itself from the destruction.—But what corresponds to the separate words of the description and so cannot be destroyed if it is true, is what gives the words their meaning—is that without which they would have no meaning.——In a sense, however, this man is surely what corresponds to his name. But he is destructible, and his name does not lose its meaning when the bearer is destroyed.—An example of something corresponding to the name, and without which it would have no meaning, is a paradigm that is used in connexion with the name in the language-game.

56. But what if no such sample is part of the language, and we *bear in mind* the colour (for instance) that a word stands for?——"And if we bear it in mind then it comes before our mind's eye when we utter the word. So, if it is always supposed to be possible for us to remember it, it must be in itself indestructible."——But what do we regard as the criterion for remembering it right?—When we work with a sample instead of our memory there are circumstances in which we say that the sample has changed colour and we judge of this by memory. But can we not sometimes speak of a darkening (for example) of our memory-image? Aren't we as much at the mercy of memory as of a sample? (For someone might feel like saying: "If we

könnte Einer sagen wollen: "Wenn wir kein Gedächtnis hätten, wären wir einem Muster ausgeliefert.")—Oder etwa einer chemischen Reaktion. Denke, du solltest eine bestimmte Farbe "F" malen, und es ist die Farbe, welche man sieht, wenn sich die chemischen Substanzen X und Y miteinander verbinden.—Nimm an, die Farbe käme dir an einem Tag heller vor als an einem andern; würdest du da nicht unter Umständen sagen: "Ich muß mich irren, die Farbe ist gewiß die gleiche, wie gestern"? Das zeigt, daß wir uns dessen, was das Gedächtnis sagt, nicht immer als des obersten, inappellabeln, Schiedsspruchs bedienen.

57. "Etwas Rotes kann zerstört werden, aber Rot kann nicht zerstört werden, und darum ist die Bedeutung des Wortes 'rot' von der Existenz eines roten Dinges unabhängig."—Gewiß, es hat keinen Sinn, zu sagen, die Farbe Rot (color, nicht pigmentum) werde zerrissen, oder zerstampft. Aber sagen wir nicht, "Die Röte verschwindet"? Und klammre dich nicht daran, daß wir sie uns vors geistige Auge rufen können, auch wenn es nichts Rotes mehr gibt! Dies ist nicht anders, als wolltest du sagen, daß es dann immer noch eine chemische Reaktion gäbe, die eine rote Flamme erzeugt.—Denn wie, wenn du dich nicht mehr an die Farbe erinnern kannst?—Wenn wir vergessen, welche Farbe es ist, die diesen Namen hat, so verliert er seine Bedeutung für uns; d.h., wir können ein bestimmtes Sprachspiel nicht mehr mit ihm spielen. Und die Situation ist dann der zu vergleichen, daß das Paradigma, welches ein Mittel unserer Sprache war, verloren gegangen ist.

58. "Ich will '*Name*' nur das nennen, was nicht in der Verbindung 'X existiert' stehen kann.—Und so kann man nicht sagen 'Rot existiert', weil, wenn es Rot nicht gäbe, von ihm überhaupt nicht geredet werden könnte."—Richtiger: Wenn "X existiert" soviel besagen soll, wie: "X" habe Bedeutung,—dann ist es kein Satz, der von X handelt, sondern ein Satz über unsern Sprachgebrauch, nämlich den Gebrauch des Wortes "X".

Es erscheint uns, als sagten wir damit etwas über die Natur von Rot: daß die Worte "Rot existiert" keinen Sinn ergeben. Es existiere eben 'an und für sich'. Die gleiche Idee,—daß dies eine metaphysische Aussage über Rot ist,—drückt sich auch darin aus, daß wir etwa sagen, Rot sei zeitlos, und vielleicht noch stärker im Wort "unzerstörbar".

Aber eigentlich *wollen* wir eben nur "Rot existiert" auffassen als Aussage: das Wort "Rot" hat Bedeutung. Oder vielleicht richtiger: "Rot existiert nicht" als " 'Rot' hat keine Bedeutung". Nur wollen wir nicht sagen, daß jener Ausdruck das *sagt*, sondern daß er *das* sagen müßte, *wenn* er einen Sinn hätte. Daß er sich aber beim Versuch, das

had no memory we should be at the mercy of a sample".)—Or perhaps of some chemical reaction. Imagine that you were supposed to paint a particular colour "C", which was the colour that appeared when the chemical substances X and Y combined.—Suppose that the colour struck you as brighter on one day than on another; would you not sometimes say: "I must be wrong, the colour is certainly the same as yesterday"? This shews that we do not always resort to what memory tells us as the verdict of the highest court of appeal.

57. "Something red can be destroyed, but red cannot be destroyed, and that is why the meaning of the word 'red' is independent of the existence of a red thing."—Certainly it makes no sense to say that the colour red is torn up or pounded to bits. But don't we say "The red is vanishing"? And don't clutch at the idea of our always being able to bring red before our mind's eye even when there is nothing red any more. That is just as if you chose to say that there would still always be a chemical reaction producing a red flame.—For suppose you cannot remember the colour any more?—When we forget which colour this is the name of, it loses its meaning for us; that is, we are no longer able to play a particular language-game with it. And the situation then is comparable with that in which we have lost a paradigm which was an instrument of our language.

58. "I want to restrict the term '*name*' to what cannot occur in the combination 'X exists'.—Thus one cannot say 'Red exists', because if there were no red it could not be spoken of at all."—Better: If "X exists" is meant simply to say: "X" has a meaning,—then it is not a proposition which treats of X, but a proposition about our use of language, that is, about the use of the word "X".

It looks to us as if we were saying something about the nature of red in saying that the words "Red exists" do not yield a sense. Namely that red does exist 'in its own right'. The same idea—that this is a metaphysical statement about red—finds expression again when we say such a thing as that red is timeless, and perhaps still more strongly in the word "indestructible".

But what we really *want* is simply to take "Red exists" as the statement: the word "red" has a meaning. Or perhaps better: "Red does not exist" as " 'Red' has no meaning". Only we do not want to say that that expression *says* this, but that *this* is what it would have to be saying *if* it meant anything. But that it contradicts itself in the attempt

zu sagen, selbst widerspricht—da eben Rot 'an und für sich' sei. Während ein Widerspruch nur etwa darin liegt, daß der Satz aussieht, als rede er von der Farbe, während er etwas über den Gebrauch des Wortes "rot" sagen soll.—In Wirklichkeit aber sagen wir sehr wohl, eine bestimmte Farbe existiere; und das heißt soviel wie: es existiere etwas, was diese Farbe hat. Und der erste Ausdruck ist nicht weniger exakt, als der zweite; besonders dort nicht, wo 'das, was die Farbe hat', kein physikalischer Gegenstand ist.

59. "*Namen* bezeichnen nur das, was *Element* der Wirklichkeit ist. Was sich nicht zerstören läßt; was in allem Wandel gleichbleibt."—Aber was ist das?—Während wir den Satz sagten, schwebte es uns ja schon vor! Wir sprachen schon eine ganz bestimmte Vorstellung aus. Ein bestimmtes Bild, das wir verwenden wollen. Denn die Erfahrung zeigt uns diese Elemente ja nicht. Wir sehen *Bestandteile* von etwas Zusammengesetztem (eines Sessels z.B.). Wir sagen, die Lehne ist ein Teil des Sessels, aber selbst wieder zusammengesetzt aus verschiedenen Hölzern; während ein Fuß ein einfacher Bestandteil ist. Wir sehen auch ein Ganzes, was sich ändert (zerstört wird), während seine Bestandteile unverändert bleiben. Dies sind die Materialien, aus denen wir jenes Bild der Wirklichkeit anfertigen.

60. Wenn ich nun sage: "Mein Besen steht in der Ecke",—ist dies eigentlich eine Aussage über den Besenstiel und die Bürste des Besens? Jedenfalls könnte man doch die Aussage ersetzen durch eine, die die Lage des Stiels und die Lage der Bürste angibt. Und diese Aussage ist doch nun eine weiter analysierte Form der ersten.—Warum aber nenne ich sie "weiter analysiert"?—Nun, wenn der Besen sich dort befindet, so heißt das doch, es müssen Stiel und Bürste dort sein und in bestimmter Lage zueinander; und dies war früher gleichsam im Sinn des Satzes verborgen, und im analysierten Satz ist es *ausgesprochen*. Also meint der, der sagt, der Besen stehe in der Ecke, eigentlich: der Stiel sei dort und die Bürste, und der Stiel stecke in der Bürste?—Wenn wir jemand fragten, ob er das meint, würde er wohl sagen, daß er garnicht an den Besenstiel besonders, oder an die Bürste besonders, gedacht habe. Und das wäre die *richtige* Antwort, denn er wollte weder vom Besenstiel, noch von der Bürste besonders reden. Denke, du sagtest jemandem statt "Bring mir den Besen!"—"Bring mir den Besenstiel und die Bürste, die an ihm steckt!"—Ist die Antwort darauf nicht: "Willst du den Besen haben? Und warum drückst du das so sonderbar aus?"——Wird er den weiter analysierten Satz also besser verstehen?—Dieser Satz, könnte man sagen, leistet dasselbe, wie der gewöhnliche, aber auf einem umständlicheren Wege.—Denk dir ein

to say it—just because red exists 'in its own right'. Whereas the only contradiction lies in something like this: the proposition looks as if it were about the colour, while it is supposed to be saying something about the use of the word "red".—In reality, however, we quite readily say that a particular colour exists; and that is as much as to say that something exists that has that colour. And the first expression is no less accurate than the second; particularly where 'what has the colour' is not a physical object.

59. "A *name* signifies only what is an *element* of reality. What cannot be destroyed; what remains the same in all changes."—But what is that?—Why, it swam before our minds as we said the sentence! This was the very expression of a quite particular image: of a particular picture which we want to use. For certainly experience does not shew us these elements. We see *component parts* of something composite (of a chair, for instance). We say that the back is part of the chair, but is in turn itself composed of several bits of wood; while a leg is a simple component part. We also see a whole which changes (is destroyed) while its component parts remain unchanged. These are the materials from which we construct that picture of reality.

60. When I say: "My broom is in the corner",—is this really a statement about the broomstick and the brush? Well, it could at any rate be replaced by a statement giving the position of the stick and the position of the brush. And this statement is surely a further analysed form of the first one.—But why do I call it "further analysed"?—Well, if the broom is there, that surely means that the stick and brush must be there, and in a particular relation to one another; and this was as it were hidden in the sense of the first sentence, and is *expressed* in the analysed sentence. Then does someone who says that the broom is in the corner really mean: the broomstick is there, and so is the brush, and the broomstick is fixed in the brush?—If we were to ask anyone if he meant this he would probably say that he had not thought specially of the broomstick or specially of the brush at all. And that would be the *right* answer, for he meant to speak neither of the stick nor of the brush in particular. Suppose that, instead of saying "Bring me the broom", you said "Bring me the broomstick and the brush which is fitted on to it."!—Isn't the answer: "Do you want the broom? Why do you put it so oddly?"——Is he going to understand the further analysed sentence better?—This sentence, one might say, achieves the same as the ordinary one, but in a more roundabout way.—

Sprachspiel, in dem jemandem Befehle gegeben werden, gewisse, aus mehreren Teilen zusammengesetzte, Dinge zu bringen, zu bewegen, oder dergleichen. Und zwei Arten es zu spielen: in der einen (a) haben die zusammengesetzten Dinge (Besen, Stühle, Tische, etc.) Namen, wie in (15); in der anderen (b) erhalten nur die Teile Namen und das Ganze wird mit ihrer Hilfe beschrieben.—In wiefern ist denn ein Befehl des zweiten Spiels eine analysierte Form eines Befehls des ersten? Steckt denn jener in diesem und wird nun durch Analyse herausgeholt?—Ja, der Besen wird zerlegt, wenn man Stiel und Bürste trennt; aber besteht darum auch der Befehl, den Besen zu bringen, aus entsprechenden Teilen?

61. "Aber du wirst doch nicht leugnen, daß ein bestimmter Befehl in (a) das Gleiche sagt, wie einer in (b); und wie willst du denn den zweiten nennen, wenn nicht eine analysierte Form des ersten?"—Freilich, ich würde auch sagen, ein Befehl in (a) habe den gleichen Sinn, wie einer in (b); oder, wie ich es früher ausgedrückt habe: sie leisten dasselbe. Und das heißt: Wenn mir etwa ein Befehl in (a) gezeigt und die Frage gestellt würde "Welchem Befehl in (b) ist dieser gleichsinnig?", oder auch "Welchen Befehlen in (b) widerspricht er?", so werde ich die Frage so und so beantworten. Aber damit ist nicht gesagt, daß wir uns über die Verwendung des Ausdrucks "den gleichen Sinn haben", oder "dasselbe leisten" *im Allgemeinen* verständigt haben. Man kann nämlich fragen: In welchem Fall sagen wir "Das sind nur zwei verschiedene Formen desselben Spiels"?

62. Denke etwa, der, dem die Befehle in (a) und (b) gegeben werden, habe in einer Tabelle, welche Namen und Bilder einander zuordnet, nachzusehen, ehe er das Verlangte bringt. Tut er nun *dasselbe*, wenn er einen Befehl in (a) und den entsprechenden in (b) ausführt?—Ja und nein. Du kannst sagen: "Der *Witz* der beiden Befehle ist der gleiche". Ich würde hier dasselbe sagen.—Aber es ist nicht überall klar, was man den 'Witz' des Befehls nennen soll. (Ebenso kann man von gewissen Dingen sagen: ihr Zweck ist der und der. Das Wesentliche ist, daß das eine *Lampe* ist, zur Beleuchtung dient——daß sie das Zimmer schmückt, einen leeren Raum füllt, etc., ist nicht wesentlich. Aber nicht immer sind wesentlich und unwesentlich klar getrennt.)

63. Der Ausdruck aber, ein Satz in (b) sei eine 'analysierte' Form eines in (a), verführt uns leicht dazu, zu meinen, jene Form sei die fundamentalere; sie zeige erst, was mit der andern gemeint sei, etc. . Wir denken etwa: Wer nur die unanalysierte Form besitzt, dem geht die Analyse ab; wer aber die analysierte Form kennt, der besitze damit

Imagine a language-game in which someone is ordered to bring certain objects which are composed of several parts, to move them about, or something else of the kind. And two ways of playing it: in one (a) the composite objects (brooms, chairs, tables, etc.) have names, as in (15); in the other (b) only the parts are given names and the wholes are described by means of them.—In what sense is an order in the second game an analysed form of an order in the first? Does the former lie concealed in the latter, and is it now brought out by analysis?—True, the broom is taken to pieces when one separates broomstick and brush; but does it follow that the order to bring the broom also consists of corresponding parts?

61. "But all the same you will not deny that a particular order in (a) means the same as one in (b); and what would you call the second one, if not an analysed form of the first?"—Certainly I too should say that an order in (a) had the same meaning as one in (b); or, as I expressed it earlier: they achieve the same. And this means that if I were shewn an order in (a) and asked: "Which order in (b) means the same as this?" or again "Which order in (b) does this contradict?" I should give such-and-such an answer. But that is not to say that we have come to a *general* agreement about the use of the expression "to have the same meaning" or "to achieve the same". For it can be asked in what cases we say: "These are merely two forms of the same game."

62. Suppose for instance that the person who is given the orders in (a) and (b) has to look up a table co-ordinating names and pictures before bringing what is required. Does he do *the same* when he carries out an order in (a) and the corresponding one in (b)?—Yes and no. You may say: "The *point* of the two orders is the same". I should say so too.—But it is not everywhere clear what should be called the 'point' of an order. (Similarly one may say of certain objects that they have this or that purpose. The essential thing is that this is a *lamp*, that it serves to give light;——that it is an ornament to the room, fills an empty space, etc., is not essential. But there is not always a sharp distinction between essential and inessential.)

63. To say, however, that a sentence in (b) is an 'analysed' form of one in (a) readily seduces us into thinking that the former is the more fundamental form; that it alone shews what is meant by the other, and so on. For example, we think: If you have only the unanalysed form you miss the analysis; but if you know the analysed form that

alles.—Aber kann ich nicht sagen, daß *diesem* ein Aspekt der Sache verloren geht, so wie jenem?

64. Denken wir uns das Spiel (48) dahin abgeändert, daß in ihm Namen nicht einfärbige Quadrate bezeichnen, sondern Rechtecke, die aus je zwei solchen Quadraten bestehen. Ein solches Rechteck, halb rot, halb grün, heiße "U"; ein Rechteck, halb grün, halb weiß, heiße "V", etc. . Könnten wir uns nicht Menschen denken, die für solche Farbenkombinationen Namen hätten, aber nicht für die einzelnen Farben? Denk an die Fälle, in denen wir sagen: "Diese Farbenzusammenstellung (die französische Tricolore etwa) hat einen ganz besonderen Charakter."

In wiefern sind die Zeichen dieses Sprachspiels einer Analyse bedürftig? Ja, in wieweit *kann* das Spiel durch (48) ersetzt werden?—Es ist eben ein *anderes* Sprachspiel; wenn auch mit (48) verwandt.

65. Hier stoßen wir auf die große Frage, die hinter allen diesen Betrachtungen steht.—Denn man könnte mir nun einwenden: "Du machst dir's leicht! Du redest von allen möglichen Sprachspielen, hast aber nirgends gesagt, was denn das Wesentliche des Sprachspiels, und also der Sprache, ist. Was allen diesen Vorgängen gemeinsam ist und sie zur Sprache, oder zu Teilen der Sprache macht. Du schenkst dir also gerade den Teil der Untersuchung, der dir selbst seinerzeit das meiste Kopfzerbrechen gemacht hat, nämlich den, die *allgemeine Form des Satzes* und der Sprache betreffend."

Und das ist wahr.—Statt etwas anzugeben, was allem, was wir Sprache nennen, gemeinsam ist, sage ich, es ist diesen Erscheinungen garnicht Eines gemeinsam, weswegen wir für alle das gleiche Wort verwenden,—sondern sie sind mit einander in vielen verschiedenen Weisen *verwandt*. Und dieser Verwandtschaft, oder dieser Verwandtschaften wegen nennen wir sie alle "Sprachen". Ich will versuchen, dies zu erklären.

66. Betrachte z.B. einmal die Vorgänge, die wir "Spiele" nennen. Ich meine Brettspiele, Kartenspiele, Ballspiele, Kampfspiele, u.s.w. . Was ist allen diesen gemeinsam?—Sag nicht: "Es *muß* ihnen etwas gemeinsam sein, sonst hießen sie nicht 'Spiele' "—sondern *schau*, ob ihnen allen etwas gemeinsam ist.—Denn, wenn du sie anschaust, wirst du zwar nicht etwas sehen, was *allen* gemeinsam wäre, aber du wirst Ähnlichkeiten, Verwandtschaften, sehen, und zwar eine ganze Reihe. Wie gesagt: denk nicht, sondern schau!—Schau z.B. die Brettspiele an, mit ihren mannigfachen Verwandtschaften. Nun geh zu den Kartenspielen über: hier findest du viele Entsprechungen mit jener ersten

gives you everything.—But can I not say that an aspect of the matter is lost on you in the *latter* case as well as the former?

64. Let us imagine language game (48) altered so that names signify not monochrome squares but rectangles each consisting of two such squares. Let such a rectangle, which is half red half green, be called "U"; a half green half white one, "V"; and so on. Could we not imagine people who had names for such combinations of colour, but not for the individual colours? Think of the cases where we say: "This arrangement of colours (say the French tricolor) has a quite special character."

In what sense do the symbols of this language-game stand in need of analysis? How far is it even *possible* to replace this language-game by (48)?—It is just *another* language-game; even though it is related to (48).

65. Here we come up against the great question that lies behind all these considerations.—For someone might object against me: "You take the easy way out! You talk about all sorts of language-games, but have nowhere said what the essence of a language-game, and hence of language, is: what is common to all these activities, and what makes them into language or parts of language. So you let yourself off the very part of the investigation that once gave you yourself most headache, the part about the *general form of propositions* and of language."

And this is true.—Instead of producing something common to all that we call language, I am saying that these phenomena have no one thing in common which makes us use the same word for all,—but that they are *related* to one another in many different ways. And it is because of this relationship, or these relationships, that we call them all "language". I will try to explain this.

66. Consider for example the proceedings that we call "games". I mean board-games, card-games, ball-games, Olympic games, and so on. What is common to them all?—Don't say: "There *must* be something common, or they would not be called 'games' "—but *look and see* whether there is anything common to all.—For if you look at them you will not see something that is common to *all*, but similarities, relationships, and a whole series of them at that. To repeat: don't think, but look!—Look for example at board-games, with their multifarious relationships. Now pass to card-games; here you find many correspondences with the first group, but many common

Klasse, aber viele gemeinsame Züge verschwinden, andere treten auf. Wenn wir nun zu den Ballspielen übergehen, so bleibt manches Gemeinsame erhalten, aber vieles geht verloren.—Sind sie alle '*unterhaltend*'? Vergleiche Schach mit dem Mühlfahren. Oder gibt es überall ein Gewinnen und Verlieren, oder eine Konkurrenz der Spielenden? Denk an die Patiencen. In den Ballspielen gibt es Gewinnen und Verlieren; aber wenn ein Kind den Ball an die Wand wirft und wieder auffängt, so ist dieser Zug verschwunden. Schau, welche Rolle Geschick und Glück spielen. Und wie verschieden ist Geschick im Schachspiel und Geschick im Tennisspiel. Denk nun an die Reigenspiele: Hier ist das Element der Unterhaltung, aber wie viele der anderen Charakterzüge sind verschwunden! Und so können wir durch die vielen, vielen anderen Gruppen von Spielen gehen. Ähnlichkeiten auftauchen und verschwinden sehen.

Und das Ergebnis dieser Betrachtung lautet nun: Wir sehen ein kompliziertes Netz von Ähnlichkeiten, die einander übergreifen und kreuzen. Ähnlichkeiten im Großen und Kleinen.

67. Ich kann diese Ähnlichkeiten nicht besser charakterisieren, als durch das Wort "Familienähnlichkeiten"; denn so übergreifen und kreuzen sich die verschiedenen Ähnlichkeiten, die zwischen den Gliedern einer Familie bestehen: Wuchs, Gesichtszüge, Augenfarbe, Gang, Temperament, etc. etc. .—Und ich werde sagen: die 'Spiele' bilden eine Familie.

Und ebenso bilden z.B. die Zahlenarten eine Familie. Warum nennen wir etwas "Zahl"? Nunetwa, weil es eine—direkte—Verwandtschaft mit manchem hat, was man bisher Zahl genannt hat; und dadurch, kann man sagen, erhält es eine indirekte Verwandtschaft zu anderem, was wir auch *so* nennen. Und wir dehnen unseren Begriff der Zahl aus, wie wir beim Spinnen eines Fadens Faser an Faser drehen. Und die Stärke des Fadens liegt nicht darin, daß irgend eine Faser durch seine ganze Länge läuft, sondern darin, daß viele Fasern einander übergreifen.

Wenn aber Einer sagen wollte: "Also ist allen diesen Gebilden etwas gemeinsam,—nämlich die Disjunktion aller dieser Gemeinsamkeiten"—so würde ich antworten: hier spielst du nur mit einem Wort. Ebenso könnte man sagen: es läuft ein Etwas durch den ganzen Faden,—nämlich das lückenlose Übergreifen dieser Fasern.

68. "Gut; so ist also der Begriff der Zahl für dich erklärt als die logische Summe jener einzelnen mit einander verwandten Begriffe: Kardinalzahl, Rationalzahl, reelle Zahl, etc., und gleicherweise der Begriff des Spiels als logische Summe entsprechender Teilbegriffe."——Dies muß nicht sein. Denn ich *kann* so dem Begriff 'Zahl' feste

features drop out, and others appear. When we pass next to ball-games, much that is common is retained, but much is lost.—Are they all 'amusing'? Compare chess with noughts and crosses. Or is there always winning and losing, or competition between players? Think of patience. In ball games there is winning and losing; but when a child throws his ball at the wall and catches it again, this feature has disappeared. Look at the parts played by skill and luck; and at the difference between skill in chess and skill in tennis. Think now of games like ring-a-ring-a-roses; here is the element of amusement, but how many other characteristic features have disappeared! And we can go through the many, many other groups of games in the same way; can see how similarities crop up and disappear.

And the result of this examination is: we see a complicated network of similarities overlapping and criss-crossing: sometimes overall similarities, sometimes similarities of detail.

67. I can think of no better expression to characterize these similarities than "family resemblances"; for the various resemblances between members of a family: build, features, colour of eyes, gait, temperament, etc. etc. overlap and criss-cross in the same way.—And I shall say: 'games' form a family.

And for instance the kinds of number form a family in the same way. Why do we call something a "number"? Well, perhaps because it has a—direct—relationship with several things that have hitherto been called number; and this can be said to give it an indirect relationship to other things we call the same name. And we extend our concept of number as in spinning a thread we twist fibre on fibre. And the strength of the thread does not reside in the fact that some one fibre runs through its whole length, but in the overlapping of many fibres.

But if someone wished to say: "There is something common to all these constructions—namely the disjunction of all their common properties"—I should reply: Now you are only playing with words. One might as well say: "Something runs through the whole thread—namely the continuous overlapping of those fibres".

68. "All right: the concept of number is defined for you as the logical sum of these individual interrelated concepts: cardinal numbers, rational numbers, real numbers, etc.; and in the same way the concept of a game as the logical sum of a corresponding set of sub-concepts."—

—It need not be so. For I *can* give the concept 'number' rigid limits

Grenzen geben, d.h. das Wort "Zahl" zur Bezeichnung eines fest begrenzten Begriffs gebrauchen, aber ich kann es auch so gebrauchen, daß der Umfang des Begriffs *nicht* durch eine Grenze abgeschlossen ist. Und so verwenden wir ja das Wort "Spiel". Wie ist denn der Begriff des Spiels abgeschlossen? Was ist noch ein Spiel und was ist keines mehr? Kannst du die Grenzen angeben? Nein. Du kannst welche *ziehen*: denn es sind noch keine gezogen. (Aber das hat dich noch nie gestört, wenn du das Wort "Spiel" angewendet hast.)

"Aber dann ist ja die Anwendung des Wortes nicht geregelt; das 'Spiel', welches wir mit ihm spielen, ist nicht geregelt."——Es ist nicht überall von Regeln begrenzt; aber es gibt ja auch keine Regel dafür z.B., wie hoch man im Tennis den Ball werfen darf, oder wie stark, aber Tennis ist doch ein Spiel und es hat auch Regeln.

69. Wie würden wir denn jemandem erklären, was ein Spiel ist? Ich glaube, wir werden ihm *Spiele* beschreiben, und wir könnten der Beschreibung hinzufügen: "das, *und Ähnliches*, nennt man 'Spiele' ". Und wissen wir selbst denn mehr? Können wir etwa nur dem Andern nicht genau sagen, was ein Spiel ist?—Aber das ist nicht Unwissenheit. Wir kennen die Grenzen nicht, weil keine gezogen sind. Wie gesagt, wir können—für einen besondern Zweck—eine Grenze ziehen. Machen wir dadurch den Begriff erst brauchbar? Durchaus nicht! Es sei denn, für diesen besondern Zweck. So wenig, wie der das Längenmaß '1 Schritt' brauchbar machte, der die Definition gab: 1 Schritt = 75 cm. Und wenn du sagen willst "Aber vorher war es doch kein exaktes Längenmaß", so antworte ich: gut, dann war es ein unexaktes.—Obgleich du mir noch die Definition der Exaktheit schuldig bist.

70. "Aber wenn der Begriff 'Spiel' auf diese Weise unbegrenzt ist, so weißt du ja eigentlich nicht, was du mit 'Spiel' meinst."——Wenn ich die Beschreibung gebe: "Der Boden war ganz mit Pflanzen bedeckt",—willst du sagen, ich weiß nicht, wovon ich rede, ehe ich nicht eine Definition der Pflanze geben kann?

Eine Erklärung dessen, was ich meine, wäre etwa eine Zeichnung und die Worte "So ungefähr hat der Boden ausgesehen". Ich sage vielleicht auch: "*genau* so hat er ausgesehen".—Also waren genau *diese* Gräser und Blätter, in diesen Lagen, dort? Nein, das heißt es nicht. Und kein Bild würde ich, in *diesem* Sinne, als das genaue anerkennen.

Jemand sagt mir: "Zeige den Kindern ein Spiel!" Ich lehre sie, um Geld würfeln, und der Andere sagt mir "Ich habe nicht so ein Spiel gemeint". Mußte ihm da, als er mir den Befehl gab, der Ausschluß des Würfelspiels vorschweben?

in this way, that is, use the word "number" for a rigidly limited concept, but I can also use it so that the extension of the concept is *not* closed by a frontier. And this is how we do use the word "game". For how is the concept of a game bounded? What still counts as a game and what no longer does? Can you give the boundary? No. You can *draw* one; for none has so far been drawn. (But that never troubled you before when you used the word "game".)

"But then the use of the word is unregulated, the 'game' we play with it is unregulated."——It is not everywhere circumscribed by rules; but no more are there any rules for how high one throws the ball in tennis, or how hard; yet tennis is a game for all that and has rules too.

69. How should we explain to someone what a game is? I imagine that we should describe *games* to him, and we might add: "This *and similar things* are called 'games' ". And do we know any more about it ourselves? Is it only other people whom we cannot tell exactly what a game is?—But this is not ignorance. We do not know the boundaries because none have been drawn. To repeat, we can draw a boundary—for a special purpose. Does it take that to make the concept usable? Not at all! (Except for that special purpose.) No more than it took the definition: 1 pace = 75 cm. to make the measure of length 'one pace' usable. And if you want to say "But still, before that it wasn't an exact measure", then I reply: very well, it was an inexact one.—Though you still owe me a definition of exactness.

70. "But if the concept 'game' is uncircumscribed like that, you don't really know what you mean by a 'game'."——When I give the description: "The ground was quite covered with plants"—do you want to say I don't know what I am talking about until I can give a definition of a plant?

My meaning would be explained by, say, a drawing and the words "The ground looked roughly like this". Perhaps I even say "it looked *exactly* like this."—Then were just *this* grass and *these* leaves there, arranged just like this? No, that is not what it means. And I should not accept any picture as exact in *this* sense.

Someone says to me: "Shew the children a game." I teach them gaming with dice, and the other says "I didn't mean that sort of game." Must the exclusion of the game with dice have come before his mind when he gave me the order?

71. Man kann sagen, der Begriff 'Spiel' ist ein Begriff mit verschwommenen Rändern.—"Aber ist ein verschwommener Begriff überhaupt ein *Begriff*?"—Ist eine unscharfe Photographie überhaupt ein Bild eines Menschen? Ja, kann man ein unscharfes Bild immer mit Vorteil durch ein scharfes ersetzen? Ist das unscharfe nicht oft gerade das, was wir brauchen?

Frege vergleicht den Begriff mit einem Bezirk und sagt: einen unklar begrenzten Bezirk könne man überhaupt keinen Bezirk nennen. Das heißt wohl, wir können mit ihm nichts anfangen.—Aber ist es sinnlos zu sagen: "Halte dich ungefähr hier auf!"? Denk dir, ich stünde mit einem Andern auf einem Platz und sagte dies. Dabei werde ich nicht einmal irgend eine Grenze ziehen, sondern etwa mit der Hand eine zeigende Bewegung machen—als zeigte ich ihm einen bestimmten *Punkt*. Und gerade so erklärt man etwa, was ein Spiel ist. Man gibt Beispiele und will, daß sie in einem gewissen Sinne verstanden werden. —Aber mit diesem Ausdruck meine ich nicht: er solle nun in diesen Beispielen das Gemeinsame sehen, welches ich—aus irgend einem Grunde—nicht aussprechen konnte. Sondern: er solle diese Beispiele nun in bestimmter Weise *verwenden*. Das Exemplifizieren ist hier nicht ein *indirektes* Mittel der Erklärung,—in Ermanglung eines Bessern. Denn, mißverstanden kann auch jede allgemeine Erklärung werden. *So* spielen wir eben das Spiel. (Ich meine das Sprachspiel mit dem Worte "Spiel".)

72. *Das Gemeinsame sehen*. Nimm an, ich zeige jemand verschiedene bunte Bilder, und sage: "Die Farbe, die du in allen siehst, heißt 'Ocker'. "—Das ist eine Erklärung, die verstanden wird, indem der Andere aufsucht und sieht, was jenen Bildern gemeinsam ist. Er kann dann auf das Gemeinsame blicken, darauf zeigen.

Vergleiche damit: Ich zeige ihm Figuren verschiedener Form, alle in der gleichen Farbe gemalt und sage: "Was diese mit einander gemein haben, heißt 'Ocker' ".

Und vergleiche damit: Ich zeige ihm Muster verschiedener Schattierungen von Blau und sage: "Die Farbe, die allen gemeinsam ist, nenne ich 'Blau' ".

73. Wenn Einer mir die Namen der Farben erklärt, indem er auf Muster zeigt und sagt "Diese Farbe heißt 'Blau', diese 'Grün', ...", so kann dieser Fall in vieler Hinsicht dem verglichen werden, daß er mir eine Tabelle an die Hand gibt, in der unter den Mustern von Farben die Wörter stehen.—Wenn auch dieser Vergleich in mancher Weise irreführen kann.—Man ist nun geneigt, den Vergleich auszudehnen: Die Erklärung verstanden haben, heißt, einen Begriff des Erklärten im Geiste besitzen, und d.i. ein Muster, oder Bild. Zeigt

71. One might say that the concept 'game' is a concept with blurred edges.—"But is a blurred concept a concept at all?"—Is an indistinct photograph a picture of a person at all? Is it even always an advantage to replace an indistinct picture by a sharp one? Isn't the indistinct one often exactly what we need?

Frege compares a concept to an area and says that an area with vague boundaries cannot be called an area at all. This presumably means that we cannot do anything with it.—But is it senseless to say: "Stand roughly there"? Suppose that I were standing with someone in a city square and said that. As I say it I do not draw any kind of boundary, but perhaps point with my hand—as if I were indicating a particular *spot*. And this is just how one might explain to someone what a game is. One gives examples and intends them to be taken in a particular way.—I do not, however, mean by this that he is supposed to see in those examples that common thing which I—for some reason—was unable to express; but that he is now to *employ* those examples in a particular way. Here giving examples is not an *indirect* means of explaining—in default of a better. For any general definition can be misunderstood too. The point is that *this* is how we play the game. (I mean the language-game with the word "game".)

72. *Seeing what is common.* Suppose I shew someone various multi-coloured pictures, and say: "The colour you see in all these is called 'yellow ochre' ".—This is a definition, and the other will get to understand it by looking for and seeing what is common to the pictures. Then he can look *at*, can point *to*, the common thing.

Compare with this a case in which I shew him figures of different shapes all painted the same colour, and say: "What these have in common is called 'yellow ochre' ".

And compare this case: I shew him samples of different shades of blue and say: "The colour that is common to all these is what I call 'blue' ".

73. When someone defines the names of colours for me by pointing to samples and saying "This colour is called 'blue', this 'green' . . . . . " this case can be compared in many respects to putting a table in my hands, with the words written under the colour-samples.—Though this comparison may mislead in many ways.—One is now inclined to extend the comparison: to have understood the definition means to have in one's mind an idea of the thing defined, and that is a sample or picture. So if I am shewn various different leaves and told

man mir nun verschiedene Blätter und sagt "Das nennt man 'Blatt' ", so erhalte ich einen Begriff der Blattform, ein Bild von ihr im Geiste.—Aber wie schaut denn das Bild eines Blattes aus, das keine bestimmte Form zeigt, sondern 'das, was allen Blattformen gemeinsam ist'? Welchen Farbton hat das 'Muster in meinem Geiste' der Farbe Grün—dessen, was allen Tönen von Grün gemeinsam ist?

"Aber könnte es nicht solche 'allgemeine' Muster geben? Etwa ein Blattschema, oder ein Muster von *reinem* Grün?"—Gewiß! Aber, daß dieses Schema als *Schema* verstanden wird, und nicht als die Form eines bestimmten Blattes, und daß ein Täfelchen von reinem Grün als Muster alles dessen verstanden wird, was grünlich ist, und nicht als Muster für reines Grün—das liegt wieder in der Art der Anwendung dieser Muster.

Frage dich: Welche *Gestalt* muß das Muster der Farbe Grün haben? Soll es viereckig sein? oder würde es dann das Muster für grüne Vierecke sein?—Soll es also 'unregelmäßig' geformt sein? Und was verhindert uns, es dann nur als Muster der unregelmäßigen Form anzusehen—d.h. zu verwenden?

74. Hierher gehört auch der Gedanke, daß der, welcher dieses Blatt als Muster 'der Blattform im allgemeinen' ansieht, es anders *sieht*, als der, welcher es etwa als Muster für diese bestimmte Form betrachtet. Nun, das könnte ja so sein—obwohl es nicht so ist—, denn es würde nur besagen, daß erfahrungsgemäß der, welcher das Blatt in bestimmter Weise *sieht*, es dann so und so, oder den und den Regeln gemäß, verwendet. Es gibt natürlich ein *so* und *anders* Sehen; und es gibt auch Fälle, in denen der, der ein Muster *so* sieht, es im allgemeinen in *dieser* Weise verwenden wird, und wer es anders sieht, in anderer Weise. Wer, z.B., die schematische Zeichnung eines Würfels als ebene Figur sieht, bestehend aus einem Quadrat und zwei Rhomben, der wird den Befehl "Bringe mir so etwas!" vielleicht anders ausführen, als der, welcher das Bild räumlich sieht.

75. Was heißt es: wissen, was ein Spiel ist? Was heißt es, es wissen und es nicht sagen können? Ist dieses Wissen irgendein Äquivalent einer nicht ausgesprochenen Definition? So daß, wenn sie ausgesprochen würde, ich sie als den Ausdruck meines Wissens anerkennen könnte? Ist nicht mein Wissen, mein Begriff vom Spiel, ganz in den Erklärungen ausgedrückt, die ich geben könnte? Nämlich darin, daß ich Beispiele von Spielen verschiedener Art beschreibe; zeige, wie man nach Analogie dieser auf alle möglichen Arten andere Spiele konstruieren kann; sage, daß ich das und das wohl kaum mehr ein Spiel nennen würde; und dergleichen mehr.

"This is called a 'leaf' ", I get an idea of the shape of a leaf, a picture of it in my mind.—But what does the picture of a leaf look like when it does not shew us any particular shape, but 'what is common to all shapes of leaf'? Which shade is the 'sample in my mind' of the colour green—the sample of what is common to all shades of green?

"But might there not be such 'general' samples? Say a schematic leaf, or a sample of *pure* green?"—Certainly there might. But for such a schema to be understood as a *schema*, and not as the shape of a particular leaf, and for a slip of pure green to be understood as a sample of all that is greenish and not as a sample of pure green—this in turn resides in the way the samples are used.

Ask yourself: what *shape* must the sample of the colour green be? Should it be rectangular? Or would it then be the sample of a green rectangle?—So should it be 'irregular' in shape? And what is to prevent us then from regarding it—that is, from using it—only as a sample of irregularity of shape?

74. Here also belongs the idea that if you see this leaf as a sample of 'leaf shape in general' you *see* it differently from someone who regards it as, say, a sample of this particular shape. Now this might well be so—though it is not so—for it would only be to say that, as a matter of experience, if you *see* the leaf in a particular way, you use it in such-and-such a way or according to such-and-such rules. Of course, there is such a thing as seeing in *this* way or *that*; and there are also cases where whoever sees a sample like *this* will in general use it in *this* way, and whoever sees it otherwise in another way. For example, if you see the schematic drawing of a cube as a plane figure consisting of a square and two rhombi you will, perhaps, carry out the order "Bring me something like this" differently from someone who sees the picture three-dimensionally.

75. What does it mean to know what a game is? What does it mean, to know it and not be able to say it? Is this knowledge somehow equivalent to an unformulated definition? So that if it were formulated I should be able to recognize it as the expression of my knowledge? Isn't my knowledge, my concept of a game, completely expressed in the explanations that I could give? That is, in my describing examples of various kinds of game; shewing how all sorts of other games can be constructed on the analogy of these; saying that I should scarcely include this or this among games; and so on.

76. Wenn Einer eine scharfe Grenze zöge, so könnte ich sie nicht als die anerkennen, die ich auch schon immer ziehen wollte, oder im Geist gezogen habe. Denn ich wollte gar keine ziehen. Man kann dann sagen: sein Begriff ist nicht der gleiche wie der meine, aber ihm verwandt. Und die Verwandtschaft ist die zweier Bilder, deren eines aus unscharf begrenzten Farbflecken, das andere aus ähnlich geformten und verteilten, aber scharf begrenzten, besteht. Die Verwandtschaft ist dann ebenso unleugbar, wie die Verschiedenheit.

77. Und wenn wir diesen Vergleich noch etwas weiter führen, so ist es klar, daß der Grad, bis zu welchem das scharfe Bild dem verschwommenen ähnlich sein *kann*, vom Grade der Unschärfe des zweiten abhängt. Denn denk dir, du solltest zu einem verschwommenen Bild ein ihm 'entsprechendes' scharfes entwerfen. In jenem ist ein unscharfes rotes Rechteck; du setzt dafür ein scharfes. Freilich—es ließen sich ja mehrere solche scharfe Rechtecke ziehen, die dem unscharfen entsprächen.—Wenn aber im Original die Farben ohne die Spur einer Grenze ineinanderfließen,—wird es dann nicht eine hoffnungslose Aufgabe werden, ein dem verschwommenen entsprechendes scharfes Bild zu zeichnen? Wirst du dann nicht sagen müssen: "Hier könnte ich ebenso gut einen Kreis, wie ein Rechteck, oder eine Herzform zeichnen; es fließen ja alle Farben durcheinander. Es stimmt alles; und nichts."——Und in dieser Lage befindet sich z.B. der, der in der Aesthetik, oder Ethik nach Definitionen sucht, die unseren Begriffen entsprechen.

Frage dich in dieser Schwierigkeit immer: Wie haben wir denn die Bedeutung dieses Wortes ("gut" z.B.) *gelernt*? An was für Beispielen; in welchen Sprachspielen? Du wirst dann leichter sehen, daß das Wort eine Familie von Bedeutungen haben muß.

78. Vergleiche: *wissen* und *sagen*:

wieviele m hoch der Mont-Blanc ist—
wie das Wort "Spiel" gebraucht wird—
wie eine Klarinette klingt.

Wer sich wundert, daß man etwas wissen könne, und nicht sagen, denkt vielleicht an einen Fall wie den ersten. Gewiß nicht an einen, wie den dritten.

79. Betrachte dieses Beispiel: Wenn man sagt "Moses hat nicht existiert", so kann das Verschiedenerlei bedeuten. Es kann heißen: die Israeliten haben nicht *einen* Führer gehabt, als sie aus Ägypten auszogen——oder: ihr Führer hat nicht Moses geheißen——oder: es hat keinen Menschen gegeben, der alles das vollbracht hat, was die Bibel von Moses berichtet——oder etc. etc. .—Nach Russell können wir sagen: der Name "Moses" kann durch verschiedene Beschreibungen

76. If someone were to draw a sharp boundary I could not acknowledge it as the one that I too always wanted to draw, or had drawn in my mind. For I did not want to draw one at all. His concept can then be said to be not the same as mine, but akin to it. The kinship is that of two pictures, one of which consists of colour patches with vague contours, and the other of patches similarly shaped and distributed, but with clear contours. The kinship is just as undeniable as the difference.

77. And if we carry this comparison still further it is clear that the degree to which the sharp picture *can* resemble the blurred one depends on the latter's degree of vagueness. For imagine having to sketch a sharply defined picture 'corresponding' to a blurred one. In the latter there is a blurred red rectangle: for it you put down a sharply defined one. Of course—several such sharply defined rectangles can be drawn to correspond to the indefinite one.—But if the colours in the original merge without a hint of any outline won't it become a hopeless task to draw a sharp picture corresponding to the blurred one? Won't you then have to say: "Here I might just as well draw a circle or heart as a rectangle, for all the colours merge. Anything—and nothing—is right."——And this is the position you are in if you look for definitions corresponding to our concepts in aesthetics or ethics.

In such a difficulty always ask yourself: How did we *learn* the meaning of this word ("good" for instance)? From what sort of examples? in what language-games? Then it will be easier for you to see that the word must have a family of meanings.

78. Compare *knowing* and *saying*:

how many feet high Mont Blanc is—
how the word "game" is used—
how a clarinet sounds.

If you are surprised that one can know something and not be able to say it, you are perhaps thinking of a case like the first. Certainly not of one like the third.

79. Consider this example. If one says "Moses did not exist", this may mean various things. It may mean: the Israelites did not have a *single* leader when they withdrew from Egypt——or: their leader was not called Moses——or: there cannot have been anyone who accomplished all that the Bible relates of Moses——or: etc. etc.— We may say, following Russell: the name "Moses" can be defined by

definiert werden. Z.B. als: "der Mann, welcher die Israeliten durch die Wüste geführt hat", "der Mann, welcher zu dieser Zeit und an diesem Ort gelebt hat und damals 'Moses' genannt wurde", "der Mann, welcher als Kind von der Tochter Pharaos aus dem Nil gezogen wurde", etc. . Und je nachdem wir die eine, oder die andere Definition annehmen, bekommt der Satz "Moses hat existiert" einen andern Sinn, und ebenso jeder andere Satz, der von Moses handelt.—Und wenn man uns sagt "N hat nicht existiert", fragen wir auch: "Was meinst du? Willst du sagen, daß . . . . , oder daß . . . . , etc.?"

Aber wenn ich nun eine Aussage über Moses mache,—bin ich immer bereit, irgend *eine* dieser Beschreibungen für "Moses" zu setzen? Ich werde etwa sagen: Unter "Moses" verstehe ich den Mann, der getan hat, was die Bibel von Moses berichtet, oder doch vieles davon. Aber wievieles? Habe ich mich entschieden, wieviel sich als falsch erweisen muß, damit ich meinen Satz als falsch aufgebe? Hat also der Name "Moses" für mich einen festen und eindeutig bestimmten Gebrauch in allen möglichen Fällen?—Ist es nicht so, daß ich sozusagen eine ganze Reihe von Stützen in Bereitschaft habe, und bereit bin, mich auf eine zu stützen, wenn mir die andere entzogen werden sollte, und umgekehrt?——Betrachte noch einen andern Fall. Wenn ich sage "N ist gestorben", so kann es mit der Bedeutung des Namens "N" etwa diese Bewandtnis haben: Ich glaube daß ein Mensch gelebt hat, den ich (1) dort und dort gesehen habe, der (2) so und so ausgeschaut hat (Bilder), (3) das und das getan hat und (4) in der bürgerlichen Welt diesen Namen "N" führt.—Gefragt, was ich unter "N" verstehe, würde ich alles das, oder einiges davon, und bei verschiedenen Gelegenheiten Verschiedenes, aufzählen. Meine Definition von "N" wäre also etwa: "der Mann, von dem alles das stimmt".—Aber wenn sich nun etwas davon als falsch erwiese!—Werde ich bereit sein, den Satz "N ist gestorben" für falsch zu erklären,—auch wenn nur etwas mir nebensächlich scheinendes sich als falsch herausstellt? Wo aber ist die Grenze des Nebensächlichen?—Hätte ich in so einem Fall eine Erklärung des Namens gegeben, so wäre ich nun bereit, sie abzuändern.

Und das kann man so ausdrücken: Ich gebrauche den Namen "N" ohne *feste* Bedeutung. (Aber das tut seinem Gebrauch so wenig Eintrag, wie dem eines Tisches, daß er auf vier Beinen ruht, statt auf dreien, und daher unter Umständen wackelt.)

Soll man sagen, ich gebrauche ein Wort, dessen Bedeutung ich nicht kenne, rede also Unsinn?—Sage, was du willst, solange dich das nicht verhindert, zu sehen, wie es sich verhält. (Und wenn du das siehst, wirst du Manches nicht sagen.)

(Das Schwanken wissenschaftlicher Definitionen: Was heute als

means of various descriptions. For example, as "the man who led the Israelites through the wilderness", "the man who lived at that time and place and was then called 'Moses' ", "the man who as a child was taken out of the Nile by Pharaoh's daughter" and so on. And according as we assume one definition or another the proposition "Moses did not exist" acquires a different sense, and so does every other proposition about Moses.—And if we are told "N did not exist", we do ask: "What do you mean? Do you want to say . . . . . . or . . . . . . etc.?

But when I make a statement about Moses,—am I always ready to substitute some *one* of these descriptions for "Moses"? I shall perhaps say: By "Moses" I understand the man who did what the Bible relates of Moses, or at any rate a good deal of it. But how much? Have I decided how much must be proved false for me to give up my proposition as false? Has the name "Moses" got a fixed and unequivocal use for me in all possible cases?—Is it not the case that I have, so to speak, a whole series of props in readiness, and am ready to lean on one if another should be taken from under me and vice versa?——Consider another case. When I say "N is dead", then something like the following may hold for the meaning of the name "N": I believe that a human being has lived, whom I (1) have seen in such-and-such places, who (2) looked like this (pictures), (3) has done such-and-such things, and (4) bore the name "N" in social life.—Asked what I understand by "N", I should enumerate all or some of these points, and different ones on different occasions. So my definition of "N" would perhaps be "the man of whom all this is true".—But if some point now proves false?—Shall I be prepared to declare the proposition "N is dead" false—even if it is only something which strikes me as incidental that has turned out false? But where are the bounds of the incidental?—If I had given a definition of the name in such a case, I should now be ready to alter it.

And this can be expressed like this: I use the name "N" without a *fixed* meaning. (But that detracts as little from its usefulness, as it detracts from that of a table that it stands on four legs instead of three and so sometimes wobbles.)

Should it be said that I am using a word whose meaning I don't know, and so am talking nonsense?—Say what you choose, so long as it does not prevent you from seeing the facts. (And when you see them there is a good deal that you will not say.)

(The fluctuation of scientific definitions: what to-day counts as an

erfahrungsmäßige Begleiterscheinung des Phänomens A gilt, wird morgen zur Definition von "A" benützt.)

80. Ich sage: "Dort steht ein Sessel". Wie, wenn ich hingehe und ihn holen will und er entschwindet plötzlich meinem Blick?——"Also war es kein Sessel, sondern irgend eine Täuschung."——Aber in ein paar Sekunden sehen wir ihn wieder und können ihn angreifen, etc. . ——"Also war der Sessel doch da und sein Verschwinden war irgend eine Täuschung."——Aber nimm an, nach einer Zeit verschwindet er wieder,—oder scheint zu verschwinden. Was sollen wir nun sagen? Hast du für solche Fälle Regeln bereit,—die sagen, ob man so etwas noch "Sessel" nennen darf? Aber gehen sie uns beim Gebrauch des Wortes "Sessel" ab; und sollen wir sagen, daß wir mit diesem Wort eigentlich keine Bedeutung verbinden, da wir nicht für alle Möglichkeiten seiner Anwendung mit Regeln ausgerüstet sind?

81. F. P. Ramsey hat einmal im Gespräch mit mir betont, die Logik sei eine 'normative Wissenschaft'. Genau welche Idee ihm dabei vorschwebte, weiß ich nicht; sie war aber zweifellos eng verwandt mit der, die mir erst später aufgegangen ist: daß wir nämlich in der Philosophie den Gebrauch der Wörter oft mit Spielen, Kalkülen nach festen Regeln, *vergleichen*, aber nicht sagen können, wer die Sprache gebraucht, *müsse* ein solches Spiel spielen.——Sagt man nun aber, daß unser sprachlicher Ausdruck sich solchen Kalkülen *nur nähert*, so steht man damit unmittelbar am Rande eines Mißverständnisses. Denn so kann es scheinen, als redeten wir in der Logik von einer *idealen* Sprache. Als wäre unsre Logik eine Logik, gleichsam, für den luftleeren Raum.—Während die Logik doch nicht von der Sprache —bezw. vom Denken—handelt in dem Sinne, wie eine Naturwissenschaft von einer Naturerscheinung, und man höchstens sagen kann, wir *konstruierten* ideale Sprachen. Aber hier wäre das Wort "ideal" irreführend, denn das klingt, als wären diese Sprachen besser, vollkommener, als unsere Umgangssprache; und als brauchte es den Logiker, damit er den Menschen endlich zeigt, wie ein richtiger Satz ausschaut.

All das kann aber erst dann im rechten Licht erscheinen, wenn man über die Begriffe des Verstehens, Meinens und Denkens größere Klarheit gewonnen hat. Denn dann wird es auch klar werden, was uns dazu verleiten kann (und mich verleitet hat) zu denken, daß, wer einen Satz ausspricht und ihn *meint*, oder *versteht*, damit einen Kalkül betreibt nach bestimmten Regeln.

82. Was nenne ich 'die Regel, nach der er vorgeht'?—Die Hypothese, die seinen Gebrauch der Worte, den wir beobachten, zufriedenstellend beschreibt; oder die Regel, die er beim Gebrauch der

observed concomitant of a phenomenon will to-morrow be used to define it.)

80. I say "There is a chair". What if I go up to it, meaning to fetch it, and it suddenly disappears from sight?——"So it wasn't a chair, but some kind of illusion".——But in a few moments we see it again and are able to touch it and so on.——"So the chair was there after all and its disappearance was some kind of illusion".——But suppose that after a time it disappears again—or seems to disappear. What are we to say now? Have you rules ready for such cases—rules saying whether one may use the word "chair" to include this kind of thing? But do we miss them when we use the word "chair"; and are we to say that we do not really attach any meaning to this word, because we are not equipped with rules for every possible application of it?

81. F. P. Ramsey once emphasized in conversation with me that logic was a 'normative science'. I do not know exactly what he had in mind, but it was doubtless closely related to what only dawned on me later: namely, that in philosophy we often *compare* the use of words with games and calculi which have fixed rules, but cannot say that someone who is using language *must* be playing such a game.——But if you say that our languages only *approximate* to such calculi you are standing on the very brink of a misunderstanding. For then it may look as if what we were talking about were an *ideal* language. As if our logic were, so to speak, a logic for a vacuum.—Whereas logic does not treat of language—or of thought—in the sense in which a natural science treats of a natural phenomenon, and the most that can be said is that we *construct* ideal languages. But here the word "ideal" is liable to mislead, for it sounds as if these languages were better, more perfect, than our everyday language; and as if it took the logician to shew people at last what a proper sentence looked like.

All this, however, can only appear in the right light when one has attained greater clarity about the concepts of understanding, meaning, and thinking. For it will then also become clear what can lead us (and did lead me) to think that if anyone utters a sentence and *means* or *understands* it he is operating a calculus according to definite rules.

82. What do I call 'the rule by which he proceeds'?—The hypothesis that satisfactorily describes his use of words, which we observe; or the rule which he looks up when he uses signs; or the one which he

Zeichen nachschlägt; oder, die er uns zur Antwort gibt, wenn wir ihn nach seiner Regel fragen?—Wie aber, wenn die Beobachtung keine Regel klar erkennen läßt, und die Frage keine zu Tage fördert?—Denn er gab mir zwar auf meine Frage, was er unter "N" verstehe, eine Erklärung, war aber bereit, diese Erklärung zu widerrufen und abzuändern. —Wie soll ich also die Regel bestimmen, nach der er spielt? Er weiß sie selbst nicht.—Oder richtiger: Was soll der Ausdruck "Regel, nach welcher er vorgeht" hier noch besagen?

83. Steckt uns da nicht die Analogie der Sprache mit dem Spiel ein Licht auf? Wir können uns doch sehr wohl denken, daß sich Menschen auf einer Wiese damit unterhielten, mit einem Ball zu spielen, so zwar, daß sie verschiedene bestehende Spiele anfingen, manche nicht zu Ende spielten, dazwischen den Ball planlos in die Höhe würfen, einander im Scherz mit dem Ball nachjagen und bewerfen, etc.. Und nun sagt Einer: Die ganze Zeit hindurch spielen die Leute ein Ballspiel, und richten sich daher bei jedem Wurf nach bestimmten Regeln.

Und gibt es nicht auch den Fall, wo wir spielen und—'make up the rules as we go along'? Ja auch den, in welchem wir sie abändern—as we go along.

84. Ich sagte von der Anwendung eines Wortes: sie sei nicht überall von Regeln begrenzt. Aber wie schaut denn ein Spiel aus, das überall von Regeln begrenzt ist? dessen Regeln keinen Zweifel eindringen lassen; ihm alle Löcher verstopfen.—Können wir uns nicht eine Regel denken, die die Anwendung der Regel regelt? Und einen Zweifel, den *jene* Regel behebt,—und so fort?

Aber das sagt nicht, daß wir zweifeln, weil wir uns einen Zweifel *denken* können. Ich kann mir sehr wohl denken, daß jemand jedesmal vor dem Öffnen seiner Haustüre zweifelt, ob sich hinter ihr nicht ein Abgrund aufgetan hat, und daß er sich darüber vergewissert, eh' er durch die Tür tritt (und es kann sich einmal erweisen, daß er recht hatte)—aber deswegen zweifle ich im gleichen Falle doch nicht.

85. Eine Regel steht da, wie ein Wegweiser.—Läßt er keinen Zweifel offen über den Weg, den ich zu gehen habe? Zeigt er, in welche Richtung ich gehen soll, wenn ich an ihm vorbei bin; ob der Straße nach, oder dem Feldweg, oder querfeldein? Aber wo steht, in welchem Sinne ich ihm zu folgen habe; ob in der Richtung der Hand, oder (z.B.) in der entgegengesetzten?—Und wenn statt eines Wegweisers eine geschlossene Kette von Wegweisern stünden, oder Kreidestriche auf dem Boden liefen,—gibt es für sie nur *eine* Deutung?—Also kann

gives us in reply if we ask him what his rule is?—But what if observation does not enable us to see any clear rule, and the question brings none to light?—For he did indeed give me a definition when I asked him what he understood by "N", but he was prepared to withdraw and alter it.—So how am I to determine the rule according to which he is playing? He does not know it himself.—Or, to ask a better question: What meaning is the expression "the rule by which he proceeds" supposed to have left to it here?

83. Doesn't the analogy between language and games throw light here? We can easily imagine people amusing themselves in a field by playing with a ball so as to start various existing games, but playing many without finishing them and in between throwing the ball aimlessly into the air, chasing one another with the ball and bombarding one another for a joke and so on. And now someone says: The whole time they are playing a ball-game and following definite rules at every throw.

And is there not also the case where we play and—make up the rules as we go along? And there is even one where we alter them—as we go along.

84. I said that the application of a word is not everywhere bounded by rules. But what does a game look like that is everywhere bounded by rules? whose rules never let a doubt creep in, but stop up all the cracks where it might?—Can't we imagine a rule determining the application of a rule, and a doubt which *it* removes—and so on?

But that is not to say that we are in doubt because it is possible for us to *imagine* a doubt. I can easily imagine someone always doubting before he opened his front door whether an abyss did not yawn behind it, and making sure about it before he went through the door (and he might on some occasion prove to be right)—but that does not make me doubt in the same case.

85. A rule stands there like a sign-post.—Does the sign-post leave no doubt open about the way I have to go? Does it shew which direction I am to take when I have passed it; whether along the road or the footpath or cross-country? But where is it said which way I am to follow it; whether in the direction of its finger or (e.g.) in the opposite one?—And if there were, not a single sign-post, but a chain of adjacent ones or of chalk marks on the ground—is there only *one* way of interpreting them?—So I can say, the sign-post does after all

ich sagen, der Wegweiser läßt doch keinen Zweifel offen. Oder vielmehr: er läßt manchmal einen Zweifel offen, manchmal nicht. Und dies ist nun kein philosophischer Satz mehr, sondern ein Erfahrungssatz.

86. Ein Sprachspiel wie (2), werde mit Hilfe einer Tabelle gespielt. Die Zeichen, die A dem B gibt, seien nun Schriftzeichen. B hat eine Tabelle; in der ersten Spalte stehen die Schriftzeichen, die im Spiel gebraucht werden, in der zweiten, Bilder von Bausteinformen. A zeigt dem B ein solches Schriftzeichen; B sucht es in der Tabelle auf, blickt auf das gegenüberliegende Bild, etc. . Die Tabelle ist also eine Regel, nach der er sich beim Ausführen der Befehle richtet.—Das Aufsuchen des Bildes in der Tabelle lernt man durch Abrichtung, und ein Teil dieser Abrichtung besteht etwa darin, daß der Schüler lernt, in der Tabelle mit dem Finger horizontal von links nach rechts zu fahren; also lernt, sozusagen eine Reihe horizontaler Striche zu ziehen.

Denk dir, es würden nun verschiedene Arten eingeführt, eine Tabelle zu lesen; nämlich einmal, wie oben, nach dem Schema:

ein andermal nach diesem Schema:

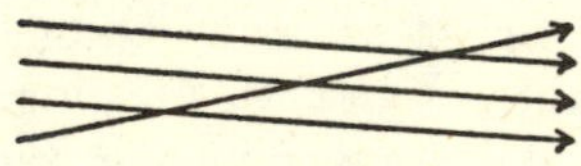

oder einem andern.—So ein Schema werde der Tabelle beigefügt als Regel, wie sie zu gebrauchen sei.

Können wir uns nun nicht weitere Regeln zur Erklärung *dieser* vorstellen? und war anderseits jene erste Tabelle unvollständig ohne das Schema der Pfeile? Und sind es die andern Tabellen ohne ihr Schema?

87. Nimm an, ich erkläre: "Unter 'Moses' verstehe ich den Mann, wenn es einen solchen gegeben hat, der die Israeliten aus Ägypten geführt hat, wie immer er damals geheißen hat und was immer er sonst getan, oder nicht getan haben mag".—Aber über die Wörter dieser Erklärung sind ähnliche Zweifel möglich, wie die über den Namen "Moses" (was nennst du "Ägypten", wen "die Israeliten", etc.?). Ja, diese Fragen kommen auch nicht zu einem Ende, wenn wir bei Wörtern wie "rot", "dunkel", "süß", angelangt wären.—"Aber wie hilft mir

leave no room for doubt. Or rather: it sometimes leaves room for doubt and sometimes not. And now this is no longer a philosophical proposition, but an empirical one.

86. Imagine a language-game like (2) played with the help of a table. The signs given to B by A are now written ones. B has a table; in the first column are the signs used in the game, in the second pictures of building stones. A shews B such a written sign; B looks it up in the table, looks at the picture opposite, and so on. So the table is a rule which he follows in executing orders.—One learns to look the picture up in the table by receiving a training, and part of this training consists perhaps in the pupil's learning to pass with his finger horizontally from left to right; and so, as it were, to draw a series of horizontal lines on the table.

Suppose different ways of reading a table were now introduced; one time, as above, according to the schema:

another time like this:

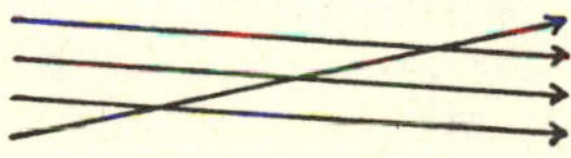

or in some other way.—Such a schema is supplied with the table as the rule for its use.

Can we not now imagine further rules to explain *this* one? And, on the other hand, was that first table incomplete without the schema of arrows? And are other tables incomplete without their schemata?

87. Suppose I give this explanation: "I take 'Moses' to mean the man, if there was such a man, who led the Israelites out of Egypt, whatever he was called then and whatever he may or may not have done besides."—But similar doubts to those about "Moses" are possible about the words of this explanation (what are you calling "Egypt", whom the "Israelites" etc.?). Nor would these questions come to an end when we got down to words like "red", "dark", "sweet".—"But then how does an explanation help me to under-

dann eine Erklärung zum Verständnis, wenn sie doch nicht die letzte ist? Die Erklärung ist dann ja nie beendet; ich verstehe also noch immer nicht, und nie, was er meint!"—Als hinge eine Erklärung, gleichsam, in der Luft, wenn nicht eine andere sie stützte. Während eine Erklärung zwar auf einer andern, die man gegeben hat, ruhen kann, aber keine einer anderen bedarf—es sei denn, daß *wir* sie benötigen, um ein Mißverständnis zu vermeiden. Man könnte sagen: Eine Erklärung dient dazu, ein Mißverständnis zu beseitigen, oder zu verhüten——also eines, das ohne die Erklärung eintreten würde; aber nicht: jedes, welches ich mir vorstellen kann.

Es kann leicht so scheinen, als *zeigte* jeder Zweifel nur eine vorhandene Lücke im Fundament; so daß ein sicheres Verständnis nur dann möglich ist, wenn wir zuerst an allem zweifeln, woran gezweifelt werden *kann*, und dann alle diese Zweifel beheben.

Der Wegweiser ist in Ordnung,—wenn er, unter normalen Verhältnissen, seinen Zweck erfüllt.

88. Wenn ich Einem sage "Halte dich ungefähr hier auf!"—kann denn diese Erklärung nicht vollkommen funktionieren? Und kann jede andere nicht auch versagen?

"Aber ist die Erklärung nicht doch unexakt?"—Doch; warum soll man sie nicht "unexakt" nennen? Verstehen wir aber nur, was "unexakt" bedeutet! Denn es bedeutet nun nicht "unbrauchbar". Und überlegen wir uns doch, was wir, im Gegensatz zu dieser Erklärung, eine "exakte" Erklärung nennen! Etwa das Abgrenzen eines Bezirks durch einen Kreidestrich? Da fällt uns gleich ein, daß der Strich eine Breite hat. Exakter wäre also eine Farbgrenze. Aber hat denn diese Exaktheit hier noch eine Funktion; läuft sie nicht leer? Und wir haben ja auch noch nicht bestimmt, was als Überschreiten dieser scharfen Grenze gelten soll; wie, mit welchen Instrumenten, es festzustellen ist. U.s.w..

Wir verstehen, was es heißt: eine Taschenuhr auf die genaue Stunde stellen, oder, sie richten, daß sie genau geht. Wie aber, wenn man fragte: Ist diese Genauigkeit eine ideale Genauigkeit, oder wie weit nähert sie sich ihr?—wir können freilich von Zeitmessungen reden, bei welchen es eine andere und, wie wir sagen würden, größere Genauigkeit gibt, als bei der Zeitmessung mit der Taschenuhr. Wo die Worte "die Uhr auf die genaue Stunde stellen" eine andere, wenn auch verwandte, Bedeutung haben, und 'die Uhr ablesen' ein anderer Vorgang ist, etc..—Wenn ich nun jemandem sage: "Du solltest pünktlicher zum Essen kommen; du weißt, daß es genau um ein Uhr anfängt"—ist hier von *Genauigkeit* eigentlich nicht die Rede? weil man sagen kann: "Denk an die Zeitbestimmung im Laboratorium, oder auf der Sternwarte; *da* siehst du, was 'Genauigkeit' bedeutet."

stand, if after all it is not the final one? In that case the explanation is never completed; so I still don't understand what he means, and never shall!"—As though an explanation as it were hung in the air unless supported by another one. Whereas an explanation may indeed rest on another one that has been given, but none stands in need of another—unless *we* require it to prevent a misunderstanding. One might say: an explanation serves to remove or to avert a misunderstanding——one, that is, that would occur but for the explanation; not every one that I can imagine.

It may easily look as if every doubt merely *revealed* an existing gap in the foundations; so that secure understanding is only possible if we first doubt everything that *can* be doubted, and then remove all these doubts.

The sign-post is in order—if, under normal circumstances, it fulfils its purpose.

88. If I tell someone "Stand roughly here"—may not this explanation work perfectly? And cannot every other one fail too?

But isn't it an inexact explanation?—Yes; why shouldn't we call it "inexact"? Only let us understand what "inexact" means. For it does not mean "unusable". And let us consider what we call an "exact" explanation in contrast with this one. Perhaps something like drawing a chalk line round an area? Here it strikes us at once that the line has breadth. So a colour-edge would be more exact. But has this exactness still got a function here: isn't the engine idling? And remember too that we have not yet defined what is to count as overstepping this exact boundary; how, with what instruments, it is to be established. And so on.

We understand what it means to set a pocket watch to the exact time or to regulate it to be exact. But what if it were asked: is this exactness ideal exactness, or how nearly does it approach the ideal?—Of course, we can speak of measurements of time in which there is a different, and as we should say a greater, exactness than in the measurement of time by a pocket-watch; in which the words "to set the clock to the exact time" have a different, though related meaning, and 'to tell the time' is a different process and so on.—Now, if I tell someone: "You should come to dinner more punctually; you know it begins at one o'clock exactly"—is there really no question of *exactness* here? because it is possible to say: "Think of the determination of time in the laboratory or the observatory; *there* you see what 'exactness' means"?

"Unexakt", das ist eigentlich ein Tadel, und "exakt" ein Lob. Und das heißt doch: das Unexakte erreicht sein Ziel nicht so vollkommen, wie das Exaktere. Da kommt es also auf das an, was wir "das Ziel" nennen. Ist es unexakt, wenn ich den Abstand der Sonne von uns nicht auf 1 m genau angebe; und dem Tischler die Breite des Tisches nicht auf 0,001 mm?

Ein Ideal der Genauigkeit ist nicht vorgesehen; wir wissen nicht, was wir uns darunter vorstellen sollen—es sei denn, du selbst setzt fest, was so genannt werden soll. Aber es wird dir schwer werden, so eine Festsetzung zu treffen; eine, die dich befriedigt.

89. Wir stehen mit diesen Überlegungen an dem Ort, wo das Problem steht: In wiefern ist die Logik etwas Sublimes?

Denn es schien, daß ihr eine besondere Tiefe—allgemeine Bedeutung —zukomme. Sie liege, so schien es, am Grunde aller Wissenschaften.— Denn die logische Betrachtung erforscht das Wesen aller Dinge. Sie will den Dingen auf den Grund sehen, und soll sich nicht um das So oder So des tatsächlichen Geschehens kümmern.——Sie entspringt nicht einem Interesse für Tatsachen des Naturgeschehens, noch dem Bedürfnisse, kausale Zusammenhänge zu erfassen. Sondern einem Streben, das Fundament, oder Wesen, alles Erfahrungsmäßigen zu verstehen. Nicht aber, als sollten wir dazu neue Tatsachen aufspüren: es ist vielmehr für unsere Untersuchung wesentlich, daß wir nichts *Neues* mit ihr lernen wollen. Wir wollen etwas *verstehen*, was schon offen vor unsern Augen liegt. Denn *das* scheinen wir, in irgend einem Sinne, nicht zu verstehen.

Augustinus (Conf. XI/14): "quid est ergo tempus? si nemo ex me quaerat scio; si quaerenti explicare velim, nescio."—Dies könnte man nicht von einer Frage der Naturwissenschaft sagen (etwa der nach dem spezifischen Gewicht des Wasserstoffs). Das, was man weiß, wenn uns niemand fragt, aber nicht mehr weiß, wenn wir es erklären sollen, ist etwas, worauf man sich *besinnen* muß. (Und offenbar etwas, worauf man sich aus irgendeinem Grunde schwer besinnt.)

90. Es ist uns, als müßten wir die Erscheinungen *durchschauen*: unsere Untersuchung aber richtet sich nicht auf die *Erscheinungen*, sondern, wie man sagen könnte, auf die '*Möglichkeiten*' der Erscheinungen. Wir besinnen uns, heißt das, auf die *Art der Aussagen*, die wir über die Erscheinungen machen. Daher besinnt sich auch Augustinus auf die verschiedenen Aussagen, die man über die Dauer von Ereignissen, über ihre Vergangenheit, Gegenwart, oder Zukunft macht. (Dies sind natürlich nicht *philosophische* Aussagen über die Zeit, Vergangenheit, Gegenwart und Zukunft.)

"Inexact" is really a reproach, and "exact" is praise. And that is to say that what is inexact attains its goal less perfectly than what is more exact. Thus the point here is what we call "the goal". Am I inexact when I do not give our distance from the sun to the nearest foot, or tell a joiner the width of a table to the nearest thousandth of an inch?

No *single* ideal of exactness has been laid down; we do not know what we should be supposed to imagine under this head—unless you yourself lay down what is to be so called. But you will find it difficult to hit upon such a convention; at least any that satisfies you.

89. These considerations bring us up to the problem: In what sense is logic something sublime?

For there seemed to pertain to logic a peculiar depth—a universal significance. Logic lay, it seemed, at the bottom of all the sciences.—For logical investigation explores the nature of all things. It seeks to see to the bottom of things and is not meant to concern itself whether what actually happens is this or that.——It takes its rise, not from an interest in the facts of nature, nor from a need to grasp causal connexions: but from an urge to understand the basis, or essence, of everything empirical. Not, however, as if to this end we had to hunt out new facts; it is, rather, of the essence of our investigation that we do not seek to learn anything *new* by it. We want to *understand* something that is already in plain view. For *this* is what we seem in some sense not to understand.

Augustine says in the *Confessions* "quid est ergo tempus? si nemo ex me quaerat scio; si quaerenti explicare velim, nescio".—This could not be said about a question of natural science ("What is the specific gravity of hydrogen?" for instance). Something that we know when no one asks us, but no longer know when we are supposed to give an account of it, is something that we need to *remind* ourselves of. (And it is obviously something of which for some reason it is difficult to remind oneself.)

90. We feel as if we had to *penetrate* phenomena: our investigation, however, is directed not towards phenomena, but, as one might say, towards the '*possibilities*' of phenomena. We remind ourselves, that is to say, of the *kind of statement* that we make about phenomena. Thus Augustine recalls to mind the different statements that are made about the duration, past present or future, of events. (These are, of course, not *philosophical* statements about time, the past, the present and the future.)

Unsere Betrachtung ist daher eine grammatische. Und diese Betrachtung bringt Licht in unser Problem, indem sie Mißverständnisse wegräumt. Mißverständnisse, die den Gebrauch von Worten betreffen; hervorgerufen, unter anderem, durch gewisse Analogien zwischen den Ausdrucksformen in verschiedenen Gebieten unserer Sprache.—Manche von ihnen lassen sich beseitigen, indem man eine Ausdrucksform durch eine andere ersetzt; dies kann man ein "Analysieren" unsrer Ausdrucksformen nennen, denn der Vorgang hat manchmal Ähnlichkeit mit einem Zerlegen.

91. Nun aber kann es den Anschein gewinnen, als gäbe es so etwas, wie eine letzte Analyse unserer Sprachformen, also *eine* vollkommen zerlegte Form des Ausdrucks. D.h.: als seien unsere gebräuchlichen Ausdrucksformen, wesentlich, noch unanalysiert; als sei in ihnen etwas verborgen, was ans Licht zu befördern ist. Ist dies geschehen, so sei der Ausdruck damit vollkommen geklärt und unsre Aufgabe gelöst.

Man kann das auch so sagen: Wir beseitigen Mißverständnisse, indem wir unsern Ausdruck exakter machen: aber es kann nun so scheinen, als ob wir einem bestimmten Zustand, der vollkommenen Exaktheit, zustreben; und als wäre das das eigentliche Ziel unserer Untersuchung.

92. Dies drückt sich aus in der Frage nach dem *Wesen* der Sprache, des Satzes, des Denkens.—Denn wenn wir auch in unsern Untersuchungen das Wesen der Sprache—ihre Funktion, ihren Bau—zu verstehen trachten, so ist es doch nicht *das*, was diese Frage im Auge hat. Denn sie sieht in dem Wesen nicht etwas, was schon offen zutage liegt und was durch Ordnen *übersichtlich* wird. Sondern etwas, was *unter* der Oberfläche liegt. Etwas, was im Innern liegt, was wir sehen, wenn wir die Sache durchschauen, und was eine Analyse hervorgraben soll.

'*Das Wesen ist uns verborgen*': das ist die Form, die unser Problem nun annimmt. Wir fragen: "*Was ist* die Sprache?", "*Was ist* der Satz?". Und die Antwort auf diese Fragen ist ein für allemal zu geben; und unabhängig von jeder künftigen Erfahrung.

93. Einer könnte sagen "Ein Satz, das ist das Alltäglichste von der Welt", und der Andre: "Ein Satz—das ist etwas sehr merkwürdiges!"——Und dieser kann nicht: einfach nachschauen, wie Sätze funktionieren. Weil die Formen unserer Ausdrucksweise, die Sätze und das Denken betreffend, ihm im Wege stehen.

Warum sagen wir, der Satz sei etwas Merkwürdiges? Einerseits, wegen der ungeheuren Bedeutung, die ihm zukommt. (Und das ist richtig.) Anderseits verführt uns diese Bedeutung und ein Mißver-

Our investigation is therefore a grammatical one. Such an investigation sheds light on our problem by clearing misunderstandings away. Misunderstandings concerning the use of words, caused, among other things, by certain analogies between the forms of expression in different regions of language.—Some of them can be removed by substituting one form of expression for another; this may be called an "analysis" of our forms of expression, for the process is sometimes like one of taking a thing apart.

91. But now it may come to look as if there were something like a final analysis of our forms of language, and so a *single* completely resolved form of every expression. That is, as if our usual forms of expression were, essentially, unanalysed; as if there were something hidden in them that had to be brought to light. When this is done the expression is completely clarified and our problem solved.

It can also be put like this: we eliminate misunderstandings by making our expressions more exact; but now it may look as if we were moving towards a particular state, a state of complete exactness; and as if this were the real goal of our investigation.

92. This finds expression in questions as to the *essence* of language, of propositions, of thought.—For if we too in these investigations are trying to understand the essence of language—its function, its structure,—yet *this* is not what those questions have in view. For they see in the essence, not something that already lies open to view and that becomes surveyable by a rearrangement, but something that lies *beneath* the surface. Something that lies within, which we see when we look *into* the thing, and which an analysis digs out.

'*The essence is hidden from us*': this is the form our problem now assumes. We ask: '*What is* language?", "*What is* a proposition?" And the answer to these questions is to be given once for all; and independently of any future experience.

93. One person might say "A proposition is the most ordinary thing in the world" and another: "A proposition—that's something very queer!"——And the latter is unable simply to look and see how propositions really work. The forms that we use in expressing ourselves about propositions and thought stand in his way.

Why do we say a proposition is something remarkable? On the one hand, because of the enormous importance attaching to it. (And that is correct). On the other hand this, together with a misunder-

stehen der Sprachlogik dazu, daß wir meinen, der Satz müsse etwas Außerordentliches, ja Einzigartiges, leisten.—Durch ein *Mißverständnis* erscheint es uns, als *tue* der Satz etwas Seltsames.

94. 'Der Satz, ein merkwürdiges Ding!': darin liegt schon die Sublimierung der ganzen Darstellung. Die Tendenz, ein reines Mittelwesen anzunehmen zwischen dem Satz*zeichen* und den Tatsachen. Oder auch, das Satzzeichen selber reinigen, sublimieren, zu wollen.—Denn, daß es mit gewöhnlichen Dingen zugeht, das zu sehen, verhindern uns auf mannigfache Weise unsere Ausdrucksformen, indem sie uns auf die Jagd nach Chimären schicken.

95. "Denken muß etwas Einzigartiges sein." Wenn wir sagen, *meinen*, daß es sich so und so verhält, so halten wir mit dem, was wir meinen, nicht irgendwo vor der Tatsache: sondern meinen, daß *das und das—so und so—ist*.—Man kann aber dieses Paradox (welches ja die Form einer Selbstverständlichkeit hat) auch so ausdrücken: Man kann *denken*, was nicht der Fall ist.

96. Der besondern Täuschung, die hier gemeint ist, schließen sich, von verschiedenen Seiten, andere an. Das Denken, die Sprache, erscheint uns nun als das einzigartige Korrelat, Bild, der Welt. Die Begriffe: Satz, Sprache, Denken, Welt, stehen in einer Reihe hintereinander, jeder dem andern äquivalent. (Wozu aber sind diese Wörter nun zu brauchen? Es fehlt das Sprachspiel, worin sie anzuwenden sind.)

97. Das Denken ist mit einem Nimbus umgeben.—Sein Wesen, die Logik, stellt eine Ordnung dar, und zwar die Ordnung a priori der Welt, d.i. die Ordnung der *Möglichkeiten*, die Welt und Denken gemeinsam sein muß. Diese Ordnung aber, scheint es, muß *höchst einfach* sein. Sie ist *vor* aller Erfahrung; muß sich durch die ganze Erfahrung hindurchziehen; ihr selbst darf keine erfahrungsmäßige Trübe oder Unsicherheit anhaften.——Sie muß vielmehr vom reinsten Kristall sein. Dieser Kristall aber erscheint nicht als eine Abstraktion; sondern als etwas Konkretes, ja als das Konkreteste, gleichsam *Härteste*. (*Log. Phil. Abh.* No. 5.5563.)

Wir sind in der Täuschung, das Besondere, Tiefe, das uns Wesentliche unserer Untersuchung liege darin, daß sie das unvergleichliche Wesen der Sprache zu begreifen trachtet. D.i., die Ordnung, die zwischen den Begriffen des Satzes, Wortes, Schließens, der Wahrheit, der Erfahrung, u.s.w. besteht. Diese Ordnung ist eine *Über*-Ordnung zwischen—sozusagen—*Über*-Begriffen. Während doch die Worte "Sprache", "Erfahrung", "Welt", wenn sie eine Verwendung haben, eine so niedrige haben müssen, wie die Worte "Tisch", "Lampe", "Tür".

standing of the logic of language, seduces us into thinking that something extraordinary, something unique, must be achieved by propositions.—A *misunderstanding* makes it look to us as if a proposition *did* something queer.

94. 'A proposition is a queer thing!' Here we have in germ the subliming of our whole account of logic. The tendency to assume a pure intermediary between the propositional *signs* and the facts. Or even to try to purify, to sublime, the signs themselves.—For our forms of expression prevent us in all sorts of ways from seeing that nothing out of the ordinary is involved, by sending us in pursuit of chimeras.

95. "Thought must be something unique". When we say, and *mean*, that such-and-such is the case, we—and our meaning—do not stop anywhere short of the fact; but we mean: *this—is—so*. But this paradox (which has the form of a truism) can also be expressed in this way: *Thought* can be of what is *not* the case.

96. Other illusions come from various quarters to attach themselves to the special one spoken of here. Thought, language, now appear to us as the unique correlate, picture, of the world. These concepts: proposition, language, thought, world, stand in line one behind the other, each equivalent to each. (But what are these words to be used for now? The language-game in which they are to be applied is missing.)

97. Thought is surrounded by a halo.—Its essence, logic, presents an order, in fact the a priori order of the world: that is, the order of *possibilities*, which must be common to both world and thought. But this order, it seems, must be *utterly simple*. It is *prior* to all experience, must run through all experience; no empirical cloudiness or uncertainty can be allowed to affect it——It must rather be of the purest crystal. But this crystal does not appear as an abstraction; but as something concrete, indeed, as the most concrete, as it were the *hardest* thing there is (*Tractatus Logico-Philosophicus* No. 5.5563).

We are under the illusion that what is peculiar, profound, essential, in our investigation, resides in its trying to grasp the incomparable essence of language. That is, the order existing between the concepts of proposition, word, proof, truth, experience, and so on. This order is a *super*-order between—so to speak—*super*-concepts. Whereas, of course, if the words "language", "experience", "world", have a use, it must be as humble a one as that of the words "table", "lamp", "door".

98. Einerseits ist klar, daß jeder Satz unsrer Sprache 'in Ordnung ist, wie er ist'. D.h., daß wir nicht ein Ideal *anstreben*: Als hätten unsere gewöhnlichen, vagen Sätze noch keinen ganz untadelhaften Sinn und eine vollkommene Sprache wäre von uns erst zu konstruieren. —Anderseits scheint es klar: Wo Sinn ist, muß vollkommene Ordnung sein.——Also muß die vollkommene Ordnung auch im vagsten Satze stecken.

99. Der Sinn des Satzes—möchte man sagen—kann freilich dies oder das offen lassen, aber der Satz muß doch *einen* bestimmten Sinn haben. Ein unbestimmter Sinn,—das wäre eigentlich *gar kein* Sinn.—Das ist wie: Eine unscharfe Begrenzung, das ist eigentlich gar keine Begrenzung. Man denkt da etwa so: Wenn ich sage "ich habe den Mann fest im Zimmer eingeschlossen—nur *eine* Tür ist offen geblieben" —so habe ich ihn eben gar nicht eingeschlossen. Er ist nur zum Schein eingeschlossen. Man wäre geneigt, hier zu sagen: "also hast du damit garnichts getan". Eine Umgrenzung, die ein Loch hat, ist so gut, wie *gar keine*.—Aber ist das denn wahr?

100. "Es ist doch kein Spiel, wenn es eine Vagheit *in den Regeln* gibt."—Aber *ist* es dann kein Spiel?—"Ja, vielleicht wirst du es Spiel nennen, aber es ist doch jedenfalls kein vollkommenes Spiel." D.h.: es ist doch dann verunreinigt, und ich interessiere mich nun für dasjenige, was hier verunreinigt wurde.—Aber ich will sagen: Wir mißverstehen die Rolle, die das Ideal in unsrer Ausdrucksweise spielt. D.h.: auch wir würden es ein Spiel nennen, nur sind wir vom Ideal geblendet und sehen daher nicht deutlich die wirkliche Anwendung des Wortes "Spiel".

101. Eine Vagheit in der Logik—wollen wir sagen—kann es nicht geben. Wir leben nun in der Idee: das Ideal '*müsse*' sich in der Realität finden. Während man noch nicht sieht, *wie* es sich darin findet, und nicht das Wesen dieses "muß" versteht. Wir glauben: es muß in ihr stecken; denn wir glauben es schon in ihr zu sehen.

102. Die strengen und klaren Regeln des logischen Satzbaues erscheinen uns als etwas im Hintergrund,—im Medium des Verstehens versteckt. Ich sehe sie schon jetzt (wenn auch durch ein Medium hindurch), da ich ja das Zeichen verstehe, etwas mit ihm meine.

103. Das Ideal, in unsern Gedanken, sitzt unverrückbar fest. Du kannst nicht aus ihm heraustreten. Du mußt immer wieder zurück. Es gibt gar kein Draußen; draußen fehlt die Lebensluft.—Woher dies? Die Idee sitzt gleichsam als Brille auf unsrer Nase, und was wir ansehen, sehen wir durch sie. Wir kommen gar nicht auf den Gedanken, sie abzunehmen.

98. On the one hand it is clear that every sentence in our language 'is in order as it is'. That is to say, we are not *striving after* an ideal, as if our ordinary vague sentences had not yet got a quite unexceptionable sense, and a perfect language awaited construction by us.—On the other hand it seems clear that where there is sense there must be perfect order.——So there must be perfect order even in the vaguest sentence.

99. The sense of a sentence—one would like to say—may, of course, leave this or that open, but the sentence must nevertheless have *a* definite sense. An indefinite sense—that would really not be a sense *at all*.—This is like: An indefinite boundary is not really a boundary at all. Here one thinks perhaps: if I say "I have locked the man up fast in the room—there is only one door left open"—then I simply haven't locked him in at all; his being locked in is a sham. One would be inclined to say here: "You haven't done anything at all". An enclosure with a hole in it is as good as *none*.—But is that true?

100. "But still, it isn't a game, if there is some vagueness *in the rules*".—But *does* this prevent its being a game?—"Perhaps you'll call it a game, but at any rate it certainly isn't a perfect game." This means: it has impurities, and what I am interested in at present is the pure article.—But I want to say: we misunderstand the role of the ideal in our language. That is to say: we too should call it a game, only we are dazzled by the ideal and therefore fail to see the actual use of the word "game" clearly.

101. We want to say that there can't be any vagueness in logic. The idea now absorbs us, that the ideal '*must*' be found in reality. Meanwhile we do not as yet see *how* it occurs there, nor do we understand the nature of this "must". We think it must be in reality; for we think we already see it there.

102. The strict and clear rules of the logical structure of propositions appear to us as something in the background—hidden in the medium of the understanding. I already see them (even though through a medium): for I understand the propositional sign, I use it to say something.

103. The ideal, as we think of it, is unshakable. You can never get outside it; you must always turn back. There is no outside; outside you cannot breathe.—Where does this idea come from? It is like a pair of glasses on our nose through which we see whatever we look at. It never occurs to us to take them off.

104. Man prädiziert von der Sache, was in der Darstellungsweise liegt. Die Möglichkeit des Vergleichs, die uns beeindruckt, nehmen wir für die Wahrnehmung einer höchst allgemeinen Sachlage.

105. Wenn wir glauben, jene Ordnung, das Ideal, in der wirklichen Sprache finden zu müssen, werden wir nun mit dem unzufrieden, was man im gewöhnlichen Leben "Satz'," "Wort", "Zeichen", nennt.

Der Satz, das Wort, von dem die Logik handelt, soll etwas Reines und Scharfgeschnittenes sein. Und wir zerbrechen uns nun über das Wesen des *eigentlichen* Zeichens den Kopf.—Ist es etwa die *Vorstellung* vom Zeichen? oder die Vorstellung im gegenwärtigen Augenblick?

106. Hier ist es schwer, gleichsam den Kopf oben zu behalten,—zu sehen, daß wir bei den Dingen des alltäglichen Denkens bleiben müssen, und nicht auf den Abweg zu geraten, wo es scheint, als müßten wir die letzten Feinheiten beschreiben, die wir doch wieder mit unsern Mitteln gar nicht beschreiben könnten. Es ist uns, als sollten wir ein zerstörtes Spinnennetz mit unsern Fingern in Ordnung bringen.

107. Je genauer wir die tatsächliche Sprache betrachten, desto stärker wird der Widerstreit zwischen ihr und unsrer Forderung. (Die Kristallreinheit der Logik hatte sich mir ja nicht *ergeben*; sondern sie war eine Forderung.) Der Widerstreit wird unerträglich; die Forderung droht nun zu etwas Leerem zu werden.—Wir sind aufs Glatteis geraten, wo die Reibung fehlt, also die Bedingungen in gewissem Sinne ideal sind, aber wir eben deshalb auch nicht gehen können. Wir wollen gehen; dann brauchen wir die *Reibung*. Zurück auf den rauhen Boden!

108. Wir erkennen, daß, was wir "Satz", "Sprache", nennen, nicht die formelle Einheit ist, die ich mir vorstellte, sondern die Familie mehr oder weniger mit einander verwandter Gebilde.——Was aber wird nun aus der Logik? Ihre Strenge scheint hier aus dem Leim zu gehen.—Verschwindet sie damit aber nicht ganz?—Denn wie kann die Logik ihre Strenge verlieren? Natürlich nicht dadurch, daß man ihr etwas von ihrer Strenge abhandelt.—Das *Vorurteil* der Kristallreinheit kann nur so beseitigt werden, daß wir unsere ganze Betrachtung drehen. (Man könnte sagen: Die Betrachtung muß gedreht werden, aber um unser eigentliches Bedürfnis als Angelpunkt.)

Die Philosophie der Logik redet in keinem andern Sinn von Sätzen und Wörtern, als wir es im gewöhnlichen Leben tun, wenn wir etwa

---

Faraday, *The Chemical History of a Candle*: Water is one individual thing—it never changes.

104. We predicate of the thing what lies in the method of representing it. Impressed by the possibility of a comparison, we think we are perceiving a state of affairs of the highest generality.

105. When we believe that we must find that order, must find the ideal, in our actual language, we become dissatisfied with what are ordinarily called "propositions", "words", "signs".

The proposition and the word that logic deals with are supposed to be something pure and clear-cut. And we rack our brains over the nature of the *real* sign.—It is perhaps the *idea* of the sign? or the idea at the present moment?

106. Here it is difficult as it were to keep our heads up,—to see that we must stick to the subjects of our every-day thinking, and not go astray and imagine that we have to describe extreme subtleties, which in turn we are after all quite unable to describe with the means at our disposal. We feel as if we had to repair a torn spider's web with our fingers.

107. The more narrowly we examine actual language, the sharper becomes the conflict between it and our requirement. (For the crystalline purity of logic was, of course, not a *result of investigation*: it was a requirement.) The conflict becomes intolerable; the requirement is now in danger of becoming empty.—We have got on to slippery ice where there is no friction and so in a certain sense the conditions are ideal, but also, just because of that, we are unable to walk. We want to walk: so we need *friction*. Back to the rough ground!

108. We see that what we call "sentence" and "language" has not the formal unity that I imagined, but is the family of structures more or less related to one another.——But what becomes of logic now? Its rigour seems to be giving way here.—But in that case doesn't logic altogether disappear?—For how can it lose its rigour? Of course not by our bargaining any of its rigour out of it.—The *preconceived idea* of crystalline purity can only be removed by turning our whole examination round. (One might say: the axis of reference of our examination must be rotated, but about the fixed point of our real need.)

The philosophy of logic speaks of sentences and words in exactly the sense in which we speak of them in ordinary life when we say e.g.

Faraday in *The Chemical History of a Candle*: "Water is one individual thing—it never changes."

sagen "hier steht ein chinesischer Satz aufgeschrieben", oder "nein, das sieht nur aus wie Schriftzeichen, ist aber ein Ornament" etc. .

Wir reden von dem räumlichen und zeitlichen Phänomen der Sprache; nicht von einem unräumlichen und unzeitlichen Unding. [*Randbemerkung*. Nur kann man sich in verschiedener Weise für ein Phänomen interessieren.] Aber wir reden von ihr so, wie von den Figuren des Schachspiels, indem wir Spielregeln für sie angeben, nicht ihre physikalischen Eigenschaften beschreiben.

Die Frage "Was ist eigentlich ein Wort?" ist analog der "Was ist eine Schachfigur?"

109. Richtig war, daß unsere Betrachtungen nicht wissenschaftliche Betrachtungen sein durften. Die Erfahrung, 'daß sich das oder das denken lasse, entgegen unserm Vorurteil'—was immer das heißen mag—konnte uns nicht interessieren. (Die pneumatische Auffassung des Denkens.) Und wir dürfen keinerlei Theorie aufstellen. Es darf nichts Hypothetisches in unsern Betrachtungen sein. Alle *Erklärung* muß fort, und nur Beschreibung an ihre Stelle treten. Und diese Beschreibung empfängt ihr Licht, d.i. ihren Zweck, von den philosophischen Problemen. Diese sind freilich keine empirischen, sondern sie werden durch eine Einsicht in das Arbeiten unserer Sprache gelöst, und zwar so, daß dieses erkannt wird: *entgegen* einem Trieb, es mißzuverstehen. Die Probleme werden gelöst, nicht durch Beibringen neuer Erfahrung, sondern durch Zusammenstellung des längst Bekannten. Die Philosophie ist ein Kampf gegen die Verhexung unsres Verstandes durch die Mittel unserer Sprache.

110. "Die Sprache (oder das Denken) ist etwas Einzigartiges"—das erweist sich als ein Aberglaube (nicht Irrtum!) hervorgerufen selbst durch grammatische Täuschungen.

Und auf diese Täuschungen, auf die Probleme, fällt nun das Pathos zurück.

111. Die Probleme, die durch ein Mißdeuten unserer Sprachformen entstehen, haben den Charakter der *Tiefe*. Es sind tiefe Beunruhigungen; sie wurzeln so tief in uns, wie die Formen unserer Sprache, und ihre Bedeutung ist so groß, wie die Wichtigkeit unserer Sprache. —— Fragen wir uns: Warum empfinden wir einen grammatischen Witz als *tief*? (Und das ist ja die philosophische Tiefe.)

112. Ein Gleichnis, das in die Formen unserer Sprache aufgenommen ist, bewirkt einen falschen Schein; der beunruhigt uns: "Es ist doch nicht *so*!"—sagen wir. "Aber es muß doch *so sein*!"

"Here is a Chinese sentence", or "No, that only looks like writing; it is actually just an ornament" and so on.

We are talking about the spatial and temporal phenomenon of language, not about some non-spatial, non-temporal phantasm. [Note in margin: Only it is possible to be interested in a phenomenon in a variety of ways]. But we talk about it as we do about the pieces in chess when we are stating the rules of the game, not describing their physical properties.

The question "What is a word really?" is analogous to "What is a piece in chess?"

109. It was true to say that our considerations could not be scientific ones. It was not of any possible interest to us to find out empirically 'that, contrary to our preconceived ideas, it is possible to think such-and-such'—whatever that may mean. (The conception of thought as a gaseous medium.) And we may not advance any kind of theory. There must not be anything hypothetical in our considerations. We must do away with all *explanation*, and description alone must take its place. And this description gets its light, that is to say its purpose, from the philosophical problems. These are, of course, not empirical problems; they are solved, rather, by looking into the workings of our language, and that in such a way as to make us recognize those workings: *in despite of* an urge to misunderstand them. The problems are solved, not by giving new information, but by arranging what we have always known. Philosophy is a battle against the bewitchment of our intelligence by means of language.

110. "Language (or thought) is something unique"—this proves to be a superstition (*not* a mistake!), itself produced by grammatical illusions.

And now the impressiveness retreats to these illusions, to the problems.

111. The problems arising through a misinterpretation of our forms of language have the character of *depth*. They are deep disquietudes; their roots are as deep in us as the forms of our language and their significance is as great as the importance of our language.——Let us ask ourselves: why do we feel a grammatical joke to be *deep*? (And that is what the depth of philosophy is.)

112. A simile that has been absorbed into the forms of our language produces a false appearance, and this disquiets us. "But *this* isn't how it is!"—we say. "Yet *this* is how it has to *be*!"

113. "Es ist doch *so*———" sage ich wieder und wieder vor mich hin. Es ist mir, als müßte ich das Wesen der Sache erfassen, wenn ich meinen Blick nur *ganz scharf* auf dies Faktum einstellen, es in den Brennpunkt rücken könnte.

114. Log. Phil. Abh. (4.5): "Die allgemeine Form des Satzes ist: Es verhält sich so und so".——Das ist ein Satz von jener Art, die man sich unzähligemale wiederholt. Man glaubt, wieder und wieder der Natur nachzufahren, und fährt nur der Form entlang, durch die wir sie betrachten.

115. Ein *Bild* hielt uns gefangen. Und heraus konnten wir nicht, denn es lag in unsrer Sprache, und sie schien es uns nur unerbittlich zu wiederholen.

116. Wenn die Philosophen ein Wort gebrauchen—"Wissen", "Sein", "Gegenstand", "Ich", "Satz", "Name"—und das *Wesen* des Dings zu erfassen trachten, muß man sich immer fragen: Wird denn dieses Wort in der Sprache, in der es seine Heimat hat, je tatsächlich so gebraucht?—

Wir führen die Wörter von ihrer metaphysischen, wieder auf ihre alltägliche Verwendung zurück.

117. Man sagt mir: "Du verstehst doch diesen Ausdruck? Nun also,—in der Bedeutung, die du kennst, gebrauche auch ich ihn."—Als wäre die Bedeutung ein Dunstkreis, den das Wort mitbringt und in jederlei Verwendung hinübernimmt.

Wenn z.B. Einer sagt, der Satz "Dies ist hier" (wobei er vor sich hin auf einen Gegenstand zeigt) habe für ihn Sinn, so möge er sich fragen, unter welchen besonderen Umständen man diesen Satz tatsächlich verwendet. In diesen hat er dann Sinn.

118. Woher nimmt die Betrachtung ihre Wichtigkeit, da sie doch nur alles Interessante, d.h. alles Große und Wichtige, zu zerstören scheint? (Gleichsam alle Bauwerke; indem sie nur Steinbrocken und Schutt übrig läßt.) Aber es sind nur Luftgebäude, die wir zerstören, und wir legen den Grund der Sprache frei, auf dem sie standen.

119. Die Ergebnisse der Philosophie sind die Entdeckung irgend eines schlichten Unsinns und Beulen, die sich der Verstand beim Anrennen an die Grenze der Sprache geholt hat. Sie, die Beulen, lassen uns den Wert jener Entdeckung erkennen.

120. Wenn ich über Sprache (Wort, Satz, etc.) rede, muß ich die Sprache des Alltags reden. Ist diese Sprache etwa zu grob, materiell, für das, was wir sagen wollen? *Und wie wird denn eine andere gebildet?*—

113. "But *this* is how it is———" I say to myself over and over again. I feel as though, if only I could fix my gaze absolutely sharply on this fact, get it in focus, I must grasp the essence of the matter.

114. (*Tractatus Logico-Philosophicus*, 4.5): "The general form of propositions is: This is how things are."——That is the kind of proposition that one repeats to oneself countless times. One thinks that one is tracing the outline of the thing's nature over and over again, and one is merely tracing round the frame through which we look at it.

115. A *picture* held us captive. And we could not get outside it, for it lay in our language and language seemed to repeat it to us inexorably.

116. When philosophers use a word—"knowledge", "being", "object", "I", "proposition", "name"—and try to grasp the *essence* of the thing, one must always ask oneself: is the word ever actually used in this way in the language-game which is its original home?—

What *we* do is to bring words back from their metaphysical to their everyday use.

117. You say to me: "You understand this expression, don't you? Well then—I am using it in the sense you are familiar with."— As if the sense were an atmosphere accompanying the word, which it carried with it into every kind of application.

If, for example, someone says that the sentence "This is here" (saying which he points to an object in front of him) makes sense to him, then he should ask himself in what special circumstances this sentence is actually used. There it does make sense.

118. Where does our investigation get its importance from, since it seems only to destroy everything interesting, that is, all that is great and important? (As it were all the buildings, leaving behind only bits of stone and rubble.) What we are destroying is nothing but houses of cards and we are clearing up the ground of language on which they stand.

119. The results of philosophy are the uncovering of one or another piece of plain nonsense and of bumps that the understanding has got by running its head up against the limits of language. These bumps make us see the value of the discovery.

120. When I talk about language (words, sentences, etc.) I must speak the language of every day. Is this language somehow too coarse and material for what we want to say? *Then how is another one to be*

Und wie merkwürdig, daß wir dann mit der unsern überhaupt etwas anfangen können!

Daß ich bei meinen Erklärungen, die Sprache betreffend, schon die volle Sprache (nicht etwa eine vorbereitende, vorläufige) anwenden muß, zeigt schon, daß ich nur Äußerliches über die Sprache vorbringen kann.

Ja, aber wie können uns diese Ausführungen dann befriedigen?—Nun, deine Fragen waren ja auch schon in dieser Sprache abgefaßt; mußten in dieser Sprache ausgedrückt werden, wenn etwas zu fragen war!

Und deine Skrupel sind Mißverständnisse.

Deine Fragen beziehen sich auf Wörter; so muß ich von Wörtern reden.

Man sagt: Es kommt nicht aufs Wort an, sondern auf seine Bedeutung; und denkt dabei an die Bedeutung, wie an eine Sache von der Art des Worts, wenn auch vom Wort verschieden. Hier das Wort, hier die Bedeutung. Das Geld und die Kuh, die man dafür kaufen kann. (Anderseits aber: das Geld, und sein Nutzen.)

121. Man könnte meinen: wenn die Philosophie vom Gebrauch des Wortes "Philosophie" redet, so müsse es eine Philosophie zweiter Ordnung geben. Aber es ist eben nicht so; sondern der Fall entspricht dem der Rechtschreibelehre, die es auch mit dem Wort "Rechtschreibelehre" zu tun hat, aber dann nicht eine solche zweiter Ordnung ist.

122. Es ist eine Hauptquelle unseres Unverständnisses, daß wir den Gebrauch unserer Wörter nicht *übersehen*.—Unserer Grammatik fehlt es an Übersichtlichkeit.—Die übersichtliche Darstellung vermittelt das Verständnis, welches eben darin besteht, daß wir die 'Zusammenhänge sehen'. Daher die Wichtigkeit des Findens und des Erfindens von *Zwischengliedern*.

Der Begriff der übersichtlichen Darstellung ist für uns von grundlegender Bedeutung. Er bezeichnet unsere Darstellungsform, die Art, wie wir die Dinge sehen. (Ist dies eine 'Weltanschauung'?)

123. Ein philosophisches Problem hat die Form: "Ich kenne mich nicht aus."

124. Die Philosophie darf den tatsächlichen Gebrauch der Sprache in keiner Weise antasten, sie kann ihn am Ende also nur beschreiben.

Denn sie kann ihn auch nicht begründen.

Sie läßt alles wie es ist.

Sie läßt auch die Mathematik wie sie ist, und keine mathematische Entdeckung kann sie weiterbringen. Ein "führendes Problem der mathematischen Logik" ist für uns ein Problem der Mathematik, wie jedes andere.

constructed?—And how strange that we should be able to do anything at all with the one we have!

In giving explanations I already have to use language full-blown (not some sort of preparatory, provisional one); this by itself shews that I can adduce only exterior facts about language.

Yes, but then how can these explanations satisfy us?—Well, your very questions were framed in this language; they had to be expressed in this language, if there was anything to ask!

And your scruples are misunderstandings.

Your questions refer to words; so I have to talk about words.

You say: the point isn't the word, but its meaning, and you think of the meaning as a thing of the same kind as the word, though also different from the word. Here the word, there the meaning. The money, and the cow that you can buy with it. (But contrast: money, and its use.)

121. One might think: if philosophy speaks of the use of the word "philosophy" there must be a second-order philosophy. But it is not so: it is, rather, like the case of orthography, which deals with the word "orthography" among others without then being second-order.

122. A main source of our failure to understand is that we do not *command a clear view* of the use of our words.—Our grammar is lacking in this sort of perspicuity. A perspicuous representation produces just that understanding which consists in 'seeing connexions'. Hence the importance of finding and inventing *intermediate cases*.

The concept of a perspicuous representation is of fundamental significance for us. It earmarks the form of account we give, the way we look at things. (Is this a 'Weltanschauung'?)

123. A philosophical problem has the form: "I don't know my way about".

124. Philosophy may in no way interfere with the actual use of language; it can in the end only describe it.

For it cannot give it any foundation either.

It leaves everything as it is.

It also leaves mathematics as it is, and no mathematical discovery can advance it. A "leading problem of mathematical logic" is for us a problem of mathematics like any other.

125. Es ist nicht Sache der Philosophie, den Widerspruch durch eine mathematische, logisch-mathematische, Entdeckung zu lösen. Sonden den Zustand der Mathematik, der uns beunruhigt, den Zustand *vor* der Lösung des Widerspruchs, übersehbar zu machen. (Und damit geht man nicht etwa einer Schwierigkeit aus dem Wege.)

Die fundamentale Tatsache ist hier: daß wir Regeln, eine Technik, für ein Spiel festlegen, und daß es dann, wenn wir den Regeln folgen, nicht so geht, wie wir angenommen hatten. Daß wir uns also gleichsam in unsern eigenen Regeln verfangen.

Dieses Verfangen in unsern Regeln ist, was wir verstehen, d.h. übersehen wollen.

Es wirft ein Licht auf unsern Begriff des Meinens. Denn es kommt also in jenen Fällen anders, als wir es gemeint, vorausgesehen, hatten. Wir sagen eben, wenn, z.B., der Widerspruch auftritt: "So hab' ich's nicht gemeint."

Die bürgerliche Stellung des Widerspruchs, oder seine Stellung in der bürgerlichen Welt: das ist das philosophische Problem.

126. Die Philosophie stellt eben alles bloß hin, und erklärt und folgert nichts.—Da alles offen daliegt, ist auch nichts zu erklären. Denn, was etwa verborgen ist, interessiert uns nicht.

"Philosophie" könnte man auch das nennen, was *vor* allen neuen Entdeckungen und Erfindungen möglich ist.

127. Die Arbeit des Philosophen ist ein Zusammentragen von Erinnerungen zu einem bestimmten Zweck.

128. Wollte man *Thesen* in der Philosophie aufstellen, es könnte nie über sie zur Diskussion kommen, weil Alle mit ihnen einverstanden wären.

129. Die für uns wichtigsten Aspekte der Dinge sind durch ihre Einfachheit und Alltäglichkeit verborgen. (Man kann es nicht bemerken,—weil man es immer vor Augen hat.) Die eigentlichen Grundlagen seiner Forschung fallen dem Menschen gar nicht auf. Es sei denn, daß ihm *dies* einmal aufgefallen ist.—Und das heißt: das, was, einmal gesehen, das Auffallendste und Stärkste ist, fällt uns nicht auf.

130. Unsere klaren und einfachen Sprachspiele sind nicht Vorstudien zu einer künftigen Reglementierung der Sprache,—gleichsam erste Annäherungen, ohne Berücksichtigung der Reibung und des Luftwiderstands. Vielmehr stehen die Sprachspiele da als *Vergleichsobjekte*, die durch Ähnlichkeit und Unähnlichkeit ein Licht in die Verhältnisse unsrer Sprache werfen sollen.

125. It is the business of philosophy, not to resolve a contradiction by means of a mathematical or logico-mathematical discovery, but to make it possible for us to get a clear view of the state of mathematics that troubles us: the state of affairs *before* the contradiction is resolved. (And this does not mean that one is sidestepping a difficulty.)

The fundamental fact here is that we lay down rules, a technique, for a game, and that then when we follow the rules, things do not turn out as we had assumed. That we are therefore as it were entangled in our own rules.

This entanglement in our rules is what we want to understand (i.e. get a clear view of).

It throws light on our concept of *meaning* something. For in those cases things turn out otherwise than we had meant, foreseen. That is just what we say when, for example, a contradiction appears: "I didn't mean it like that."

The civil status of a contradiction, or its status in civil life: there is the philosophical problem.

126. Philosophy simply puts everything before us, and neither explains nor deduces anything.—Since everything lies open to view there is nothing to explain. For what is hidden, for example, is of no interest to us.

One might also give the name "philosophy" to what is possible *before* all new discoveries and inventions.

127. The work of the philosopher consists in assembling reminders for a particular purpose.

128. If one tried to advance *theses* in philosophy, it would never be possible to debate them, because everyone would agree to them.

129. The aspects of things that are most important for us are hidden because of their simplicity and familiarity. (One is unable to notice something—because it is always before one's eyes.) The real foundations of his enquiry do not strike a man at all. Unless *that* fact has at some time struck him.—And this means: we fail to be struck by what, once seen, is most striking and most powerful.

130. Our clear and simple language-games are not preparatory studies for a future regularization of language—as it were first approximations, ignoring friction and air-resistance. The language-games are rather set up as *objects of comparison* which are meant to throw light on the facts of our language by way not only of similarities, but also of dissimilarities.

131. Nur so nämlich können wir der Ungerechtigkeit, oder Leere unserer Behauptungen entgehen, indem wir das Vorbild als das, was es ist, als Vergleichsobjekt—sozusagen als Maßstab—hinstellen; und nicht als Vorurteil, dem die Wirklichkeit entsprechen *müsse*. (Der Dogmatismus, in den wir beim Philosophieren so leicht verfallen.)

132. Wir wollen in unserm Wissen vom Gebrauch der Sprache eine Ordnung herstellen: eine Ordnung zu einem bestimmten Zweck; eine von vielen möglichen Ordnungen; nicht *die* Ordnung. Wir werden zu diesem Zweck immer wieder Unterscheidungen *hervorheben*, die unsre gewöhnlichen Sprachformen leicht übersehen lassen. Dadurch kann es den Anschein gewinnen, als sähen wir es als unsre Aufgabe an, die Sprache zu reformieren.

So eine Reform für bestimmte praktische Zwecke, die Verbesserung unserer Terminologie zur Vermeidung von Mißverständnissen im praktischen Gebrauch, ist wohl möglich. Aber das sind nicht die Fälle, mit denen wir es zu tun haben. Die Verwirrungen, die uns beschäftigen, entstehen gleichsam, wenn die Sprache leerläuft, nicht wenn sie arbeitet.

133. Wir wollen nicht das Regelsystem für die Verwendung unserer Worte in unerhörter Weise verfeinern oder vervollständigen.

Denn die Klarheit, die wir anstreben, ist allerdings eine *vollkommene*. Aber das heißt nur, daß die philosophischen Probleme *vollkommen* verschwinden sollen.

Die eigentliche Entdeckung ist die, die mich fähig macht, das Philosophieren abzubrechen, wann ich will.—Die die Philosophie zur Ruhe bringt, sodaß sie nicht mehr von Fragen gepeitscht wird, die *sie selbst* in Frage stellen.—Sondern es wird nun an Beispielen eine Methode gezeigt, und die Reihe dieser Beispiele kann man abbrechen.——Es werden Probleme gelöst (Schwierigkeiten beseitigt), nicht *ein* Problem.

Es gibt nicht *eine* Methode der Philosophie, wohl aber gibt es Methoden, gleichsam verschiedene Therapien.

134. Betrachten wir den Satz: "Es verhält sich so und so"—wie kann ich sagen, dies sei die allgemeine Form des Satzes?—Es ist vor allem *selbst* ein Satz, ein deutscher Satz, denn es hat Subjekt und Prädikat. Wie aber wird dieser Satz angewendet—in unsrer alltäglichen Sprache nämlich? Denn nur *daher* habe ich ihn ja genommen.

Wir sagen z.B.: "Er erklärte mir seine Lage, sagte, es verhalte sich so und so und er brauche daher einen Vorschuß." Man kann also insofern sagen, jener Satz stünde für irgendwelche Aussagen. Er wird als Satz*schema* verwendet; aber das *nur*, weil er den Bau eines

131. For we can avoid ineptness or emptiness in our assertions only by presenting the model as what it is, as an object of comparison—as, so to speak, a measuring-rod; not as a preconceived idea to which reality *must* correspond. (The dogmatism into which we fall so easily in doing philosophy.)

132. We want to establish an order in our knowledge of the use of language: an order with a particular end in view; one out of many possible orders; not *the* order. To this end we shall constantly be giving prominence to distinctions which our ordinary forms of language easily make us overlook. This may make it look as if we saw it as our task to reform language.

Such a reform for particular practical purposes, an improvement in our terminology designed to prevent misunderstandings in practice, is perfectly possible. But these are not the cases we have to do with. The confusions which occupy us arise when language is like an engine idling, not when it is doing work.

133. It is not our aim to refine or complete the system of rules for the use of our words in unheard-of ways.

For the clarity that we are aiming at is indeed *complete* clarity. But this simply means that the philosophical problems should *completely* disappear.

The real discovery is the one that makes me capable of stopping doing philosophy when I want to.—The one that gives philosophy peace, so that it is no longer tormented by questions which bring *itself* in question.—Instead, we now demonstrate a method, by examples; and the series of examples can be broken off.—Problems are solved (difficulties eliminated), not a *single* problem.

There is not *a* philosophical method, though there are indeed methods, like different therapies.

134. Let us examine the proposition: "This is how things are."—How can I say that this is the general form of propositions?—It is first and foremost *itself* a proposition, an English sentence, for it has a subject and a predicate. But how is this sentence applied—that is, in our everyday language? For I got it from there and nowhere else.

We may say, e.g.: "He explained his position to me, said that this was how things were, and that therefore he needed an advance". So far, then, one can say that that sentence stands for any statement. It is employed as a propositional *schema*, but *only* because it has the

deutschen Satzes hat. Man könnte statt seiner ohneweiters auch sagen: "das und das ist der Fall", oder "so und so liegen die Sachen", etc.. Man könnte auch, wie in der symbolischen Logik, bloß einen Buchstaben, eine Variable gebrauchen. Aber den Buchstaben "p" wird doch niemand die allgemeine Form eines Satzes nennen. Wie gesagt: "Es verhält sich so und so" war dies nur dadurch, daß es selbst das ist, was man einen deutschen Satz nennt. Aber obschon es ein Satz ist, so hat es doch nur als Satzvariable Verwendung. Zu sagen, dieser Satz stimme mit der Wirklichkeit überein (oder nicht überein) wäre offenbarer Unsinn und er illustriert also dies, daß *ein* Merkmal unseres Satzbegriffes der *Satzklang* ist.

135. Aber haben wir denn nicht einen Begriff davon, was ein Satz ist, was wir unter "Satz" verstehen?—Doch; sofern wir auch einen Begriff davon haben, was wir unter "Spiel" verstehen. Gefragt, was ein Satz ist—ob wir nun einem Andern antworten sollen, oder uns selbst—werden wir Beispiele angeben und unter diesen auch, was man induktive Reihen von Sätzen nennen kann; nun, auf *diese* Weise haben wir einen Begriff vom Satz. (Vergleiche den Begriff des Satzes mit dem Begriff der Zahl.)

136. Im Grunde ist die Angabe von "Es verhält sich so und so" als allgemeine Form des Satzes das gleiche, wie die Erklärung: ein Satz sei alles, was wahr oder falsch sein könne. Denn, statt "Es verhält sich. . ." hätte ich auch sagen können: "Das und das ist wahr". (Aber auch: "Das und das ist falsch".) Nun ist aber

'p' ist wahr = p
'p' ist falsch = nicht-p.

Und zu sagen, ein Satz sei alles, was wahr oder falsch sein könne, kommt darauf hinaus: Einen Satz nennen wir das, worauf wir *in unserer Sprache* den Kalkül der Wahrheitsfunktionen anwenden.

Es scheint nun, als bestimmte die Erklärung—Satz sei dasjenige, was wahr oder falsch sein könne—was ein Satz ist, indem sie sage: Was zum Begriff 'wahr' paßt, oder, worauf der Begriff 'wahr' paßt, das ist ein Satz. Es ist also so, als hätten wir einen Begriff von wahr und falsch, mit dessen Hilfe wir nun bestimmen können, was ein Satz ist und was keiner. Was in den Begriff der Wahrheit *eingreift* (wie in ein Zahnrad), das ist ein Satz.

Aber das ist ein schlechtes Bild. Es ist, als sagte man "Schachkönig ist *die* Figur, der man Schach ansagen kann." Aber das kann doch nur heißen, daß wir in unserm Schachspiel nur dem König Schach geben. So wie der Satz, daß nur ein *Satz* wahr sein könne,

construction of an English sentence. It would be possible to say instead "such and such is the case", "this is the situation", and so on. It would also be possible here simply to use a letter, a variable, as in symbolic logic. But no one is going to call the letter "p" the general form of propositions. To repeat: "This is how things are" had that position only because it is itself what one calls an English sentence. But though it is a proposition, still it gets employed as a propositional variable. To say that this proposition agrees (or does not agree) with reality would be obvious nonsense. Thus it illustrates the fact that *one* feature of our concept of a proposition is, *sounding like a proposition.*

135. But haven't we got a concept of what a proposition is, of what we take "proposition" to mean?—Yes; just as we also have a concept of what we mean by "game". Asked what a proposition is—whether it is another person or ourselves that we have to answer—we shall give examples and these will include what one may call inductively defined series of propositions. *This* is the kind of way in which we have such a concept as 'proposition'. (Compare the concept of a proposition with the concept of number.)

136. At bottom, giving "This is how things are" as the general form of propositions is the same as giving the definition: a proposition is whatever can be true or false. For instead of "This is how things are" I could have said "This is true". (Or again "This is false".) But we have

'p' is true = p
'p' is false = not-p.

And to say that a proposition is whatever can be true or false amounts to saying: we call something a proposition when *in our language* we apply the calculus of truth functions to it.

Now it looks as if the definition—a proposition is whatever can be true or false—determined what a proposition was, by saying: what fits the concept 'true', or what the concept 'true' fits, is a proposition. So it is as if we had a concept of true and false, which we could use to determine what is and what is not a proposition. What *engages* with the concept of truth (as with a cogwheel), is a proposition.

But this is a bad picture. It is as if one were to say "The king in chess is *the* piece that one can check." But this can mean no more than that in our game of chess we only check the king. Just as the proposition that only a *proposition* can be true or false can say no more than

nur sagen kann, daß wir "wahr" und "falsch" nur von dem prädizieren, was wir einen Satz nennen. Und was ein Satz ist, ist in *einem* Sinne bestimmt durch die Regeln des Satzbaus (der deutschen Sprache z.B.), in einem andern Sinne durch den Gebrauch des Zeichens im Sprachspiel. Und der Gebrauch der Wörter "wahr" und "falsch" kann auch ein Bestandteil dieses Spiels sein; und dann *gehört* er für uns zum Satz, aber er '*paßt*' nicht zu ihm. Wie wir auch sagen können, das Schachgeben *gehöre* zu unserm Begriff vom Schachkönig (gleichsam als ein Bestandteil desselben). Zu sagen, das Schachgeben *passe* nicht auf unsern Begriff von den Bauern, würde heißen, daß ein Spiel, in welchem den Bauern Schach gegeben wird, in welchem etwa der verliert, der seine Bauern verliert,—daß ein solches Spiel uninteressant wäre, oder dumm, oder zu kompliziert, oder dergleichen.

137. Wie ist es denn, wenn wir das Subjekt im Satz bestimmen ernen durch die Frage "Wer oder was . . . . ?"—Hier gibt es doch ein '*Passen*' des Subjekts zu dieser Frage; denn wie erführen wir sonst durch die Frage, was das Subjekt ist? Wir erfahren es in ähnlicher Weise, wie wir erfahren, welcher Buchstabe im Alphabet nach dem 'K' kommt, indem wir uns das Alphabet bis zum 'K' hersagen. In wiefern paßt nun das 'L' zu jener Buchstabenreihe?—Und in*so*fern könnte man auch sagen, "wahr" und "falsch" passe zum Satz; und man könnte ein Kind lehren, Sätze von andern Ausdrücken zu unterscheiden, indem man ihm sagt: "Frag dich, ob du danach sagen kannst 'ist wahr'. Wenn diese Worte passen, so ist es ein Satz." (Und ebenso hätte man sagen können: Frage dich, ob du davor die Worte "Es verhält sich *so*:" setzen kannst.)

138. Kann denn aber nicht die Bedeutung eines Worts, die ich verstehe, zum Sinn des Satzes, den ich verstehe, passen? Oder die Bedeutung eines Worts zur Bedeutung eines andern?——Freilich, wenn die Bedeutung der *Gebrauch* ist, den wir vom Worte machen, dann hat es keinen Sinn, von so einem Passen zu reden. Nun *verstehen* wir aber die Bedeutung eines Wortes, wenn wir es hören, oder aussprechen; wir erfassen sie mit einem Schlage; und was wir so erfassen, ist doch etwas Andres, als der in der Zeit ausgedehnte 'Gebrauch'!

Muß ich *wissen*, ob ich ein Wort verstehe? Geschieht es nicht auch, daß ich mir einbilde, ein Wort zu verstehen (nicht anders, als eine Rechnungsart zu verstehen) und nun darauf komme, daß ich es nicht verstanden habe? ("Ich habe geglaubt, ich weiß, was 'relative' und 'absolute' Bewegung heißt, aber ich sehe, ich weiß es nicht.")

that we only predicate "true" and "false" of what we call a proposition. And what a proposition is is in one sense determined by the rules of sentence formation (in English for example), and in another sense by the use of the sign in the language-game. And the use of the words "true" and "false" may be among the constituent parts of this game; and if so it *belongs* to our concept 'proposition' but does not '*fit*' it. As we might also say, check *belongs* to our concept of the king in chess (as so to speak a constituent part of it). To say that check did not *fit* our concept of the pawns, would mean that a game in which pawns were checked, in which, say, the players who lost their pawns lost, would be uninteresting or stupid or too complicated or something of the kind.

137. What about learning to determine the subject of a sentence by means of the question "Who or what . . . .?"—Here, surely, there is such a thing as the subject's 'fitting' this question; for otherwise how should we find out what the subject was by means of the question? We find it out much as we find out which letter of the alphabet comes after 'K' by saying the alphabet up to 'K' to ourselves. Now in what sense does 'L' fit on to this series of letters?—In *that* sense "true" and "false" could be said to fit propositions; and a child might be taught to distinguish between propositions and other expressions by being told "Ask yourself if you can say 'is true' after it. If these words fit, it's a proposition." (And in the same way one might have said: Ask yourself if you can put the words "*This* is how things are:" in front of it.)

138. But can't the meaning of a word that I understand fit the sense of a sentence that I understand? Or the meaning of one word fit the meaning of another?——Of course, if the meaning is the *use* we make of the word, it makes no sense to speak of such 'fitting.' But we *understand* the meaning of a word when we hear or say it; we grasp it in a flash, and what we grasp in this way is surely something different from the 'use' which is extended in time!

Must I *know* whether I understand a word? Don't I also sometimes imagine myself to understand a word (as I may imagine I understand a kind of calculation) and then realize that I did not understand it? ("I thought I knew what 'relative' and 'absolute' motion meant, but I see that I don't know.")

139. Wenn mir jemand z.B. das Wort "Würfel" sagt, so weiß ich, was es bedeutet. Aber kann mir denn die ganze *Verwendung* des Wortes vorschweben, wenn ich es so *verstehe*?

Ja, wird aber anderseits die Bedeutung des Worts nicht auch durch diese Verwendung bestimmt? Und können sich diese Bestimmungen nun widersprechen? Kann, was wir so *mit einem Schlage* erfassen, mit einer Verwendung übereinstimmen, zu ihr passen, oder nicht zu ihr passen? Und wie kann das, was uns in einem Augenblicke gegenwärtig ist, was uns in einem Augenblick vorschwebt, zu einer *Verwendung* passen?

Was ist es denn eigentlich, was uns vorschwebt, wenn wir ein Wort *verstehen*?—Ist es nicht etwas, wie ein Bild? Kann es nicht ein Bild *sein*?

Nun, nimm an, beim Hören des Wortes "Würfel" schwebt dir ein Bild vor. Etwa die Zeichnung eines Würfels. In wiefern kann dies Bild zu einer Verwendung des Wortes "Würfel" passen, oder nicht zu ihr passen?—Vielleicht sagst du: "das ist einfach;—wenn mir dieses Bild vorschwebt und ich zeige z.B. auf ein dreieckiges Prisma und sage, dies sei ein Würfel, so paßt diese Verwendung nicht zum Bild."—Aber paßt sie nicht? Ich habe das Beispiel absichtlich so gewählt, daß es ganz leicht ist, sich eine *Projektionsmethode* vorzustellen, nach welcher das Bild nun doch paßt.

Das Bild des Würfels *legte* uns allerdings eine gewisse Verwendung *nahe*, aber ich konnte es auch anders verwenden.

(*a*) "Ich glaube, das richtige Wort in diesem Fall ist . . . . ". Zeigt das nicht, daß die Bedeutung des Worts ein Etwas ist, das uns vorschwebt, und das gleichsam das genaue Bild ist, welches wir hier brauchen wollen? Denke, ich wählte zwischen den Wörtern "stattlich", "würdevoll", "stolz", "Achtung gebietend"; ist es nicht, als ob ich zwischen den Zeichnungen in einer Mappe wählte?—Nein; daß man vom *treffenden Wort* redet, *zeigt* nicht die Existenz eines Etwas welches etc. . Vielmehr ist man geneigt, von jenem bildartigen Etwas zu sprechen, weil man ein Wort als treffend empfinden kann; zwischen Worten oft, wie zwischen ähnlichen, aber doch nicht gleichen Bildern, wählt; weil man Bilder oft statt Wörtern, oder zur Illustration von Wörtern gebraucht; etc. .

(*b*) Ich sehe ein Bild: es stellt einen alten Mann dar, der auf einen Stock gestützt einen steilen Weg aufwärts geht.—Und wie das? Konnte es nicht auch so aussehen, wenn er in dieser Stellung die Straße hinunterrutschte? Ein Marsbewohner würde das Bild vielleicht so beschreiben. Ich brauche nicht zu erklären, warum *wir* es nicht so beschreiben.

139. When someone says the word "cube" to me, for example, I know what it means. But can the whole *use* of the word come before my mind, when I *understand* it in this way?

Well, but on the other hand isn't the meaning of the word also determined by this use? And can't these ways of determining meaning conflict? Can what we grasp *in a flash* accord with a use, fit or fail to fit it? And how can what is present to us in an instant, what comes before our mind in an instant, fit a *use*?

What really comes before our mind when we *understand* a word?—Isn't it something like a picture? Can't it *be* a picture?

Well, suppose that a picture does come before your mind when you hear the word "cube", say the drawing of a cube. In what sense can this picture fit or fail to fit a use of the word "cube"?—Perhaps you say: "It's quite simple;—if that picture occurs to me and I point to a triangular prism for instance, and say it is a cube, then this use of the word doesn't fit the picture."—But doesn't it fit? I have purposely so chosen the example that it is quite easy to imagine a *method of projection* according to which the picture does fit after all.

The picture of the cube did indeed *suggest* a certain use to us, but it was possible for me to use it differently.

(*a*) "I believe the right word in this case is . . . .". Doesn't this shew that the meaning of a word is a something that comes before our mind, and which is, as it were, the exact picture we want to use here? Suppose I were choosing between the words "imposing", "dignified", "proud", "venerable"; isn't it as though I were choosing between drawings in a portfolio?—No: the fact that one speaks of the *appropriate word* does not *shew* the existence of a something that etc.. One is inclined, rather, to speak of this picture-like something just because one can find a word appropriate; because one often chooses between words as between similar but not identical pictures; because pictures are often used instead of words, or to illustrate words; and so on.

(*b*) I see a picture; it represents an old man walking up a steep path leaning on a stick.—How? Might it not have looked just the same if he had been sliding downhill in that position? Perhaps a Martian would describe the picture so. [I do not need to explain why *we* do not describe it so.]

140. Welcher Art war dann aber mein Irrtum; der, welchen man so ausdrücken möchte: ich hätte geglaubt, das Bild zwinge mich nun zu einer bestimmten Verwendung? Wie konnte ich denn das glauben? Was *habe* ich da geglaubt? Gibt es denn ein Bild, oder etwas einem Bild Ähnliches, das uns zu einer bestimmten Anwendung zwingt, und war mein Irrtum also eine Verwechslung?—Denn wir könnten geneigt sein, uns auch so auszudrücken: wir seien höchstens unter einem psychologischen Zwang, aber unter keinem logischen. Und da scheint es ja völlig, als kennten wir zweierlei Fälle.

Was tat denn mein Argument? Es machte darauf aufmerksam (erinnerte uns daran), daß wir unter Umständen bereit wären, auch einen andern Vorgang "Anwendung des Würfelbilds" zu nennen, als nur den, an welchen wir ursprünglich gedacht hatten. Unser 'Glaube, das Bild zwinge uns zu einer bestimmten Anwendung', bestand also darin, daß uns nur der eine Fall und kein andrer einfiel. "Es gibt auch eine andere Lösung" heißt: es gibt auch etwas Anderes, was ich bereit bin "Lösung" zu nennen; worauf ich bereit bin, das und das Bild, die und die Analogie anzuwenden, etc..

Und das Wesentliche ist nun, daß wir sehen, daß uns das Gleiche beim Hören des Wortes vorschweben, und seine Anwendung doch eine andere sein kann. Und hat es dann beide Male die *gleiche* Bedeutung? Ich glaube, das werden wir verneinen.

141. Aber wie, wenn uns nicht einfach das Bild des Würfels, sondern dazu auch die Projektionsmethode vorschwebt?——Wie soll ich mir das denken?—Etwa so, daß ich ein Schema der Projektionsart vor mir sehe. Ein Bild etwa, das zwei Würfel zeigt durch Projektionsstrahlen miteinander verbunden.—Aber bringt mich denn das wesentlich weiter? Kann ich mir nun nicht auch verschiedene Anwendungen dieses Schemas denken?——Ja aber kann mir denn also nicht eine *Anwendung vorschweben*?—Doch; nur müssen wir uns über unsre Anwendung *dieses* Ausdrucks klarer werden. Nimm an, ich setze jemandem verschiedene Projektionsmethoden auseinander, damit er sie dann anwende; und fragen wir uns, in welchem Falle wir sagen werden, es schwebe ihm *die* Projektionsmethode vor, welche ich meine.

Wir erkennen dafür nun offenbar zweierlei Kriterien an: Einerseits das Bild (welcher Art immer es sei), welches ihm zu irgendeiner Zeit vorschwebt; anderseits die Anwendung, die er—im Laufe der Zeit—von dieser Vorstellung macht. (Und ist es hier nicht klar, daß es durchaus unwesentlich ist, daß dieses Bild ihm in der Phantasie vorschwebt, und nicht viel mehr als eine Zeichnung vor ihm liegt, oder als Modell; oder auch von ihm als Modell hergestellt wird?)

140. Then what sort of mistake did I make; was it what we should like to express by saying: I should have thought the picture forced a particular use on me? How could I think that? What *did* I think? Is there such a thing as a picture, or something like a picture, that forces a particular application on us; so that my mistake lay in confusing one picture with another?—For we might also be inclined to express ourselves like this: we are at most under a psychological, not a logical, compulsion. And now it looks quite as if we knew of two kinds of case.

What was the effect of my argument? It called our attention to (reminded us of) the fact that there are other processes, besides the one we originally thought of, which we should sometimes be prepared to call "applying the picture of a cube". So our 'belief that the picture forced a particular application upon us' consisted in the fact that only the one case and no other occurred to us. "There is another solution as well" means: there is something else that I am also prepared to call a "solution"; to which I am prepared to apply such-and-such a picture, such-and-such an analogy, and so on.

[What is essential is to see that the same thing can come before our minds when we hear the word and the application still be different. Has it the *same* meaning both times? I think we shall say not.]

141. Suppose, however, that not merely the picture of the cube, but also the method of projection comes before our mind?——How am I to imagine this?—Perhaps I see before me a schema shewing the method of projection: say a picture of two cubes connected by lines of projection.—But does this really get me any further? Can't I now imagine different applications of this schema too?——Well, yes, but then can't an *application come before my mind*?—It can: only we need to get clearer about our application of *this* expression. Suppose I explain various methods of projection to someone so that he may go on to apply them; let us ask ourselves when we should say that *the* method that I intend comes before his mind.

Now clearly we accept two different kinds of criteria for this: on the one hand the picture (of whatever kind) that at some time or other comes before his mind; on the other, the application which—in the course of time—he makes of what he imagines. (And can't it be clearly seen here that it is absolutely inessential for the picture to exist in his imagination rather than as a drawing or model in front of him; or again as something that he himself constructs as a model?)

Können nun Bild und Anwendung kollidieren? Nun, sie können insofern kollidieren, als uns das Bild eine andere Verwendung erwarten läßt; weil die Menschen im allgemeinen von *diesem* Bild *diese* Anwendung machen.

Ich will sagen: Es gibt hier einen *normalen* Fall und abnormale Fälle.

142. Nur in normalen Fällen ist der Gebrauch der Worte uns klar vorgezeichnet; wir wissen, haben keinen Zweifel, was wir in diesem oder jenem Fall zu sagen haben. Je abnormaler der Fall, desto zweifelhafter wird es, was wir nun hier sagen sollen. Und verhielten sich die Dinge ganz anders, als sie sich tatsächlich verhalten——gäbe es z.B. keinen charakteristischen Ausdruck des Schmerzes, der Furcht, der Freude; würde, was Regel ist, Ausnahme und was Ausnahme, zur Regel; oder würden beide zu Erscheinungen von ungefähr gleicher Häufigkeit——so verlören unsere normalen Sprachspiele damit ihren Witz.—Die Prozedur, ein Stück Käse auf die Wage zu legen und nach dem Ausschlag der Wage den Preis zu bestimmen, verlöre ihren Witz, wenn es häufiger vorkäme, daß solche Stücke ohne offenbare Ursache plötzlich anwüchsen, oder einschrumpften. Diese Bemerkung wird klarer werden, wenn wir über Dinge, wie das Verhältnis des Ausdrucks zum Gefühl und Ähnliches reden werden.

143. Betrachten wir nun diese Art von Sprachspiel: B soll auf den Befehl des A Reihen von Zeichen niederschreiben nach einem bestimmten Bildungsgesetz.

Die erste dieser Reihen soll die sein der natürlichen Zahlen im Dezimalsystem.—Wie lernt er dieses System verstehen?—Zunächst werden ihm Zahlenreihen vorgeschrieben und er wird angehalten, sie nachzuschreiben. (Stoß dich nicht an dem Wort "Zahlenreihen", es ist hier nicht unrichtig verwendet!) Und schon hier gibt es eine normale und eine abnormale Reaktion des Lernenden.—Wir führen ihm etwa zuerst beim Nachschreiben der Reihe 0 bis 9 die Hand; dann aber wird die *Möglichkeit der Verständigung* daran hängen, daß er nun selbständig weiterschreibt.—Und hier können wir uns, z.B., denken, daß er nun zwar selbständig Ziffern kopiert, aber nicht nach der Reihe, sondern regellos einmal die, einmal die. Und dann hört *da* die Verständigung auf.—Oder aber er macht '*Fehler*' in der Reihenfolge.—

Was wir zur Erklärung der Bedeutung, ich meine der Wichtigkeit, eines Begriffs sagen müssen, sind oft außerordentlich allgemeine Naturtatsachen. Solche, die wegen ihrer großen Allgemeinheit kaum je erwähnt werden.

Can there be a collision between picture and application? There can, inasmuch as the picture makes us expect a different use, because people in general apply *this* picture like *this*.

I want to say: we have here a *normal* case, and abnormal cases.

142. It is only in normal cases that the use of a word is clearly prescribed; we know, are in no doubt, what to say in this or that case. The more abnormal the case, the more doubtful it becomes what we are to say. And if things were quite different from what they actually are——if there were for instance no characteristic expression of pain, of fear, of joy; if rule became exception and exception rule; or if both became phenomena of roughly equal frequency——this would make our normal language-games lose their point.—The procedure of putting a lump of cheese on a balance and fixing the price by the turn of the scale would lose its point if it frequently happened for such lumps to suddenly grow or shrink for no obvious reason. This remark will become clearer when we discuss such things as the relation of expression to feeling, and similar topics.

143. Let us now examine the following kind of language-game: when A gives an order B has to write down series of signs according to a certain formation rule.

The first of these series is meant to be that of the natural numbers in decimal notation.—How does he get to understand this notation?—First of all series of numbers will be written down for him and he will be required to copy them. (Do not balk at the expression "series of numbers"; it is not being used wrongly here.) And here already there is a normal and an abnormal learner's reaction.—At first perhaps we guide his hand in writing out the series 0 to 9; but then the *possibility of getting him to understand* will depend on his going on to write it down independently.—And here we can imagine, e.g., that he does copy the figures independently, but not in the right order: he writes sometimes one sometimes another at random. And then communication stops at *that* point.—Or again, he makes '*mistakes*'

What we have to mention in order to explain the significance, I mean the importance, of a concept, are often extremely general facts of nature: such facts as are hardly ever mentioned because of their great generality.

Der Unterschied zwischen diesem und dem ersten Fall ist natürlich einer der Häufigkeit.—Oder: er macht einen *systematischen* Fehler, er schreibt z.B. immer nur jede zweite Zahl nach; oder er kopiert die Reihe 0, 1, 2, 3, 4, 5, ... so: 1, 0, 3, 2, 5, 4, ... Hier werden wir beinahe versucht sein zu sagen, er habe uns *falsch* verstanden.

Aber merke: Es gibt keine scharfe Grenze zwischen einem regellosen und einem systematischen Fehler. D.h., zwischen dem, was du einen "regellosen", und dem, was du einen "systematischen Fehler" zu nennen geneigt bist.

Man kann ihm nun vielleicht den systematischen Fehler abgewöhnen (wie eine Unart). Oder, man läßt seine Art des Kopierens gelten und trachtet, ihm die normale Art als eine Abart, Variation, der seinigen beizubringen.—Und auch hier kann die Lernfähigkeit unseres Schülers abbrechen.

144. Was meine ich denn, wenn ich sage "hier *kann* die Lernfähigkeit des Schülers abbrechen"? Teile ich das aus meiner Erfahrung mit? Natürlich nicht. (Auch wenn ich so eine Erfahrung gemacht hätte.) Und was tue ich denn mit jenem Satz? Ich möchte doch, daß du sagst: "Ja, es ist wahr, das könnte man sich auch denken, das könnte auch geschehen!"—Aber wollte ich Einen darauf aufmerksam machen, daß er imstande ist, sich dies vorzustellen?——Ich wollte dies Bild vor seine Augen stellen, und seine *Anerkennung* dieses Bildes besteht darin, daß er nun geneigt ist, einen gegebenen Fall anders zu betrachten: nämlich ihn mit *dieser* Bilderreihe zu vergleichen. Ich habe seine *Anschauungsweise* geändert. (Indische Mathematiker: "Sieh dies an!")

145. Der Schüler schreibe nun die Reihe 0 bis 9 zu unsrer Zufriedenheit.—Und dies wird nur der Fall sein, wenn ihm dies *oft* gelingt, nicht, wenn er es einmal unter hundert Versuchen richtig macht. Ich führe ihn nun weiter in der Reihe und lenke seine Aufmerksamkeit auf die Wiederkehr der ersten Reihe in den Einern; dann auf diese Wiederkehr in den Zehnern. (Was nur heißt, daß ich gewisse Betonungen anwende, Zeichen unterstreiche, in der und der Weise untereinander schreibe, und dergleichen.)—Und nun setzt er einmal die Reihe selbständig fort,—oder er tut es nicht.—Aber warum sagst du das; *das* ist selbstverständlich!—Freilich; ich wollte nur sagen: die Wirkung jeder weiteren *Erklärung* hänge von seiner *Reaktion* ab.

Aber nehmen wir nun an, er setzt, nach einigen Bemühungen des Lehrers, die Reihe richtig fort, d.h. so, wie wir es tun. Nun können wir also sagen: er beherrscht das System.—Aber wie weit muß er die

in the order.—The difference between this and the first case will of course be one of frequency.—Or he makes a *systematic* mistake; for example, he copies every other number, or he copies the series 0, 1, 2, 3, 4, 5, ... like this: 1, 0, 3, 2, 5, 4, ... Here we shall almost be tempted to say that he has understood *wrong*.

Notice, however, that there is no sharp distinction between a random mistake and a systematic one. That is, between what you are inclined to call "random" and what "systematic".

Perhaps it is possible to wean him from the systematic mistake (as from a bad habit). Or perhaps one accepts his way of copying and tries to teach him ours as an offshoot, a variant of his.—And here too our pupil's capacity to learn may come to an end.

144. What do I mean when I say "the pupil's capacity to learn *may* come to an end here"? Do I say this from my own experience? Of course not. (Even if I have had such experience.) Then what am I doing with that proposition? Well, I should like you to say: "Yes, it's true, you can imagine that too, that might happen too!"—But was I trying to draw someone's attention to the fact that he is capable of imagining that?——I wanted to put that picture before him, and his *acceptance* of the picture consists in his now being inclined to regard a given case differently: that is, to compare it with *this* rather than *that* set of pictures. I have changed his *way of looking at things*. (Indian mathematicians: "Look at this.")

145. Suppose the pupil now writes the series 0 to 9 to our satisfaction.—And this will only be the case when he is often successful, not if he does it right once in a hundred attempts. Now I continue the series and draw his attention to the recurrence of the first series in the units; and then to its recurrence in the tens. (Which only means that I use particular emphases, underline figures, write them one under another in such-and-such ways, and similar things.)—And now at some point he continues the series independently—or he does not.—But why do you say that? *so* much is obvious!—Of course; I only wished to say: the effect of any further *explanation* depends on his *reaction*.

Now, however, let us suppose that after some efforts on the teacher's part he continues the series correctly, that is, as we do it. So now we can say he has mastered the system.—But how far need he continue

Reihe richtig fortsetzen, damit wir das mit Recht sagen können? Es ist klar: du kannst hier keine Begrenzung angeben.

146. Wenn ich nun frage: "Hat er das System verstanden, wenn er die Reihe hundert Stellen weit fortsetzt?" Oder—wenn ich in unserm primitiven Sprachspiel nicht von 'verstehen' reden soll: Hat er das System inne, wenn er die Reihe bis *dorthin* richtig fortsetzt?—Da wirst du vielleicht sagen: Das System innehaben (oder auch, verstehen) kann nicht darin bestehen, daß man die Reihe bis zu *dieser*, oder bis zu *jener* Zahl fortsetzt; *das* ist nur die Anwendung des Verstehens. Das Verstehen selbst ist ein Zustand, *woraus* die richtige Verwendung entspringt.

Und an was denkt man da eigentlich? Denkt man nicht an das Ableiten einer Reihe aus ihrem algebraischen Ausdruck? Oder doch an etwas Analoges?—Aber da waren wir ja schon einmal. Wir können uns ja eben mehr als *eine* Anwendung eines algebraischen Ausdrucks denken; und jede Anwendungsart kann zwar wieder algebraisch niedergelegt werden, aber dies führt uns selbstverständlich nicht weiter. —Die Anwendung bleibt ein Kriterium des Verständnisses.

147. "Aber wie kann sie das sein? Wenn *ich* sage, ich verstehe das Gesetz einer Reihe, so sage ich es doch nicht auf Grund der *Erfahrung*, daß ich bis jetzt den algebraischen Ausdruck so und so angewandt habe! Ich weiß doch von mir selbst jedenfalls, daß ich die und die Reihe meine; gleichgültig, wie weit ich sie tatsächlich entwickelt habe."—

Du meinst also: du weißt die Anwendung des Gesetzes der Reihe, auch ganz abgesehen von einer Erinnerung an die tatsächlichen Anwendungen auf bestimmte Zahlen. Und du wirst vielleicht sagen: "Selbstverständlich! denn die Reihe ist ja unendlich und das Reihenstück, das ich entwickeln konnte, endlich."

148. Worin aber besteht dies Wissen? Laß mich fragen: *Wann* weißt du diese Anwendung? Immer? Tag und Nacht? oder nur während du gerade an das Gesetz der Reihe denkst? D.h.: Weißt du sie, wie du auch das ABC und das Einmaleins weißt; oder nennst du 'Wissen' einen Bewußtheitszustand oder Vorgang—etwa ein An-etwas-denken, oder dergleichen?

149. Wenn man sagt, das Wissen des ABC sei ein Zustand der Seele, so denkt man an den Zustand eines Seelenapparats (etwa unsres Gehirns), mittels welches wir die *Äußerungen* dieses Wissens erklären. Einen solchen Zustand nennt man eine Disposition. Es ist aber

the series for us to have the right to say that? Clearly you cannot state a limit here.

146. Suppose I now ask: "Has he understood the system when he continues the series to the hundredth place?" Or—if I should not speak of 'understanding' in connection with our primitive language-game: Has he got the system, if he continues the series correctly so far?—Perhaps you will say here: to have got the system (or, again, to understand it) can't consist in continuing the series up to *this* or *that* number: *that* is only applying one's understanding. The understanding itself is a state which is the *source* of the correct use.

What is one really thinking of here? Isn't one thinking of the derivation of a series from its algebraic formula? Or at least of something analogous?—But this is where we were before. The point is, we can think of more than *one* application of an algebraic formula; and every type of application can in turn be formulated algebraically; but naturally this does not get us any further.—The application is still a criterion of understanding.

147. "But how can it be? When *I* say I understand the rule of a series, I am surely not saying so because I have *found out* that up to now I have applied the algebraic formula in such-and-such a way! In my own case at all events I surely know that I mean such-and-such a series; it doesn't matter how far I have actually developed it."—

Your idea, then, is that you know the application of the rule of the series quite apart from remembering actual applications to particular numbers. And you will perhaps say: "Of course! For the series is infinite and the bit of it that I can have developed finite."

148. But what does this knowledge consist in? Let me ask: *When* do you know that application? Always? day and night? or only when you are actually thinking of the rule? do you know it, that is, in the same way as you know the alphabet and the multiplication table? Or is what you call "knowledge" a state of consciousness or a process—say a thought of something, or the like?

149. If one says that knowing the ABC is a state of the mind, one is thinking of a state of a mental apparatus (perhaps of the brain) by means of which we explain the *manifestations* of that knowledge. Such a state is called a disposition. But there are objections to speaking

nicht einwandfrei, hier von einem Zustand der Seele zu reden, insofern es für den Zustand zwei Kriterien geben sollte; nämlich ein Erkennen der Konstruktion des Apparates, abgesehen von seinen Wirkungen. (Nichts wäre hier verwirrender, als der Gebrauch der Wörter "bewußt" und "unbewußt" für den Gegensatz von Bewußtseinszustand und Disposition. Denn jenes Wortpaar verhüllt einen grammatischen Unterschied.)

150. Die Grammatik des Wortes "wissen" ist offenbar eng verwandt der Grammatik der Worte "können", "imstande sein". Aber auch eng verwandt der, des Wortes "verstehen". (Eine Technik 'beherrschen'.)

151. Nun gibt es aber auch *diese* Verwendung des Wortes "wissen": wir sagen "Jetzt weiß ich's!"—und ebenso "Jetzt kann ich's!" und "Jetzt versteh ich's!"

Stellen wir uns dieses Beispiel vor: A schreibt Reihen von Zahlen an; B sieht ihm zu und trachtet, in der Zahlenfolge ein Gesetz zu finden. Ist es ihm gelungen, so ruft er: "Jetzt kann ich fortsetzen!"——Diese Fähigkeit, dieses Verstehen ist also etwas, was in einem Augenblick eintritt. Schauen wir also nach: Was ist es, was hier eintritt?—A habe die Zahlen 1, 5, 11, 19, 29 hingeschrieben; da sagt B, jetzt wisse er weiter. Was geschah da? Es konnte verschiedenerlei geschehen sein; z.B.: Während A langsam eine Zahl nach der andern hinsetzte, ist B damit beschäftigt, verschiedene algebraische Formeln an den angeschriebenen Zahlen zu versuchen. Als A die Zahl 19 geschrieben hatte, versuchte B die Formel $a_n = n^2 + n - 1$; und die nächste Zahl bestätigte seine Annahme

---

(*a*) "Ein Wort verstehen", ein Zustand. Aber ein *seelischer* Zustand?—Betrübnis, Aufregung, Schmerzen, nennen wir seelische Zustände. Mache diese grammatische Betrachtung: Wir sagen

"Er war den ganzen Tag betrübt".

"Er war den ganzen Tag in großer Aufregung".

"Er hatte seit gestern ununterbrochen Schmerzen".—

Wir sagen auch "Ich verstehe dieses Wort seit gestern". Aber "ununterbrochen"?—Ja, man kann von einer Unterbrechung des Verstehens reden. Aber in welchen Fällen? Vergleiche: "Wann haben deine Schmerzen nachgelassen?" und "Wann hast du aufgehört, das Wort zu verstehen?"

(*b*) Wie, wenn man fragte: Wann *kannst* du Schach spielen? Immer? oder während du einen Zug machst? Und während jedes Zuges das ganze Schach?—Und wie seltsam, daß Schachspielenkönnen so kurze Zeit braucht, und eine Partie so viel länger.

of a state of the mind here, inasmuch as there ought to be two different criteria for such a state: a knowledge of the construction of the apparatus, quite apart from what it does. (Nothing would be more confusing here than to use the words "conscious" and "unconscious" for the contrast between states of consciousness and dispositions. For this pair of terms covers up a grammatical difference.)

150. The grammar of the word "knows" is evidently closely related to that of "can", "is able to". But also closely related to that of "understands". ('Mastery' of a technique,)

151. But there is also *this* use of the word "to know": we say "Now I know!"—and similarly "Now I can do it!" and "Now I understand!"

Let us imagine the following example: A writes series of numbers down; B watches him and tries to find a law for the sequence of numbers. If he succeeds he exclaims: "Now I can go on!"——So this capacity, this understanding, is something that makes its appearance in a moment. So let us try and see what it is that makes its appearance here.—A has written down the numbers 1, 5, 11, 19, 29; at this point B says he knows how to go on. What happened here? Various things may have happened; for example, while A was slowly putting one number after another, B was occupied with trying various algebraic formulae on the numbers which had been written down. After A had written the number 19 B tried the formula $a_n = n^2 + n - 1$; and the next number confirmed his hypothesis.

(*a*) "Understanding a word": a state. But a *mental* state?—Depression, excitement, pain, are called mental states. Carry out a grammatical investigation as follows: we say

"He was depressed the whole day".

"He was in great excitement the whole day".

"He has been in continuous pain since yesterday".—

We also say "Since yesterday I have understood this word". "Continuously", though?—To be sure, one can speak of an interruption of understanding. But in what cases? Compare: "When did your pains get less?" and "When did you stop understanding that word?"

(*b*) Suppose it were asked: "*When* do you know how to play chess? All the time? or just while you are making a move? And the *whole* of chess during each move?—How queer that knowing how to play chess should take such a short time, and a game so much longer!

Oder aber: B denkt nicht an Formeln. Er sieht mit einem gewissen Gefühl der Spannung zu, wie A seine Zahlen hinschreibt; dabei schwimmen ihm allerlei unklare Gedanken im Kopf. Endlich fragt er sich "Was ist die Reihe der Differenzen?" Er findet: 4, 6, 8, 10 und sagt: Jetzt kann ich weiter.

Oder er sieht hin und sagt: "Ja, *die* Reihe kenn' ich"—und setzt sie fort; wie er's etwa auch getan hätte, wenn A die Reihe 1, 3, 5, 7, 9 hingeschrieben hätte.—Oder er sagt garnichts und schreibt bloß die Reihe weiter. Vielleicht hatte er eine Empfindung, die man "das ist leicht!" nennen kann. (Eine solche Empfindung ist z.B. die, eines leichten, schnellen Einziehens des Atems, ähnlich wie bei einem gelinden Schreck.)

152. Aber sind denn diese Vorgänge, die ich da beschrieben habe, das *Verstehen*?

"B versteht das System der Reihe" heißt doch nicht einfach: B fällt die Formel "$a_n = \ldots$" ein! Denn es ist sehr wohl denkbar, daß ihm die Formel einfällt und er doch nicht versteht. "Er versteht" muß mehr beinhalten als: ihm fällt die Formel ein. Und ebenso auch mehr, als irgendeiner jener, mehr oder weniger charakteristischen, *Begleitvorgänge*, oder Äußerungen, des Verstehens.

153. Wir versuchen nun, den seelischen Vorgang des Verstehens, der sich, scheint es, hinter jenen gröbern und uns daher in die Augen fallenden Begleiterscheinungen versteckt, zu erfassen. Aber das gelingt nicht. Oder, richtiger gesagt: es kommt garnicht zu einem wirklichen Versuch. Denn auch angenommen, ich hätte etwas gefunden, was in allen jenen Fällen des Verstehens geschähe,—warum sollte *das* nun das Verstehen sein? Ja, wie konnte denn der Vorgang des Verstehens versteckt sein, wenn ich doch sagte "Jetzt verstehe ich", *weil* ich verstand?! Und wenn ich sage, er ist versteckt,—wie weiß ich denn, wonach ich zu suchen habe? Ich bin in einem Wirrwarr.

154. Aber halt!—wenn "jetzt verstehe ich das System" nicht das Gleiche sagt, wie "mir fällt die Formel .... ein" (oder "ich spreche die Formel aus", "ich schreibe sie auf", etc.)—folgt daraus, daß ich den Satz "jetzt verstehe ich ....", oder "jetzt kann ich fortsetzen", als Beschreibung eines Vorgangs verwende, der hinter, oder neben dem des Aussprechens der Formel besteht?

Wenn etwas 'hinter dem Aussprechen der Formel' stehen muß, so sind es *gewisse Umstände*, die mich berechtigen, zu sagen, ich könne fortsetzen,—wenn mir die Formel einfällt.

Or again, B does not think of formulae. He watches A writing his numbers down with a certain feeling of tension, and all sorts of vague thoughts go through his head. Finally he asks himself: "What is the series of differences?" He finds the series 4, 6, 8, 10 and says: Now I can go on.

Or he watches and says "Yes, I know *that* series"—and continues it, just as he would have done if A had written down the series 1, 3, 5, 7, 9. —Or he says nothing at all and simply continues the series. Perhaps he had what may be called the sensation "that's easy!". (Such a sensation is, for example, that of a light quick intake of breath, as when one is slightly startled.)

152. But are the processes which I have described here *understanding*?

"B understands the principle of the series" surely doesn't mean simply: the formula "$a_n = \ldots.$" occurs to B. For it is perfectly imaginable that the formula should occur to him and that he should nevertheless not understand. "He understands" must have more in it than: the formula occurs to him. And equally, more than any of those more or less characteristic *accompaniments* or manifestations of understanding.

153. We are trying to get hold of the mental process of understanding which seems to be hidden behind those coarser and therefore more readily visible accompaniments. But we do not succeed; or, rather, it does not get as far as a real attempt. For even supposing I had found something that happened in all those cases of understanding,—why should *it* be the understanding? And how can the process of understanding have been hidden, when I said "Now I understand" *because* I understood?! And if I say it is hidden—then how do I know what I have to look for? I am in a muddle.

154. But wait—if "Now I understand the principle" does not mean the same as "The formula . . . . occurs to me" (or "I say the formula", "I write it down", etc.) —does it follow from this that I employ the sentence "Now I understand . . . . " or "Now I can go on" as a description of a process occurring behind or side by side with that of saying the formula?

If there has to be anything 'behind the utterance of the formula' it is *particular circumstances*, which justify me in saying I can go on—when the formula occurs to me.

Denk doch einmal garnicht an das Verstehen als 'seelischen Vorgang'!—Denn *das* ist die Redeweise, die dich verwirrt. Sondern frage dich: in was für einem Fall, unter was für Umständen sagen wir denn "Jetzt weiß ich weiter"? ich meine, wenn mir die Formel eingefallen ist.—

In dem Sinne, in welchem es für das Verstehen charakteristische Vorgänge (auch seelische Vorgänge) gibt, ist das Verstehen kein seelischer Vorgang.

(Das Ab- und Zunehmen einer Schmerzempfindung, das Hören einer Melodie, eines Satzes: seelische Vorgänge.)

155. Ich wollte also sagen: Wenn er plötzlich weiter wußte, das System verstand, so hatte er vielleicht ein besonderes Erlebnis—welches er etwa beschreiben wird, wenn man ihn fragt "Wie war das, was ging da vor, als du das System plötzlich begriffst?", ähnlich wie wir es oben beschrieben haben——das aber, was ihn für uns berechtigt, in so einem Fall zu sagen, er verstehe, er wisse weiter, sind die *Umstände*, unter denen er ein solches Erlebnis hatte.

156. Dies wird klarer werden, wenn wir die Betrachtung eines andern Wortes einschalten, nämlich des Wortes "*lesen*". Zuerst muß ich bemerken, daß ich zum 'Lesen', in dieser Betrachtung, nicht das Verstehen des Sinns des Gelesenen rechne; sondern Lesen ist hier die Tätigkeit, Geschriebenes oder Gedrucktes in Laute umzusetzen; auch aber, nach Diktat zu schreiben, Gedrucktes abzuschreiben, nach Noten zu spielen und dergleichen.

Der Gebrauch dieses Worts unter den Umständen unsres gewöhnlichen Lebens ist uns natürlich ungemein wohl bekannt. Die Rolle aber, die das Wort in unserm Leben spielt, und damit das Sprachspiel, in dem wir es verwenden, wäre schwer auch nur in groben Zügen darzustellen. Ein Mensch, sagen wir ein Deutscher, ist in der Schule, oder zu Hause, durch eine der bei uns üblichen Unterrichtsarten gegangen, er hat in diesem Unterricht seine Muttersprache lesen gelernt. Später liest er Bücher, Briefe, die Zeitung, u.a..

Was geht nun vor sich, wenn er, z.B., die Zeitung liest?——Seine Augen gleiten—wie wir sagen—den gedruckten Wörtern entlang, er spricht sie aus,—oder sagt sie nur zu sich selbst; und zwar gewisse Wörter, indem er ihre Druckform als Ganzes erfaßt, andere, nachdem sein Aug die ersten Silben erfaßt hat, einige wieder liest er Silbe für Silbe, und das eine oder andre vielleicht Buchstabe für Buchstabe.— Wir würden auch sagen, er habe einen Satz gelesen, wenn er während des Lesens weder laut noch zu sich selbst spricht, aber danach imstande ist, den Satz wörtlich oder annähernd wiederzugeben.—Er kann auf das achten, was er liest, oder auch—wie wir sagen könnten—als bloße

Try not to think of understanding as a 'mental process' at all.—For *that* is the expression which confuses you. But ask yourself: in what sort of case, in what kind of circumstances, do we say, "Now I know how to go on," when, that is, the formula *has* occurred to me?—

In the sense in which there are processes (including mental processes) which are characteristic of understanding, understanding is not a mental process.

(A pain's growing more and less; the hearing of a tune or a sentence: these are mental processes.)

155. Thus what I wanted to say was: when he suddenly knew how to go on, when he understood the principle, then possibly he had a special experience—and if he is asked: "What was it? What took place when you suddenly grasped the principle?" perhaps he will describe it much as we described it above——but for us it is *the circumstances* under which he had such an experience that justify him in saying in such a case that he understands, that he knows how to go on.

156. This will become clearer if we interpolate the consideration of another word, namely "reading". First I need to remark that I am not counting the understanding of what is read as part of 'reading' for purposes of this investigation: reading is here the activity of rendering out loud what is written or printed; and also of writing from dictation, writing out something printed, playing from a score, and so on.

The use of this word in the ordinary circumstances of our life is of course extremely familiar to us. But the part the word plays in our life, and therewith the language-game in which we employ it, would be difficult to describe even in rough outline. A person, let us say an Englishman, has received at school or at home one of the kinds of education usual among us, and in the course of it has learned to read his native language. Later he reads books, letters, newspapers, and other things.

Now what takes place when, say, he reads a newspaper?——His eye passes—as we say—along the printed words, he says them out loud—or only to himself; in particular he reads certain words by taking in their printed shapes as wholes; others when his eye has taken in the first syllables; others again he reads syllable by syllable, and an occasional one perhaps letter by letter.—We should also say that he had read a sentence if he spoke neither aloud nor to himself during the reading but was afterwards able to repeat the sentence word for word or nearly so.—He may attend to what he reads, or again—as we

Lesemaschine funktionieren, ich meine, laut und richtig lesen, ohne auf das, was er liest, zu achten; vielleicht während seine Aufmerksamkeit auf etwas ganz anderes gerichtet ist (sodaß er nicht imstande ist, zu sagen, was er gelesen hat, wenn man ihn gleich darauf fragt).

Vergleiche nun mit diesem Leser einen Anfänger. Er liest die Wörter, indem er sie mühsam buchstabiert.—Einige Wörter aber errät er aus dem Zusammenhang; oder er weiß das Lesestück vielleicht zum Teil schon auswendig. Der Lehrer sagt dann, daß er die Wörter nicht wirklich *liest* (und in gewissen Fällen, daß er nur vorgibt, sie zu lesen).

Wenn wir an *dieses* Lesen, an das Lesen des Anfängers, denken und uns fragen, worin *Lesen* besteht, werden wir geneigt sein, zu sagen: es sei eine besondere bewußte geistige Tätigkeit.

Wir sagen von dem Schüler auch: "Nur er weiß natürlich, ob er wirklich liest, oder die Worte bloß auswendig sagt". (Über diese Sätze "Nur *er* weiß, ..." muß noch geredet werden.)

Ich will aber sagen: Wir müssen zugeben, daß—was das Aussprechen irgend *eines* der gedruckten Wörter betrifft—im Bewußtsein des Schülers, der 'vorgibt' es zu lesen, das Gleiche stattfinden kann, wie im Bewußtsein des geübten Lesers, der es 'liest'. Das Wort "lesen" wird *anders* angewandt, wenn wir vom Anfänger, und wenn wir vom geübten Leser sprechen.——Wir möchten nun freilich sagen: Was im geübten Leser und was im Anfänger vor sich geht, wenn sie das Wort aussprechen, *kann* nicht das Gleiche sein. Und wenn kein Unterschied in dem wäre, was ihnen gerade bewußt ist, so im unbewußten Arbeiten ihres Geistes; oder auch im Gehirn.—Wir möchten also sagen: Hier sind jedenfalls zwei verschiedene Mechanismen! Und was in ihnen vorgeht, muß Lesen von Nichtlesen unterscheiden.—Aber diese Mechanismen sind doch nur Hypothesen; Modelle zur Erklärung, zur Zusammenfassung dessen, was du wahrnimmst.

157. Überlege dir folgenden Fall: Menschen, oder andere Wesen, würden von uns als Lesemaschinen benützt. Sie werden zu diesem Zweck abgerichtet. Der, welcher sie abrichtet, sagt von Einigen, sie können schon lesen, von Andern, sie könnten es noch nicht. Nimm den Fall eines Schülers, der bisher nicht mitgetan hat: zeigt man ihm ein geschriebenes Wort, so wird er manchmal irgendwelche Laute hervorbringen, und hie und da geschieht es dann 'zufällig', daß sie ungefähr stimmen. Ein Dritter hört diesen Schüler in so einem Fall und sagt "Er liest". Aber der Lehrer sagt: "Nein, er liest nicht; es war nur ein Zufall."—Nehmen wir aber an, dieser Schüler, wenn ihm nun weitere Wörter vorgelegt werden, reagiert auf sie fortgesetzt richtig. Nach

might put it—function as a mere reading-machine: I mean, read aloud and correctly without attending to what he is reading; perhaps with his attention on something quite different (so that he is unable to say what he has been reading if he is asked about it immediately afterwards).

Now compare a beginner with this reader. The beginner reads the words by laboriously spelling them out.—Some however he guesses from the context, or perhaps he already partly knows the passage by heart. Then his teacher says that he is not really *reading* the words (and in certain cases that he is only pretending to read them).

If we think of *this* sort of reading, the reading of a beginner, and ask ourselves what *reading* consists in, we shall be inclined to say: it is a special conscious activity of mind.

We also say of the pupil: "Of course he alone knows if he is really reading or merely saying the words off by heart". (We have yet to discuss these propositions: "He alone knows . . . . ".)

But I want to say: we have to admit that—as far as concerns uttering any *one* of the printed words—the same thing may take place in the consciousness of the pupil who is 'pretending' to read, as in that of the practised reader who is 'reading' it. The word "to read" is applied *differently* when we are speaking of the beginner and of the practised reader.——Now we should of course like to say: What goes on in that practised reader and in the beginner when they utter the word *can't* be the same. And if there is no difference in what they happen to be conscious of there must be one in the unconscious workings of their minds, or, again, in the brain.—So we should like to say: There are at all events two different mechanisms at work here. And what goes on in them must distinguish reading from not reading. —But these mechanisms are only hypotheses, models designed to explain, to sum up, what you observe.

157. Consider the following case. Human beings or creatures of some other kind are used by us as reading-machines. They are trained for this purpose. The trainer says of some that they can already read, of others that they cannot yet do so. Take the case of a pupil who has so far not taken part in the training: if he is shewn a written word he will sometimes produce some sort of sound, and here and there it happens 'accidentally' to be roughly right. A third person hears this pupil on such an occasion and says: "He is reading". But the teacher says: "No, he isn't reading; that was just an accident".—But let us suppose that this pupil continues to react correctly to further words

einiger Zeit sagt der Lehrer: "Jetzt kann er lesen!"—Aber wie war es mit jenem ersten Wort? Soll der Lehrer sagen: "Ich hatte mich geirrt, er hat es *doch* gelesen"—oder: "Er hat erst später angefangen, wirklich zu lesen"?—Wann hat er angefangen, zu lesen? Welches ist das erste Wort, das er *gelesen* hat? Diese Frage ist hier sinnlos. Es sei denn, wir erklärten: "Das erste Wort, das Einer 'liest', ist das erste Wort der ersten Reihe von 50 Wörten, die er richtig liest" (oder dergl.).

Verwenden wir dagegen "Lesen" für ein gewisses Erlebnis des Übergangs vom Zeichen zum gesprochenen Laut, dann hat es wohl Sinn, von einem *ersten* Wort zu sprechen, das er wirklich gelesen hat. Er kann dann etwa sagen: "Bei diesem Worte hatte ich zum ersten Male das Gefühl: 'jetzt lese ich'."

Oder aber in dem hievon verschiedenen Fall einer Lesemaschine, die, etwa nach Art eines Pianolas, Zeichen in Laute übersetzt, könnte man sagen: "Erst nachdem dies und dies an der Maschine geschehen war—die und die Teile durch Drähte verbunden worden waren—hat die Maschine *gelesen*; das erste Zeichen, welches sie gelesen hat, war . . . ."

Im Falle aber der lebenden Lesemaschine hieß "lesen": so und so auf Schriftzeichen reagieren. Dieser Begriff war also ganz unabhängig von dem eines seelischen, oder andern Mechanismus.—Der Lehrer kann hier auch vom Abgerichteten nicht sagen: "Vielleicht hat er dieses Wort schon gelesen". Denn es ist ja kein Zweifel über das, was er getan hat.—Die Veränderung, als der Schüler zu lesen anfing, war eine Veränderung seines *Verhaltens*; und von einem 'ersten Wort im neuen Zustand' zu reden, hat hier keinen Sinn.

158. Aber liegt dies nicht nur an unserer zu geringen Kenntnis der Vorgänge im Gehirn und im Nervensystem? Wenn wir diese genauer kennten, würden wir sehen, welche Verbindungen durch das Abrichten hergestellt worden waren, und wir könnten dann, wenn wir ihm ins Gehirn sähen, sagen: "Dieses Wort hat er jetzt *gelesen*, jetzt war die Leseverbindung hergestellt."——Und das *muß* wohl so sein—denn wie könnten wir sonst so sicher sein, daß es eine solche Verbindung gibt? Das ist wohl a priori so—oder ist es nur wahrscheinlich? Und wie wahrscheinlich ist es? Frag dich doch: was *weißt* du denn von diesen Sachen?——Ist es aber a priori, dann heißt das, daß es eine uns sehr einleuchtende Darstellungsform ist.

159. Aber wir sind, wenn wir darüber nachdenken, versucht zu sagen: das einzig wirkliche Kriterium dafür, daß Einer *liest*, ist der bewußte Akt des Lesens, des Ablesens der Laute von den Buchstaben.

that are put before him. After a while the teacher says: "Now he can read!"—But what of that first word? Is the teacher to say: "I was wrong, and he *did* read it"—or: "He only began really to read later on"?—When did he begin to read? Which was the first word that he *read*? This question makes no sense here. Unless, indeed, we give a definition: "The first word that a person 'reads' is the first word of the first series of 50 words that he reads correctly" (or something of the sort).

If on the other hand we use "reading" to stand for a certain experience of transition from marks to spoken sounds, then it certainly makes sense to speak of the *first* word that he really read. He can then say, e.g. "At this word for the first time I had the feeling: 'now I am reading'."

Or again, in the different case of a reading machine which translated marks into sounds, perhaps as a pianola does, it would be possible to say: "The machine *read* only after such-and-such had happened to it—after such-and-such parts had been connected by wires; the first word that it read was . . . .".

But in the case of the living reading-machine "reading" meant reacting to written signs in such-and-such ways. This concept was therefore quite independent of that of a mental or other mechanism.—Nor can the teacher here say of the pupil: "Perhaps he was already reading when he said that word". For there is no doubt about what he did.—The change when the pupil began to read was a change in his *behaviour*; and it makes no sense here to speak of 'a first word in his new state'.

158. But isn't that only because of our too slight acquaintance with what goes on in the brain and the nervous system? If we had a more accurate knowledge of these things we should see what connexions were established by the training, and then we should be able to say when we looked into his brain: "Now he has *read* this word, now the reading connexion has been set up".——And it presumably *must* be like that—for otherwise how could we be so sure that there was such a connexion? That it is so is presumably a priori—or is it only probable? And how probable is it? Now, ask yourself: what do you *know* about these things?——But if it is a priori, that means that it is a form of account which is very convincing to us.

159. But when we think the matter over we are tempted to say: the one real criterion for anybody's *reading* is the conscious act of reading, the act of reading the sounds off from the letters. "A man

"Ein Mensch weiß doch, ob er liest, oder nur vorgibt, zu lesen!"—Angenommen, A will den B glauben machen, er könne cyrillische Schrift lesen. Er lernt einen russischen Satz auswendig und sagt ihn dann, indem er die gedruckten Wörter ansieht, als läse er sie. Wir werden hier gewiß sagen, A wisse, daß er nicht liest, und er empfinde, während er zu lesen vorgibt, eben dies. Denn es gibt natürlich eine Menge für das Lesen eines Satzes im Druck mehr oder weniger charakteristische Empfindungen; es ist nicht schwer, sich solche ins Gedächtnis zu rufen: denke an Empfindungen des Stockens, genauern Hinsehens, Verlesens, der größeren und geringeren Geläufigkeit der Wortfolgen, u.a. . Und ebenso gibt es charakteristische Empfindungen für das Aufsagen von etwas Auswendiggelerntem. Und A wird in unserm Fall keine von den Empfindungen haben, die für das Lesen charakteristisch sind, und er wird etwa eine Reihe von Empfindungen haben, die für das Schwindeln charakteristisch sind.

160. Denke dir aber diesen Fall: Wir geben Einem, der fließend lesen kann, einen Text zu lesen, den er nie zuvor gesehen hat. Er liest ihn uns vor—aber mit der Empfindung, als sage er etwas Auswendiggelerntes (dies könnte die Wirkung irgendeines Giftes sein). Würden wir in einem solchen Falle sagen, er lese das Stück nicht wirklich? Würden wir hier also seine Empfindungen als Kriterium dafür gelten lassen, ob er liest oder nicht?

Oder aber: Wenn man einem Menschen, der unter dem Einfluß eines bestimmten Giftes steht, eine Reihe von Schriftzeichen vorlegt, die keinem existierenden Alphabet anzugehören brauchen, so spreche er nach der Anzahl der Zeichen Wörter aus, so als wären die Zeichen Buchstaben, und zwar mit allen äußeren Merkmalen und Empfindungen des Lesens. (Ähnliche Erfahrungen haben wir in Träumen; nach dem Aufwachen sagt man dann etwa: "Es kam mir vor, als läse ich die Zeichen, obwohl es gar keine Zeichen waren.") In so einem Fall würden Manche geneigt sein, zu sagen, der Mensch *lese* diese Zeichen. Andere, er lese sie nicht.—Angenommen, er habe auf diese Weise eine Gruppe von vier Zeichen als OBEN gelesen (oder gedeutet)—nun zeigen wir ihm die gleichen Zeichen in umgekehrter Reihenfolge und er liest NEBO, und so behält er in weiteren Versuchen immer die gleiche Deutung der Zeichen bei: hier wären wir wohl geneigt, zu sagen, er lege sich ad hoc ein Alphabet zurecht und lese dann danach.

161. Bedenke nun auch, daß es eine kontinuierliche Reihe von Übergängen gibt zwischen dem Falle, in welchem jemand das auswendig hersagt, was er lesen soll, und dem, in welchem er jedes Wort Buchstabe für Buchstaben liest, ohne jede Hilfe des Erratens aus dem Zusammenhang, oder des Auswendigwissens.

surely knows whether he is reading or only pretending to read!"—Suppose A wants to make B believe he can read Cyrillic script. He learns a Russian sentence by heart and says it while looking at the printed words as if he were reading them. Here we shall certainly say that A knows he is not reading, and has a sense of just this while pretending to read. For there are of course many more or less characteristic sensations in reading a printed sentence; it is not difficult to call such sensations to mind: think of sensations of hesitating, of looking closer, of misreading, of words following on one another more or less smoothly, and so on. And equally there are characteristic sensations in reciting something one has learnt by heart. In our example A will have none of the sensations that are characteristic of reading, and will perhaps have a set of sensations characteristic of cheating.

160. But imagine the following case: We give someone who can read fluently a text that he never saw before. He reads it to us—but with the sensation of saying something he has learnt by heart (this might be the effect of some drug). Should we say in such a case that he was not really reading the passage? Should we here allow his sensations to count as the criterion for his reading or not reading?

Or again: Suppose that a man who is under the influence of a certain drug is presented with a series of characters (which need not belong to any existing alphabet). He utters words corresponding to the number of the characters, as if they were letters, and does so with all the outward signs, and with the sensations, of reading. (We have experiences like this in dreams; after waking up in such a case one says perhaps: "It seemed to me as if I were reading a script, though it was not writing at all.") In such a case some people would be inclined to say the man was *reading* those marks. Others, that he was not.—Suppose he has in this way read (or interpreted) a set of five marks as *A B O V E*—and now we shew him the same marks in the reverse order and he reads *E V O B A*; and in further tests he always retains the same interpretation of the marks: here we should certainly be inclined to say he was making up an alphabet for himself *ad hoc* and then reading accordingly.

161. And remember too that there is a continuous series of transitional cases between that in which a person repeats from memory what he is supposed to be reading, and that in which he spells out every word without being helped at all by guessing from the context or knowing by heart.

Mach diesen Versuch: sag die Zahlenreihe von 1 bis 12. Nun schau auf das Zifferblatt deiner Uhr und *lies* diese Reihe.—Was hast du in diesem Falle "lesen" genannt? Das heißt: was hast du getan, um es zum *Lesen* zu machen?

162. Versuchen wir diese Erklärung: Jemand liest, wenn er die Reproduktion von der Vorlage *ableitet*. Und 'Vorlage' nenne ich den Text, welchen er liest, oder abschreibt; das Diktat, nach welchem er schreibt; die Partitur, die er spielt; etc. etc..—Wenn wir nun z.B. jemand das cyrillische Alphabet gelehrt hätten und wie jeder Buchstabe auszusprechen sei,—wenn wir ihm dann ein Lesestück vorlegen und er liest es, indem er jeden Buchstaben so ausspricht, wie wir es ihn gelehrt haben,—dann werden wir wohl sagen, er leite den Klang eines Wortes vom Schriftbild mit Hilfe der Regel, die wir ihm gegeben haben, ab. Und dies ist auch ein klarer Fall des *Lesens*. (Wir könnten sagen, wir haben ihn die 'Regel des Alphabets' gelehrt.)

Aber warum sagen wir, er habe die gesprochenen Worte von den gedruckten *abgeleitet*? Wissen wir mehr, als daß wir ihn gelehrt haben, wie jeder Buchstabe auszusprechen sei, und daß er dann die Worte laut gelesen habe? Wir werden vielleicht antworten: der Schüler zeige, daß er den Übergang vom Gedruckten zum Gesprochenen mit Hilfe der Regel macht, die wir ihm gegeben haben.—Wie man dies *zeigen* könne, wird klarer, wenn wir unser Beispiel dahin abändern, daß der Schüler, statt den Text vorzulesen, ihn abzuschreiben hat, die Druckschrift in Schreibschrift zu übertragen hat. Denn in diesem Fall können wir ihm die Regel in Form einer Tabelle geben; in einer Spalte stehen die Druckbuchstaben, in der andern die Kursivbuchstaben. Und daß er die Schrift vom Gedruckten ableitet, zeigt sich darin, daß er in der Tabelle nachsieht.

163. Aber wie, wenn er dies täte, und dabei ein A immer in ein b, ein B in ein c, ein C in ein d umschriebe, u.s.f., und ein Z in ein a?—Auch das würden wir doch ein Ableiten nach der Tabelle nennen.—Er gebraucht sie nun, könnten wir sagen, nach dem zweiten Schema im §86, statt nach dem ersten.

Auch das wäre wohl noch ein Ableiten nach der Tabelle, das durch ein Pfeilschema ohne alle einfache Regelmäßigkeit wiedergegeben würde.

Aber nimm an, er bleibe nicht bei *einer* Art des Transkribierens; sondern ändere sie nach einer einfachen Regel: Hat er einmal ein A in ein n umgeschrieben, so schreibt er das nächste A in ein o, das nächste in ein p um, u.s.w..—Aber wo ist die Grenze zwischen diesem Vorgehen und einem regellosen?

Try this experiment: say the numbers from 1 to 12. Now look at the dial of your watch and *read* them.—What was it that you called "reading" in the latter case? That is to say: what did you do, to make it into *reading*?

162. Let us try the following definition: You are reading when you *derive* the reproduction from the original. And by "the original" I mean the text which you read or copy; the dictation from which you write; the score from which you play; etc. etc..—Now suppose we have, for example, taught someone the Cyrillic alphabet, and told him how to pronounce each letter. Next we put a passage before him and he reads it, pronouncing every letter as we have taught him. In this case we shall very likely say that he derives the sound of a word from the written pattern by the rule that we have given him. And this is also a clear case of *reading*. (We might say that we had taught him the 'rule of the alphabet'.)

But why do we say that he has *derived* the spoken from the printed words? Do we know anything more than that we taught him how each letter should be pronounced, and that he then read the words out loud? Perhaps our reply will be: the pupil shews that he is using the rule we have given him to pass from the printed to the spoken words.—How this can be *shewn* becomes clearer if we change our example to one in which the pupil has to write out the text instead of reading it to us, has to make the transition from print to handwriting. For in this case we can give him the rule in the form of a table with printed letters in one column and cursive letters in the other. And he shews that he is deriving his script from the printed words by consulting the table.

163. But suppose that when he did this he always wrote *b* for *A*, *c* for *B*, *d* for *C*, and so on, and *a* for *Z*?—Surely we should call this too a derivation by means of the table.—He is using it now, we might say, according to the second schema in §86 instead of the first.

It would still be a perfectly good case of derivation according to the table, even if it were represented by a schema of arrows without any simple regularity.

Suppose, however, that he does not stick to a *single* method of transcribing, but alters his method according to a simple rule: if he has once written *n* for *A*, then he writes *o* for the next *A*, *p* for the next, and so on.—But where is the dividing line between this procedure and a random one?

Aber heißt das nun, das Wort "ableiten" habe eigentlich keine Bedeutung, da es ja scheint, daß diese, wenn wir ihr nachgehen, in nichts zerfließt?

164. Im Falle (162) stand die Bedeutung des Wortes "ableiten" klar vor uns. Aber wir sagten uns, dies sei nur ein ganz spezieller Fall des Ableitens, eine ganz spezielle Einkleidung; diese mußte ihm abgestreift werden, wenn wir das Wesen des Ableitens erkennen wollten. Nun streiften wir ihm die besonderen Hüllen ab; aber da verschwand das Ableiten selbst.—Um die eigentliche Artischoke zu finden, hatten wir sie ihrer Blätter entkleidet. Denn es war freilich (162) ein spezieller Fall des Ableitens, aber das Wesentliche des Ableitens war nicht unter dem Äußeren dieses Falls versteckt, sondern dieses 'Äußere' war ein Fall aus der Familie der Fälle des Ableitens.

Und so verwenden wir auch das Wort "Lesen" für eine Familie von Fällen. Und wir wenden unter verschiedenen Umständen verschiedene Kriterien an dafür, daß Einer liest.

165. Aber lesen—möchten wir sagen—ist doch ein ganz bestimmter Vorgang! Lies eine Druckseite, dann kannst du's sehen; es geht da etwas Besonderes vor und etwas höchst Charakteristisches.——Nun, was geht denn vor, wenn ich den Druck lese? Ich sehe gedruckte Wörter und spreche Wörter aus. Aber das ist natürlich nicht alles; denn ich könnte gedruckte Wörter sehen und Wörter aussprechen, und es wäre doch nicht Lesen. Auch dann nicht, wenn die Wörter, die ich spreche, die sind, die man, zufolge einem bestehenden Alphabet, von jenen gedruckten ablesen *soll*.—Und wenn du sagst, das Lesen sei ein bestimmtes Erlebnis, so spielt es ja gar keine Rolle, ob du nach einer von Menschen allgemein anerkannten Regel des Alphabets liest, oder nicht.—Worin besteht also das Charakteristische am Erlebnis des Lesens?—Da möchte ich sagen: "Die Worte, die ich ausspreche, *kommen* in besonderer Weise." Nämlich sie kommen nicht so, wie sie kämen, wenn ich sie z.B. ersänne.—Sie kommen von selbst.—Aber auch das ist nicht genug; denn es können mir ja Wortklänge *einfallen*, während ich auf die gedruckten Worte schaue, und ich habe damit diese doch nicht gelesen.—Da könnte ich noch sagen, daß mir die gesprochenen Wörter auch nicht so einfallen, als erinnerte mich, z.B., etwas an sie. Ich möchte z.B. nicht sagen: das Druckwort "nichts" erinnert mich immer an den Laut "nichts".—Sondern die gesprochenen

---

Die Grammatik des Ausdrucks: "Eine ganz bestimmte" (Atmosphäre).

Man sagt "Dieses Gesicht hat einen ganz *bestimmten* Ausdruck," und sucht etwa nach Worten, die ihn charakterisieren.

But does this mean that the word "to derive" really has no meaning, since the meaning seems to disintegrate when we follow it up?

164. In case (162) the meaning of the word "to derive" stood out clearly. But we told ourselves that this was only a quite special case of deriving; deriving in a quite special garb, which had to be stripped from it if we wanted to see the essence of deriving. So we stripped those particular coverings off; but then deriving itself disappeared.—In order to find the real artichoke, we divested it of its leaves. For certainly (162) was a special case of deriving; what is essential to deriving, however, was not hidden beneath the surface of this case, but his 'surface' was one case out of the family of cases of deriving.

And in the same way we also use the word "to read" for a family of cases. And in different circumstances we apply different criteria for a person's reading.

165. But surely—we should like to say—reading is a quite particular process! Read a page of print and you can see that something special is going on, something highly characteristic.——Well, what does go on when I read the page? I see printed words and I say words out loud. But, of course, that is not all, for I might see printed words and say words out loud and still not be reading. Even if the words which I say are those which, going by an existing alphabet, are *supposed* to be read off from the printed ones.—And if you say that reading is a particular experience, then it becomes quite unimportant whether or not you read according to some generally recognized alphabetical rule.—And what does the characteristic thing about the experience of reading consist in?—Here I should like to say: "The words that I utter *come* in a special way." That is, they do not come as they would if I were for example making them up.—They come of themselves.—But even that is not enough; for the sounds of words may *occur* to me while I am looking at printed words, but that does not mean that I have read them.—In addition I might say here, neither do the spoken words occur to me as if, say, something reminded me of them. I should for example not wish to say: the printed word "nothing" always reminds me of the sound "nothing"—but the spoken words as it were slip in as one

---

The grammar of the expression "a quite particular" (atmosphere). One says "This face has a quite *particular* expression," and maybe looks for words to characterize it.

Wörter schlüpfen beim Lesen gleichsam herein. Ja, ich kann ein deutsches gedrucktes Wort gar nicht ansehen, ohne einen eigentümlichen Vorgang des innern Hörens des Wortklangs.

166. Ich sagte, die gesprochenen Worte beim Lesen kämen 'in besonderer Weise'; aber in welcher Weise? Ist dies nicht eine Fiktion? Sehen wir uns einzelne Buchstaben an und geben Acht, in welcher Weise der Laut des Buchstabens kommt. Lies den Buchstaben A.—Nun, wie kam der Laut?—Wir wissen gar nichts darüber zu sagen.——Nun schreib ein kleines lateinisches a!—Wie kam die Handbewegung beim Schreiben? Anders als der Laut im vorigen Versuch?—Ich habe auf den Druckbuchstaben gesehen und schrieb den Kursivbuchstaben; mehr weiß ich nicht.——Nun schau auf das Zeichen 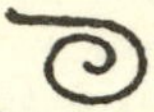 und laß dir dabei einen Laut einfallen; sprich ihn aus. Mir fiel der Laut 'U' ein; aber ich könnte nicht sagen, es war ein wesentlicher Unterschied in der Art und Weise, wie dieser Laut *kam*. Der Unterschied lag in der etwas andern Situation: Ich hatte mir vorher gesagt, ich solle mir einen Laut einfallen lassen; es war eine gewisse Spannung da, ehe der Laut kam. Und ich sprach nicht automatisch den Laut 'U', wie beim Anblick des Buchstaben U. Auch war mir jenes Zeichen nicht *vertraut*, wie die Buchstaben. Ich sah es gleichsam gespannt, mit einem gewissen Interesse für seine Form an; ich dachte dabei an ein umgekehrtes Sigma.——Stell dir vor, du müßtest nun dieses Zeichen regelmäßig als Buchstaben benützen; du gewöhnst dich also daran, bei seinem Anblick einen bestimmten Laut auszusprechen, etwa den Laut 'sch'. Können wir mehr sagen, als daß nach einiger Zeit dieser Laut automatisch kommt, wenn wir das Zeichen ansehen? D.h.: ich frage mich bei seinem Anblick nicht mehr "Was ist das für ein Buchstabe?"—auch sage ich mir natürlich nicht "Ich will bei diesem Zeichen den Laut 'sch' aussprechen"—noch auch "Dieses Zeichen erinnert mich irgendwie an den Laut 'sch'."

(Vergleiche damit die Idee: das Gedächtnisbild unterscheide sich von andern Vorstellungsbildern durch ein besonderes Merkmal.)

167. Was ist nun an dem Satz, das Lesen sei doch 'ein ganz bestimmter Vorgang'? Das heißt doch wohl, beim Lesen finde immer *ein* bestimmter Vorgang statt, den wir wiedererkennen.—Aber wenn ich nun einmal einen Satz im Druck lese und einandermal nach Morsezeichen schreibe,—findet hier wirklich der gleiche seelische Vorgang statt?——Dahingegen ist aber freilich eine Gleichförmigkeit in dem Erlebnis des Lesens einer Druckseite. Denn der Vorgang ist ja ein gleichförmiger. Und es ist ja leicht verständlich, daß sich dieser Vorgang unterscheidet von dem etwa, sich Wörter beim Anblick beliebiger Striche einfallen zu lassen.—Denn schon der bloße Anblick einer

reads. And if I so much as look at a German printed word, there occurs a peculiar process, that of hearing the sound inwardly.

166. I said that when one reads the spoken words come 'in a special way': but in what way? Isn't this a fiction? Let us look at individual letters and attend to the way the sound of the letter comes. Read the letter A.—Now, how did the sound come?—We have no idea what to say about it.——Now write a small Roman a.—How did the movement of the hand come as you wrote? Differently from the way the sound came in the previous experiment?—All I know is, I looked at the printed letter and wrote the cursive letter.——Now look at the mark  and let a sound occur to you as you do so; utter it. The sound 'U' occurred to me; but I could not say that there was any essential difference in the kind of way that sound *came*. The difference lay in the difference of situation. I had told myself beforehand that I was to let a sound occur to me; there was a certain tension present before the sound came. And I did not say 'U' automatically as I do when I look at the letter U. Further, that mark was not *familiar* to me in the way the letters of the alphabet are. I looked at it rather intently and with a certain interest in its shape; as I looked I thought of a reversed sigma.——Imagine having to use this mark regularly as a letter; so that you got used to uttering a particular sound at the sight of it, say the sound "sh". Can we say anything but that after a while this sound comes automatically when we look at the mark? That is to say: I no longer ask myself on seeing it "What sort of letter is that?" —nor, of course, do I tell myself "This mark makes me want to utter the sound 'sh' ", nor yet "This mark somehow reminds me of the sound 'sh' ".

(Compare with this the idea that memory images are distinguished from other mental images by some special characteristic.)

167. Now what is there in the proposition that reading is 'a quite particular process'? It presumably means that when we read *one* particular process takes place, which we recognize.—But suppose that I at one time read a sentence in print and at another write it in Morse code—is the mental process really the same?——On the other hand, however, there is certainly some uniformity in the experience of reading a page of print. For the process is a uniform one. And it is quite easy to understand that there is a difference between this process and one of, say, letting words occur to one at the sight of arbitrary marks.—For the mere look of a printed line is itself extremely

gedruckten Zeile ist ja ungemein charakteristisch, d.h., ein ganz spezielles Bild: Die Buchstaben alle von ungefähr der gleichen Größe, auch der Gestalt nach verwandt, immer wiederkehrend; die Wörter, die zum großen Teil sich ständig wiederholen und uns unendlich wohlvertraut sind, ganz wie wohlvertraute Gesichter.—Denke an das Unbehagen, das wir empfinden, wenn die Rechtschreibung eines Wortes geändert wird. (Und an die noch tieferen Gefühle, die Fragen der Schreibung von Wörtern aufgeregt haben.) Freilich, nicht jede Zeichenform hat sich uns *tief* eingeprägt. Ein Zeichen z.B. in der Algebra der Logik kann durch ein beliebiges anderes ersetzt werden, ohne daß tiefe Gefühle in uns aufgeregt würden.—

Bedenke, daß das gesehene Wortbild uns in ähnlichem Grade vertraut ist, wie das gehörte.

168. Auch gleitet der Blick anders über die gedruckte Zeile, als über eine Reihe beliebiger Haken und Schnörkel. (Ich rede hier aber nicht von dem, was durch Beobachtung der Augenbewegung des Lesenden festgestellt werden kann.) Der Blick gleitet, möchte man sagen, besonders widerstandslos, ohne hängen zu bleiben; und doch *rutscht* er nicht. Und dabei geht ein unwillkürliches Sprechen in der Vorstellung vor sich. Und so verhält es sich, wenn ich Deutsch und andere Sprachen lese; gedruckt, oder geschrieben, und in verschiedenen Schriftformen.—Was aber von dem allen ist für das Lesen als solches wesentlich? Nicht ein Zug, der in allen Fällen des Lesens vorkäme! (Vergleiche mit dem Vorgang beim Lesen der gewöhnlichen Druckschrift das Lesen von Worten, die ganz in Großbuchstaben gedruckt sind, wie manchmal die Auflösungen von Rätseln. Welch anderer Vorgang!—Oder das Lesen unserer Schrift von rechts nach links.)

169. Aber empfinden wir nicht, wenn wir lesen, eine Art Verursachung unseres Sprechens durch die Wortbilder?——Lies einen Satz!—und nun schau der Reihe

&8§≠ §≠?ß +% 8!'§*

entlang und sprich dabei einen Satz. Ist es nicht fühlbar, daß im ersten Fall das Sprechen mit dem Anblick der Zeichen *verbunden* war und im zweiten ohne Verbindung neben dem Sehen der Zeichen herläuft?

Aber warum sagst du, wir fühlten eine Verursachung? Verursachung ist doch das, was wir durch Experimente feststellen; indem wir, z.B., das regelmäßige Zusammentreffen von Vorgängen beobachten. Wie könnte ich denn sagen, daß ich das, was so durch Versuche festgestellt wird, *fühle*? (Es ist wohl wahr, daß wir Verursachung nicht nur durch die Beobachtung eines regelmäßigen Zusammentreffens feststellen.) Eher noch könnte man sagen, ich fühle, daß die Buchstaben der *Grund* sind, warum ich so und so lese. Denn, wenn mich jemand

characteristic—it presents, that is, a quite special appearance, the letters all roughly the same size, akin in shape too, and always recurring; most of the words constantly repeated and enormously familiar to us, like well-known faces.—Think of the uneasiness we feel when the spelling of a word is changed. (And of the still stronger feelings that questions about the spelling of words have aroused.) Of course, not all signs have impressed themselves on us so *strongly*. A sign in the algebra of logic for instance can be replaced by any other one without exciting a strong reaction in us.—

Remember that the look of a word is familiar to us in the same kind of way as its sound.

168. Again, our eye passes over printed lines differently from the way it passes over arbitrary pothooks and flourishes. (I am not speaking here of what can be established by observing the movement of the eyes of a reader.) The eye passes, one would like to say, with particular ease, without being held up; and yet it doesn't *skid*. And at the same time involuntary speech goes on in the imagination. That is how it is when I read German and other languages, printed or written, and in various styles.—But what in all this is essential to reading as such? Not any one feature that occurs in all cases of reading. (Compare reading ordinary print with reading words which are printed entirely in capital letters, as solutions of puzzles sometimes are. How different it is!—Or reading our script from right to left.)

169. But when we read don't we feel the word-shapes somehow causing our utterance?——Read a sentence.—And now look along the following line

&8§≠≠ §≠?ß +% 8!'§*

and say a sentence as you do so. Can't one feel that in the first case the utterance was *connected* with seeing the signs and in the second went on side by side with the seeing without any connexion?

But why do you say that we felt a causal connexion? Causation is surely something established by experiments, by observing a regular concomitance of events for example. So how could I say that I *felt* something which is established by experiment? (It is indeed true that observation of regular concomitances is not the only way we establish causation.) One might rather say, I feel that the letters are the *reason* why I read such-and-such. For if someone asks me "Why

K

fragt: "Warum liest du *so*?"—so begründe ich es durch die Buchstaben, welche da stehen.

Aber was soll es heißen, diese Begründung, die ich ausgesprochen, gedacht, habe, zu *fühlen*? Ich möchte sagen: Ich fühle beim Lesen einen gewissen *Einfluß* der Buchstaben auf mich——aber nicht einen Einfluß jener Reihe beliebiger Schnörkel auf das, was ich rede.—Vergleichen wir wieder einen einzelnen Buchstaben mit einem solchen Schnörkel! Würde ich auch sagen, ich fühle den Einfluß von "i", wenn ich diesen Buchstaben lese? Es ist natürlich ein Unterschied, ob ich beim Anblicken von "i" den i-Laut sage, oder beim Anblick von "§". Der Unterschied ist etwa, daß beim Anblick des Buchstabens das innere Hören des i-Lauts automatisch, ja gegen meinen Willen, vor sich geht; und wenn ich den Buchstaben laut lese, sein Aussprechen anstrengungsloser ist, als beim Anblick von "§". Das heißt—es verhält sich so, wenn ich den *Versuch* mache; aber natürlich nicht, wenn ich, zufällig auf das Zeichen "§" blickend, etwa ein Wort ausspreche, in welchem der i-Laut vorkommt.

170. Wir wären ja nie auf den Gedanken gekommen, wir *fühlten den Einfluß* der Buchstaben auf uns beim Lesen, wenn wir nicht den Fall der Buchstaben mit dem beliebiger Striche verglichen hätten. Und hier merken wir allerdings einen *Unterschied*. Und diesen Unterschied deuten wir als Einfluß, und Fehlen des Einflusses.

Und zwar sind wir zu dieser Deutung dann besonders geneigt, wenn wir absichtlich langsam lesen,—etwa um zu sehen, was denn beim Lesen geschieht. Wenn wir uns sozusagen recht absichtlich von den Buchstaben *führen* lassen. Aber dieses 'mich führen lassen' besteht wieder nur darin, daß ich mir die Buchstaben gut anschaue,—etwa, gewisse andere Gedanken ausschalte.

Wir bilden uns ein, wir nähmen durch ein Gefühl, quasi, einen verbindenden Mechanismus wahr zwischen dem Wortbild und dem Laut, den wir sprechen. Denn wenn ich vom Erlebnis des Einflusses, der Verursachung, des Geführtwerdens rede, so soll das ja heißen, daß ich sozusagen die Bewegung der Hebel fühle, die den Anblick der Buchstaben mit dem Sprechen verbinden.

171. Ich hätte mein Erlebnis beim Lesen eines Wortes auf verschiedene Weise treffend durch Worte ausdrücken können. So könnte ich sagen, daß das Geschriebene mir die Laute *eingebe*.—Aber auch dies, daß Buchstabe und Laut beim Lesen eine *Einheit* bilden—gleichsam eine Legierung. (Eine ähnliche Verschmelzung gibt es z.B. zwischen den Gesichtern berühmter Männer und dem Klang ihrer Namen. Es kommt uns vor, dieser Name sei der einzig richtige

do you read such-and-such?"—I justify my reading by the letters which are there.

This justification, however, was something that I said, or thought: what does it mean to say that I *feel* it? I should like to say: when I read I feel a kind of *influence* of the letters working on me——but I feel no influence from that series of arbitrary flourishes on what I say.—Let us once more compare an individual letter with such a flourish. Should I also say I feel the influence of "i" when I read it? It does of course make a difference whether I say "i" when I see "i" or when I see "§". The difference is, for instance, that when I see the letter it is automatic for me to hear the sound "i" inwardly, it happens even against my will; and I pronounce the letter more effortlessly when I read it than when I am looking at "§". That is to say: this is how it is when I make the *experiment*; but of course it is not so if I happen to be looking at the mark "§" and at the same time pronounce a word in which the sound "i" occurs.

170. It would never have occurred to us to think that we *felt the influence* of the letters on us when reading, if we had not compared the case of letters with that of arbitrary marks. And here we are indeed noticing a *difference*. And we interpret it as the difference between being influenced and not being influenced.

In particular, this interpretation appeals to us especially when we make a point of reading slowly—perhaps in order to see what does happen when we read. When we, so to speak, quite intentionally let ourselves be *guided* by the letters. But this 'letting myself be guided' in turn only consists in my looking carefully at the letters—and perhaps excluding certain other thoughts.

We imagine that a feeling enables us to perceive as it were a connecting mechanism between the look of the word and the sound that we utter. For when I speak of the experiences of being influenced, of causal connexion, of being guided, that is really meant to imply that I as it were feel the movement of the lever which connects seeing the letters with speaking.

171. I might have used other words to hit off the experience I have when I read a word. Thus I might say that the written word *intimates* the sound to me.—Or again, that when one reads, letter and sound form a *unity*—as it were an alloy. (In the same way e.g. the faces of famous men and the sound of their names are fused together. This

Ausdruck für dieses Gesicht.) Wenn ich diese Einheit fühle, könnte ich sagen: ich sehe, oder höre den Laut in dem geschriebenen Wort.—

Aber jetzt lies einmal ein paar Sätze im Druck, so wie du's gewöhnlich tust, wenn du nicht an den Begriff des Lesens denkst; und frage dich, ob du beim Lesen solche Erlebnisse der Einheit, des Einflusses, etc. gehabt hast.—Sag nicht, du habest sie unbewußt gehabt! Auch lassen wir uns nicht durch das Bild verleiten, 'beim nähern Hinsehen' zeigten sich diese Erscheinungen! Wenn ich beschreiben soll, wie ein Gegenstand aus der Ferne ausschaut, so wird diese Beschreibung nicht genauer dadurch, daß ich sage, was bei näherem Hinsehen an ihm zu bemerken ist.

172. Denken wir an das Erlebnis des Geführtwerdens! Fragen wir uns: Worin besteht dieses Erlebnis, wenn wir z.B. einen *Weg* geführt werden?—Stelle dir diese Fälle vor:

Du bist auf einem Spielplatz, etwa mit verbundenen Augen, und wirst von jemand an der Hand geleitet, bald links, bald rechts; du mußt immer des Zuges seiner Hand gewärtig sein, auch Acht geben, daß du bei einem unerwarteten Zug nicht stolperst.

Oder aber: du wirst von jemandem an der Hand mit Gewalt geführt, wohin du nicht willst.

Oder: du wirst im Tanz von einem Partner geführt; du machst dich so rezeptiv wie möglich, um seine Absicht zu erraten und dem leisesten Drucke zu folgen.

Oder: jemand führt dich einen Spazierweg; ihr geht im Gespräch; wo immer er geht, gehst du auch.

Oder: du gehst einen Feldweg entlang, läßt dich von ihm führen.

Alle diese Situationen sind einander ähnlich; aber was ist allen den Erlebnissen gemeinsam?

173. "Aber Geführtwerden ist doch ein bestimmtes Erlebnis!"—Die Antwort darauf ist: Du *denkst* jetzt an ein bestimmtes Erlebnis des Geführtwerdens.

Wenn ich mir das Erlebnis desjenigen vergegenwärtigen will, der in einem der früheren Beispiele durch den gedruckten Text und die Tabelle beim Schreiben geführt wird, so stelle ich mir das 'gewissenhafte' Nachsehen, etc., vor. Ich nehme dabei sogar einen bestimmten Gesichtsausdruck an (den z.B. eines gewissenhaften Buchhalters). An diesem Bild ist z.B. die *Sorgfalt* sehr wesentlich; an einem andern wieder das Ausschalten jedes eigenen Willens. (Denke dir aber, daß jemand Dinge, die der gewöhnliche Mensch mit den Zeichen der Unachtsamkeit tut, mit dem Ausdruck—und warum nicht mit den

name strikes me as the only right one for this face.) When I feel this unity, I might say, I see or hear the sound in the written word.—

But now just read a few sentences in print as you usually do when you are not thinking about the concept of reading; and ask yourself whether you had such experiences of unity, of being influenced and the rest, as you read.—Don't say you had them unconsciously! Nor should we be misled by the picture which suggests that these phenomena came in sight 'on closer inspection'. If I am supposed to describe how an object looks from far off, I don't make the description more accurate by saying what can be noticed about the object on closer inspection.

172. Let us consider the experience of being guided, and ask ourselves: what does this experience consist in when for instance our *course* is guided?—Imagine the following cases:

You are in a playing field with your eyes bandaged, and someone leads you by the hand, sometimes left, sometimes right; you have constantly to be ready for the tug of his hand, and must also take care not to stumble when he gives an unexpected tug.

Or again: someone leads you by the hand where you are unwilling to go, by force.

Or: you are guided by a partner in a dance; you make yourself as receptive as possible, in order to guess his intention and obey the slightest pressure.

Or: someone takes you for a walk; you are having a conversation; you go wherever he does.

Or: you walk along a field-track, simply following it.

All these situations are similar to one another; but what is common to all the experiences?

173. "But being guided is surely a particular experience!"—The answer to this is: you are now *thinking* of a particular experience of being guided.

If I want to realize the experience of the person in one of the earlier examples, whose writing is guided by the printed text and the table, I imagine 'conscientious' looking-up, and so on. As I do this I assume a particular expression of face (say that of a conscientious book-keeper). *Carefulness* is a most essential part of this picture; in another the exclusion of every volition of one's own would be essential. (But take something normal people do quite unconcernedly and imagine someone accompanying it with the expression—and why not the

Empfindungen?—der Sorgfalt begleitet.—Ist er nun sorgfältig? Stell dir etwa vor, der Diener lasse das Teebrett mit allem was darauf ist, mit den äußeren Zeichen der Sorgfalt, zu Boden fallen.) Vergegenwärtige ich mir so ein bestimmtes Erlebnis, so erscheint es mir als *das* Erlebnis des Geführtwerdens (oder Lesens). Nun aber frage ich mich: Was tust du?—Du schaust auf jedes Zeichen, du machst dieses Gesicht dazu, du schreibst die Buchstaben mit Bedacht (u. dergl.)—Das ist also das Erlebnis des Geführtwerdens?——Da möchte ich sagen: "Nein, das ist es nicht; es ist etwas Innerlicheres, Wesentlicheres."—Es ist, als ob zuerst all diese mehr oder weniger unwesentlichen Vorgänge in eine bestimmte Atmosphäre gekleidet wären, die sich nun verflüchtigt, wenn ich genau hinschaue.

174. Frage dich, wie du '*mit Bedacht*' eine Strecke parallel zu einer gegebenen Strecke ziehst,—ein andermal mit Bedacht in einem Winkel zu ihr. Was ist das Erlebnis des Bedachts? Da fällt dir gleich eine bestimmte Miene, eine Gebärde ein,—und dann möchtest du sagen: "und es ist eben ein *bestimmtes* inneres Erlebnis". (Womit du naturlich garnichts mehr gesagt hast.)

(Es ist da ein Zusammenhang mit der Frage nach dem Wesen der Absicht, des Willens.)

175. Mach einen beliebigen Fahrer auf dem Papier.——Und nun zeichne ihn daneben nach, laß dich von ihm führen.——Ich möchte sagen: "Gewiß! ich habe mich jetzt führen lassen. Aber was dabei Charakteristisches geschehen ist?—Wenn ich sage, was geschehen ist, so kommt es mir nicht mehr charakteristisch vor."

Aber nun merke dies: *Während* ich mich führen lasse, ist alles ganz einfach, ich merke nichts *besonderes*; aber danach, wenn ich mich frage, was damals geschehen ist, so scheint es etwas Unbeschreibbares gewesen zu sein. *Danach* genügt mir keine Beschreibung. Ich kann, sozusagen, nicht glauben, daß ich bloß hingeschaut, dieses Gesicht gemacht, den Strich gezogen habe.—Aber *erinnere* ich mich denn an etwas anderes? Nein; und doch kommt mir vor, als müsse etwas anderes gewesen sein; und zwar dann, wenn ich mir dabei das Wort "*führen*", "*Einfluß*" und derlei, vorsage. "Denn ich bin doch *geführt* worden", sage ich mir.—Dann erst tritt die Idee jenes ätherischen, ungreifbaren Einflusses auf.

176. Ich habe, wenn ich nachträglich an das Erlebnis denke, das Gefühl, daß das Wesentliche an ihm ein 'Erlebnis eines Einflusses', einer Verbindung, ist—im Gegensatz zu irgendeiner bloßen Gleichzeitigkeit von Phänomenen: Zugleich aber möchte ich kein erlebtes Phänomen "Erlebnis des Einflusses" nennen. (Hier liegt die Idee: der

feelings?—of great carefulness.—Does that mean he is careful? Imagine a servant dropping the tea-tray and everything on it with all the outward signs of carefulness.) If I imagine such a particular experience, it seems to me to be *the* experience of being guided (or of reading). But now I ask myself: what are you doing?—You are looking at every letter, you are making this face, you are writing the letters with deliberation (and so on).—So that is the experience of being guided?——Here I should like to say: "No, it isn't that; it is something more inward, more essential."—It is as if at first all these more or less inessential processes were shrouded in a particular atmosphere, which dissipates when I look closely at them.

174. Ask yourself how you draw a line parallel to a given one 'with deliberation'—and another time, with deliberation, one at an angle to it. What is the experience of deliberation? Here a particular look, a gesture, at once occur to you—and then you would like to say: "And it just is a *particular* inner experience". (And that is, of course, to add nothing).

(This is connected with the problem of the nature of intention, of willing.)

175. Make some arbitrary doodle on a bit of paper.——And now make a copy next to it, let yourself be guided by it.——I should like to say: "Sure enough, I was guided here. But as for what was characteristic in what happened—if I say what happened, I no longer find it characteristic."

But now notice this: *while* I am being guided everything is quite simple, I notice nothing *special*; but afterwards, when I ask myself what it was that happened, it seems to have been something indescribable. *Afterwards* no description satisfies me. It's as if I couldn't believe that I merely looked, made such-and-such a face, and drew a line.—But don't I *remember* anything else? No; and yet I feel as if there must have been something else; in particular when I say "*guidance*", "*influence*", and other such words to myself. "For surely," I tell myself, "I was being *guided*."—Only then does the idea of that ethereal, intangible influence arise.

176. When I look back on the experience I have the feeling that what is essential about it is an 'experience of being influenced', of a connexion—as opposed to any mere simultaneity of phenomena: but at the same time I should not be willing to call any experienced phenomenon the "experience of being influenced". (This contains the

Wille ist keine *Erscheinung.*) Ich möchte sagen, ich hätte das '*Weil*' erlebt; und doch will ich keine Erscheinung "Erlebnis des Weil" nennen.

177. Ich möchte sagen: "Ich erlebe das Weil". Aber nicht, weil ich mich an dieses Erlebnis erinnere; sondern, weil ich beim Nachdenken darüber, was ich in so einem Fall erlebe, dies durch das Medium des Begriffes 'weil' (oder 'Einfluß', oder 'Ursache', oder 'Verbindung') anschaue.—Denn es ist freilich richtig, zu sagen, ich habe diese Linie unter dem Einfluß der Vorlage gezogen: dies liegt aber nicht einfach in dem, was ich beim Ziehen der Linie empfinde—sondern, unter Umständen, z.B. darin, daß ich sie der andern parallel ziehe; obwohl auch das wieder für das Geführtwerden nicht allgemein wesentlich ist.—

178. Wir sagen auch: "Du *siehst* ja, daß ich mich von ihr führen lasse"—und was sieht der, der das sieht?

Wenn ich zu mir selbst sage: "Ich werde doch geführt"—so mache ich etwa eine Handbewegung dazu, die das Führen ausdrückt.—Mach eine solche Handbewegung, gleichsam als leitetest du jemand entlang, und frage dich dann, worin das *Führende* dieser Bewegung besteht. Denn du hast hier ja niemand geführt. Und doch möchtest du die Bewegung eine 'führende' nennen. Also war in dieser Bewegung, und Empfindung, nicht das Wesen des Führens enthalten und doch drängte es dich, diese Bezeichnung zu gebrauchen. Es ist eben *eine Erscheinungsform* des Führens, die uns diesen Ausdruck aufdrängt.

179. Kehren wir zu unserm Fall (151) zurück. Es ist klar: wir würden nicht sagen, B habe ein Recht, die Worte "Jetzt weiß ich weiter" zu sagen, weil ihm die Formel eingefallen ist,—wenn nicht erfahrungsmäßig ein Zusammenhang bestünde zwischen dem Einfallen—Aussprechen, Anschreiben—der Formel und dem tatsächlichen Fortsetzen der Reihe. Und so ein Zusammenhang besteht ja offenbar.—Und nun könnte man meinen, der Satz "Ich kann fortsetzen" sage soviel wie: "Ich habe ein Erlebnis, welches erfahrungsgemäß zum Fortsetzen der Reihe führt". Aber meint das B, wenn er sagt, er könne fortsetzen? Schwebt ihm jener Satz dabei im Geiste vor, oder ist er bereit, ihn als Erklärung dessen, was er meint, zu geben?

Nein. Die Worte "Jetzt weiß ich weiter" waren richtig angewandt, wenn ihm die Formel eingefallen war: nämlich unter gewissen Umständen. Z.B., wenn er Algebra gelernt, solche Formeln schon früher benützt hatte.—Das heißt aber nicht, jene Aussage sei nur eine Abkürzung für die Beschreibung sämtlicher Umstände, die den Schauplatz unseres Sprachspiels bilden.—Denke daran, wie wir jene Ausdrücke, "jetzt weiß ich weiter", "jetzt kann ich fortsetzen",

germ of the idea that the will is not a *phenomenon.*) I should like to say that I had experienced the '*because*', and yet I do not want to call any phenomenon the "experience of the because".

177. I should like to say: "I experience the because". Not because I remember such an experience, but because when I reflect on what I experience in such a case I look at it through the medium of the concept 'because' (or 'influence' or 'cause' or 'connexion').—For of course it is correct to say I drew the line under the influence of the original: this, however, does not consist simply in my feelings as I drew the line—under certain circumstances, it may consist in my drawing it parallel to the other—even though this in turn is not in general essential to being guided.—

178. We also say: "You can *see* that I am guided by it"—and what do you see, if you see this?

When I say to myself: "But I *am* guided"—I make perhaps a movement with my hand, which expresses guiding.—Make such a movement of the hand as if you were guiding someone along, and then ask yourself what the *guiding* character of this movement consisted in. For you were not guiding anyone. But you still want to call the movement one of 'guiding'. This movement and feeling did not contain the essence of guiding, but still this word forces itself upon you. It is just *a single form* of guiding which forces the expression on us.

179. Let us return to our case (151). It is clear that we should not say B had the right to say the words "Now I know how to go on", just because he thought of the formula—unless experience shewed that there was a connexion between thinking of the formula—saying it, writing it down—and actually continuing the series. And obviously such a connexion does exist.—And now one might think that the sentence "I can go on" meant "I have an experience which I know empirically to lead to the continuation of the series." But does B mean that when he says he can go on? Does that sentence come to his mind, or is he ready to produce it in explanation of what he meant?

No. The words "Now I know how to go on" were correctly used when he thought of the formula: that is, given such circumstances as that he had learnt algebra, had used such formulae before.—But that does not mean that his statement is only short for a description of all the circumstances which constitute the scene for our language-game.—Think how we learn to use the expressions "Now I know how to go

u.a., gebrauchen lernen; in welcher Familie von Sprachspielen wir ihren Gebrauch lernen.

Wir können uns auch den Fall vorstellen, daß im Geist des B garnichts anderes vorfiel, als daß er plötzlich sagte "Jetzt weiß ich weiter"—etwa mit einem Gefühl der Erleichterung; und daß er nun die Reihe tatsächlich fortrechnet, ohne die Formel zu benützen. Und auch in diesem Falle würden wir—unter gewissen Umständen—sagen, er habe weiter gewußt.

180. *So werden diese Worte gebraucht.* Es wäre in diesem letzteren Fall z.B. ganz irreleitend, die Worte eine "Beschreibung eines seelischen Zustandes" zu nennen.—Eher könnte man sie hier ein "Signal" nennen; und ob es richtig angewendet war, beurteilen wir nach dem, was er weiter tut.

181. Um dies zu verstehen, müssen wir uns auch folgendes überlegen: Angenommen, B sagt, er wisse weiter—wenn er aber nun fortsetzen will, stockt er und kann es nicht: Sollen wir dann sagen, er habe mit Unrecht gesagt, er könne fortsetzen, oder aber: er hätte damals fortsetzen können, nur jetzt könne er es nicht?—Es ist klar, daß wir in verschiedenen Fällen Verschiedenes sagen werden. (Überlege dir beide Arten von Fällen.)

182. Die Grammatik von "passen", "können" und "verstehen". Aufgaben: 1) Wann sagt man, ein Zylinder Z passe in einen Hohlzylinder H? Nur solange Z in H steckt? 2) Man sagt manchmal: Z hat um die und die Zeit aufgehört, in H zu passen. Welche Kriterien verwendet man in so einem Fall dafür, daß es um diese Zeit geschah? 3) Was betrachtet man als Kriterien dafür, daß ein Körper sein Gewicht un eine bestimmte Zeit geändert hat, wenn er damals nicht auf der Wage lag? 4) Gestern wußte ich das Gedicht auswendig; heute weiß ich's nicht mehr. In was für Fällen hat die Frage Sinn: "Wann habe ich aufgehört, es auswendig zu wissen"? 5) Jemand fragt mich: "Kannst du dieses Gewicht heben?" Ich antworte "Ja". Nun sagt er "Tu's!"—da kann ich es nicht. Unter was für Umständen würde man die Rechtfertigung gelten lassen: "Als ich antwortete 'Ja', da *konnte* ich's, nur jetzt kann ich's nicht"?

Die Kriterien, die wir für das 'Passen', 'Können', 'Verstehen' gelten lassen, sind viel kompliziertere, als es auf den ersten Blick scheinen möchte. D.h., das Spiel mit diesen Worten, ihre Verwendung im sprachlichen Verkehr, dessen Mittel sie sind, ist verwickelter—die Rolle dieser Wörter in unsrer Sprache eine andere, als wir versucht sind, zu glauben.

(Diese Rolle ist es, die wir verstehen müssen, um philosophische Paradoxe aufzulösen. Und darum genügt dazu gewöhnlich nicht eine

on", "Now I can go on" and others; in what family of language-games we learn their use.

We can also imagine the case where nothing at all occurred in B's mind except that he suddenly said "Now I know how to go on"—perhaps with a feeling of relief; and that he did in fact go on working out the series without using the formula. And in this case too we should say—in certain circumstances—that he did know how to go on.

180. *This is how these words are used.* It would be quite misleading, in this last case, for instance, to call the words a "description of a mental state".—One might rather call them a "signal"; and we judge whether it was rightly employed by what he goes on to do.

181. In order to understand this, we need also to consider the following: suppose B says he knows how to go on—but when he wants to go on he hesitates and can't do it: are we to say that he was wrong when he said he could go on, or rather that he was able to go on then, only now is not?—Clearly we shall say different things in different cases. (Consider both kinds of case.)

182. The grammar of "to fit", "to be able", and "to understand". (Exercises: (1) When is a cylinder C said to fit into a hollow cylinder H? Only while C is stuck into H? (2) Sometimes we say that C ceased to fit into H at such-and-such a time. What criteria are used in such a case for its having happened at that time? (3) What does one regard as criteria for a body's having changed its weight at a particular time if it was not actually on the balance at that time? (4) Yesterday I knew the poem by heart; today I no longer know it. In what kind of case does it make sense to ask: "When did I stop knowing it?" (5) Someone asks me "Can you lift this weight?" I answer "Yes". Now he says "Do it!"—and I can't. In what kind of circumstances would it count as a justification to say "When I answered 'yes' I *could* do it, only now I can't"?

The criteria which we accept for 'fitting', 'being able to', 'understanding', are much more complicated than might appear at first sight. That is, the game with these words, their employment in the linguistic intercourse that is carried on by their means, is more involved—the role of these words in our language other—than we are tempted to think.

(This role is what we need to understand in order to resolve philosophical paradoxes. And hence definitions usually fail to

Definition; und schon erst recht nicht die Feststellung, ein Wort sei 'undefinierbar'.)

183. Wie aber,—hat nun der Satz "Jetzt kann ich fortsetzen" im Fall (151) das Gleiche geheißen, wie "Jetzt ist mir die Formel eingefallen", oder etwas anderes? Wir können sagen, daß dieser Satz, unter diesen Umständen, den gleichen Sinn habe (das Gleiche leiste) wie jener. Aber auch, daß, *allgemein*, diese beiden Sätze nicht den gleichen Sinn haben. Wir sagen auch: "Jetzt kann ich fortsetzen, ich meine, ich weiß die Formel"; wie wir sagen: "Ich kann gehen, d.h., ich habe Zeit"; aber auch: "Ich kann gehen, d.h., ich bin schon stark genug"; oder: "Ich kann gehen, was den Zustand meines Beins anbelangt", wenn wir nämlich *diese* Bedingung des Gehens andern Bedingungen entgegensetzen. Hier müssen wir uns aber hüten, zu glauben, es gebe, entsprechend der Natur des Falles, eine *Gesamtheit* aller Bedingungen (z.B. dafür, daß Einer geht) so daß er, sozusagen, nicht anders als gehen *könnte*, wenn sie alle erfüllt sind.

184. Ich will mich an eine Melodie erinnern und sie fällt mir nicht ein; plötzlich sage ich "Jetzt weiß ich's!", und singe sie. Wie war es, als ich sie plötzlich wußte? Sie konnte mir doch nicht in diesem Moment *ganz* eingefallen sein!—Du sagst vielleicht: "Es ist ein bestimmtes Gefühl, als wäre sie jetzt *da*"—aber *ist* sie jetzt da? Wie, wenn ich nun anfange, sie zu singen und stecken bleibe?——Ja aber konnte ich nicht doch in diesem Moment *sicher* sein, daß ich sie wüßte? Sie war also eben doch in irgendeinem Sinne *da*!——Aber in welchem Sinne? Du sagst wohl, die Melodie sei da, wenn er sie etwa durchsingt, oder von Anfang zu Ende vor dem innern Ohr hört. Ich leugne natürlich nicht, daß der Aussage, die Melodie sei da, auch ein ganz anderer Sinn gegeben werden kann—z.B. der, ich hätte einen Zettel, auf dem sie aufgeschrieben steht.—Und worin besteht es denn, daß er 'sicher' ist, er wisse sie?—Man kann natürlich sagen: Wenn jemand mit Überzeugung sagt, jetzt wisse er die Melodie, so steht sie in diesem Augenblick (irgendwie) ganz vor seinem Geist——und dies ist eine Erklärung der Worte: "die Melodie steht ganz vor seinem Geist".

185. Gehen wir nun zu unserm Beispiel (143) zurück. Der Schüler beherrscht jetzt—nach den gewöhnlichen Kriterien beurteilt—die Grundzahlenreihe. Wir lehren ihn nun auch andere Reihen von Kardinalzahlen anschreiben und bringen ihn dahin, daß er z.B. auf Befehle von der Form "+n" Reihen der Form

$$0, n, 2n, 3n,$$

etc. anschreibt; auf den Befehl "+1" also die Grundzahlenreihe.— Wir

resolve them; and so, *a fortiori* does the assertion that a word is 'indefinable'.)

183. But did "Now I can go on" in case (151) mean the same as "Now the formula has occurred to me" or something different? We may say that, in those circumstances, the two sentences have the same sense, achieve the same thing. But also that *in general* these two sentences do not have the same sense. We do say: "Now I can go on, I mean I know the formula", as we say "I can walk, I mean I have time"; but also "I can walk, I mean I am already strong enough"; or: "I can walk, as far as the state of my legs is concerned", that is, when we are contrasting *this* condition for walking with others. But here we must be on our guard against thinking that there is some *totality* of conditions corresponding to the nature of each case (e.g. for a person's walking) so that, as it were, he *could not but* walk if they were all fulfilled.

184. I want to remember a tune and it escapes me; suddenly I say "Now I know it" and I sing it. What was it like to suddenly know it? Surely it can't have occurred to me *in its entirety* in that moment!—Perhaps you will say: "It's a particular feeling, as if it were *there*"—but *is* it there? Suppose I now begin to sing it and get stuck?——But may I not have been *certain* at that moment that I knew it? So in some sense or other it was *there* after all!——But in what sense? You would say that the tune was there, if, say, someone sang it through, or heard it mentally from beginning to end. I am not, of course, denying that the statement that the tune is there can also be given a quite different meaning—for example, that I have a bit of paper on which it is written.—And what does his being 'certain', his knowing it, consist in?—Of course we can say: if someone says with conviction that now he knows the tune, then it is (somehow) present to his mind in its entirety at that moment——and this is a definition of the expression "the tune is present to his mind in its entirety".

185. Let us return to our example (143). Now—judged by the usual criteria—the pupil has mastered the series of natural numbers. Next we teach him to write down other series of cardinal numbers and get him to the point of writing down series of the form

0, n, 2n, 3n, etc.

at an order of the form "+n"; so at the order "+1" he writes

hätten unsre Übungen und Stichproben seines Verständnisses im Zahlenraum bis 1000 gemacht.

Wir lassen nun den Schüler einmal eine Reihe (etwa "+2") über 1000 hinaus fortsetzen,—da schreibt er: 1000, 1004, 1008, 1012.

Wir sagen ihm: "Schau, was du machst!"—Er versteht uns nicht. Wir sagen: "Du solltest doch *zwei* addieren; schau, wie du die Reihe begonnen hast!"—Er antwortet: "Ja! Ist es denn nicht richtig? Ich dachte, so *soll* ich's machen."——Oder nimm an, er sagte, auf die Reihe weisend: "Ich bin doch auf die gleiche Weise fortgefahren!"—Es würde uns nun nichts nützen, zu sagen "Aber siehst du denn nicht .....?"—und ihm die alten Erklärungen und Beispiele zu wiederholen.—Wir könnten in so einem Falle etwa sagen: Dieser Mensch versteht von Natur aus jenen Befehl, auf unsre Erklärungen hin, so, wie *wir* den Befehl: "Addiere bis 1000 immer 2, bis 2000 4, bis 3000 6, etc.".

Dieser Fall hätte Ähnlichkeit mit dem, als reagierte ein Mensch auf eine zeigende Gebärde der Hand von Natur damit, daß er in der Richtung von der Fingerspitze zur Handwurzel blickt, statt in der Richtung zur Fingerspitze.

186. "Was du sagst, läuft also darauf hinaus, es sei zum richtigen Befolgen des Befehls '+n' auf jeder Stufe eine neue Einsicht—Intuition—nötig."—Zur richtigen Befolgung! Wie wird denn entschieden, welches an einem bestimmten Punkt der richtige Schritt ist?—"Der richtige Schritt ist der, welcher mit dem Befehl—wie er *gemeint* war—übereinstimmt."—Du hast also zur Zeit, als du den Befehl "+2" gabst, gemeint, er solle auf 1000 1002 schreiben—und hast du damals auch gemeint, er solle auf 1866 1868 schreiben, und auf 100034 100036, u.s.f.—eine unendliche Anzahl solcher Sätze?—"Nein; ich habe gemeint, er solle nach *jeder* Zahl, die er schreibt, die zweitnächste schreiben; und daraus folgen ihres Orts alle jene Sätze."—Aber es ist ja gerade die Frage, was, an irgend einem Ort, aus jenem Satz folgt. Oder auch—was wir an irgend einem Ort "Übereinstimmung" mit jenem Satz nennen sollen (und auch mit der *Meinung*, die du damals dem Satz gegeben hast,—worin immer diese bestanden haben mag). Richtiger, als zu sagen, es sei an jedem Punkt eine Intuition nötig, wäre beinah, zu sagen: es sei an jedem Punkt eine neue Entscheidung nötig.

187. "Ich habe aber doch auch damals, als ich den Befehl gab, schon gewußt, daß er auf 1000 1002 schreiben soll!"—Gewiß; und du kannst sogar sagen, du habest es damals *gemeint*; nur sollst du dich nicht von der Grammatik der Wörter "wissen" und "meinen" irreführen lassen. Denn du meinst ja nicht, daß du damals an den

down the series of natural numbers.—Let us suppose we have done exercises and given him tests up to 1000.

Now we get the pupil to continue a series (say +2) beyond 1000—and he writes 1000, 1004, 1008, 1012.

We say to him: "Look what you've done!"—He doesn't understand. We say: "You were meant to add *two*: look how you began the series!" —He answers: "Yes, isn't it right? I thought that was how I was *meant* to do it."——Or suppose he pointed to the series and said: "But I went on in the same way."—It would now be no use to say: "But can't you see . . . . ?"—and repeat the old examples and explanations.—In such a case we might say, perhaps: It comes natural to this person to understand our order with our explanations as *we* should understand the order: "Add 2 up to 1000, 4 up to 2000, 6 up to 3000 and so on."

Such a case would present similarities with one in which a person naturally reacted to the gesture of pointing with the hand by looking in the direction of the line from finger-tip to wrist, not from wrist to finger-tip.

186. "What you are saying, then, comes to this: a new insight—intuition—is needed at every step to carry out the order '+n' correctly."—To carry it out correctly! How is it decided what is the right step to take at any particular stage?—"The right step is the one that accords with the order—as it was *meant*."—So when you gave the order +2 you meant that he was to write 1002 after 1000—and did you also mean that he should write 1868 after 1866, and 100036 after 100034, and so on—an infinite number of such propositions?—"No: what I meant was, that he should write the next but one number after *every* number that he wrote; and from this all those propositions follow in turn."—But that is just what is in question: what, at any stage, does follow from that sentence. Or, again, what, at any stage we are to call "being in accord" with that sentence (and with the *mean*-ing you then put into the sentence—whatever that may have consisted in). It would almost be more correct to say, not that an intuition was needed at every stage, but that a new decision was needed at every stage.

187. "But I already knew, at the time when I gave the order, that he ought to write 1002 after 1000."—Certainly; and you can also say you *meant* it then; only you should not let yourself be misled by the grammar of the words "know" and "mean". For you don't want

Übergang von 1000 auf 1002 gedacht hast—und wenn auch an diesen Übergang, so doch an andre nicht. Dein "Ich habe damals schon gewußt . . . ." heißt etwa: "Hätte man mich damals gefragt, welche Zahl er nach 1000 schreiben soll, so hätte ich geantwortet '1002'." Und daran zweifle ich nicht. Es ist das eine Annahme etwa von der Art dieser: "Wenn er damals ins Wasser gefallen wäre, so wäre ich ihm nachgesprungen."—Worin lag nun das Irrige deiner Idee?

188. Da möchte ich zuerst sagen: Deine Idee sei die gewesen, jenes Meinen des Befehls habe auf seine Weise alle jene Übergänge doch schon gemacht: deine Seele fliege beim Meinen, gleichsam, voraus und mache alle Übergänge, ehe du körperlich bei dem oder jenem angelangt bist.

Du warst also zu Ausdrücken geneigt, wie: "Die Übergänge sind *eigentlich* schon gemacht; auch ehe ich sie schriftlich, mündlich, oder in Gedanken mache". Und es schien, als wären sie in einer *einzigartigen* Weise vorausbestimmt, antizipiert—wie nur das Meinen die Wirklichkeit antizipieren könne.

189. "Aber sind die Übergänge also durch die algebraische Formel *nicht* bestimmt?"—In der Frage liegt ein Fehler.

Wir verwenden den Ausdruck: "die Übergänge sind durch die Formel . . . . . bestimmt". *Wie* wird er verwendet?—Wir können etwa davon reden, daß Menschen durch Erziehung (Abrichtung) dahin gebracht werden, die Formel $y=x^2$ so zu verwenden, daß Alle, wenn sie die gleiche Zahl für x einsetzen, immer die gleiche Zahl für y herausrechnen. Oder wir können sagen: "Diese Menschen sind so abgerichtet, daß sie alle auf den Befehl '+3' auf der gleichen Stufe den gleichen Übergang machen. Wir könnten dies so ausdrücken: Der Befehl '+3' bestimmt für diese Menschen jeden Übergang von einer Zahl zur nächsten völlig." (Im Gegensatz zu andern Menschen, die auf diesen Befehl nicht wissen, was sie zu tun haben; oder die zwar mit völliger Sicherheit, aber ein jeder in anderer Weise, auf ihn reagieren.)

Wir können anderseits verschiedene Arten von Formeln, und zu ihnen gehörige verschiedene Arten der Verwendung (verschiedene Arten der Abrichtung) einander entgegensetzen. Wir *nennen* dann Formeln einer bestimmten Art (und der dazugehörigen Verwendungsweise) "Formeln, welche eine Zahl y für ein gegebenes x bestimmen", und Formeln anderer Art solche, "die die Zahl y für ein gegebenes x nicht bestimmen". ($y=x^2$ wäre von der ersten Art, $y \neq x^2$ von der zweiten.) Der Satz "Die Formel . . . . bestimmt eine Zahl y" ist dann

to say that you thought of the step from 1000 to 1002 at that time—and even if you did think of this step, still you did not think of other ones. When you said "I already knew at the time . . . . . " that meant something like: "If I had then been asked what number should be written after 1000, I should have replied '1002'." And that I don't doubt. This assumption is rather of the same kind as: "If he had fallen into the water then, I should have jumped in after him".—Now, what was wrong with your idea?

188. Here I should first of all like to say: your idea was that that act of meaning the order had in its own way already traversed all those steps: that when you meant it your mind as it were flew ahead and took all the steps before you physically arrived at this or that one.

Thus you were inclined to use such expressions as: "The steps are *really* already taken, even before I take them in writing or orally or in thought." And it seemed as if they were in some *unique* way predetermined, anticipated—as only the act of meaning can anticipate reality.

189. "But *are* the steps then *not* determined by the algebraic formula?"—The question contains a mistake.

We use the expression: "The steps are determined by the formula . . . . .". *How* is it used?—We may perhaps refer to the fact that people are brought by their education (training) so to use the formula $y = x^2$, that they all work out the same value for y when they substitute the same number for x. Or we may say: "These people are so trained that they all take the same step at the same point when they receive the order 'add 3' ". We might express this by saying: for these people the order "add 3" completely determines every step from one number to the next. (In contrast with other people who do not know what they are to do on receiving this order, or who react to it with perfect certainty, but each one in a different way.)

On the other hand we can contrast different kinds of formula, and the different kinds of use (different kinds of training) appropriate to them. Then we *call* formulae of a particular kind (with the appropriate methods of use) "formulae which determine a number y for a given value of x", and formulae of another kind, ones which "do not determine the number y for a given value of x". ($y = x^2$ would be of the first kind, $y \neq x^2$ of the second.) The proposition "The formula . . . . determines a number y" will then be a statement about

eine Aussage über die Form der Formel—und es ist nun zu unterscheiden ein Satz wie dieser: "Die Formel, die ich hingeschrieben habe, bestimmt y" oder "Hier steht eine Formel, die y bestimmt"—von einem Satz der Art: "Die Formel $y=x^2$ bestimmt die Zahl y für ein gegebenes x". Die Frage "Steht dort eine Formel, die y bestimmt?" heißt dann dasselbe wie: "Steht dort eine Formel dieser Art, oder jener Art?"—was wir aber mit der Frage anfangen sollen "Ist $y=x^2$ eine Formel, die y für ein gegebenes x bestimmt?" ist nicht ohne Weiteres klar. Diese Frage könnte man etwa an einen Schüler richten, um zu prüfen, ob er die Verwendung des Wortes "bestimmen" versteht; oder es könnte eine mathematische Aufgabe sein, in einem bestimmten System zu beweisen, daß x nur ein Quadrat besitzt.

190. Man kann nun sagen: "Wie die Formel gemeint wird, das bestimmt, welche Übergänge zu machen sind." Was ist das Kriterium dafür, wie die Formel gemeint ist? Etwa die Art und Weise, wie wir sie ständig gebrauchen, wie uns gelehrt wurde, sie zu gebrauchen.

Wir sagen z.B. Einem, der ein uns unbekanntes Zeichen gebraucht: "Wenn du mit '$x!2$' meinst x^2, so erhältst du *diesen* Wert für y, wenn du 2x damit meinst, *jenen*."—Frage dich nun: Wie macht man es, mit "$x!2$" das eine, oder das andere *meinen*?

So kann also das Meinen die Übergänge zum Voraus bestimmen.

191. "Es ist, als könnten wir die ganze Verwendung des Wortes mit einem Schlage erfassen."—Wie *was* z.B.?—*Kann* man sie nicht—in gewissem Sinne—mit einem Schlag erfassen? Und in *welchem* Sinne kannst du dies nicht?—Es ist eben, als könnten wir sie in einem noch viel direkteren Sinne 'mit einem Schlag erfassen'.—Aber hast du dafür ein Vorbild? Nein. Es bietet sich uns nur diese Ausdrucksweise an. Als das Resultat sich kreuzender Bilder.

192. Du hast kein Vorbild dieser übermäßigen Tatsache, aber du wirst dazu verführt, einen Über-Ausdruck zu gebrauchen. (Man könnte das einen philosophischen Superlativ nennen.)

193. Die Maschine als Symbol ihrer Wirkungsweise: Die Maschine—könnte ich zuerst sagen—scheint ihre Wirkungsweise schon in sich zu haben. Was heißt das?—Indem wir die Maschine kennen, scheint alles Übrige, nämlich die Bewegungen, welche sie machen wird, schon ganz bestimmt zu sein.

Wir reden so, als könnten sich diese Teile nur so bewegen, als könnten sie nichts anderes tun. Wie ist es—vergessen wir also die Möglichkeit, daß sie sich biegen, abbrechen, schmelzen, etc.? Ja;

the form of the formula—and now we must distinguish such a proposition as "The formula which I have written down determines *y*", or "Here is a formula which determines *y*", from one of the following kind: "The formula $y = x^2$ determines the number *y* for a given value of *x*". The question "Is the formula written down there one that determines *y*?" will then mean the same as "Is what is there a formula of this kind or that?"—but it is not clear off-hand what we are to make of the question "Is $y = x^2$ a formula which determines *y* for a given value of *x*?" One might address this question to a pupil in order to test whether he understands the use of the word "to determine"; or it might be a mathematical problem to prove in a particular system that *x* has only one square.

190. It may now be said: "The way the formula is meant determines which steps are to be taken". What is the criterion for the way the formula is meant? It is, for example, the kind of way we always use it, the way we are taught to use it.

We say, for instance, to someone who uses a sign unknown to us: "If by '$x!2$' you mean x^2, then you get *this* value for *y*, if you mean $2x$, *that* one."—Now ask yourself: how does one *mean* the one thing or the other by "$x!2$"?

That will be how meaning it can determine the steps in advance.

191. "It is as if we could grasp the whole use of the word in a flash." Like *what* e.g.?—Can't the use—in a certain sense—be grasped in a flash? And in *what* sense can it not?—The point is, that it is as if we could 'grasp it in a flash' in yet another and much more direct sense than that.—But have you a model for this? No. It is just that this expression suggests itself to us. As the result of the crossing of different pictures.

192. You have no model of this superlative fact, but you are seduced into using a super-expression. (It might be called a philosophical superlative.)

193. The machine as symbolizing its action: the action of a machine—I might say at first—seems to be there in it from the start. What does that mean?—If we know the machine, everything else, that is its movement, seems to be already completely determined.

We talk as if these parts could only move in this way, as if they could not do anything else. How is this—do we forget the possibility of their bending, breaking off, melting, and so on? Yes; in many cases

wir denken in vielen Fällen garnicht daran. Wir gebrauchen eine Maschine, oder das Bild einer Maschine, als Symbol für eine bestimmte Wirkungsweise. Wir teilen z.B. Einem dieses Bild mit und setzen voraus, daß er die Erscheinungen der Bewegung der Teile aus ihm ableitet. (So wie wir jemand eine Zahl mitteilen können, indem wir sagen, sie sei die fünfundzwanzigste der Reihe 1, 4, 9, 16, ...)

"Die Maschine scheint ihre Wirkungsweise schon in sich zu haben" heißt: wir sind geneigt, die künftigen Bewegungen der Maschine in ihrer Bestimmtheit mit Gegenständen zu vergleichen, die schon in einer Lade liegen und nun von uns herausgeholt werden.——So aber reden wir nicht, wenn es sich darum handelt, das wirkliche Verhalten einer Maschine vorauszusagen. Da vergessen wir, im allgemeinen, nicht die Möglichkeit der Deformation der Teile, etc. .——Wohl aber, wenn wir uns darüber wundern, wie wir denn die Maschine als Symbol einer Bewegungsweise verwenden können,—da sie sich doch auch ganz *anders* bewegen kann.

Wir könnten sagen, die Maschine, oder ihr Bild, sei der Anfang einer Reihe von Bildern, die wir aus diesem Bild abzuleiten gelernt haben.

Wenn wir aber bedenken, daß sich die Maschine auch anders hätte bewegen können, so kann es nun scheinen, als müßte in der Maschine, als Symbol, ihre Bewegungsart noch viel bestimmter enthalten sein, als in der wirklichen Maschine. Es genüge da nicht, daß dies die erfahrungsmäßig vorausbestimmten Bewegungen seien, sondern sie müßten eigentlich—in einem mysteriösen Sinne—bereits *gegenwärtig* sein. Und es ist ja wahr: die Bewegung des Maschinensymbols ist in anderer Weise vorausbestimmt, als die einer gegebenen wirklichen Maschine.

194. Wann denkt man denn: die Maschine habe ihre möglichen Bewegungen schon in irgendeiner mysteriösen Weise in sich?—Nun, wenn man philosophiert. Und was verleitet uns, das zu denken? Die Art und Weise, wie wir von der Maschine reden. Wir sagen z.B., die Maschine *habe* (besäße) diese Bewegungsmöglichkeiten; wir sprechen von der ideal starren Maschine, die sich nur so und so bewegen *könne*.——Die Bewegungs*möglichkeit*, was ist sie? Sie ist nicht die *Bewegung*; aber sie scheint auch nicht die bloße physikalische Bedingung der Bewegung zu sein—etwa, daß zwischen Lager und Zapfen ein Spielraum ist, der Zapfen nicht zu streng ins Lager paßt. Denn dies ist zwar erfahrungsmäßig die Bedingung der Bewegung, aber man könnte sich die Sache auch anders vorstellen. Die Bewegungsmöglichkeit soll eher wie ein Schatten der Bewegung selber sein. Aber kennst du so einen Schatten? Und unter Schatten verstehe ich nicht irgend ein Bild der Bewegung,—denn dies Bild müßte ja nicht das Bild gerade *dieser*

we don't think of that at all. We use a machine, or the drawing of a machine, to symbolize a particular action of the machine. For instance, we give someone such a drawing and assume that he will derive the movement of the parts from it. (Just as we can give someone a number by telling him that it is the twenty-fifth in the series 1, 4, 9, 16, ...)

"The machine's action seems to be in it from the start" means: we are inclined to compare the future movements of the machine in their definiteness to objects which are already lying in a drawer and which we then take out.——But we do not say this kind of thing when we are concerned with predicting the actual behaviour of a machine. Then we do not in general forget the possibility of a distortion of the parts and so on.——We *do* talk like that, however, when we are wondering at the way we can use a machine to symbolize a given way of moving—since it can also move in quite *different* ways.

We might say that a machine, or the picture of it, is the first of a series of pictures which we have learnt to derive from this one.

But when we reflect that the machine could also have moved differently it may look as if the way it moves must be contained in the machine-as-symbol far more determinately than in the actual machine. As if it were not enough for the movements in question to be empirically determined in advance, but they had to be really—in a mysterious sense—already *present*. And it is quite true: the movement of the machine-as-symbol is predetermined in a different sense from that in which the movement of any given actual machine is predetermined.

194. When does one have the thought: the possible movements of a machine are already there in it in some mysterious way?—Well, when one is doing philosophy. And what leads us into thinking that? The kind of way in which we talk about machines. We say, for example, that a machine *has* (possesses) such-and-such possibilities of movement; we speak of the ideally rigid machine which *can* only move in such-and-such a way.——What is this *possibility* of movement? It is not the *movement*, but it does not seem to be the mere physical conditions for moving either—as, that there is play between socket and pin, the pin not fitting too tight in the socket. For while this is the empirical condition for movement, one could also imagine it to be otherwise. The possibility of a movement is, rather, supposed to be like a shadow of the movement itself. But do you know of such a shadow? And by a shadow I do not mean some picture of the movement—for such a

Bewegung sein. Aber die Möglichkeit dieser Bewegung muß die Möglichkeit gerade dieser Bewegung sein. (Sieh, wie hoch die Wellen der Sprache hier gehen!)

Die Wellen legen sich, sowie wir uns fragen: Wie gebrauchen wir denn, wenn wir von einer Maschine reden, das Wort "Möglichkeit der Bewegung"?——Woher kamen aber dann die seltsamen Ideen? Nun, ich zeige dir die Möglichkeit der Bewegung, etwa durch ein *Bild* der Bewegung: 'also ist die Möglichkeit etwas der Wirklichkeit Ähnliches'. Wir sagen: "es bewegt sich noch nicht, aber es hat schon die Möglichkeit, sich zu bewegen"——'also ist die Möglichkeit etwas der Wirklichkeit sehr Nahes'. Wir mögen zwar bezweifeln, ob die und die physikalische Bedingung diese Bewegung möglich macht, aber wir diskutieren nie, ob *dies* die Möglichkeit dieser, oder jener Bewegung sei: 'also steht die Möglichkeit der Bewegung zur Bewegung selbst in einer einzigartigen Relation; enger, als die des Bildes zu seinem Gegenstand'; denn es kann bezweifelt werden, ob dies das Bild dieses, oder jenes Gegenstandes ist. Wir sagen "Die Erfahrung wird lehren, ob dies dem Zapfen diese Bewegungsmöglichkeit gibt", aber wir sagen nicht "Die Erfahrung wird lehren, ob dies die Möglichkeit dieser Bewegung ist"; 'also ist es nicht Erfahrungstatsache, daß diese Möglichkeit die Möglichkeit gerade dieser Bewegung ist'.

Wir achten auf unsere eigene Ausdrucksweise, diese Dinge betreffend, verstehen sie aber nicht, sondern mißdeuten sie. Wir sind, wenn wir philosophieren, wie Wilde, primitive Menschen, die die Ausdrucksweise zivilisierter Menschen hören, sie mißdeuten und nun die seltsamsten Schlüsse aus ihrer Deutung ziehen.

195. "Aber ich meine nicht, daß, was ich jetzt (beim Erfassen) tue, die künftige Verwendung *kausal* und erfahrungsmäßig bestimmt, sondern daß, in einer *seltsamen* Weise, diese Verwendung selbst in irgend einem Sinne, gegenwärtig ist."—Aber 'in *irgend* einem Sinne' ist sie es ja! Eigentlich ist an dem, was du sagst, falsch nur der Ausdruck "in seltsamer Weise". Das Übrige ist richtig; und seltsam erscheint der Satz nur, wenn man sich zu ihm ein anderes Sprachspiel vorstellt, als das, worin wir ihn tatsächlich verwenden. (Jemand sagte mir, er habe sich als Kind darüber gewundert, daß der Schneider '*ein Kleid nähen könne*'—er dachte, dies heiße, es werde durch bloßes Nähen ein Kleid erzeugt, indem man Faden an Faden näht.)

196. Die unverstandene Verwendung des Wortes wird als Ausdruck eines seltsamen *Vorgangs* gedeutet. (Wie man sich die Zeit als seltsames Medium, die Seele als seltsames Wesen denkt.)

picture would not have to be a picture of just *this* movement. But the possibility of this movement must be the possibility of just this movement. (See how high the seas of language run here!)

The waves subside as soon as we ask ourselves: how do we use the phrase "possibility of movement" when we are talking about a given machine?——But then where did our queer ideas come from? Well, I shew you the possibility of a movement, say by means of a *picture* of the movement: 'so possibility is something which is like reality'. We say: "It isn't moving yet, but it already has the possibility of moving"——'so possibility is something very near reality'. Though we may doubt whether such-and-such physical conditions make this movement possible, we never discuss whether *this* is the possibility of this or of that movement: 'so the possibility of the movement stands in a unique relation to the movement itself; closer than that of a picture to its subject'; for it can be doubted whether a picture is the picture of this thing or that. We say "Experience will shew whether this gives the pin this possibility of movement", but we do not say "Experience will shew whether this is the possibility of this movement": 'so it is not an empirical fact that this possibility is the possibility of precisely this movement'.

We mind about the kind of expressions we use concerning these things; we do not understand them, however, but misinterpret them. When we do philosophy we are like savages, primitive people, who hear the expressions of civilized men, put a false interpretation on them, and then draw the queerest conclusions from it.

195. "But I don't mean that what I do now (in grasping a sense) determines the future use *causally* and as a matter of experience, but that in a *queer* way, the use itself is in some sense present."—But of course it is, 'in *some* sense'! Really the only thing wrong with what you say is the expression "in a queer way". The rest is all right; and the sentence only seems queer when one imagines a different language-game for it from the one in which we actually use it. (Someone once told me that as a child he had been surprised that a tailor could 'sew a dress'—he thought this meant that a dress was produced by sewing alone, by sewing one thread on to another.)

196. In our failure to understand the use of a word we take it as the expression of a queer *process*. (As we think of time as a queer medium, of the mind as a queer kind of being.)

197. "Es ist, als könnten wir die ganze Verwendung des Wortes mit einem Schlag erfassen."—Wir sagen ja, daß wir es tun. D.h., wir beschreiben ja manchmal, was wir tun, mit diesen Worten. Aber es ist an dem, was geschieht, nichts Erstaunliches, nichts Seltsames. Seltsam wird es, wenn wir dazu geführt werden, zu denken, daß die künftige Entwicklung auf irgend eine Weise schon im Akt des Erfassens gegenwärtig sein muß und doch nicht gegenwärtig ist.—Denn wir sagen, es sei kein Zweifel, daß wir dies Wort verstehen, und anderseits liegt seine Bedeutung in seiner Verwendung. Es ist kein Zweifel, daß ich jetzt Schach spielen will; aber das Schachspiel ist dies Spiel durch alle seine Regeln (u.s.f.). Weiß ich also nicht, was ich spielen wollte, ehe ich gespielt *habe*? oder aber, sind alle Regeln in meinem Akt der Intention enthalten? Ist es nun Erfahrung, die mich lehrt, daß auf diesen Akt der Intention für gewöhnlich diese Art des Spielens folgt? kann ich also doch nicht sicher sein, was zu tun ich beabsichtigte? Und wenn dies Unsinn ist,—welcherlei über-starre Verbindung besteht zwischen dem Akt der Absicht und dem Beabsichtigten?——Wo ist die Verbindung gemacht zwischen dem Sinn der Worte "Spielen wir eine Partie Schach!" und allen Regeln des Spiels?—Nun, im Regelverzeichnis des Spiels, im Schachunterricht, in der täglichen Praxis des Spielens.

198. "Aber wie kann mich eine Regel lehren, was ich an *dieser* Stelle zu tun habe? Was immer ich tue, ist doch durch irgend eine Deutung mit der Regel zu vereinbaren."—Nein, so sollte es nicht heißen. Sondern so: Jede Deutung hängt, mitsamt dem Gedeuteten, in der Luft; sie kann ihm nicht als Stütze dienen. Die Deutungen allein bestimmen die Bedeutung nicht.

"Also ist, was immer ich tue, mit der Regel vereinbar?"—Laß mich so fragen: Was hat der Ausdruck der Regel—sagen wir, der Wegweiser—mit meinen Handlungen zu tun? Was für eine Verbindung besteht da?—Nun, etwa diese: ich bin zu einem bestimmten Reagieren auf dieses Zeichen abgerichtet worden, und so reagiere ich nun.

Aber damit hast du nur einen kausalen Zusammenhang angegeben, nur erklärt, wie es dazu kam, daß wir uns jetzt nach dem Wegweiser richten; nicht, worin dieses Dem-Zeichen-Folgen eigentlich besteht. Nein; ich habe auch noch angedeutet, daß sich Einer nur insofern nach einem Wegweiser richtet, als es einen ständigen Gebrauch, eine Gepflogenheit, gibt.

199. Ist, was wir "einer Regel folgen" nennen, etwas, was nur *ein* Mensch, nur *einmal* im Leben, tun könnte?—Und das ist natürlich eine Anmerkung zur *Grammatik* des Ausdrucks "der Regel folgen".

197. "It's as if we could grasp the whole use of a word in a flash."—And that is just what we say we do. That is to say: we sometimes describe what we do in these words. But there is nothing astonishing, nothing queer, about what happens. It becomes queer when we are led to think that the future development must in some way already be present in the act of grasping the use and yet isn't present.—For we say that there isn't any doubt that we understand the word, and on the other hand its meaning lies in its use. There is no doubt that I now want to play chess, but chess is the game it is in virtue of all its rules (and so on). Don't I know, then, which game I want to play until I *have* played it? or are all the rules contained in my act of intending? Is it experience that tells me that this sort of game is the usual consequence of such an act of intending? so is it impossible for me to be certain what I am intending to do? And if that is nonsense—what kind of super-strong connexion exists between the act of intending and the thing intended?——Where is the connexion effected between the sense of the expression "Let's play a game of chess" and all the rules of the game?—Well, in the list of rules of the game, in the teaching of it, in the day-to-day practice of playing.

198. "But how can a rule shew me what I have to do at *this* point? Whatever I do is, on some interpretation, in accord with the rule."—That is not what we ought to say, but rather: any interpretation still hangs in the air along with what it interprets, and cannot give it any support. Interpretations by themselves do not determine meaning.

"Then can whatever I do be brought into accord with the rule?"—Let me ask this: what has the expression of a rule—say a sign-post—got to do with my actions? What sort of connexion is there here?—Well, perhaps this one: I have been trained to react to this sign in a particular way, and now I do so react to it.

But that is only to give a causal connexion; to tell how it has come about that we now go by the sign-post; not what this going-by-the-sign really consists in. On the contrary; I have further indicated that a person goes by a sign-post only in so far as there exists a regular use of sign-posts, a custom.

199. Is what we call "obeying a rule" something that it would be possible for only *one* man to do, and to do only *once* in his life?—This is of course a note on the grammar of the expression "to obey a rule".

Es kann nicht ein einziges Mal nur ein Mensch einer Regel gefolgt sein. Es kann nicht ein einziges Mal nur eine Mitteilung gemacht, ein Befehl gegeben, oder verstanden worden sein, etc..—Einer Regel folgen, eine Mitteilung machen, einen Befehl geben, eine Schachpartie spielen sind *Gepflogenheiten* (Gebräuche, Institutionen).

Einen Satz verstehen, heißt, eine Sprache verstehen. Eine Sprache verstehen, heißt eine Technik beherrschen.

200. Es ist natürlich denkbar, daß in einem Volke, das Spiele nicht kennt, zwei Leute sich an ein Schachbrett setzen und die Züge einer Schachpartie ausführen; ja auch mit allen seelischen Begleiterscheinungen. Und sähen *wir* dies, so würden wir sagen, sie spielten Schach. Aber nun denk dir eine Schachpartie nach gewissen Regeln in eine Reihe von Handlungen übersetzt, die wir nicht gewöhnt sind, mit einem *Spiel* zu assoziieren,—etwa ein Ausstoßen von Schreien und Stampfen mit den Füßen. Und jene Beiden sollen nun, statt die uns geläufige Form des Schach zu spielen, schreien und stampfen; und zwar so, daß diese Vorgänge sich nach geeigneten Regeln in eine Schachpartie übersetzen ließen. Wären wir nun noch geneigt, zu sagen, sie spielten ein Spiel; und mit welchem Recht könnte man das sagen?

201. Unser Paradox war dies: eine Regel könnte keine Handlungsweise bestimmen, da jede Handlungsweise mit der Regel in Übereinstimmung zu bringen sei. Die Antwort war: Ist jede mit der Regel in Übereinstimmung zu bringen, dann auch zum Widerspruch. Daher gäbe es hier weder Übereinstimmung noch Widerspruch.

Daß da ein Mißverständnis ist, zeigt sich schon darin, daß wir in diesem Gedankengang Deutung hinter Deutung setzen; als beruhige uns eine jede wenigstens für einen Augenblick, bis wir an eine Deutung denken, die wieder hinter dieser liegt. Dadurch zeigen wir nämlich, daß es eine Auffassung einer Regel gibt, die *nicht* eine *Deutung* ist; sondern sich, von Fall zu Fall der Anwendung, in dem äußert, was wir "der Regel folgen", und was wir "ihr entgegenhandeln" nennen.

Darum besteht eine Neigung, zu sagen: jedes Handeln nach der Regel sei ein Deuten. "Deuten" aber sollte man nur nennen: einen Ausdruck der Regel durch einen anderen ersetzen.

202. Darum ist 'der Regel folgen' eine Praxis. Und der Regel zu folgen *glauben* ist nicht: der Regel folgen. Und darum kann man nicht der Regel 'privatim' folgen, weil sonst der Regel zu folgen glauben dasselbe wäre, wie der Regel folgen.

It is not possible that there should have been only one occasion on which someone obeyed a rule. It is not possible that there should have been only one occasion on which a report was made, an order given or understood; and so on.—To obey a rule, to make a report, to give an order, to play a game of chess, are *customs* (uses, institutions).

To understand a sentence means to understand a language. To understand a language means to be master of a technique.

200. It is, of course, imaginable that two people belonging to a tribe unacquainted with games should sit at a chess-board and go through the moves of a game of chess; and even with all the appropriate mental accompaniments. And if *we* were to see it we should say they were playing chess. But now imagine a game of chess translated according to certain rules into a series of actions which we do not ordinarily associate with a *game*—say into yells and stamping of feet. And now suppose those two people to yell and stamp instead of playing the form of chess that we are used to; and this in such a way that their procedure is translatable by suitable rules into a game of chess. Should we still be inclined to say they were playing a game? What right would one have to say so?

201. This was our paradox: no course of action could be determined by a rule, because every course of action can be made out to accord with the rule. The answer was: if everything can be made out to accord with the rule, then it can also be made out to conflict with it. And so there would be neither accord nor conflict here.

It can be seen that there is a misunderstanding here from the mere fact that in the course of our argument we give one interpretation after another; as if each one contented us at least for a moment, until we thought of yet another standing behind it. What this shews is that there is a way of grasping a rule which is *not* an *interpretation*, but which is exhibited in what we call "obeying the rule" and "going against it" in actual cases.

Hence there is an inclination to say: every action according to the rule is an interpretation. But we ought to restrict the term "interpretation" to the substitution of one expression of the rule for another.

202. And hence also 'obeying a rule' is a practice. And to *think* one is obeying a rule is not to obey a rule. Hence it is not possible to obey a rule 'privately': otherwise thinking one was obeying a rule would be the same thing as obeying it.

203. Die Sprache ist ein Labyrinth von Wegen. Du kommst von *einer* Seite und kennst dich aus; du kommst von einer andern zur selben Stelle, und kennst dich nicht mehr aus.

204. Ich kann etwa, wie die Sachen stehen, ein Spiel erfinden, das nie von jemandem gespielt wird.—Wäre aber auch dies möglich: Die Menschheit habe nie Spiele gespielt; einmal aber hat Einer ein Spiel erfunden,—das dann allerdings nie gespielt wurde?

205. "Das ist ja das Merkwürdige an der *Intention*, am seelischen Vorgang, daß für ihn das Bestehen der Gepflogenheit, der Technik, nicht nötig ist. Daß es z.B. denkbar ist, zwei Leute spielten in einer Welt, in der sonst nicht gespielt wird, eine Schachpartie, ja auch nur den Anfang einer Schachpartie,—und würden dann gestört."

Ist aber das Schachspiel nicht durch seine Regeln definiert? Und wie sind diese Regeln im Geist dessen gegenwärtig, der beabsichtigt, Schach zu spielen?

206. Einer Regel folgen, das ist analog dem: einen Befehl befolgen. Man wird dazu abgerichtet und man reagiert auf ihn in bestimmter Weise. Aber wie, wenn nun der Eine *so*, der Andere *anders* auf Befehl und Abrichtung reagiert? Wer hat dann Recht?

Denke, du kämst als Forscher in ein unbekanntes Land mit einer dir gänzlich fremden Sprache. Unter welchen Umständen würdest du sagen, daß die Leute dort Befehle geben, Befehle verstehen, befolgen, sich gegen Befehle auflehnen, u.s.w.?

Die gemeinsame menschliche Handlungsweise ist das Bezugssystem, mittels welches wir uns eine fremde Sprache deuten.

207. Denken wir uns, die Leute in jenem Land verrichteten gewöhnliche menschliche Tätigkeiten und bedienen sich dabei, wie es scheint, einer artikulierten Sprache. Sieht man ihrem Treiben zu, so ist es verständlich, erscheint uns 'logisch'. Versuchen wir aber, ihre Sprache zu erlernen, so finden wir, daß es unmöglich ist. Es besteht nämlich bei ihnen kein regelmäßiger Zusammenhang des Gesprochenen, der Laute, mit den Handlungen; dennoch aber sind diese Laute nicht überflüssig; denn knebeln wir z.B. einen dieser Leute, so hat dies die gleichen Folgen, wie bei uns: ohne jene Laute geraten ihre Handlungen in Verwirrung—wie ich mich ausdrücken will.

Sollen wir sagen, diese Leute hätten eine Sprache; Befehle, Mitteilungen, u.s.w.?

Zu dem, was wir "Sprache" nennen, fehlt die Regelmäßigkeit.

208. So erkläre ich also, was "Befehl" und was "Regel" heißt, durch "Regelmäßigkeit"?—Wie erkläre ich jemandem die Bedeutung

203. Language is a labyrinth of paths. You approach from *one* side and know your way about; you approach the same place from another side and no longer know your way about.

204. As things are I can, for example, invent a game that is never played by anyone.—But would the following be possible too: mankind has never played any games; once, however, someone invented a game —which no one ever played?

205. "But it is just the queer thing about *intention*, about the mental process, that the existence of a custom, of a technique, is not necessary to it. That, for example, it is imaginable that two people should play chess in a world in which otherwise no games existed; and even that they should begin a game of chess—and then be interrupted."

But isn't chess defined by its rules? And how are these rules present in the mind of the person who is intending to play chess?

206. Following a rule is analogous to obeying an order. We are trained to do so; we react to an order in a particular way. But what if one person reacts in one way and another in another to the order and the training? Which one is right?

Suppose you came as an explorer into an unknown country with a language quite strange to you. In what circumstances would you say that the people there gave orders, understood them, obeyed them, rebelled against them, and so on?

The common behaviour of mankind is the system of reference by means of which we interpret an unknown language.

207. Let us imagine that the people in that country carried on the usual human activities and in the course of them employed, apparently, an articulate language. If we watch their behaviour we find it intelligible, it seems 'logical'. But when we try to learn their language we find it impossible to do so. For there is no regular connexion between what they say, the sounds they make, and their actions; but still these sounds are not superfluous, for if we gag one of the people, it has the same consequences as with us; without the sounds their actions fall into confusion—as I feel like putting it.

Are we to say that these people have a language: orders, reports, and the rest?

There is not enough regularity for us to call it "language".

208. Then am I defining "order" and "rule" by means of "regularity"?—How do I explain the meaning of "regular", "uniform",

von "regelmäßig", "gleichförmig", "gleich"?—Einem der, sagen wir, nur Französisch spricht, werde ich diese Wörter durch die entsprechenden französischen erklären. Wer aber diese *Begriffe* noch nicht besitzt, den werde ich die Worte durch *Beispiele* und durch *Übung* gebrauchen lehren.—Und dabei teile ich ihm nicht weniger mit, als ich selber weiß.

Ich werde ihm also in diesem Unterricht gleiche Farben, gleiche Längen, gleiche Figuren zeigen, ihn sie finden und herstellen lassen, u.s.w. . Ich werde ihn etwa dazu anleiten, Reihenornamente auf einen Befehl hin 'gleichmäßig' fortzusetzen.—Und auch dazu, Progressionen fortzusetzen. Also etwa auf . .. ... so fortzufahren: ....

Ich mach's ihm vor, er macht es mir nach; und ich beeinflusse ihn durch Äußerungen der Zustimmung, der Ablehnung, der Erwartung, der Aufmunterung. Ich lasse ihn gewähren, oder halte ihn zurück; u.s.w. .

Denke, du wärest Zeuge eines solchen Unterrichts. Es würde darin kein Wort durch sich selbst erklärt, kein logischer Zirkel gemacht.

Auch die Ausdrücke "und so weiter" und "und so weiter ad infinitum" werden in diesem Unterricht erklärt werden. Es kann dazu unter anderem auch eine Gebärde dienen. Die Gebärde, die bedeutet "fahr so fort!", oder "und so weiter" hat eine Funktion, vergleichbar der des Zeigens auf einen Gegenstand, oder auf einen Ort.

Es ist zu unterscheiden: das "u.s.w.", das eine Abkürzung der Schreibweise ist, von demjenigen, welches dies *nicht* ist. Das "u.s.w. ad inf." ist *keine* Abkürzung der Schreibweise. Daß wir nicht alle Stellen von π anschreiben können, ist nicht eine menschliche Unzulänglichkeit, wie Mathematiker manchmal glauben.

Ein Unterricht, der bei den vorgeführten Beispielen stehen bleiben will, unterscheidet sich von einem, der über sie '*hinausweist*'.

209. "Aber reicht denn nicht das Verständnis weiter, als alle Beispiele?"—Ein sehr merkwürdiger Ausdruck, und ganz natürlich!—

Aber ist das *alles*? Gibt es nicht eine noch tiefere Erklärung; oder muß nicht doch das *Verständnis* der Erklärung tiefer sein?—Ja, habe ich denn selbst ein tieferes Verständnis? *Habe* ich mehr, als ich in der Erklärung gebe?—Woher aber dann das Gefühl, ich hätte mehr?

Ist es, wie wenn ich das nicht Begrenzte als Länge deute, die über jede Länge hinausreicht?

210. "Aber erklärst du ihm wirklich, was du selber verstehst? Läßt du ihn das Wesentliche nicht *erraten*? Du gibst ihm Beispiele,—er aber muß ihre Tendenz erraten, also deine Absicht."—Jede Erklärung,

"same" to anyone?—I shall explain these words to someone who, say, only speaks French by means of the corresponding French words. But if a person has not yet got the *concepts*, I shall teach him to use the words by means of *examples* and by *practice*.—And when I do this I do not communicate less to him than I know myself.

In the course of this teaching I shall shew him the same colours, the same lengths, the same shapes, I shall make him find them and produce them, and so on. I shall, for instance, get him to continue an ornamental pattern uniformly when told to do so.—And also to continue progressions. And so, for example, when given: . .. ... to go on: ....

I do it, he does it after me; and I influence him by expressions of agreement, rejection, expectation, encouragement. I let him go his way, or hold him back; and so on.

Imagine witnessing such teaching. None of the words would be explained by means of itself; there would be no logical circle.

The expressions "and so on", "and so on ad infinitum" are also explained in this teaching. A gesture, among other things, might serve this purpose. The gesture that means "go on like this", or "and so on" has a function comparable to that of pointing to an object or a place.

We should distinguish between the "and so on" which is, and the "and so on" which is not, an abbreviated notation. "And so on ad inf." is *not* such an abbreviation. The fact that we cannot write down all the digits of π is not a human shortcoming, as mathematicians sometimes think.

Teaching which is not meant to apply to anything but the examples given is different from that which '*points beyond*' them.

209. "But then doesn't our understanding reach beyond all the examples?"—A very queer expression, and a quite natural one!—

But is that *all*? Isn't there a deeper explanation; or mustn't at least the *understanding* of the explanation be deeper?—Well, have I myself a deeper understanding? Have I *got* more than I give in the explanation?—But then, whence the feeling that I have got more?

Is it like the case where I interpret what is not limited as a length that reaches beyond every length?

210. "But do you really explain to the other person what you yourself understand? Don't you get him to *guess* the essential thing? You give him examples,—but he has to guess their drift, to guess your

die ich mir selbst geben kann, gebe ich auch ihm.—"Er errät, was ich meine" würde heißen: ihm schweben verschiedene Deutungen meiner Erklärung vor, und er rät auf eine von ihnen. Er könnte also in diesem Falle fragen; und ich könnte, und würde, ihm antworten.

211. "Wie immer du ihn im Fortführen des Reihenornaments unterrichtest,—wie kann er *wissen*, wie er selbständig fortzusetzen hat?"—Nun, wie weiß *ich's*?——Wenn das heißt "Habe ich Gründe?", so ist die Antwort: die Gründe werden mir bald ausgehen. Und ich werde dann, ohne Gründe, handeln.

212. Wenn jemand, den ich fürchte, mir den Befehl gibt, die Reihe fortzusetzen, so werde ich schleunig, mit völliger Sicherheit, handeln, und das Fehlen der Gründe stört mich nicht.

213. "Aber dieser Reihenanfang konnte offenbar verschieden gedeutet werden (z.B. durch algebraische Ausdrücke) und du mußtest also erst *eine* solche Deutung wählen."—Durchaus nicht! Es war, unter Umständen, ein Zweifel möglich. Aber das sagt nicht, daß ich gezweifelt habe, oder auch nur zweifeln konnte. (Damit steht im Zusammenhang, was über die psychologische 'Atmosphäre' eines Vorgangs zu sagen ist.)

Nur Intuition konnte diesen Zweifel heben?—Wenn sie eine innere Stimme ist,—wie weiß ich, *wie* ich ihr folgen soll? Und wie weiß ich, daß sie mich nicht irreleitet? Denn, kann sie mich richtig leiten, dann kann sie mich auch irreleiten.

((Die Intuition eine unnötige Ausrede.))

214. Ist eine Intuition zum Entwickeln der Reihe 1 2 3 4 . . . nötig, dann auch zum Entwickeln der Reihe 2 2 2 2 . . . .

215. Aber ist nicht wenigstens gleich: *gleich*?

Für die Gleichheit scheinen wir ein unfehlbares Paradigma zu haben in der Gleichheit eines Dinges mit sich selbst. Ich will sagen: "Hier kann es doch nicht verschiedene Deutungen geben. Wenn er ein Ding vor sich sieht, so sieht er auch Gleichheit."

Also sind zwei Dinge gleich, wenn sie so sind, wie *ein* Ding? Und wie soll ich nun das, was mir das *eine* Ding zeigt, auf den Fall der zwei anwenden?

216. "Ein Ding ist mit sich selbst identisch."—Es gibt kein schöneres Beispiel eines nutzlosen Satzes, der aber doch mit einem Spiel der Vorstellung verbunden ist. Es ist, als legten wir das Ding, in der Vorstellung, in seine eigene Form hinein, und sähen, daß es paßt.

intention."—Every explanation which I can give myself I give to him too.—"He guesses what I intend" would mean: various interpretations of my explanation come to his mind, and he lights on one of them. So in this case he could ask; and I could and should answer him.

211. How can he *know* how he is to continue a pattern by himself—whatever instruction you give him?—Well, how do I know?——If that means "Have I reasons?" the answer is: my reasons will soon give out. And then I shall act, without reasons.

212. When someone whom I am afraid of orders me to continue the series, I act quickly, with perfect certainty, and the lack of reasons does not trouble me.

213. "But this initial segment of a series obviously admitted of various interpretations (e.g. by means of algebraic expressions) and so you must first have chosen *one* such interpretation."—Not at all. A doubt was possible in certain circumstances. But that is not to say that I did doubt, or even could doubt. (There is something to be said, which is connected with this, about the psychological 'atmosphere' of a process.)

So it must have been intuition that removed this doubt?—If intuition is an inner voice—how do I know *how* I am to obey it? And how do I know that it doesn't mislead me? For if it can guide me right, it can also guide me wrong.

((Intuition an unnecessary shuffle.))

214. If you have to have an intuition in order to develop the series 1 2 3 4 . . . you must also have one in order to develop the series 2 2 2 2 . . . .

215. But isn't *the same* at least the same?

We seem to have an infallible paradigm of identity in the identity of a thing with itself. I feel like saying: "Here at any rate there can't be a variety of interpretations. If you are seeing a thing you are seeing identity too."

Then are two things the same when they are what *one* thing is? And how am I to apply what the *one* thing shews me to the case of two things?

216. "A thing is identical with itself."—There is no finer example of a useless proposition, which yet is connected with a certain play of the imagination. It is as if in imagination we put a thing into its own shape and saw that it fitted.

Wir könnten auch sagen: "Jedes Ding paßt in sich selbst."—Oder anders: "Jedes Ding paßt in seine eigene Form hinein." Man schaut dabei ein Ding an und stellt sich vor, daß der Raum dafür ausgespart war und es nun genau hineinpaßt.

'*Paßt*' dieser Fleck in seine weiße Umgebung?—*Aber genau so würde es aussehen*, wenn statt seiner erst ein Loch gewesen wäre, und er nun hineinpaßte. Mit dem Ausdruck "er paßt" wird eben nicht einfach dies Bild beschrieben. Nicht einfach diese *Situation*.

"Jeder Farbfleck paßt genau in seine Umgebung" ist ein etwas spezialisierter Satz der Identität.

217. "Wie kann ich einer Regel folgen?"—wenn das nicht eine Frage nach den Ursachen ist, so ist es eine nach der Rechtfertigung dafür, daß ich *so* nach ihr handle.

Habe ich die Begründungen erschöpft, so bin ich nun auf dem harten Felsen angelangt, und mein Spaten biegt sich zurück. Ich bin dann geneigt, zu sagen: "So handle ich eben."

(Erinnere dich, daß wir manchmal Erklärungen fordern nicht ihres Inhalts wegen, sondern der Form der Erklärung wegen. Unsere Forderung ist eine architektonische; die Erklärung eine Art Scheingesims, das nichts trägt.)

218. Woher die Idee, es wäre die angefangene Reihe ein sichtbares Stück unsichtbar bis ins Unendliche gelegter Geleise? Nun, statt der Regel könnten wir uns Geleise denken. Und der nicht begrenzten Anwendung der Regel entsprechen unendlich lange Geleise.

219. "Die Übergänge sind eigentlich alle schon gemacht" heißt: ich habe keine Wahl mehr. Die Regel, einmal mit einer bestimmten Bedeutung gestempelt, zieht die Linien ihrer Befolgung durch den ganzen Raum.——Aber wenn so etwas wirklich der Fall wäre, was hülfe es mir?

Nein; meine Beschreibung hatte nur Sinn, wenn sie symbolisch zu verstehen war.—*So kommt es mir vor*—sollte ich sagen.

Wenn ich der Regel folge, wähle ich nicht.

Ich folge der Regel *blind*.

220. Welchen Zweck hat aber jener symbolische Satz? Er sollte einen Unterschied hervorheben zwischen kausaler Bedingtheit und logischer Bedingtheit.

221. Mein symbolischer Ausdruck war eigentlich eine mythologische Beschreibung des Gebrauchs einer Regel.

We might also say: "Every thing fits into itself." Or again: "Every thing fits into its own shape." At the same time we look at a thing and imagine that there was a blank left for it, and that now it fits into it exactly.

Does this spot 'fit' into its white surrounding?—*But that is just how it would look* if there had at first been a hole in its place and it then fitted into the hole. But when we say "it fits" we are not simply describing this appearance; not simply this *situation.*

"Every coloured patch fits exactly into its surrounding" is a rather specialized form of the law of identity.

217. "How am I able to obey a rule?"—if this is not a question about causes, then it is about the justification for my following the rule in the way I do.

If I have exhausted the justifications I have reached bedrock, and my spade is turned. Then I am inclined to say: "This is simply what I do."

(Remember that we sometimes demand definitions for the sake not of their content, but of their form. Our requirement is an architectural one; the definition a kind of ornamental coping that supports nothing.)

218. Whence comes the idea that the beginning of a series is a visible section of rails invisibly laid to infinity? Well, we might imagine rails instead of a rule. And infinitely long rails correspond to the unlimited application of a rule.

219. "All the steps are really already taken" means: I no longer have any choice. The rule, once stamped with a particular meaning, traces the lines along which it is to be followed through the whole of space.——But if something of this sort really were the case, how would it help?

No; my description only made sense if it was to be understood symbolically.—I should have said: *This is how it strikes me.*

When I obey a rule, I do not choose.

I obey the rule *blindly.*

220. But what is the purpose of that symbolical proposition? It was supposed to bring into prominence a difference between being causally determined and being logically determined.

221. My symbolical expression was really a mythological description of the use of a rule.

222. "Die Linie gibt's mir ein, wie ich gehen soll."—Aber das ist natürlich nur ein Bild. Und urteile ich, sie gebe mir, gleichsam verantwortungslos, dies oder das ein, so würde ich nicht sagen, ich folgte ihr als einer Regel.

223. Man fühlt nicht, daß man immer des Winkes (der Einflüsterung) der Regel gewärtig sein muß. Im Gegenteil. Wir sind nicht gespannt darauf, was sie uns wohl jetzt sagen wird, sondern sie sagt uns immer dasselbe, und wir tun, was sie uns sagt.

Man könnte dem, den man abrichtet, sagen: "Sieh, ich tue immer das Gleiche: ich . . . . ."

224. Das Wort "Übereinstimmung" und das Wort "Regel" sind miteinander *verwandt*, sie sind Vettern. Lehre ich Einen den Gebrauch des einen Wortes, so lernt er damit auch den Gebrauch des andern.

225. Die Verwendung des Wortes "Regel" ist mit der Verwendung des Wortes "gleich" verwoben. (Wie die Verwendung von "Satz" mit der Verwendung von "wahr".)

226. Nimm an, Einer folgt der Reihe 1,3,5,7, ... indem er die Reihe der $2x + 1$ hinschreibt[1]. Und er fragte sich: "aber tue ich auch immer das Gleiche, oder jedesmal etwas anderes?"

Wer von einem Tag auf den andern verspricht "Morgen will ich dich besuchen"—sagt der jeden Tag das Gleiche; oder jeden Tag etwas anderes?

227. Hätte es einen Sinn zu sagen: "Wenn er jedesmal etwas *anderes* täte, würden wir nicht sagen: er folge einer Regel"? Das hat *keinen* Sinn.

228. "Eine Reihe hat für uns *ein* Gesicht!"—Wohl; aber welches? Nun doch das algebraische, und das eines Stücks der Entwicklung. Oder hat sie sonst noch eins?—"Aber in dem liegt doch schon alles!"—Aber das ist keine Feststellung über das Reihenstück, oder über etwas, was wir darin erblicken; sondern der Ausdruck dafür, daß wir nur auf den Mund der Regel schauen und *tun*, und an keine weitere Anleitung appellieren.

229. Ich glaube, im Reihenstück ganz fein eine Zeichnung wahrzunehmen, einen charakteristischen Zug, der nur noch des "u.s.w." bedarf, um in die Unendlichkeit zu reichen.

230. "Die Linie gibt's mir ein, wie ich gehen soll": das paraphrasiert nur: sie sei meine *letzte* Instanz dafür, wie ich gehen soll.

231. "Aber du siehst doch . . . . !" Nun, das ist eben die charakteristische Äußerung Eines, der von der Regel gezwungen ist.

[1] **Die MSS. haben: . . . . der Reihe $x = 1, 3, 5, 7$, ... indem er die Reihe der $x^2 + 1$ hinschreibt.—Ed.**

222. "The line intimates to me the way I am to go."—But that is of course only a picture. And if I judged that it intimated this or that as it were irresponsibly, I should not say that I was obeying it like a rule.

223. One does not feel that one has always got to wait upon the nod (the whisper) of the rule. On the contrary, we are not on tenter-hooks about what it will tell us next, but it always tells us the same, and we do what it tells us.

One might say to the person one was training: "Look, I always do the same thing: I . . . . ."

224. The word "agreement" and the word "rule" are *related* to one another, they are cousins. If I teach anyone the use of the one word, he learns the use of the other with it.

225. The use of the word "rule" and the use of the word "same" are interwoven. (As are the use of "proposition" and the use of "true".)

226. Suppose someone gets the series of numbers 1, 3, 5, 7, ... by working out the series $2x + 1$[1]. And now he asks himself: "But am I always doing the same thing, or something different every time?"

If from one day to the next you promise: "To-morrow I will come and see you"—are you saying the same thing every day, or every day something different?

227. Would it make sense to say "If he did something *different* every day we should not say he was obeying a rule"? That makes *no* sense.

228. "We see a series in just *one* way!"—All right, but what is that way? Clearly we see it algebraically, and as a segment of an expansion. Or is there more in it than that?—"But the way we see it surely gives us everything!"—But that is not an observation about the segment of the series; or about anything that we notice in it; it gives expression to the fact that we look to the rule for instruction and *do something*, without appealing to anything else for guidance.

229. I believe that I perceive something drawn very fine in a segment of a series, a characteristic design, which only needs the addition of "and so on", in order to reach to infinity.

230. "The line intimates to me which way I am to go" is only a paraphrase of: it is my *last* arbiter for the way I am to go.

231. "But surely you can see . . . .?" That is just the characteristic expression of someone who is under the compulsion of a rule.

[1] The MSS. have: . . . . der Reihe $x = 1, 3, 5, 7, \ldots.$ indem er die Reihe der $x^2 + 1$ hinschreibt.—Ed.

232. Nimm an, eine Regel gebe mir ein, wie ich ihr folgen soll; d.h., wenn ich der Linie mit den Augen nachgehe, so sagt mir nun eine innere Stimme: "Zieh *so*!"—Was ist der Unterschied zwischen diesem Vorgang, einer Art Inspiration zu folgen, und dem, einer Regel zu folgen? Denn sie sind doch nicht das Gleiche. In dem Fall der Inspiration *warte* ich auf die Anweisung. Ich werde einen Andern nicht meine 'Technik' lehren können, der Linie zu folgen. Es sei denn, ich lehrte ihn eine Art des Hinhorchens, der Rezeptivität. Aber dann kann ich natürlich nicht verlangen, daß er der Linie so folge, wie ich.

Dies sind nicht meine Erfahrungen vom Handeln nach einer Inspiration und nach einer Regel; sondern grammatische Anmerkungen.

233. Man könnte sich auch so einen Unterricht in einer Art von Arithmetik denken. Die Kinder können dann, ein jedes auf seine Weise, rechnen,—solange sie nur auf die innere Stimme horchen und ihr folgen. Dieses Rechnen wäre wie ein Komponieren.

234. Aber könnten wir nicht auch rechnen, wie wir rechnen (Alle übereinstimmend, etc.), und doch bei jedem Schritt das Gefühl haben, von den Regeln wie von einem Zauber geleitet zu werden; erstaunt darüber vielleicht, daß wir übereinstimmen? (Der Gottheit etwa für diese Übereinstimmung dankend.)

235. Daraus siehst du nur, was alles zu der Physiognomie desjenigen gehört, was wir im alltäglichen Leben "einer Regel folgen" nennen!

236. Die Kunstrechner, die zum richtigen Resultat gelangen, aber nicht sagen können, wie. Sollen wir sagen, sie rechnen nicht? (Eine Familie von Fällen.)

237. Denke dir, Einer folgte einer Linie als Regel auf diese Weise: Er hält einen Zirkel, dessen eine Spitze er der Regel-Linie entlang führt, während die andre Spitze die Linie zieht, welche der Regel folgt. Und während er so der Regel entlang fährt, verändert er die Öffnung des Zirkels, wie es scheint mit großer Genauigkeit, wobei er immer auf die Regel schaut, als bestimme sie sein Tun. Wir nun, die ihm zusehen, sehen keinerlei Regelmäßigkeit in diesem Öffnen und Schließen des Zirkels. Wir können seine Art, der Linie zu folgen, von ihm nicht lernen. Wir würden hier vielleicht wirklich sagen: "Die Vorlage scheint ihm *einzugeben*, wie er zu gehen hat. Aber sie ist keine Regel."

238. Damit es mir erscheinen kann, als hätte die Regel alle ihre Folgesätze zum Voraus erzeugt, müssen sie mir *selbstverständlich*

232. Let us imagine a rule intimating to me which way I am to obey it; that is, as my eye travels along the line, a voice within me says: "*This* way!"—What is the difference between this process of obeying a kind of inspiration and that of obeying a rule? For they are surely not the same. In the case of inspiration I *await* direction. I shall not be able to teach anyone else my 'technique' of following the line. Unless, indeed, I teach him some way of hearkening, some kind of receptivity. But then, of course, I cannot require him to follow the line in the same way as I do.

These are not my experiences of acting from inspiration and according to a rule; they are grammatical notes.

233. It would also be possible to imagine such a training in a sort of arithmetic. Children could calculate, each in his own way—as long as they listened to their inner voice and obeyed it. Calculating in this way would be like a sort of composing.

234. Would it not be possible for us, however, to calculate as we actually do (all agreeing, and so on), and still at every step to have a feeling of being guided by the rules as by a spell, feeling astonishment at the fact that we agreed? (We might give thanks to the Deity for our agreement.)

235. This merely shews what goes to make up what we call "obeying a rule" in everyday life.

236. Calculating prodigies who get the right answer but cannot say how. Are we to say that they do not calculate? (A family of cases.)

237. Imagine someone using a line as a rule in the following way: he holds a pair of compasses, and carries one of its points along the line that is the 'rule', while the other one draws the line that follows the rule. And while he moves along the ruling line he alters the opening of the compasses, apparently with great precision, looking at the rule the whole time as if it determined what he did. And watching him we see no kind of regularity in this opening and shutting of the compasses. We cannot learn his way of following the line from it. Here perhaps one really would say: "The original seems to *intimate* to him which way he is to go. But it is not a rule."

238. The rule can only seem to me to produce all its consequences in advance if I draw them as a *matter of course*. As much as it is a matter

sein. So selbstverständlich, wie es mir ist, diese Farbe "blau" zu nennen. (Kriterien dafür, daß dies mir 'selbstverständlich' ist.)

239. Wie soll er wissen, welche Farbe er zu wählen hat, wenn er "rot" hört?—Sehr einfach: er soll die Farbe nehmen, deren Bild ihm beim Hören des Wortes einfällt.—Aber wie soll er wissen, welche Farbe das ist, 'deren Bild ihm einfällt'? Braucht es dafür ein weiteres Kriterium? (Es gibt allerdings einen Vorgang: die Farbe wählen, die einem beim Wort . . . . einfällt.)

" 'Rot' bedeutet die Farbe, die mir beim Hören des Wortes 'rot' einfällt"—wäre eine *Definition*. Keine Erklärung des *Wesens* der Bezeichnung durch ein Wort.

240. Es bricht kein Streit darüber aus (etwa zwischen Mathematikern), ob der Regel gemäß vorgegangen wurde, oder nicht. Es kommt darüber z.B. nicht zu Tätlichkeiten. Das gehört zu dem Gerüst, von welchem aus unsere Sprache wirkt (z.B. eine Beschreibung gibt).

241. "So sagst du also, daß die Übereinstimmung der Menschen entscheide, was richtig und was falsch ist?"—Richtig und falsch ist, was Menschen *sagen*; und in der *Sprache* stimmen die Menschen überein. Dies ist keine Übereinstimmung der Meinungen, sondern der Lebensform.

242. Zur Verständigung durch die Sprache gehört nicht nur eine Übereinstimmung in den Definitionen, sondern (so seltsam dies klingen mag) eine Übereinstimmung in den Urteilen. Dies scheint die Logik aufzuheben; hebt sie aber nicht auf.—Eines ist, die Meßmethode zu beschreiben, ein Anderes, Messungsergebnisse zu finden und auszusprechen. Aber was wir "messen" nennen, ist auch durch eine gewisse Konstanz der Messungsergebnisse bestimmt.

243. Ein Mensch kann sich selbst ermutigen, sich selbst befehlen, gehorchen, tadeln, bestrafen, eine Frage vorlegen und auf sie antworten. Man könnte sich also auch Menschen denken, die nur monologisch sprächen. Ihre Tätigkeiten mit Selbstgesprächen begleiteten.—Einem Forscher, der sie beobachtet und ihre Reden belauscht, könnte es gelingen, ihre Sprache in die unsre zu übersetzen. (Er wäre dadurch in den Stand gesetzt, Handlungen dieser Leute richtig vorherzusagen, denn er hört sie auch Vorsätze und Entschlüsse fassen.)

Wäre aber auch eine Sprache denkbar, in der Einer seine inneren Erlebnisse—seine Gefühle, Stimmungen, etc.—für den eigenen Gebrauch aufschreiben, oder aussprechen könnte?——Können wir denn das in unserer gewöhnlichen Sprache nicht tun?—Aber so meine ich's

of course for me to call this colour "blue". (Criteria for the fact that something is 'a matter of course' for me.)

239. How is he to know what colour he is to pick out when he hears "red"?—Quite simple: he is to take the colour whose image occurs to him when he hears the word.—But how is he to know which colour it is 'whose image occurs to him'? Is a further criterion needed for that? (There is indeed such a procedure as choosing the colour which occurs to one when one hears the word "....")

" 'Red' means the colour that occurs to me when I hear the word 'red' "—would be a *definition*. Not an explanation of *what it is* to use a word as a name.

240. Disputes do not break out (among mathematicians, say) over the question whether a rule has been obeyed or not. People don't come to blows over it, for example. That is part of the framework on which the working of our language is based (for example, in giving descriptions).

241. "So you are saying that human agreement decides what is true and what is false?"—It is what human beings *say* that is true and false; and they agree in the *language* they use. That is not agreement in opinions but in form of life.

242. If language is to be a means of communication there must be agreement not only in definitions but also (queer as this may sound) in judgments. This seems to abolish logic, but does not do so.—It is one thing to describe methods of measurement, and another to obtain and state results of measurement. But what we call "measuring" is partly determined by a certain constancy in results of measurement.

243. A human being can encourage himself, give himself orders, obey, blame and punish himself; he can ask himself a question and answer it. We could even imagine human beings who spoke only in monologue; who accompanied their activities by talking to themselves.—An explorer who watched them and listened to their talk might succeed in translating their language into ours. (This would enable him to predict these people's actions correctly, for he also hears them making resolutions and decisions.)

But could we also imagine a language in which a person could write down or give vocal expression to his inner experiences—his feelings, moods, and the rest—for his private use?——Well, can't we do so in our ordinary language?—But that is not what I mean. The

nicht. Die Wörter dieser Sprache sollen sich auf das beziehen, wovon nur der Sprechende wissen kann; auf seine unmittelbaren, privaten, Empfindungen. Ein Anderer kann diese Sprache also nicht verstehen.

244. Wie *beziehen* sich Wörter auf Empfindungen?—Darin scheint kein Problem zu liegen; denn reden wir nicht täglich von Empfindungen, und benennen sie? Aber wie wird die Verbindung des Namens mit dem Benannten hergestellt? Die Frage ist die gleiche, wie die: wie lernt ein Mensch die Bedeutung der Namen von Empfindungen? Z.B. des Wortes "Schmerz". Dies ist eine Möglichkeit: Es werden Worte mit dem ursprünglichen, natürlichen, Ausdruck der Empfindung verbunden und an dessen Stelle gesetzt. Ein Kind hat sich verletzt, es schreit; und nun sprechen ihm die Erwachsenen zu und bringen ihm Ausrufe und später Sätze bei. Sie lehren das Kind ein neues Schmerzbenehmen.

"So sagst du also, daß das Wort 'Schmerz' eigentlich das Schreien bedeute?"—Im Gegenteil; der Wortausdruck des Schmerzes ersetzt das Schreien und beschreibt es nicht.

245. Wie kann ich denn mit der Sprache noch zwischen die Schmerzäußerung und den Schmerz treten wollen?

246. In wiefern sind nun meine Empfindungen *privat*?—Nun, nur ich kann wissen, ob ich wirklich Schmerzen habe; der Andere kann es nur vermuten.—Das ist in einer Weise falsch, in einer andern unsinnig. Wenn wir das Wort "wissen" gebrauchen, wie es normalerweise gebraucht wird (und wie sollen wir es denn gebrauchen!) dann wissen es Andre sehr häufig, wenn ich Schmerzen habe.—Ja, aber doch nicht mit der Sicherheit, mit der ich selbst es weiß!—Von mir kann man überhaupt nicht sagen (außer etwa im Spaß) ich *wisse*, daß ich Schmerzen habe. Was soll es denn heißen—außer etwa, daß ich Schmerzen *habe*?

Man kann nicht sagen, die Andern lernen meine Empfindung *nur* durch mein Benehmen,—denn von mir kann man nicht sagen, ich lernte sie. Ich *habe sie*.

Das ist richtig: es hat Sinn, von Andern zu sagen, sie seien im Zweifel darüber, ob ich Schmerzen habe; aber nicht, es von mir selbst zu sagen.

247. "Nur du kannst wissen, ob du die Absicht hattest." Das könnte man jemandem sagen, wenn man ihm die Bedeutung des Wortes "Absicht" erklärt. Es heißt dann nämlich: *so* gebrauchen wir es.

(Und "wissen" heißt hier, daß der Ausdruck der Ungewißheit sinnlos ist.)

individual words of this language are to refer to what can only be known to the person speaking; to his immediate private sensations. So another person cannot understand the language.

244. How do words *refer* to sensations?—There doesn't seem to be any problem here; don't we talk about sensations every day, and give them names? But how is the connexion between the name and the thing named set up? This question is the same as: how does a human being learn the meaning of the names of sensations?—of the word "pain" for example. Here is one possibility: words are connected with the primitive, the natural, expressions of the sensation and used in their place. A child has hurt himself and he cries; and then adults talk to him and teach him exclamations and, later, sentences. They teach the child new pain-behaviour.

"So you are saying that the word 'pain' really means crying?"—On the contrary: the verbal expression of pain replaces crying and does not describe it.

245. For how can I go so far as to try to use language to get between pain and its expression?

246. In what sense are my sensations *private*?—Well, only I can know whether I am really in pain; another person can only surmise it.—In one way this is wrong, and in another nonsense. If we are using the word "to know" as it is normally used (and how else are we to use it?), then other people very often know when I am in pain.—Yes, but all the same not with the certainty with which I know it myself!—It can't be said of me at all (except perhaps as a joke) that I *know* I am in pain. What is it supposed to mean—except perhaps that I *am* in pain?

Other people cannot be said to learn of my sensations *only* from my behaviour,—for *I* cannot be said to learn of them. I *have* them.

The truth is: it makes sense to say about other people that they doubt whether I am in pain; but not to say it about myself.

247. "Only you can know if you had that intention." One might tell someone this when one was explaining the meaning of the word "intention" to him. For then it means: *that* is how we use it.

(And here "know" means that the expression of uncertainty is senseless.)

248. Der Satz "Empfindungen sind privat" ist vergleichbar dem: "Patience spielt man allein."

249. Sind wir vielleicht voreilig in der Annahme, daß das Lächeln des Säuglings nicht Verstellung ist?—Und auf welcher Erfahrung beruht unsre Annahme?

(Das Lügen ist ein Sprachspiel, das gelernt sein will, wie jedes andre.)

250. Warum kann ein Hund nicht Schmerzen heucheln? Ist er zu ehrlich? Könnte man einen Hund Schmerzen heucheln lehren? Man kann ihm vielleicht beibringen, bei bestimmten Gelegenheiten wie im Schmerz aufzuheulen, ohne daß er Schmerzen hat. Aber zum eigentlichen Heucheln fehlte diesem Benehmen noch immer die richtige Umgebung.

251. Was bedeutet es, wenn wir sagen: "Ich kann mir das Gegenteil davon nicht vorstellen", oder: "Wie wäre es denn, wenn's anders wäre?"—Z.B., wenn jemand gesagt hat, daß meine Vorstellungen privat seien; oder, daß nur ich selbst wissen kann, ob ich einen Schmerz empfinde; und dergleichen.

"Ich kann mir das Gegenteil nicht vorstellen" heißt hier natürlich nicht: meine Vorstellungskraft reicht nicht hin. Wir wehren uns mit diesen Worten gegen etwas, was uns durch seine Form einen Erfahrungssatz vortäuscht, aber in Wirklichkeit ein grammatischer Satz ist.

Aber warum sage ich "Ich kann mir das Gegenteil nicht vorstellen"? Warum nicht: "Ich kann mir, was du sagst, nicht vorstellen"?

Beispiel: "Jeder Stab hat eine Länge". Das heißt etwa: wir nennen etwas (oder *dies*) "die Länge eines Stabes"—aber nichts "die Länge einer Kugel". Kann ich mir nun vorstellen, daß 'jeder Stab eine Länge hat'? Nun, ich stelle mir eben einen Stab vor; und das ist alles. Nur spielt dieses Bild in Verbindung mit diesem Satz eine ganz andere Rolle, als ein Bild in Verbindung mit dem Satz "Dieser Tisch hat die gleiche Länge wie der dort". Denn hier verstehe ich, was es heißt, sich ein Bild vom Gegenteil zu machen (und es muß kein Vorstellungsbild sein).

Das Bild aber zum grammatikalischen Satz konnte nur etwa zeigen, was man "Länge eines Stabes" nennt. Und was sollte davon das entgegengesetzte Bild sein?

((Bemerkung über die Verneinung eines Satzes a priori.))

252. Wir könnten auf den Satz "Dieser Körper hat eine Ausdehnung" antworten: "Unsinn!"—neigen aber dazu, zu antworten: "Freilich!"—Warum?

248. The proposition "Sensations are private" is comparable to: "One plays patience by oneself".

249. Are we perhaps over-hasty in our assumption that the smile of an unweaned infant is not a pretence?—And on what experience is our assumption based?

(Lying is a language-game that needs to be learned like any other one.)

250. Why can't a dog simulate pain? Is he too honest? Could one teach a dog to simulate pain? Perhaps it is possible to teach him to howl on particular occasions as if he were in pain, even when he is not. But the surroundings which are necessary for this behaviour to be real simulation are missing.

251. What does it mean when we say: "I can't imagine the opposite of this" or "What would it be like, if it were otherwise?"—For example, when someone has said that my images are private, or that only I myself can know whether I am feeling pain, and similar things.

Of course, here "I can't imagine the opposite" doesn't mean: my powers of imagination are unequal to the task. These words are a defence against something whose form makes it look like an empirical proposition, but which is really a grammatical one.

But why do we say: "I can't imagine the opposite"? Why not: "I can't imagine the thing itself"?

Example: "Every rod has a length." That means something like: we call something (or *this*) "the length of a rod"—but nothing "the length of a sphere." Now can I imagine 'every rod having a length'? Well, I simply imagine a rod. Only this picture, in connexion with this proposition, has a quite different role from one used in connexion with the proposition "This table has the same length as the one over there". For here I understand what it means to have a picture of the opposite (nor need it be a mental picture).

But the picture attaching to the grammatical proposition could only shew, say, what is called "the length of a rod". And what should the opposite picture be?

((Remark about the negation of an a priori proposition.))

252. "This body has extension." To this we might reply: "Nonsense!"—but are inclined to reply "Of course!"—Why is this?

253. "Der Andre kann nicht meine Schmerzen haben."—Welches sind *meine* Schmerzen? Was gilt hier als Kriterium der Identität? Überlege, was es möglich macht, im Falle physikalischer Gegenstände von "zwei genau gleichen" zu sprechen. Z.B. zu sagen: "Dieser Sessel ist nicht derselbe, den du gestern hier gesehen hast, aber er ist ein genau gleicher."

Soweit es *Sinn* hat, zu sagen, mein Schmerz sei der gleiche, wie seiner, soweit können wir auch beide den gleichen Schmerz haben. (Ja es wäre auch denkbar, daß zwei Menschen an der gleichen—nicht nur homologen—Stelle Schmerz empfänden. Bei siamesischen Zwillingen, z.B., könnte das der Fall sein.)

Ich habe gesehen, wie jemand in einer Diskussion über diesen Gegenstand sich an die Brust schlug und sagte: "Aber der Andre kann doch nicht DIESEN Schmerz haben!"—Die Antwort darauf ist, daß man durch das emphatische Betonen des Wortes "diesen" kein Kriterium der Identität definiert. Die Emphase spiegelt uns vielmehr nur den Fall vor, daß ein solches Kriterium uns geläufig ist, wir aber daran erinnert werden müssen.

254. Auch das Ersetzen des Wortes "gleich" durch "identisch" (z.B.) ist ein typisches Auskunftsmittel in der Philosophie. Als redeten wir von Abschattungen der Bedeutung und es handle sich nur darum, mit unsern Worten die richtige Nuance zu treffen. Und darum handelt sich's beim Philosophieren nur dort, wo es unsre Aufgabe ist, die Versuchung, eine bestimmte Ausdrucksweise zu gebrauchen, psychologisch genau darzustellen. Was wir in so einem Fall 'zu sagen versucht sind', ist natürlich nicht Philosophie; sondern es ist ihr Rohmaterial. Was also ein Mathematiker, z.B., über Objektivität und Realität der mathematischen Tatsachen zu sagen geneigt ist, ist nicht eine Philosophie der Mathematik, sondern etwas, was Philosophie zu *behandeln* hätte.

255. Der Philosoph behandelt eine Frage; wie eine Krankheit.

256. Wie ist es nun mit der Sprache, die meine innern Erlebnisse beschreibt und die nur ich selbst verstehen kann? *Wie* bezeichne ich meine Empfindungen mit Worten?—So wie wir's gewöhnlich tun? Sind also meine Empfindungsworte mit meinen natürlichen Empfindungsäußerungen verknüpft?—In diesem Falle ist meine Sprache nicht 'privat'. Ein Anderer könnte sie verstehen, wie ich.—Aber wie, wenn ich keine natürlichen Äußerungen der Empfindung, sondern nur die Empfindung besäße? Und nun *assoziiere* ich einfach Namen mit den Empfindungen und verwende diese Namen in einer Beschreibung.—

253. "Another person can't have my pains."—Which are *my* pains? What counts as a criterion of identity here? Consider what makes it possible in the case of physical objects to speak of "two exactly the same", for example, to say "This chair is not the one you saw here yesterday, but is exactly the same as it".

In so far as it makes *sense* to say that my pain is the same as his, it is also possible for us both to have the same pain. (And it would also be imaginable for two people to feel pain in the same—not just the corresponding—place. That might be the case with Siamese twins, for instance.)

I have seen a person in a discussion on this subject strike himself on the breast and say: "But surely another person can't have THIS pain!"—The answer to this is that one does not define a criterion of identity by emphatic stressing of the word "this". Rather, what the emphasis does is to suggest the case in which we are conversant with such a criterion of identity, but have to be reminded of it.

254. The substitution of "identical" for "the same" (for instance) is another typical expedient in philosophy. As if we were talking about shades of meaning and all that were in question were to find words to hit on the correct nuance. That is in question in philosophy only where we have to give a psychologically exact account of the temptation to use a particular kind of expression. What we 'are tempted to say' in such a case is, of course, not philosophy; but it is its raw material. Thus, for example, what a mathematician is inclined to say about the objectivity and reality of mathematical facts, is not a philosophy of mathematics, but something for philosophical *treatment*.

255. The philosopher's treatment of a question is like the treatment of an illness.

256. Now, what about the language which describes my inner experiences and which only I myself can understand? *How* do I use words to stand for my sensations?—As we ordinarily do? Then are my words for sensations tied up with my natural expressions of sensation? In that case my language is not a 'private' one. Someone else might understand it as well as I.—But suppose I didn't have any natural expression for the sensation, but only had the sensation? And now I simply *associate* names with sensations and use these names in descriptions.—

257. "Wie wäre es, wenn die Menschen ihre Schmerzen nicht äußerten (nicht stöhnten, das Gesicht nicht verzögen, etc.)? Dann könnte man einem Kind nicht den Gebrauch des Wortes 'Zahnschmerzen' beibringen."—Nun, nehmen wir an, das Kind sei ein Genie und erfinde selbst einen Namen für die Empfindung!—Aber nun könnte es sich freilich mit diesem Wort nicht verständlich machen.—Also versteht es den Namen, kann aber seine Bedeutung niemand erklären?—Aber was heißt es denn, daß er 'seinen Schmerz benannt hat'?—Wie hat er das gemacht: den Schmerz benennen?! Und, was immer er getan hat, was hat es für einen Zweck?—Wenn man sagt "Er hat der Empfindung einen Namen gegeben", so vergißt man, daß schon viel in der Sprache vorbereitet sein muß, damit das bloße Benennen einen Sinn hat. Und wenn wir davon reden, daß Einer dem Schmerz einen Namen gibt, so ist die Grammatik des Wortes "Schmerz" hier das Vorbereitete; sie zeigt den Posten an, an den das neue Wort gestellt wird.

258. Stellen wir uns diesen Fall vor. Ich will über das Wiederkehren einer gewissen Empfindung ein Tagebuch führen. Dazu assoziiere ich sie mit dem Zeichen "E" und schreibe in einem Kalender zu jedem Tag, an dem ich die Empfindung habe, dieses Zeichen.——Ich will zuerst bemerken, daß sich eine Definition des Zeichens nicht aussprechen läßt.—Aber ich kann sie doch mir selbst als eine Art hinweisende Definition geben!—Wie? kann ich auf die Empfindung zeigen?—Nicht im gewöhnlichen Sinne. Aber ich spreche, oder schreibe das Zeichen, und dabei konzentriere ich meine Aufmerksamkeit auf die Empfindung—zeige also gleichsam im Innern auf sie.—Aber wozu diese Zeremonie? denn nur eine solche scheint es zu sein! Eine Definition dient doch dazu, die Bedeutung eines Zeichens festzulegen.—Nun, das geschieht eben durch das Konzentrieren der Aufmerksamkeit; denn dadurch präge ich mir die Verbindung des Zeichens mit der Empfindung ein.—"Ich präge sie mir ein" kann doch nur heißen: dieser Vorgang bewirkt, daß ich mich in Zukunft *richtig* an die Verbindung erinnere. Aber in unserm Falle habe ich ja kein Kriterium für die Richtigkeit. Man möchte hier sagen: richtig ist, was immer mir als richtig erscheinen wird. Und das heißt nur, daß hier von 'richtig' nicht geredet werden kann.

259. Sind die Regeln der privaten Sprache *Eindrücke* von Regeln?—Die Wage, auf der man die Eindrücke wägt, ist nicht der *Eindruck* von einer Wage.

260. "Nun, ich *glaube*, daß dies wieder die Empfindung E ist."—Du *glaubst* es wohl zu glauben!

So hätte sich also, der das Zeichen in den Kalender eintrug, *gar*

257. "What would it be like if human beings shewed no outward signs of pain (did not groan, grimace, etc.)? Then it would be impossible to teach a child the use of the word 'tooth-ache'."—Well, let's assume the child is a genius and itself invents a name for the sensation! —But then, of course, he couldn't make himself understood when he used the word.—So does he understand the name, without being able to explain its meaning to anyone?—But what does it mean to say that he has 'named his pain'?—How has he done this naming of pain?! And whatever he did, what was its purpose?—When one says "He gave a name to his sensation" one forgets that a great deal of stage-setting in the language is presupposed if the mere act of naming is to make sense. And when we speak of someone's having given a name to pain, what is presupposed is the existence of the grammar of the word "pain"; it shews the post where the new word is stationed.

258. Let us imagine the following case. I want to keep a diary about the recurrence of a certain sensation. To this end I associate it with the sign "S" and write this sign in a calendar for every day on which I have the sensation.——I will remark first of all that a definition of the sign cannot be formulated.—But still I can give myself a kind of ostensive definition.—How? Can I point to the sensation? Not in the ordinary sense. But I speak, or write the sign down, and at the same time I concentrate my attention on the sensation—and so, as it were, point to it inwardly.—But what is this ceremony for? for that is all it seems to be! A definition surely serves to establish the meaning of a sign.—Well, that is done precisely by the concentrating of my attention; for in this way I impress on myself the connexion between the sign and the sensation.—But "I impress it on myself" can only mean: this process brings it about that I remember the connexion *right* in the future. But in the present case I have no criterion of correctness. One would like to say: whatever is going to seem right to me is right. And that only means that here we can't talk about 'right'.

259. Are the rules of the private language *impressions* of rules?—The balance on which impressions are weighed is not the *impression* of a balance.

260. "Well, I *believe* that this is the sensation S again."—Perhaps you *believe* that you believe it!

Then did the man who made the entry in the calendar make a note

nichts notiert?—Sieh's nicht als selbstverständlich an, daß Einer sich etwas notiert, wenn er Zeichen—in einen Kalender z.B.—einträgt. Eine Notiz hat ja eine Funktion; und das "E" hat, soweit, noch keine.

(Man kann zu sich selber reden.—Spricht Jeder zu sich selbst, der redet, wenn niemand anderer zugegen ist?)

261. Welchen Grund haben wir, "E" das Zeichen für eine *Empfindung* zu nennen? "Empfindung" ist nämlich ein Wort unserer allgemeinen, nicht mir allein verständlichen, Sprache. Der Gebrauch dieses Worts bedarf also einer Rechtfertigung, die Alle verstehen.—Und es hülfe auch nichts, zu sagen: es müsse keine *Empfindung* sein; wenn er "E" schreibe, habe er *Etwas*—und mehr könnten wir nicht sagen. Aber "haben" und "etwas" gehören auch zur allgemeinen Sprache.—So gelangt man beim Philosophieren am Ende dahin, wo man nur noch einen unartikulierten Laut ausstoßen möchte.—Aber ein solcher Laut ist ein Ausdruck nur in einem bestimmten Sprachspiel, das nun zu beschreiben ist.

262. Man könnte sagen: Wer sich eine private Worterklärung gegeben hat, der muß sich nun im Innern *vornehmen*, das Wort so und so zu gebrauchen. Und wie nimmt er sich das vor? Soll ich annehmen, daß er die Technik dieser Anwendung erfindet; oder daß er sie schon fertig vorgefunden hat?

263. "Ich kann mir (im Innern) doch vornehmen, in Zukunft DAS 'Schmerz' zu nennen."—"Aber hast du es dir auch gewiß vorgenommen? Bist du sicher, daß es dazu genug war, die Aufmerksamkeit auf dein Gefühl zu konzentrieren?"—Seltsame Frage.—

264. "Wenn du einmal weißt, *was* das Wort bezeichnet, verstehst du es, kennst seine ganze Anwendung."

265. Denken wir uns eine Tabelle, die nur in unsrer Vorstellung existiert; etwa ein Wörterbuch. Mittels eines Wörterbuchs kann man die Übersetzung eines Wortes X durch ein Wort Y rechtfertigen. Sollen wir es aber auch eine Rechtfertigung nennen, wenn diese Tabelle nur in der Vorstellung nachgeschlagen wird?—"Nun, es ist dann eben eine subjektive Rechtfertigung."—Aber die Rechtfertigung besteht doch darin, daß man an eine unabhängige Stelle appelliert.—"Aber ich kann doch auch von einer Erinnerung an eine andre appellieren. Ich weiß (z.B.) nicht, ob ich mir die Abfahrzeit des Zuges richtig gemerkt habe und rufe mir zur Kontrolle das Bild der Seite des Fahrplans ins Gedächtnis. Haben wir hier nicht den gleichen Fall?"—Nein; denn dieser Vorgang muß nun wirklich die *richtige*

of *nothing whatever*?—Don't consider it a matter of course that a person is making a note of something when he makes a mark—say in a calendar. For a note has a function, and this "S" so far has none.

(One can talk to oneself.—If a person speaks when no one else is present, does that mean he is speaking to himself?)

261. What reason have we for calling "S" the sign for a *sensation*? For "sensation" is a word of our common language, not of one intelligible to me alone. So the use of this word stands in need of a justification which everybody understands.—And it would not help either to say that it need not be a *sensation*; that when he writes "S", he has *something*—and that is all that can be said. "Has" and "something" also belong to our common language.—So in the end when one is doing philosophy one gets to the point where one would like just to emit an inarticulate sound.—But such a sound is an expression only as it occurs in a particular language-game, which should now be described.

262. It might be said: if you have given yourself a private definition of a word, then you must inwardly *undertake* to use the word in such-and-such a way. And how do you undertake that? Is it to be assumed that you invent the technique of using the word; or that you found it ready-made?

263. "But I can (inwardly) undertake to call THIS 'pain' in the future."—"But is it certain that you have undertaken it? Are you sure that it was enough for this purpose to concentrate your attention on your feeling?"—A queer question.—

264. "Once you know *what* the word stands for, you understand it, you know its whole use."

265. Let us imagine a table (something like a dictionary) that exists only in our imagination. A dictionary can be used to justify the translation of a word X by a word Y. But are we also to call it a justification if such a table is to be looked up only in the imagination? —"Well, yes; then it is a subjective justification."—But justification consists in appealing to something independent.—"But surely I can appeal from one memory to another. For example, I don't know if I have remembered the time of departure of a train right and to check it I call to mind how a page of the time-table looked. Isn't it the same here?"—No; for this process has got to produce a memory which is

Erinnerung hervorrufen. Wäre das Vorstellungsbild des Fahrplans nicht selbst auf seine Richtigkeit zu *prüfen*, wie könnte es die Richtigkeit der ersten Erinnerung bestätigen? (Als kaufte Einer mehrere Exemplare der heutigen Morgenzeitung, um sich zu vergewissern, daß sie die Wahrheit schreibt.)

In der Vorstellung eine Tabelle nachschlagen ist so wenig ein Nachschlagen einer Tabelle, wie die Vorstellung des Ergebnisses eines vorgestellten Experiments das Ergebnis eines Experiments ist.

266. Ich kann auf die Uhr schaun, um zu sehen, wieviel Uhr es ist. Aber ich kann auch, um zu *raten*, wieviel Uhr es ist, auf das Zifferblatt einer Uhr sehen; oder zu diesem Zweck die Zeiger einer Uhr verstellen, bis mir die Stellung richtig vorkommt. So kann das Bild der Uhr auf mehr als eine Weise dazu dienen, die Zeit zu bestimmen. (In der Vorstellung auf die Uhr schaun.)

267. Angenommen, ich wollte die Dimensionierung einer Brücke, die in meiner Vorstellung gebaut wird, dadurch rechtfertigen, daß ich zuerst in der Vorstellung Zerreißproben mit dem Material der Brücke mache. Dies wäre natürlich die Vorstellung von dem, was man die Rechtfertigung der Dimensionierung einer Brücke nennt. Aber würden wir es auch eine Rechtfertigung der Vorstellung einer Dimensionierung nennen?

268. Warum kann meine rechte Hand nicht meiner linken Geld schenken?—Meine rechte Hand kann es in meine linke geben. Meine rechte Hand kann eine Schenkungsurkunde schreiben und meine linke eine Quittung.—Aber die weitern praktischen Folgen wären nicht die einer Schenkung. Wenn die linke Hand das Geld von der rechten genommen hat, etc., wird man fragen: "Nun, und was weiter?" Und das Gleiche könnte man fragen, wenn Einer sich eine private Worterklärung gegeben hätte; ich meine, wenn er sich ein Wort vorgesagt und dabei seine Aufmerksamkeit auf eine Empfindung gerichtet hat.

269. Erinnern wir uns daran, daß es gewisse Kriterien des Benehmens dafür gibt, daß Einer ein Wort nicht versteht: daß es ihm nichts sagt, er nichts damit anzufangen weiß. Und Kriterien dafür, daß er das Wort 'zu verstehen glaubt', eine Bedeutung mit ihm verbindet, aber nicht die richtige. Und endlich Kriterien dafür, daß er das Wort richtig versteht. Im zweiten Falle könnte man von einem subjektiven Verstehen reden. Und eine "private Sprache" könnte man Laute nennen, die kein Andrer versteht, ich aber '*zu verstehen scheine*'.

270. Denken wir uns nun eine Verwendung des Eintragens des Zeichens "E" in mein Tagebuch. Ich mache folgende Erfahrung:

actually *correct*. If the mental image of the time-table could not itself be *tested* for correctness, how could it confirm the correctness of the first memory? (As if someone were to buy several copies of the morning paper to assure himself that what it said was true.)

Looking up a table in the imagination is no more looking up a table than the image of the result of an imagined experiment is the result of an experiment.

266. I can look at the clock to see what time it is: but I can also look at the dial of a clock in order to *guess* what time it is; or for the same purpose move the hand of a clock till its position strikes me as right. So the look of a clock may serve to determine the time in more than one way. (Looking at the clock in imagination.)

267. Suppose I wanted to justify the choice of dimensions for a bridge which I imagine to be building, by making loading tests on the material of the bridge in my imagination. This would, of course, be to imagine what is called justifying the choice of dimensions for a bridge. But should we also call it justifying an imagined choice of dimensions?

268. Why can't my right hand give my left hand money?—My right hand can put it into my left hand. My right hand can write a deed of gift and my left hand a receipt.—But the further practical consequences would not be those of a gift. When the left hand has taken the money from the right, etc., we shall ask: "Well, and what of it?" And the same could be asked if a person had given himself a private definition of a word; I mean, if he has said the word to himself and at the same time has directed his attention to a sensation.

269. Let us remember that there are certain criteria in a man's behaviour for the fact that he does not understand a word: that it means nothing to him, that he can do nothing with it. And criteria for his 'thinking he understands', attaching some meaning to the word, but not the right one. And, lastly, criteria for his understanding the word right. In the second case one might speak of a subjective understanding. And sounds which no one else understands but which I '*appear to understand*' might be called a "private language".

270. Let us now imagine a use for the entry of the sign "S" in my diary. I discover that whenever I have a particular sensation a mano-

Wenn immer ich eine bestimmte Empfindung habe, zeigt mir ein Manometer, daß mein Blutdruck steigt. So werde ich in den Stand gesetzt, ein Steigen meines Blutdrucks ohne Zuhilfenahme eines Apparats anzusagen. Dies ist ein nützliches Ergebnis. Und nun scheint es hier ganz gleichgültig zu sein ob ich die Empfindung *richtig* wiedererkannt habe, oder nicht. Nehmen wir an, ich irre mich beständig bei ihrer Identifizierung, so macht es garnichts. Und das zeigt schon, daß die Annahme dieses Irrtums nur ein Schein war. (Wir drehten, gleichsam, an einem Knopf, der aussah, als könnte man mit ihm etwas an der Maschine einstellen; aber er war ein bloßes Zierat, mit dem Mechanismus garnicht verbunden.)

Und welchen Grund haben wir hier, "E" die Bezeichnung einer Empfindung zu nennen? Vielleicht die Art und Weise, wie dies Zeichen in diesem Sprachspiel verwendet wird.—Und warum eine "bestimmte Empfindung", also jedesmal die gleiche? Nun, wir nehmen ja an, wir schrieben jedesmal "E".

271. "Denke dir einen Menschen, der es nicht im Gedächtnis behalten könnte, *was* das Wort 'Schmerz' bedeutet—und der daher immer wieder etwas Anderes so nennt—das Wort aber dennoch in Übereinstimmung mit den gewöhnlichen Anzeichen und Voraussetzungen des Schmerzes verwendete!"—der es also verwendet, wie wir Alle. Hier möchte ich sagen: das Rad gehört nicht zur Maschine, das man drehen kann, ohne daß Anderes sich mitbewegt.

272. Das Wesentliche am privaten Erlebnis ist eigentlich nicht, daß Jeder sein eigenes Exemplar besitzt, sondern, daß keiner weiß, ob der Andere auch *dies* hat, oder etwas anderes. Es wäre also die Annahme möglich—obwohl nicht verifizierbar—ein Teil der Menschheit habe *eine* Rotempfindung, ein anderer Teil eine andere.

273. Wie ist es nun mit dem Worte "rot"—soll ich sagen, dies bezeichne etwas 'uns Allen Gegenüberstehendes', und Jeder sollte eigentlich außer diesem Wort noch eines haben zur Bezeichnung seiner *eigenen* Empfindung von Rot? Oder ist es so: das Wort "rot" bezeichnet etwas uns gemeinsam Bekanntes; und für Jeden, außerdem, etwas nur ihm Bekanntes? (Oder vielleicht besser: es *bezieht* sich auf etwas nur ihm Bekanntes.)

274. Es hilft uns natürlich nichts zum Begreifen der Funktion von "rot", zu sagen, es "*beziehe* sich auf", statt "es bezeichne" das Private; aber es ist der psychologisch treffendere Ausdruck für ein bestimmtes Erlebnis beim Philosophieren. Es ist, als werfe ich beim Aussprechen des Worts einen Seitenblick auf die eigene Empfindung, gleichsam um mir zu sagen: ich wisse schon, was ich damit meine.

meter shews that my blood-pressure rises. So I shall be able to say that my blood-pressure is rising without using any apparatus. This is a useful result. And now it seems quite indifferent whether I have recognized the sensation *right* or not. Let us suppose I regularly identify it wrong, it does not matter in the least. And that alone shews that the hypothesis that I make a mistake is mere show. (We as it were turned a knob which looked as if it could be used to turn on some part of the machine; but it was a mere ornament, not connected with the mechanism at all.)

And what is our reason for calling "S" the name of a sensation here? Perhaps the kind of way this sign is employed in this language-game.—And why a "particular sensation," that is, the same one every time? Well, aren't we supposing that we write "S" every time?

271. "Imagine a person whose memory could not retain *what* the word 'pain' meant—so that he constantly called different things by that name—but nevertheless used the word in a way fitting in with the usual symptoms and presuppositions of pain"—in short he uses it as we all do. Here I should like to say: a wheel that can be turned though nothing else moves with it, is not part of the mechanism.

272. The essential thing about private experience is really not that each person possesses his own exemplar, but that nobody knows whether other people also have *this* or something else. The assumption would thus be possible—though unverifiable—that one section of mankind had one sensation of red and another section another.

273. What am I to say about the word "red"?—that it means something 'confronting us all' and that everyone should really have another word, besides this one, to mean his *own* sensation of red? Or is it like this: the word "red" means something known to everyone; and in addition, for each person, it means something known only to him? (Or perhaps rather: it *refers* to something known only to him.)

274. Of course, saying that the word "red" "refers to" instead of "means" something private does not help us in the least to grasp its function; but it is the more psychologically apt expression for a particular experience in doing philosophy. It is as if when I uttered the word I cast a sidelong glance at the private sensation, as it were in order to say to myself: I know all right what I mean by it.

275. Schau auf das Blau des Himmels, und sag zu dir selbst "Wie blau der Himmel ist!"—Wenn du es spontan tust—nicht mit philosophischen Absichten—so kommt es dir nicht in den Sinn, dieser Farbeneindruck gehöre nur *dir*. Und du hast kein Bedenken, diesen Ausruf an einen Andern zu richten. Und wenn du bei den Worten auf etwas zeigst, so ist es der Himmel. Ich meine: Du hast nicht das Gefühl des In-dich-selber-Zeigens, das oft das 'Benennen der Empfindung' begleitet, wenn man über die 'private Sprache' nachdenkt. Du denkst auch nicht, du solltest eigentlich nicht mit der Hand, sondern nur mit der Aufmerksamkeit auf die Farbe zeigen. (Überlege, was es heißt, "mit der Aufmerksamkeit auf etwas zeigen".)

276. "Aber *meinen* wir denn nicht wenigstens etwas ganz Bestimmtes, wenn wir auf eine Farbe hinschauen und den Farbeindruck benennen?" Es ist doch förmlich, als lösten wir den Farb*eindruck*, wie ein Häutchen, von dem gesehenen Gegenstand ab. (Dies sollte unsern Verdacht erregen.)

277. Aber wie ist es überhaupt möglich, daß man in Versuchung ist, zu glauben, man *meine* einmal mit einem Wort die Allen bekannte Farbe,—einmal: den 'visuellen Eindruck', den *ich jetzt* erhalte? Wie kann hier auch nur eine Versuchung bestehen?——Ich wende in diesen Fällen der Farbe nicht die gleiche Art der Aufmerksamkeit zu. Meine ich (wie ich sagen möchte) den mir zu eigen gehörenden Farbeindruck, so vertiefe ich mich in die Farbe—ungefähr so, wie wenn ich mich an einer Farbe 'nicht sattsehen kann'. Daher ist es leichter, dieses Erlebnis zu erzeugen, wenn man auf eine leuchtende Farbe sieht, oder auf eine Farbenzusammenstellung, die sich uns einprägt.

278. "Ich weiß, wie *mir* die Farbe Grün erscheint"—nun, das hat doch Sinn!—Gewiß; welche Verwendung des Satzes denkst du dir?

279. Denke dir Einen, der sagte: "Ich weiß doch, wie hoch ich bin!" und dabei die Hand als Zeichen auf seinen Scheitel legt!

280. Einer malt ein Bild, um zu zeigen, wie er sich, etwa, eine Szene auf dem Theater vorstellt. Und nun sage ich: "Dies Bild hat eine doppelte Funktion; es teilt Andern etwas mit, wie Bilder oder Worte eben etwas mitteilen——aber für den Mitteilenden ist es noch eine Darstellung (oder Mitteilung?) anderer Art: für ihn ist es das Bild seiner Vorstellung, wie es das für keinen Andern sein kann. Sein privater Eindruck des Bildes sagt ihm, was er sich vorgestellt hat; in einem Sinne, in welchem es das Bild für die Andern nicht kann."—Und mit welchem Recht rede ich in diesem zweiten Falle von

275. Look at the blue of the sky and say to yourself "How blue the sky is!"—When you do it spontaneously—without philosophical intentions—the idea never crosses your mind that this impression of colour belongs only to *you*. And you have no hesitation in exclaiming that to someone else. And if you point at anything as you say the words you point at the sky. I am saying: you have not the feeling of pointing-into-yourself, which often accompanies 'naming the sensation' when one is thinking about 'private language'. Nor do you think that really you ought not to point to the colour with your hand, but with your attention. (Consider what it means "to point to something with the attention".)

276. But don't we at least *mean* something quite definite when we look at a colour and name our colour-impression? It is as if we detached the colour-*impression* from the object, like a membrane. (This ought to arouse our suspicions.)

277. But how is even possible for us to be tempted to think that we use a word to *mean* at one time the colour known to everyone—and at another the 'visual impression' which *I* am getting *now*? How can there be so much as a temptation here?——I don't turn the same kind of attention on the colour in the two cases. When I mean the colour impression that (as I should like to say) belongs to me alone I immerse myself in the colour—rather like when I 'cannot get my fill of a colour'. Hence it is easier to produce this experience when one is looking at a bright colour, or at an impressive colour-scheme.

278. "I know how the colour green looks to *me*"—surely that makes sense!—Certainly: what use of the proposition are you thinking of?

279. Imagine someone saying: "But I know how tall I am!" and laying his hand on top of his head to prove it.

280. Someone paints a picture in order to shew how he imagines a theatre scene. And now I say: "This picture has a double function: it informs others, as pictures or words inform——but for the one who gives the information it is a representation (or piece of information?) of another kind: for him it is the picture of his image, as it can't be for anyone else. To him his private impression of the picture means what he has imagined, in a sense in which the picture cannot mean this to others."—And what right have I to speak in this second

Darstellung, oder Mitteilung,—wenn diese Worte im *ersten* Falle richtig angewandt waren?

281. "Aber kommt, was du sagst, nicht darauf hinaus, es gebe, z.B., keinen Schmerz ohne *Schmerzbenehmen*?"—Es kommt darauf hinaus: man könne nur vom lebenden Menschen, und was ihm ähnlich ist, (sich ähnlich benimmt) sagen, es habe Empfindungen; es sähe; sei blind; höre; sei taub; sei bei Bewußtsein, oder bewußtlos.

282. "Aber im Märchen kann doch auch der Topf sehen und hören!" (Gewiß; aber er *kann* auch sprechen.)

"Aber das Märchen erdichtet doch nur, was nicht der Fall ist; es spricht doch nicht *Unsinn*."—So einfach ist es nicht. Ist es Unwahrheit, oder Unsinn, zu sagen, ein Topf rede? Macht man sich ein klares Bild davon, unter welchen Umständen wir von einem Topf sagen würden, er rede? (Auch ein Unsinn-Gedicht ist nicht Unsinn in der Weise, wie etwa das Lallen eines Kindes.)

Ja; wir sagen von Leblosem, es habe Schmerzen: im Spiel mit Puppen z.B. . Aber diese Verwendung des Schmerzbegriffs ist eine sekundäre. Stellen wir uns doch den Fall vor, Leute sagten *nur* von Leblosem, es habe Schmerzen; bedauerten *nur* Puppen! (Wenn Kinder Eisenbahn spielen, hängt ihr Spiel mit ihrer Kenntnis der Eisenbahn zusammen. Es könnten aber Kinder eines Volksstammes, dem die Eisenbahn unbekannt ist, dies Spiel von andern übernommen haben, und es spielen, ohne zu wissen, daß damit etwas nachgeahmt wird. Man könnte sagen, das Spiel habe für sie nicht den gleichen *Sinn*, wir für uns.)

283. Woher kommt uns *auch nur der Gedanke*: Wesen, Gegenstände, könnten etwas fühlen?

Meine Erziehung hätte mich darauf geführt, indem sie mich auf die Gefühle in mir aufmerksam machte, und nun übertrage ich die Idee auf Objekte außer mir? Ich erkenne, es ist da (in mir) etwas, was ich, ohne mit dem Wortgebrauch der Andern in Widerspruch zu geraten, "Schmerzen" nennen kann?—Auf Steine und Pflanzen, etc. übertrage ich meine Idee nicht.

Könnte ich mir nicht denken, ich hätte fürchterliche Schmerzen und würde, während sie andauern, zu einem Stein? Ja, wie weiß ich, wenn ich die Augen schließe, ob ich nicht zu einem Stein geworden bin?—Und wenn das nun geschehen ist, in wiefern wird *der Stein* Schmerzen haben? In wiefern wird man es vom Stein aussagen können? Ja warum soll der Schmerz hier überhaupt einen Träger haben?!

Und kann man von dem Stein sagen, er habe eine Seele und *die* hat Schmerzen? Was hat eine Seele, was haben Schmerzen, mit einem Stein zu tun?

case of a representation or piece of information—if these words were rightly used in the *first* case?

281. "But doesn't what you say come to this: that there is no pain, for example, without *pain-behaviour*?"—It comes to this: only of a living human being and what resembles (behaves like) a living human being can one say: it has sensations; it sees; is blind; hears; is deaf; is conscious or unconscious.

282. "But in a fairy tale the pot too can see and hear!" (Certainly; but it *can* also talk.)

"But the fairy tale only invents what is not the case: it does not talk *nonsense*."—It is not as simple as that. Is it false or nonsensical to say that a pot talks? Have we a clear picture of the circumstances in which we should say of a pot that it talked? (Even a nonsense-poem is not nonsense in the same way as the babbling of a child.)

We do indeed say of an inanimate thing that it is in pain: when playing with dolls for example. But this use of the concept of pain is a secondary one. Imagine a case in which people ascribed pain *only* to inanimate things; pitied *only* dolls! (When children play at trains their game is connected with their knowledge of trains. It would nevertheless be possible for the children of a tribe unacquainted with trains to learn this game from others, and to play it without knowing that it was copied from anything. One might say that the game did not make the same *sense* to them as to us.)

283. What gives us *so much as the idea* that living beings, things, can feel?

Is it that my education has led me to it by drawing my attention to feelings in myself, and now I transfer the idea to objects outside myself? That I recognize that there is something there (in me) which I can call "pain" without getting into conflict with the way other people use this word?—I do not transfer my idea to stones, plants, etc.

Couldn't I imagine having frightful pains and turning to stone while they lasted? Well, how do I know, if I shut my eyes, whether I have not turned into a stone? And if that has happened, in what sense will *the stone* have the pains? In what sense will they be ascribable to the stone? And why need the pain have a bearer at all here?!

And can one say of the stone that it has a soul and *that* is what has the pain? What has a soul, or pain, to do with a stone?

Nur von dem, was sich benimmt wie ein Mensch, kann man sagen, daß es Schmerzen *hat*.

Denn man muß es von einem Körper sagen, oder, wenn du willst, von einer Seele, die ein Körper *hat*. Und wie kann ein Körper eine Seele *haben*?

284. Schau einen Stein an und denk dir, er hat Empfindungen!—Man sagt sich: Wie konnte man auch nur auf die Idee kommen, einem *Ding* eine *Empfindung* zuzuschreiben? Man könnte sie ebensogut einer Zahl zuschreiben!—Und nun schau auf eine zappelnde Fliege, und sofort ist diese Schwierigkeit verschwunden und der Schmerz scheint hier *angreifen* zu können, wo vorher alles gegen ihn, sozusagen, *glatt* war.

Und so scheint uns auch ein Leichnam dem Schmerz gänzlich unzugänglich.—Unsre Einstellung zum Lebenden ist nicht die zum Toten. Alle unsre Reaktionen sind verschieden.—Sagt Einer: "Das kann nicht einfach daran liegen, daß das Lebendige sich so und so bewegt und das Tote nicht"—so will ich ihm bedeuten, hier liege ein Fall des Übergangs 'von der Quantität zur Qualität' vor.

285. Denk an das Erkennen des *Gesichtsausdrucks*. Oder an die Beschreibung des Gesichtsausdrucks,—die nicht darin besteht, daß man die Maße des Gesichts angibt! Denke auch daran, wie man das Gesicht eines Menschen nachahmen kann, ohne das eigene dabei im Spiegel zu sehen.

286. Aber ist es nicht absurd, von einem *Körper* zu sagen, er habe Schmerzen?——Und warum fühlt man darin eine Absurdität? In wiefern fühlt meine Hand nicht Schmerzen; sondern ich in meiner Hand?

Was ist das für eine Streitfrage: Ist es der *Körper*, der Schmerzen fühlt?—Wie ist sie zu entscheiden? Wie macht es sich geltend, daß es *nicht* der Körper ist?—Nun, etwa so: Wenn Einer in der Hand Schmerzen hat, so sagt's die *Hand* nicht (außer sie schreibt's), und man spricht nicht der Hand Trost zu, sondern dem Leidenden; man sieht ihm in die Augen.

287. Wie bin ich von Mitleid *für diesen Menschen* erfüllt? Wie zeigt es sich, welches Objekt das Mitleid hat? (Das Mitleid, kann man sagen, ist eine Form der Überzeugung, daß ein Andrer Schmerzen hat.)

288. Ich erstarre zu Stein und meine Schmerzen dauern an.—Und wenn ich mich nun irrte und es nicht mehr *Schmerzen* wären!——Aber ich kann mich doch hier nicht irren; es heißt doch nichts, zu zweifeln, ob ich Schmerzen habe!—D.h.: wenn Einer sagte "Ich weiß nicht, ist das ein Schmerz, was ich habe, oder ist es etwas anderes?", so dächten wir etwa, er wisse nicht, was das deutsche Wort "Schmerz"

Only of what behaves like a human being can one say that it *has* pains.

For one has to say it of a body, or, if you like of a soul which some body *has*. And how can a body *have* a soul?

284. Look at a stone and imagine it having sensations.—One says to oneself: How could one so much as get the idea of ascribing a *sensation* to a *thing*? One might as well ascribe it to a number!—And now look at a wriggling fly and at once these difficulties vanish and pain seems able to get a foothold here, where before everything was, so to speak, too smooth for it.

And so, too, a corpse seems to us quite inaccessible to pain.—Our attitude to what is alive and to what is dead, is not the same. All our reactions are different.—If anyone says: "That cannot simply come from the fact that a living thing moves about in such-and-such a way and a dead one not", then I want to intimate to him that this is a case of the transition 'from quantity to quality'.

285. Think of the recognition of *facial expressions*. Or of the description of facial expressions—which does not consist in giving the measurements of the face! Think, too, how one can imitate a man's face without seeing one's own in a mirror.

286. But isn't it absurd to say of a *body* that it has pain?——And why does one feel an absurdity in that? In what sense is it true that my hand does not feel pain, but I in my hand?

What sort of issue is: Is it the *body* that feels pain?—How is it to be decided? What makes it plausible to say that it is *not* the body?—Well, something like this: if someone has a pain in his hand, then the hand does not say so (unless it writes it) and one does not comfort the hand, but the sufferer: one looks into his face.

287. How am I filled with pity *for this man*? How does it come out what the object of my pity is? (Pity, one may say, is a form of conviction that someone else is in pain.)

288. I turn to stone and my pain goes on.—Suppose I were in error and it was no longer *pain*?——But I can't be in error here; it means nothing to doubt whether I am in pain!—That means: if anyone said "I do not know if what I have got is a pain or something else", we should think something like, he does not know what the

bedeute und würden's ihm erklären.—Wie? Vielleicht durch Gebärden, oder indem wir ihn mit einer Nadel stächen und sagten "Siehst du, das ist Schmerz". Er könnte diese Worterklärung, wie jede andere, richtig, falsch, oder garnicht verstehen. Und welches er tut, wird er im Gebrauch des Wortes zeigen, wie es auch sonst geschieht.

Wenn er nun z.B. sagte: "O, ich weiß, was 'Schmerz' heißt, aber ob *das* Schmerzen sind, was ich jetzt hier habe, das weiß ich nicht"—da würden wir bloß die Köpfe schütteln und müßten seine Worte für eine seltsame Reaktion ansehen, mit der wir nichts anzufangen wissen. (Es wäre etwa, wie wenn wir jemand im Ernste sagen hörten: "Ich erinnere mich deutlich, einige Zeit vor meiner Geburt geglaubt zu haben, ...")

Jener Ausdruck des Zweifels gehört nicht zu dem Sprachspiel; aber wenn nun der Ausdruck der Empfindung, das menschliche Benehmen, ausgeschlossen ist, dann scheint es, ich *dürfe* wieder zweifeln. Daß ich hier versucht bin, zu sagen, man könne die Empfindung für etwas andres halten, als was sie ist, kommt daher: Wenn ich das normale Sprachspiel mit dem Ausdruck der Empfindung abgeschafft denke, brauche ich nun ein Kriterium der Identität für sie; und dann bestünde auch die Möglichkeit des Irrtums.

289. "Wenn ich sage 'Ich habe Schmerzen', bin ich jedenfalls *vor mir selbst* gerechtfertigt."—Was heißt das? Heißt es: "Wenn ein Anderer wissen könnte, was ich 'Schmerzen' nenne, würde er zugeben, daß ich das Wort richtig verwende"?

Ein Wort ohne Rechtfertigung gebrauchen, heißt nicht, es zu Unrecht gebrauchen.

290. Ich identifiziere meine Empfindung freilich nicht durch Kriterien, sondern ich gebrauche den gleichen Ausdruck. Aber damit *endet* ja das Sprachspiel nicht; damit fängt es an.

Aber fängt es nicht mit der Empfindung an,—die ich beschreibe?—Das Wort "beschreiben" hat uns da vielleicht zum Besten. Ich sage "Ich beschreibe meinen Seelenzustand" und "Ich beschreibe mein Zimmer". Man muß sich die Verschiedenheiten der Sprachspiele ins Gedächtnis rufen.

291. Was wir "*Beschreibungen*" nennen, sind Instrumente für besondere Verwendungen. Denke dabei an eine Maschinenzeichnung, einen Schnitt, einen Aufriß mit den Maßen, den der Mechaniker vor sich hat. Wenn man an eine Beschreibung als ein Wortbild der Tatsachen denkt, so hat das etwas Irreführendes: Man denkt etwa nur an Bilder, wie sie an unsern Wänden hängen; die schlechtweg abzubilden scheinen, wie ein Ding aussieht, wie es beschaffen ist. (Diese Bilder sind gleichsam müßig.)

English word "pain" means; and we should explain it to him.—How? Perhaps by means of gestures, or by pricking him with a pin and saying: "See, that's what pain is!" This explanation, like any other, he might understand right, wrong, or not at all. And he will shew which he does by his use of the word, in this as in other cases.

If he now said, for example: "Oh, I know what 'pain' means; what I don't know is whether *this*, that I have now, is pain"—we should merely shake our heads and be forced to regard his words as a queer reaction which we have no idea what to do with. (It would be rather as if we heard someone say seriously: "I distinctly remember that some time before I was born I believed . . . . .".)

That expression of doubt has no place in the language-game; but if we cut out human behaviour, which is the expression of sensation, it looks as if I might *legitimately* begin to doubt afresh. My temptation to say that one might take a sensation for something other than what it is arises from this: if I assume the abrogation of the normal language-game with the expression of a sensation, I need a criterion of identity for the sensation; and then the possibility of error also exists.

289. "When I say 'I am in pain' I am at any rate justified *before myself*."—What does that mean? Does it mean: "If someone else could know what I am calling 'pain', he would admit that I was using the word correctly"?

To use a word without a justification does not mean to use it without right.

290. What I do is not, of course, to identify my sensation by criteria: but to repeat an expression. But this is not the *end* of the language-game: it is the beginning.

But isn't the beginning the sensation—which I describe?—Perhaps this word "describe" tricks us here. I say "I describe my state of mind" and "I describe my room". You need to call to mind the differences between the language-games.

291. What we call "*descriptions*" are instruments for particular uses. Think of a machine-drawing, a cross-section, an elevation with measurements, which an engineer has before him. Thinking of a description as a word-picture of the facts has something misleading about it: one tends to think only of such pictures as hang on our walls: which seem simply to portray how a thing looks, what it is like. (These pictures are as it were idle.)

292. Glaub nicht immer, daß du deine Worte von Tatsachen abliest; diese nach Regeln in Worte abbildest! Denn die Anwendung der Regel im besondern Fall müßtest du ja doch ohne Führung machen.

293. Wenn ich von mir selbst sage, ich wisse nur vom eigenen Fall, was das Wort "Schmerz" bedeutet,—muß ich *das* nicht auch von den Andern sagen? Und wie kann ich denn den *einen* Fall in so unverantwortlicher Weise verallgemeinern?

Nun, ein Jeder sagt es mir von sich, er wisse nur von sich selbst, was Schmerzen seien!——Angenommen, es hätte Jeder eine Schachtel, darin wäre etwas, was wir "Käfer" nennen. Niemand kann je in die Schachtel des Andern schaun; und Jeder sagt, er wisse nur vom Anblick *seines* Käfers, was ein Käfer ist.—Da könnte es ja sein, daß Jeder ein anderes Ding in seiner Schachtel hätte. Ja, man könnte sich vorstellen, daß sich ein solches Ding fortwährend veränderte.—Aber wenn nun das Wort "Käfer" dieser Leute doch einen Gebrauch hätte?—So wäre er nicht der der Bezeichnung eines Dings. Das Ding in der Schachtel gehört überhaupt nicht zum Sprachspiel; auch nicht einmal als ein *Etwas*: denn die Schachtel könnte auch leer sein.—Nein, durch dieses Ding in der Schachtel kann 'gekürzt werden'; es hebt sich weg, was immer es ist.

Das heißt: Wenn man die Grammatik des Ausdrucks der Empfindung nach dem Muster von 'Gegenstand und Bezeichnung' konstruiert, dann fällt der Gegenstand als irrelevant aus der Betrachtung heraus.

294. Wenn du sagst, er sähe ein privates Bild vor sich, das er beschreibe, so hast du immerhin eine Annahme gemacht über das, was er vor sich hat. Und das heißt, daß du es näher beschreiben kannst, oder beschreibst. Gibst du zu, daß du gar keine Ahnung hast, von welcher Art, was er vor sich hat, sein könnte,—was verführt dich dann dennoch zu sagen, er habe etwas vor sich? Ist das nicht, als sagte ich von Einem: "Er *hat* etwas. Aber ob es Geld, oder Schulden, oder eine leere Kasse ist, weiß ich nicht."

295. Und was soll "Ich weiß nur vom *eigenen* Fall . . . ." überhaupt für ein Satz sein? Ein Erfahrungssatz? Nein.—Ein grammatischer?

Ich denke mir also: Jeder sage von sich selbst, er wisse nur vom eigenen Schmerz, was Schmerz sei.—Nicht, daß die Menschen das wirklich sagen, oder auch nur bereit sind, zu sagen. Aber *wenn* nun Jeder es sagte——es könnte eine Art Ausruf sein. Und wenn er auch als Mitteilung nichtssagend ist, so ist er doch ein Bild; und warum sollten wir uns so ein Bild nicht vor die Seele rufen wollen? Denke dir statt der Worte ein gemaltes allegorisches Bild.

Ja, wenn wir beim Philosophieren in uns schauen, bekommen wir

292. Don't always think that you read off what you say from the facts; that you portray these in words according to rules. For even so you would have to apply the rule in the particular case without guidance.

293. If I say of myself that it is only from my own case that I know what the word "pain" means—must I not say the same of other people too? And how can I generalize the *one* case so irresponsibly?

Now someone tells me that *he* knows what pain is only from his own case!——Suppose everyone had a box with something in it: we call it a "beetle". No one can look into anyone else's box, and everyone says he knows what a beetle is only by looking at *his* beetle.—Here it would be quite possible for everyone to have something different in his box. One might even imagine such a thing constantly changing.—But suppose the word "beetle" had a use in these people's language?—If so it would not be used as the name of a thing. The thing in the box has no place in the language-game at all; not even as a *something*: for the box might even be empty.—No, one can 'divide through' by the thing in the box; it cancels out, whatever it is.

That is to say: if we construe the grammar of the expression of sensation on the model of 'object and designation' the object drops out of consideration as irrelevant.

294. If you say he sees a private picture before him, which he is describing, you have still made an assumption about what he has before him. And that means that you can describe it or do describe it more closely. If you admit that you haven't any notion what kind of thing it might be that he has before him—then what leads you into saying, in spite of that, that he has something before him? Isn't it as if I were to say of someone: "He *has* something. But I don't know whether it is money, or debts, or an empty till."

295. "I know .... only from my *own* case"—what kind of proposition is this meant to be at all? An experiential one? No.—A grammatical one?

Suppose everyone does say about himself that he knows what pain is only from his own pain.—Not that people really say that, or are even prepared to say it. But *if* everybody said it——it might be a kind of exclamation. And even if it gives no information, still it is a picture, and why should we not want to call up such a picture? Imagine an allegricoal painting taking the place of those words.

When we look into ourselves as we do philosophy, we often get to

oft gerade so ein Bild zu sehen. Förmlich, eine bildliche Darstellung unsrer Grammatik. Nicht Fakten; sondern gleichsam illustrierte Redewendungen.

296. "Ja, aber es ist doch da ein Etwas, was meinen Ausruf des Schmerzes begleitet! Und um dessentwillen ich ihn mache. Und dieses Etwas ist das, was wichtig ist,—und schrecklich."—Wem teilen wir das nur mit? Und bei welcher Gelegenheit?

297. Freilich, wenn das Wasser im Topf kocht, so steigt der Dampf aus dem Topf und auch das Bild des Dampfes aus dem Bild des Topfes. Aber wie, wenn man sagen wollte, im Bild des Topfes müsse auch etwas kochen?

298. Daß wir so gerne sagen möchten "Das Wichtige ist *das*"—indem wir für uns selbst auf die Empfindung deuten,—zeigt schon, wie sehr wir geneigt sind, etwas zu sagen, was keine Mitteilung ist.

299. Nicht umhin können—wenn wir uns philosophischen Gedanken hingeben—das und das zu sagen, unwiderstehlich dazu neigen, dies zu sagen, heißt nicht, zu einer *Annahme* gezwungen sein, oder einen Sachverhalt unmittelbar einsehen, oder wissen.

300. Zu dem Sprachspiel mit den Worten "er hat Schmerzen" gehört—möchte man sagen—nicht nur das Bild des Benehmens, sondern auch das Bild des Schmerzes. Oder: nicht nur das Paradigma des Benehmens, sondern auch das des Schmerzes.—Zu sagen "Das Bild des Schmerzes tritt ins Sprachspiel mit dem Worte 'Schmerz' ein", ist ein Mißverständnis. Die Vorstellung des Schmerzes ist kein Bild, und *diese* Vorstellung ist im Sprachspiel auch nicht durch etwas ersetzbar, was wir ein Bild nennen würden.—Wohl tritt die Vorstellung des Schmerzes in einem Sinn ins Sprachspiel ein; nur nicht als Bild.

301. Eine Vorstellung ist kein Bild, aber ein Bild kann ihr entsprechen.

302. Wenn man sich den Schmerz des Andern nach dem Vorbild des eigenen vorstellen muß, dann ist das keine so leichte Sache: da ich mir nach den Schmerzen, die ich *fühle*, Schmerzen vorstellen soll, die ich *nicht fühle*. Ich habe nämlich in der Vorstellung nicht einfach einen Übergang von einem Ort des Schmerzes zu einem andern zu machen. Wie von Schmerzen in der Hand zu Schmerzen im Arm. Denn ich soll mir nicht vorstellen, daß ich an einer Stelle seines Körpers Schmerz empfinde. (Was auch möglich wäre.)

Das Schmerzbenehmen kann auf eine schmerzhafte Stelle deuten,—aber die leidende Person ist die, welche Schmerz äußert.

see just such a picture. A full-blown pictorial representation of our grammar. Not facts; but as it were illustrated turns of speech.

296. "Yes, but there is *something* there all the same accompanying my cry of pain. And it is on account of that that I utter it. And this something is what is important—and frightful."—Only whom are we informing of this? And on what occasion?

297. Of course, if water boils in a pot, steam comes out of the pot and also pictured steam comes out of the pictured pot. But what if one insisted on saying that there must also be something boiling in the picture of the pot?

298. The very fact that we should so much like to say: "*This* is the important thing"—while we point privately to the sensation—is enough to shew how much we are inclined to say something which gives no information.

299. Being unable—when we surrender ourselves to philosophical thought—to help saying such-and-such; being irresistibly inclined to say it—does not mean being forced into an *assumption*, or having an immediate perception or knowledge of a state of affairs.

300. It is—we should like to say—not merely the picture of the behaviour that plays a part in the language-game with the words "he is in pain", but also the picture of the pain. Or, not merely the paradigm of the behaviour, but also that of the pain.—It is a misunderstanding to say "The picture of pain enters into the language-game with the word 'pain'." The image of pain is not a picture and *this* image is not replaceable in the language-game by anything that we should call a picture.—The image of pain certainly enters into the language game in a sense; only not as a picture.

301. An image is not a picture, but a picture can correspond to it.

302. If one has to imagine someone else's pain on the model of one's own, this is none too easy a thing to do: for I have to imagine pain which I *do not feel* on the model of the pain which I *do feel*. That is, what I have to do is not simply to make a transition in imagination from one place of pain to another. As, from pain in the hand to pain in the arm. For I am not to imagine that I feel pain in some region of his body. (Which would also be possible.)

(Pain-behaviour can point to a painful place—but the subject of pain is the person who gives it expression.)

303. "Ich kann nur *glauben*, daß der Andre Schmerzen hat, aber ich *weiß* es, wenn ich sie habe."—Ja; man kann sich dazu entschließen, zu sagen "Ich glaube, er hat Schmerzen" statt "Er hat Schmerzen". Aber das ist alles.——Was hier wie eine Erklärung, oder Aussage über die seelischen Vorgänge ausschaut, ist in Wahrheit ein Vertauschen einer Redeweise für eine andere, die, während wir philosophieren, uns die treffendere scheint.

Versuch einmal—in einem wirklichen Fall—die Angst, die Schmerzen des Andern zu bezweifeln!

304. "Aber du wirst doch zugeben, daß ein Unterschied ist, zwischen Schmerzbenehmen mit Schmerzen und Schmerzbenehmen ohne Schmerzen."—Zugeben? Welcher Unterschied könnte größer sein!—"Und doch gelangst du immer wieder zum Ergebnis, die Empfindung selbst sei ein Nichts."—Nicht doch. Sie ist kein Etwas, aber auch nicht ein Nichts! Das Ergebnis war nur, daß ein Nichts die gleichen Dienste täte, wie ein Etwas, worüber sich nichts aussagen läßt. Wir verwarfen nur die Grammatik, die sich uns hier aufdrängen will.

Das Paradox verschwindet nur dann, wenn wir radikal mit der Idee brechen, die Sprache funktioniere immer auf *eine* Weise, diene immer dem gleichen Zweck: Gedanken zu übertragen—seien diese nun Gedanken über Häuser, Schmerzen, Gut und Böse, oder was immer.

305. "Aber du kannst doch nicht leugnen, daß, z.B., beim Erinnern ein innerer Vorgang stattfindet."—Warum macht es denn den Eindruck, als wollten wir etwas leugnen? Wenn man sagt "Es findet doch dabei ein innerer Vorgang statt"—so will man fortsetzen: "Du *siehst* es doch." Und es ist doch dieser innere Vorgang, den man mit dem Wort "sich erinnern" meint.—Der Eindruck, als wollten wir etwas leugnen, rührt daher, daß wir uns gegen das Bild vom 'innern Vorgang' wenden. Was wir leugnen, ist, daß das Bild vom innern Vorgang uns die richtige Idee von der Verwendung des Wortes "erinnern" gibt. Ja wir sagen, daß dieses Bild mit seinen Ramifikationen uns verhindert, die Verwendung des Wortes zu sehen, wie sie ist.

306. Warum soll ich denn leugnen, daß ein geistiger Vorgang da ist?! Nur heißt "Es hat jetzt in mir der geistige Vorgang der Erinnerung an .... stattgefunden" nichts andres als: "Ich habe mich jetzt an .... erinnert". Den geistigen Vorgang leugnen, hieße, das Erinnern leugnen; leugnen, daß irgend jemand sich je an etwas erinnert.

307. "Bist du nicht doch ein verkappter Behaviourist? Sagst du nicht doch, im Grunde, daß alles Fiktion ist, außer dem menschlichen

303. "I can only *believe* that someone else is in pain, but I *know* it if I am."—Yes: one can make the decision to say "I believe he is in pain" instead of "He is in pain". But that is all.——What looks like an explanation here, or like a statement about a mental process, is in truth an exchange of one expression for another which, while we are doing philosophy, seems the more appropriate one.

Just try—in a real case—to doubt someone else's fear or pain.

304. "But you will surely admit that there is a difference between pain-behaviour accompanied by pain and pain-behaviour without any pain?"—Admit it? What greater difference could there be?—"And yet you again and again reach the conclusion that the sensation itself is a *nothing*."—Not at all. It is not a *something*, but not a *nothing* either! The conclusion was only that a nothing would serve just as well as a something about which nothing could be said. We have only rejected the grammar which tries to force itself on us here.

The paradox disappears only if we make a radical break with the idea that language always functions in one way, always serves the same purpose: to convey thoughts—which may be about houses, pains, good and evil, or anything else you please.

305. "But you surely cannot deny that, for example, in remembering, an inner process takes place."—What gives the impression that we want to deny anything? When one says "Still, an inner process does take place here"—one wants to go on: "After all, you *see* it." And it is this inner process that one means by the word "remembering".—The impression that we wanted to deny something arises from our setting our faces against the picture of the 'inner process'. What we deny is that the picture of the inner process gives us the correct idea of the use of the word "to remember". We say that this picture with its ramifications stands in the way of our seeing the use of the word as it is.

306. Why should I deny that there is a mental process? But "There has just taken place in me the mental process of remembering . . . ." means nothing more than: "I have just remembered . . . .". To deny the mental process would mean to deny the remembering; to deny that anyone ever remembers anything.

307. "Are you not really a behaviourist in disguise? Aren't you at bottom really saying that everything except human behaviour is

Benehmen?"—Wenn ich von einer Fiktion rede, dann von einer *grammatischen* Fiktion.

308. Wie kommt es nur zum philosophischen Problem der seelischen Vorgänge und Zustände und des Behaviourism?——Der erste Schritt ist der ganz unauffällige. Wir reden von Vorgängen und Zuständen, und lassen ihre Natur unentschieden! Wir werden vielleicht einmal mehr über sie wissen—meinen wir. Aber eben dadurch haben wir uns auf eine bestimmte Betrachtungsweise festgelegt. Denn wir haben einen bestimmten Begriff davon, was es heißt: einen Vorgang näher kennen zu lernen. (Der entscheidende Schritt im Taschenspielerkunststück ist getan, und gerade er schien uns unschuldig.)—Und nun zerfällt der Vergleich, der uns unsere Gedanken hätte begreiflich machen sollen. Wir müssen also den noch unverstandenen Prozeß im noch unerforschten Medium leugnen. Und so scheinen wir also die geistigen Vorgänge geleugnet zu haben. Und wollen sie doch natürlich nicht leugnen!

309. Was ist dein Ziel in der Philosophie?—Der Fliege den Ausweg aus dem Fliegenglas zeigen.

310. Ich sage jemandem, ich habe Schmerzen. Seine Einstellung zu mir wird nun die des Glaubens sein; des Unglaubens; des Mißtrauens; u.s.w..

Nehmen wir an, er sagt: "Es wird nicht so schlimm sein."—Ist das nicht der Beweis dafür, daß er an etwas glaubt, das hinter der Schmerzäußerung steht?——Seine Einstellung ist ein Beweis seiner Einstellung. Denke dir nicht nur den Satz "Ich habe Schmerzen", sondern auch die Antwort "Es wird nicht so schlimm sein" durch Naturlaute und Gebärden ersetzt!

311. "Welcher Unterschied könnte größer sein!"—Im Falle der Schmerzen glaube ich, ich könne mir diesen Unterschied privatim vorführen. Den Unterschied aber zwischen einem abgebrochenen und einem nicht abgebrochenen Zahn kann ich Jedem vorführen.—Aber zu der privaten Vorführung brauchst du dir garnicht Schmerzen hervorzurufen, sondern es genügt, wenn du dir sie *vorstellst*,—z.B. ein wenig das Gesicht verziehst. Und weißt du, daß, was du dir so vorführst, Schmerzen sind, und nicht z.B. ein Gesichtsausdruck? Wie weißt du auch, was du dir vorführen sollst, ehe du dir's vorführst? Diese *private* Vorführung ist eine Illusion.

312. Aber sind die Fälle des Zahnes und der Schmerzen nicht doch wieder ähnlich? Denn der Gesichtsempfindung im einen entspricht die Schmerzempfindung im andern. Die Gesichtsempfindung kann ich mir so wenig vorführen, oder so gut, wie die Schmerzempfindung.

a fiction?"—If I do speak of a fiction, then it is of a *grammatical* fiction.

308. How does the philosophical problem about mental processes and states and about behaviourism arise?——The first step is the one that altogether escapes notice. We talk of processes and states and leave their nature undecided. Sometime perhaps we shall know more about them—we think. But that is just what commits us to a particular way of looking at the matter. For we have a definite concept of what it means to learn to know a process better. (The decisive movement in the conjuring trick has been made, and it was the very one that we thought quite innocent.)—And now the analogy which was to make us understand our thoughts falls to pieces. So we have to deny the yet uncomprehended process in the yet unexplored medium. And now it looks as if we had denied mental processes. And naturally we don't want to deny them.

309. What is your aim in philosophy?—To shew the fly the way out of the fly-bottle.

310. I tell someone I am in pain. His attitude to me will then be that of belief; disbelief; suspicion; and so on.

Let us assume he says: "It's not so bad."—Doesn't that prove that he believes in something behind the outward expression of pain?——His attitude is a proof of his attitude. Imagine not merely the words "I am in pain" but also the answer "It's not so bad" replaced by instinctive noises and gestures.

311. "What difference could be greater?"—In the case of pain I believe that I can give myself a private exhibition of the difference. But I can give anyone an exhibition of the difference between a broken and an unbroken tooth.—But for the private exhibition you don't have to give yourself actual pain; it is enough to *imagine* it—for instance, you screw up your face a bit. And do you know that what you are giving yourself this exhibition of is pain and not, for example, a facial expression? And how do you know what you are to give yourself an exhibition of before you do it? This *private* exhibition is an illusion.

312. But again, *aren't* the cases of the tooth and the pain similar? For the visual sensation in the one corresponds to the sensation of pain in the other. I can exhibit the visual sensation to myself as little or as well as the sensation of pain.

Denken wir uns diesen Fall: Die Oberflächen der Dinge unsrer Umgebung (Steine, Pflanzen, etc. etc.) hätten Flecken und Zonen, die unsrer Haut bei der Berührung Schmerz verursachten. (Etwa durch die chemische Beschaffenheit dieser Oberflächen. Aber das brauchen wir nicht zu wissen.) Wir würden nun, wie heute von einem rotgefleckten Blatt einer bestimmten Pflanze, von einem Blatt mit Schmerzflecken reden. Ich denke mir, daß die Wahrnehmung dieser Flecken und ihrer Gestalt für uns von Nutzen wäre, daß wir aus ihr Schlüsse auf wichtige Eigenschaften der Dinge ziehen könnten.

313. Ich kann Schmerzen vorführen, wie ich Rot vorführe, und wie ich Gerade und Krumm und Baum und Stein vorführe.—*Das nennen* wir eben "vorführen".

314. Es zeigt ein fundamentales Mißverständnis an, wenn ich meinen gegenwärtigen Zustand der Kopfschmerzen zu betrachten geneigt bin, um über das philosophische Problem der Empfindung ins Klare zu kommen.

315. Könnte der das Wort "Schmerz" verstehen, der *nie* Schmerz gefühlt hat?—Soll die Erfahrung mich lehren, ob es so ist oder nicht?—Und wenn wir sagen "Einer kann sich Schmerzen nicht vorstellen, außer er hat sie einmal gefühlt"—woher wissen wir das? Wie läßt sich entscheiden, ob das wahr ist?

316. Um über die Bedeutung des Wortes "denken" klar zu werden, schauen wir uns selbst beim Denken zu: Was wir da beobachten, werde das sein, was das Wort bedeutet!—Aber so wird dieser Begriff eben nicht gebraucht. (Es wäre ähnlich, wenn ich, ohne Kenntnis des Schachspiels, durch genaues Beobachten des letzten Zuges einer Schachpartie herausbringen wollte, was das Wort "mattsetzen" bedeutet.)

317. Irreführende Parallele: Der Schrei, ein Ausdruck des Schmerzes—der Satz, ein Ausdruck des Gedankens!

Als wäre es der Zweck des Satzes, Einen wissen zu lassen, wie es dem Andern zu Mute ist: Nur, sozusagen, im Denkapparat und nicht im Magen.

318. Wenn wir denkend sprechen, oder auch schreiben—ich meine, wie wir es gewöhnlich tun—so werden wir, im allgemeinen, nicht sagen, wir dächten schneller, als wir sprechen; sondern der Gedanke erscheint hier vom Ausdruck *nicht abgelöst*. Anderseits aber redet man von der Schnelle des Gedankens; wie ein Gedanke uns blitzartig durch den Kopf geht, wie Probleme uns mit einem Schlage klar werden, etc. . Da liegt es nahe, zu fragen: Geschieht beim blitzartigen Denken das gleiche, wie beim nicht gedankenlosen Sprechen,—nur äußerst beschleunigt? So daß also im ersten Fall das

Let us imagine the following: The surfaces of the things around us (stones, plants, etc.) have patches and regions which produce pain in our skin when we touch them. (Perhaps through the chemical composition of these surfaces. But we need not know that.) In this case we should speak of pain-patches on the leaf of a particular plant just as at present we speak of red patches. I am supposing that it is useful to us to notice these patches and their shapes; that we can infer important properties of the objects from them.

313. I can exhibit pain, as I exhibit red, and as I exhibit straight and crooked and trees and stones.—*That* is what we *call* "exhibiting".

314. It shews a fundamental misunderstanding, if I am inclined to study the headache I have now in order to get clear about the philosophical problem of sensation.

315. Could someone understand the word "pain", who had *never* felt pain?—Is experience to teach me whether this is so or not?—And if we say "A man could not imagine pain without having sometime felt it"—how do we know? How can it be decided whether it is true?

316. In order to get clear about the meaning of the word "think" we watch ourselves while we think; what we observe will be what the word means!—But this concept is not used like that. (It would be as if without knowing how to play chess, I were to try and make out what the word "mate" meant by close observation of the last move of some game of chess.)

317. Misleading parallel: the expression of pain is a cry—the expression of thought, a proposition.

As if the purpose of the proposition were to convey to one person how it is with another: only, so to speak, in his thinking part and not in his stomach.

318. Suppose we think while we talk or write—I mean, as we normally do—we shall not in general say that we think quicker than we talk; the thought seems *not to be separate* from the expression. On the other hand, however, one does speak of the speed of thought; of how a thought goes through one's head like lightning; how problems become clear to us in a flash, and so on. So it is natural to ask if the same thing happens in lightning-like thought—only extremely accelerated—as when we talk and 'think while we talk.' So that in the

Uhrwerk gleichsam mit einem Ruck abläuft, im zweiten aber, durch die Worte gehemmt, Schritt für Schritt.

319. Ich kann in demselben Sinn blitzartig einen Gedanken ganz vor mir sehen, oder verstehen, wie ich ihn mit wenigen Worten, oder Strichen notieren kann.

Was macht diese Notiz zu einer Zusammenfassung dieses Gedankens?

320. Der blitzartige Gedanke kann sich zum ausgesprochenen verhalten, wie die algebraische Formel zu einer Zahlenfolge, die ich aus ihr entwickle.

Wird mir z.B. eine algebraische Funktion gegeben, so bin ich SICHER, ich werde ihre Werte für die Argumente 1, 2, 3, bis 10 berechnen können. Man wird diese Sicherheit 'wohlbegründet' nennen, denn ich habe gelernt, solche Funktionen zu berechnen, u.s.w. . In andern Fällen wird sie nicht begründet sein,—aber durch den Erfolg dennoch gerechtfertigt.

321. "Was geschieht, wenn ein Mensch plötzlich versteht?"—Die Frage ist schlecht gestellt. Fragt sie nach der Bedeutung des Ausdrucks "plötzlich verstehen", so ist die Antwort nicht das Hinweisen auf einen Vorgang, den wir so nennen.—Die Frage könnte bedeuten: Was sind Anzeichen dafür, daß Einer plötzlich versteht; welches sind die charakteristischen psychischen Begleiterscheinungen des plötzlichen Verstehens?

(Es ist kein Grund, anzunehmen, daß ein Mensch die Ausdrucksbewegungen seines Gesichts, z.B., oder die für eine Gemütsbewegung charakteristischen Veränderungen in seiner Atmung, fühle. Auch wenn er sie fühlt, sobald er seine Aufmerksamkeit auf sie lenkt.) ((Positur.))

322. Daß die Antwort auf die Frage nach der Bedeutung des Ausdrucks mit dieser Beschreibung nicht gegeben ist, verleitet dann zu der Folgerung, das Verstehen sei eben ein spezifisches, undefinierbares, Erlebnis. Man vergißt aber, daß, was uns interessieren muß, die Frage ist: Wie *vergleichen* wir diese Erlebnisse; was *legen wir fest* als Kriterium der Identität des Geschehnisses?

323. "Jetzt weiß ich weiter!" ist ein Ausruf; er entspricht einem Naturlaut, einem freudigen Aufzucken. Aus meiner Empfindung folgt natürlich nicht, daß ich nicht stecken bleibe, sowie ich versuche, weiterzugehen.—Es gibt da Fälle, in denen ich sagen werde: "Als ich sagte, ich wisse weiter, da *war* es so." Das wird man z.B. sagen, wenn eine unvorhergesehene Störung eingetreten ist. Aber das Unvorhergesehene dürfte nicht einfach das sein, daß ich steckenblieb.

first case the clockwork runs down all at once, but in the second bit by bit, braked by the words.

319. I can see or understand a whole thought in a flash in exactly the sense in which I can make a note of it in a few words or a few pencilled dashes.

What makes this note into an epitome of this thought?

320. The lightning-like thought may be connected with the spoken thought as the algebraic formula is with the sequence of numbers which I work out from it.

When, for example, I am given an algebraic function, I am CERTAIN that I shall be able to work out its values for the arguments 1, 2, 3, . . . up to 10. This certainty will be called 'well-founded', for I have learned to compute such functions, and so on. In other cases no reasons will be given for it—but it will be justified by success.

321. "What happens when a man suddenly understands?"—The question is badly framed. If it is a question about the meaning of the expression "sudden understanding", the answer is not to point to a process that we give this name to.—The question might mean: what are the tokens of sudden understanding; what are its characteristic psychical accompaniments?

(There is no ground for assuming that a man feels the facial movements that go with his expression, for example, or the alterations in his breathing that are characteristic of some emotion. Even if he feels them as soon as his attention is directed towards them.) ((Posture.))

322. The question what the expression means is not answered by such a description; and this misleads us into concluding that understanding is a specific indefinable experience. But we forget that what should interest us is the question: how do we *compare* these experiences; what criterion of identity *do we fix* for their occurrence?

323. "Now I know how to go on!" is an exclamation; it corresponds to an instinctive sound, a glad start. Of course it does not follow from my feeling that I shall not find I am stuck when I do try to go on.—Here there are cases in which I should say: "When I said I knew how to go on, I *did* know." One will say that if, for example, an unforeseen interruption occurs. But what is unforeseen must not simply be that I get stuck.

Es wäre auch denkbar, daß Einer immer wieder Scheinerleuchtungen hätte,—ausriefe "Jetzt hab ich's!" und es dann nie durch die Tat rechtfertigen könnte.—Es könnte ihm scheinen, als vergäße er augenblicklich wieder die Bedeutung des Bildes, das ihm vorschwebte.

324. Wäre es richtig zu sagen, es handle sich hier um Induktion, und ich sei so sicher, daß ich die Reihe werde fortsetzen können, wie ich es bin, daß dieses Buch zur Erde fallen wird, wenn ich es auslasse; und ich wäre nicht erstaunter, wenn ich plötzlich ohne offenbare Ursache im Entwickeln der Reihe steckenbliebe, als ich es wäre, wenn das Buch, statt zu fallen, in der Luft schweben bliebe?—Darauf will ich antworten, daß wir eben auch zu *dieser* Sicherheit keiner Gründe bedürfen. Was könnte die Sicherheit *mehr* rechtfertigen, als der Erfolg?

325. "Die Gewißheit, daß ich werde fortsetzen können, nachdem ich dies Erlebnis gehabt habe—z.B. diese Formel gesehen habe—gründet sich einfach auf Induktion." Was heißt das?—"Die Gewißheit, daß das Feuer mich brennen wird, gründet sich auf Induktion." Heißt dies, daß ich bei mir schließe "Ich habe mich immer an einer Flamme verbrannt, also wird es auch jetzt geschehen"? Oder ist die frühere Erfahrung die *Ursache* meiner Gewißheit, nicht ihr Grund? Ist die frühere Erfahrung die Ursache der Gewißheit?—das kommt auf das System von Hypothesen, Naturgesetzen an, in welchem wir das Phänomen der Gewißheit betrachten.

Ist die Zuversicht gerechtfertigt?—Was die Menschen als Rechtfertigung gelten lassen,—zeigt, wie sie denken und leben.

326. Wir erwarten *dies* und werden von *dem* überrascht; aber die Kette der Gründe hat ein Ende.

327. "Kann man denken, ohne zu reden?"—Und was ist *Denken*?—Nun, denkst du nie? Kannst du dich nicht beobachten und sehen, was da vorgeht? Das sollte doch einfach sein. Du mußt ja darauf nicht, wie auf ein astronomisches Ereignis warten und dann etwa in Eile deine Beobachtung machen.

328. Nun, was nennt man noch "denken"? Wofür hat man gelernt, das Wort zu benützen?—Wenn ich sage, ich habe gedacht,—muß ich da immer recht haben?—Was für eine *Art* des Irrtums gibt es da? Gibt es Umstände, unter denen man fragen würde: "War, was ich da getan habe, wirklich ein Denken; irre ich mich nicht?" Wenn jemand, im Verlauf eines Gedankengangs, eine Messung ausführt: hat er das Denken unterbrochen, wenn er beim Messen nicht zu sich selbst spricht?

We could also imagine a case in which light was always seeming to dawn on someone—he exclaims "Now I have it!" and then can never justify himself in practice.—It might seem to him as if in the twinkling of an eye he forgot again the meaning of the picture that occurred to him.

324. Would it be correct to say that it is a matter of induction, and that I am as certain that I shall be able to continue the series, as I am that this book will drop on the ground when I let it go; and that I should be no less astonished if I suddenly and for no obvious reason got stuck in working out the series, than I should be if the book remained hanging in the air instead of falling?—To that I will reply that we don't need any grounds for *this* certainty either. What could justify the certainty *better* than success?

325. "The certainty that I shall be able to go on after I have had this experience—seen the formula, for instance,—is simply based on induction." What does this mean?—"The certainty that the fire will burn me is based on induction." Does that mean that I argue to myself: "Fire has always burned me, so it will happen now too?" Or is the previous experience the *cause* of my certainty, not its ground? Whether the earlier experience is the cause of the certainty depends on the system of hypotheses, of natural laws, in which we are considering the phenomenon of certainty.

Is our confidence justified?—What people accept as a justification—is shewn by how they think and live.

326. We expect *this*, and are surprised at *that*. But the chain of reasons has an end.

327. "Can one think without speaking?"—And what is *thinking*?—Well, don't you ever think? Can't you observe yourself and see what is going on? It should be quite simple. You do not have to wait for it as for an astronomical event and then perhaps make your observation in a hurry.

328. Well, what does one include in 'thinking'? What has one learnt to use this word for?—If I say I have thought—need I always be right?—What *kind* of mistake is there room for here? Are there circumstances in which one would ask: "Was what I was doing then really thinking; am I not making a mistake?" Suppose someone takes a measurement in the middle of a train of thought: has he interrupted the thought if he says nothing to himself during the measuring?

329. Wenn ich in der Sprache denke, so schweben mir nicht neben dem sprachlichen Ausdruck noch 'Bedeutungen' vor; sondern die Sprache selbst ist das Vehikel des Denkens.

330. Ist Denken eine Art Sprechen? Man möchte sagen, es ist das, was denkendes Sprechen vom gedankenlosen Sprechen unterscheidet.—Und da scheint es eine Begleitung des Sprechens zu sein. Ein Vorgang, der vielleicht auch etwas anderes begleiten, oder selbständig ablaufen kann.

Sprich die Zeile: "Die Feder ist wohl stumpf. Nu, nu, sie geht." Einmal denkend; dann gedankenlos; dann denk nur den Gedanken, aber ohne die Worte.—Nun, ich könnte, im Laufe einer Handlung, die Spitze meiner Feder prüfen, mein Gesicht verziehen,—dann mit einer Gebärde der Resignation weiterschreiben.—Ich könnte auch, mit irgendwelchen Messungen beschäftigt, so handeln, daß, wer mir zusieht, sagen würde, ich habe—ohne Worte—gedacht: Sind zwei Größen einer dritten gleich, so sind sie untereinander gleich.—Aber was hier das Denken ausmacht, ist nicht ein Vorgang, der die Worte begleiten muß, wenn sie nicht gedankenlos ausgesprochen sein sollen.

331. Stell dir Menschen vor, die nur laut denken könnten! (Wie es Menschen gibt, die nur laut lesen können.)

332. "Denken" nennen wir wohl manchmal, den Satz mit einem seelischen Vorgang begleiten, aber "Gedanke" nennen wir nicht jene Begleitung.——Sprich einen Satz und denke ihn; sprich ihn mit Verständnis!—Und nun sprich ihn nicht, und tu nur das, womit du ihn beim verständnisvollen Sprechen begleitet hast!—(Sing dies Lied mit Ausdruck! Und nun sing es nicht, aber wiederhole den Ausdruck!—Und man könnte auch hier etwas wiederholen; z.B. Schwingungen des Körpers, langsameres und schnelleres Atmen, etc. .)

333. "Das kann nur Einer sagen, der davon *überzeugt* ist."—Wie hilft ihm die Überzeugung, wenn er es sagt?—Ist sie dann neben dem gesprochenen Ausdruck vorhanden? (Oder wird sie von diesem zugedeckt, wie ein leiser Ton von einem lauten, sodaß sie gleichsam nicht mehr gehört werden kann, wenn man sie laut ausdrückt?) Wie, wenn Einer sagte: "Damit man eine Melodie nach dem Gedächtnis singen kann, muß man sie im Geiste hören und sie nachsingen"?

334. "Du wolltest also eigentlich sagen . . . ."—Mit dieser Redeweise leiten wir Jemand von einer Ausdrucksform zu einer andern. Man ist versucht, das Bild zu gebrauchen: das, was er eigentlich 'sagen wollte', was er 'meinte', sei, noch ehe wir es aussprachen, in seinem

329. When I think in language, there aren't 'meanings' going through my mind in addition to the verbal expressions: the language is itself the vehicle of thought.

330. Is thinking a kind of speaking? One would like to say it is what distinguishes speech with thought from talking without thinking. —And so it seems to be an accompaniment of speech. A process, which may accompany something else, or can go on by itself.

Say: "Yes, this pen is blunt. Oh well, it'll do." First, thinking it; then without thought; then just think the thought without the words. —Well, while doing some writing I might test the point of my pen, make a face—and then go on with a gesture of resignation.—I might also act in such a way while taking various measurements that an onlooker would say I had—without words—thought: If two magnitudes are equal to a third, they are equal to one another.—But what constitutes thought here is not some process which has to accompany the words if they are not to be spoken without thought.

331. Imagine people who could only think aloud. (As there are people who can only read aloud.)

332. While we sometimes call it "thinking" to accompany a sentence by a mental process, that accompaniment is not what we mean by a "thought".——Say a sentence and think it; say it with understanding.—And now do not say it, and just do what you accompanied it with when you said it with understanding!—(Sing this tune with expression. And now don't sing it, but repeat its expression!—And here one actually might repeat something. For example, motions of the body, slower and faster breathing, and so on.)

333. "Only someone who is *convinced* can say that."—How does the conviction help him when he says it?—Is it somewhere at hand by the side of the spoken expression? (Or is it masked by it, as a soft sound by a loud one, so that it can, as it were, no longer be heard when one expresses it out loud?) What if someone were to say "In order to be able to sing a tune from memory one has to hear it in one's mind and sing from that"?

334. "So you really wanted to say . . . ."—We use this phrase in order to lead someone from one form of expression to another. One is tempted to use the following picture: what he really 'wanted to say', what he 'meant' was already *present somewhere* in his mind even

Geist vorhanden gewesen. Was uns dazu bewegt, einen Ausdruck aufzugeben und an seiner Stelle einen andern anzunehmen, kann von mannigfacher Art sein. Das zu verstehen, ist es nützlich, das Verhältnis zu betrachten, in welchem Lösungen mathematischer Probleme zum Anlaß und Ursprung ihrer Fragestellung stehen. Der Begriff 'Dreiteilung des Winkels mit Lineal und Zirkel', wenn Einer nach der Dreiteilung sucht, und anderseits, wenn bewiesen ist, daß es sie nicht gibt.

335. Was geschieht, wenn wir uns bemühen—etwa beim Schreiben eines Briefes—den richtigen Ausdruck für unsere Gedanken zu finden?—Diese Redeweise vergleicht den Vorgang dem einer Übersetzung, oder Beschreibung: Die Gedanken sind da (etwa schon vorher) und wir suchen nur noch nach ihrem Ausdruck. Dieses Bild trifft für verschiedene Fälle mehr, oder weniger zu.—Aber was kann hier nicht alles geschehen!—Ich gebe mich einer Stimmung hin, und der Ausdruck *kommt*. Oder: es schwebt mir ein Bild vor, das ich zu beschreiben trachte. Oder: es fiel mir ein englischer Ausdruck ein, und ich will mich auf den entsprechenden deutschen besinnen. Oder: ich mache eine Gebärde, und frage mich: "Welches sind die Worte, die dieser Gebärde entsprechen?" Etc..

Wenn man nun fragte "Hast du den Gedanken, ehe du den Ausdruck hattest?"—was müßte man da antworten? Und was auf die Frage: "Worin bestand der Gedanke, wie er vor dem Ausdruck vorhanden war?"

336. Es liegt hier ein Fall vor, ähnlich dem, wenn jemand sich vorstellt, man könne einen Satz mit der merkwürdigen Wortstellung der deutschen oder lateinischen Sprache nicht einfach denken, wie er dasteht. Man müsse ihn zuerst denken, und dann bringt man die Wörter in jene seltsame Ordnung. (Ein französischer Politiker schrieb einmal, es sei eine Eigentümlichkeit der französischen Sprache, daß in ihr die Worte in der Ordnung stehen, in welcher man sie denkt.)

337. Aber habe ich nicht die Gesamtform des Satzes, z.B., schon an seinem Anfang beabsichtigt? Also war er mir doch schon im Geiste, ehe er noch ausgesprochen war!—Wenn er mir im Geiste war, dann, im allgemeinen, nicht mit anderer Wortstellung. Aber wir machen uns hier wieder ein irreführendes Bild vom 'Beabsichtigen'; d.h., vom Gebrauch dieses Worts. Die Absicht ist eingebettet in der Situation, den menschlichen Gepflogenheiten und Institutionen. Gäbe es nicht die Technik des Schachspiels, so könnte ich nicht beabsichtigen, eine Schachpartie zu spielen. Soweit ich die Satzform im voraus beabsichtige, ist dies dadurch ermöglicht, daß ich deutsch sprechen kann.

before we gave it expression. Various kinds of thing may persuade us to give up one expression and to adopt another in its place. To understand this, it is useful to consider the relation in which the solutions of mathematical problems stand to the context and ground of their formulation. The concept 'trisection of the angle with ruler and compass', when people are trying to do it, and, on the other hand, when it has been proved that there is no such thing.

335. What happens when we make an effort—say in writing a letter—to find the right expression for our thoughts?—This phrase compares the process to one of translating or describing: the thoughts are already there (perhaps were there in advance) and we merely look for their expression. This picture is more or less appropriate in different cases.—But can't all sorts of things happen here?—I surrender to a mood and the expression *comes*. Or a picture occurs to me and I try to describe it. Or an English expression occurs to me and I try to hit on the corresponding German one. Or I make a gesture, and ask myself: What words correspond to this gesture? And so on.

Now if it were asked: "Do you have the thought before finding the expression?" what would one have to reply? And what, to the question: "What did the thought consist in, as it existed before its expression?"

336. This case is similar to the one in which someone imagines that one could not think a sentence with the remarkable word order of German or Latin just as it stands. One first has to think it, and then one arranges the words in that queer order. (A French politician once wrote that it was a peculiarity of the French language that in it words occur in the order in which one thinks them.)

337. But didn't I already intend the whole construction of the sentence (for example) at its beginning? So surely it already existed in my mind before I said it out loud!—If it was in my mind, still it would not normally be there in some different word order. But here we are constructing a misleading picture of 'intending', that is, of the use of this word. An intention is embedded in its situation, in human customs and institutions. If the technique of the game of chess did not exist, I could not intend to play a game of chess. In so far as I do intend the construction of a sentence in advance, that is made possible by the fact that I can speak the language in question.

338. Man kann doch nur etwas sagen, wenn man sprechen gelernt hat. Wer also etwas sagen *will*, muß dazu auch gelernt haben, eine Sprache beherrschen; und doch ist es klar, daß er beim Sprechenwollen nicht sprechen mußte. Wie er auch beim Tanzenwollen nicht tanzt.

Und wenn man darüber nachdenkt, so greift der Geist nach der *Vorstellung* des Tanzens, Redens, etc. .

339. Denken ist kein unkörperlicher Vorgang, der dem Reden Leben und Sinn leiht, und den man vom Reden ablösen könnte, gleichsam wie der Böse den Schatten Schlemiehls vom Boden abnimmt.——Aber wie: "kein unkörperlicher Vorgang"? Kenne ich also unkörperliche Vorgänge, das Denken aber ist nicht einer von ihnen? Nein; das Wort "unkörperlicher Vorgang" nahm ich mir zu Hilfe, in meiner Verlegenheit, da ich die Bedeutung des Wortes "denken" auf primitive Weise erklären wollte.

Man könnte aber sagen "Denken ist ein unkörperlicher Vorgang", wenn man dadurch die Grammatik des Wortes "denken" von der des Wortes "essen", z.B., unterscheiden will. Nur erscheint dadurch der Unterschied der Bedeutungen *zu gering*. (Ähnlich ist es, wenn man sagt: die Zahlzeichen seien wirkliche, die Zahlen nicht-wirkliche Gegenstände.) Eine unpassende Ausdrucksweise ist ein sicheres Mittel, in einer Verwirrung stecken zu bleiben. Sie verriegelt gleichsam den Ausweg aus ihr.

340. Wie ein Wort funktioniert, kann man nicht erraten. Man muß seine Anwendung *ansehen* und daraus lernen.

Die Schwierigkeit aber ist, das Vorurteil zu beseitigen, das diesem Lernen entgegensteht. Es ist kein *dummes* Vorurteil.

341. Gedankenloses und nicht gedankenloses Sprechen ist zu vergleichen dem gedankenlosen und nicht gedankenlosen Spielen eines Musikstücks.

342. William James, um zu zeigen, daß Denken ohne Sprechen möglich ist, zitiert die Erinnerung eines Taubstummen, Mr. Ballard, welcher schreibt, er habe in seiner frühen Jugend, noch ehe er sprechen konnte, sich über Gott und die Welt Gedanken gemacht.—Was das wohl heißen mag!—Ballard schreibt: "It was during those delightful rides, some two or three years before my initiation into the rudiments of written language, that I began to ask myself the question: how came the world into being?"—Bist du sicher, daß dies die richtige Übersetzung deiner wortlosen Gedanken in Worte ist?—möchte man fragen. Und warum reckt diese Frage—die doch sonst garnicht zu existieren scheint—hier ihren Kopf hervor? Will ich sagen, es täusche den Schreiber sein Gedächtnis?—Ich weiß nicht einmal, ob ich *das*

338. After all, one can only say something if one has learned to talk. Therefore in order to *want* to say something one must also have mastered a language; and yet it is clear that one can want to speak without speaking. Just as one can want to dance without dancing.

And when we think about this, we grasp at the *image* of dancing, speaking, etc..

339. Thinking is not an incorporeal process which lends life and sense to speaking, and which it would be possible to detach from speaking, rather as the Devil took the shadow of Schlemiehl from the ground.——But how "not an incorporeal process"? Am I acquainted with incorporeal processes, then, only thinking is not one of them? No; I called the expression "an incorporeal process" to my aid in my embarrassment when I was trying to explain the meaning of the word "thinking" in a primitive way.

One might say "Thinking is an incorporeal process", however, if one were using this to distinguish the grammar of the word "think" from that of, say, the word "eat". Only that makes the difference between the meanings look *too slight*. (It is like saying: numerals are actual, and numbers non-actual, objects.) An unsuitable type of expression is a sure means of remaining in a state of confusion. It as it were bars the way out.

340. One cannot guess how a word functions. One has to *look at* its use and learn from that.

But the difficulty is to remove the prejudice which stands in the way of doing this. It is not a *stupid* prejudice.

341. Speech with and without thought is to be compared with the playing of a piece of music with and without thought.

342 William James, in order to shew that thought is possible without speech, quotes the recollection of a deaf-mute, Mr. Ballard, who wrote that in his early youth, even before he could speak, he had had thoughts about God and the world.—What can he have meant?—Ballard writes: "It was during those delightful rides, some two or three years before my initiation into the rudiments of written language, that I began to ask myself the question: how came the world into being?"—Are you sure—one would like to ask—that this is the correct translation of your wordless thought into words? And why does this question—which otherwise seems not to exist—raise its head here? Do I want to say that the writer's memory deceives

sagen würde. Diese Erinnerungen sind ein seltsames Gedächtnisphänomen—und ich weiß nicht, welche Schlüsse auf die Vergangenheit des Erzählers man aus ihnen ziehen kann!

343. Die Worte, mit denen ich meine Erinnerung ausdrücke, sind meine Erinnerungsreaktion.

344. Wäre es denkbar, daß Menschen nie eine hörbare Sprache sprächen, wohl aber eine im Innern, in der Vorstellung, zu sich selber?

"Wenn die Menschen immer nur in ihrem Innern zu sich selbst sprächen, so täten sie schließlich nur dasjenige *beständig*, was sie auch heute *manchmal* tun."—Es ist also ganz leicht, sich dies vorzustellen; man braucht nur den leichten Übergang von Einigen zu Allen zu machen. (Ähnlich: "Eine unendlich lange Baumreihe ist einfach eine, die *nicht* zu einem Ende kommt".) Unser Kriterium dafür, daß Einer zu sich selbst spricht, ist das, was er uns sagt, und sein übriges Verhalten; und wir sagen nur von dem, er spräche zu sich selbst, der, im gewöhnlichen Sinne, *sprechen kann.* Und wir sagen es auch nicht von einem Papagei; und nicht von einem Grammophon.

345. "Was manchmal geschieht, könnte immer geschehen"—was wäre das für ein Satz? Ein ähnlicher, wie dieser: Wenn "F(a)" Sinn hat, hat "(x).F(x)" Sinn.

"Wenn es vorkommen kann, daß Einer in einem Spiel falsch zieht, so könnte es sein, daß alle Menschen in allen Spielen nichts als falsche Züge machten."—Wir sind also in der Versuchung, hier die Logik unsrer Ausdrücke mißzuverstehen, den Gebrauch unsrer Worte unrichtig darzustellen.

Befehle werden manchmal nicht befolgt. Wie aber würde es aussehen, wenn Befehle *nie* befolgt würden? Der Begriff 'Befehl' hätte seinen Zweck verloren.

346. Aber könnten wir uns nicht vorstellen, daß Gott einem Papagei plötzlich Verstand schenkte, und dieser nun zu sich selbst redete?—Aber hier ist es wichtig, daß ich zu dieser Vorstellung die Vorstellung von einer Gottheit zu Hilfe nahm.

347. "Aber ich weiß doch von mir selbst, was es heißt 'zu sich selbst sprechen'. Und würde ich der Organe des lauten Sprechens beraubt, so könnte ich dennoch in mir Selbstgespräche führen."

Weiß ich's nur von mir selbst, dann weiß ich also nur, was *ich* so nenne, nicht, was ein Andrer so nennt.

348. "Diese Taubstummen haben alle nur eine Gebärdensprache gelernt, Jeder aber spricht zu sich selbst im Innern eine Lautsprache."—

him?—I don't even know if I should say *that*. These recollections are a queer memory phenomenon,—and I do not know what conclusions one can draw from them about the past of the man who recounts them.

343. The words with which I express my memory are my memory-reaction.

344. Would it be imaginable that people should never speak an audible language, but should still say things to themselves in the imagination?

"If people always said things only to themselves, then they would merely be doing *always* what as it is they do *sometimes*."—So it is quite easy to imagine this: one need only make the easy transition from some to all. (Like: "An infinitely long row of trees is simply one that does *not* come to an end.") Our criterion for someone's saying something to himself is what he tells us and the rest of his behaviour; and we only say that someone speaks to himself if, in the ordinary sense of the words, he *can speak*. And we do not say it of a parrot; nor of a gramophone.

345. "What sometimes happens might always happen."—What kind of proposition is that? It is like the following: If "$F(a)$" makes sense "$(x).F(x)$" makes sense.

"If it is possible for someone to make a false move in some game, then it might be possible for everybody to make nothing but false moves in every game."—Thus we are under a temptation to misunderstand the logic of our expressions here, to give an incorrect account of the use of our words.

Orders are sometimes not obeyed. But what would it be like if no orders were *ever* obeyed? The concept 'order' would have lost its purpose.

346. But couldn't we imagine God's suddenly giving a parrot understanding, and its now saying things to itself?—But here it is an important fact that I imagined a deity in order to imagine this.

347. "But at least I know from my own case what it means 'to say things to oneself'. And if I were deprived of the organs of speech, I could still talk to myself."

If I know it only from my own case, then I know only what *I* call that, not what anyone else does.

348. "These deaf-mutes have learned only a gesture-language, but each of them talks to himself inwardly in a vocal language."—Now,

Nun, verstehst du das nicht?—Wie weiß ich nur, ob ich's verstehe?!—Was kann ich mit dieser Mitteilung (wenn's eine ist) anfangen? Die ganze Idee des Verstehens erhält hier einen verdächtigen Geruch. Ich weiß nicht, ob ich sagen soll, ich versteh's, oder ich versteh's nicht. Ich möchte antworten: "Es ist ein deutscher Satz; *scheinbar* ganz in Ordnung,—ehe man nämlich mit ihm arbeiten will; er steht mit andern Sätzen in einem Zusammenhang, der es uns schwer macht, zu sagen, man wisse eigentlich nicht, was er uns mitteilt; Jeder, der nicht durch Philosophieren empfindungslos geworden ist, merkt, daß hier etwas nicht stimmt."

349. "Aber diese Annahme hat doch gewiß einen guten Sinn!"—Ja; diese Worte und dies Bild haben unter gewöhnlichen Umständen eine uns geläufige Anwendung.—Nehmen wir aber einen Fall an, in welchem diese Anwendung wegfällt, so werden wir uns nun gleichsam zum ersten Male der Nacktheit der Worte und des Bildes bewußt.

350. "Aber wenn ich annehme, Einer habe Schmerzen, so nehme ich einfach an, er habe dasselbe, was ich so oft gehabt habe."—Das führt uns nicht weiter. Es ist, als sagte ich: "Du weißt doch, was es heißt 'Es ist hier 5 Uhr'; dann weißt du auch, was es heißt, es sei 5 Uhr auf der Sonne. Es heißt eben, es sei dort ebensoviel Uhr, wie hier, wenn es hier 5 Uhr ist."—Die Erklärung mittels der *Gleichheit* funktioniert hier nicht. Weil ich zwar weiß, daß man 5 Uhr hier "die gleiche Zeit" nennen kann, wie 5 Uhr dort, aber eben nicht weiß, in welchem Falle man von Zeitgleichheit hier und dort sprechen soll.

Geradeso ist es keine Erklärung, zu sagen: die Annahme, er habe Schmerzen, sei eben die Annahme, er habe das Gleiche wie ich. Denn *dieser* Teil der Grammatik ist mir wohl klar: daß man nämlich sagen werde, der Ofen habe das gleiche Erlebnis wie ich, *wenn* man sagt: er habe Schmerzen und ich habe Schmerzen.

351. Wir möchten doch immer sagen: "Schmerzgefühl ist Schmerzgefühl—ob *er* es hat, oder *ich* es habe; und wie immer ich erfahre, ob er eines hat oder nicht."—Damit könnte ich mich einverstanden erklären.—Und wenn du mich fragst: "Weißt du denn nicht, was ich meine, wenn ich sage, der Ofen habe Schmerzen?"—so kann ich antworten: Diese Worte können mich zu allerlei Vorstellungen führen; aber weiter geht ihr Nutzen nicht. Und ich kann mir auch etwas bei den Worten vorstellen "Es war gerade 5 Uhr nachmittag auf der Sonne"—nämlich etwa eine Pendeluhr, die auf 5 zeigt.—Noch besser wäre aber das Beispiel der Anwendung von "oben" und "unten" auf die Erdkugel. Hier haben wir alle eine ganz deutliche Vorstellung

don't you understand that?—But how do I know whether I understand it?!—What can I do with this information (if it is such)? The whole idea of understanding smells fishy here. I do not know whether I am to say I understand it or don't understand it. I might answer "It's an English sentence; *apparently* quite in order—that is, until one wants to do something with it; it has a connexion with other sentences which makes it difficult for us to say that nobody really knows what it tells us; but everyone who has not become calloused by doing philosophy notices that there is something wrong here."

349. "But this supposition surely makes good sense!"—Yes; in ordinary circumstances these words and this picture have an application with which we are familiar.—But if we suppose a case in which this application falls away we become as it were conscious for the first time of the nakedness of the words and the picture.

350. "But if I suppose that someone has a pain, then I am simply supposing that he has just the same as I have so often had."—That gets us no further. It is as if I were to say: "You surely know what 'It is 5 o'clock here' means; so you also know what 'It's 5 o'clock on the sun' means. It means simply that it is just the same time there as it is here when it is 5 o'clock."—The explanation by means of *identity* does not work here. For I know well enough that one can call 5 o'clock here and 5 o'clock there "the same time", but what I do not know is in what cases one is to speak of its being the same time here and there.

In exactly the same way it is no explanation to say: the supposition that he has a pain is simply the supposition that he has the same as I. For *that* part of the grammar is quite clear to me: that is, that one will say that the stove has the same experience as I, *if* one says: it is in pain and I am in pain.

351. Yet we go on wanting to say: "Pain is pain—whether *he* has it, or *I* have it; and however I come to know whether he has a pain or not."—I might agree.—And when you ask me "Don't you know, then, what I mean when I say that the stove is in pain?"—I can reply: These words may lead me to have all sorts of images; but their usefulness goes no further. And I can also imagine something in connexion with the words: "It was just 5 o'clock in the afternoon on the sun"—such as a grandfather clock which points to 5.—But a still better example would be that of the application of "above" and "below" to the earth. Here we all have a quite clear idea of what

davon, was "oben" und "unten" bedeutet. Ich sehe doch, daß ich oben bin; die Erde ist doch unter mir! (Lächle ja nicht über dieses Beispiel. Es wird uns zwar schon in der Volksschule beigebracht, daß es dumm ist, so etwas zu sagen. Aber es ist eben viel leichter, ein Problem zuzuschütten, als es zu lösen.) Und erst eine Überlegung zeigt uns, daß in diesem Fall "oben" und "unten" nicht auf die gewohnte Weise zu gebrauchen sind. (Daß wir z.B. von den Antipoden als den Menschen 'unter' unserem Erdteil reden können, es aber nun für richtig anerkennen müssen, wenn sie auf uns den gleichen Ausdruck anwenden.)

352. Hier geschieht es nun, daß uns unser Denken einen seltsamen Streich spielt. Wir wollen nämlich das Gesetz vom ausgeschlossenen Dritten zitieren und sagen: "Entweder es schwebt ihm ein solches Bild vor, oder nicht; ein Drittes gibt es nicht!"—Dieses seltsame Argument treffen wir auch in andern Gebieten der Philosophie. "In der unendlichen Entwicklung von π kommt einmal die Gruppe "7777" vor, oder nicht—ein Drittes gibt es nicht." D.h.: Gott sieht es—aber wir wissen es nicht. Was bedeutet das aber?—Wir gebrauchen ein Bild; das Bild einer sichtbaren Reihe, die der Eine übersieht, der Andre nicht. Der Satz vom ausgeschlossenen Dritten sagt hier: Es muß entweder *so* ausschaun, oder *so*. Er sagt also eigentlich—und das ist ja selbstverständlich—garnichts, sondern gibt uns ein Bild. Und das Problem soll nun sein: ob die Wirklichkeit mit dem Bild übereinstimme, oder nicht. Und dies Bild *scheint* nun, was wir zu tun, wie und wonach wir zu suchen haben, zu bestimmen—tut es aber nicht, weil wir eben nicht wissen, wie es zu applizieren ist. Wenn wir hier sagen "Es gibt kein Drittes", oder "Es gibt doch kein Drittes!"—so drückt sich darin aus, daß wir den Blick von diesem Bild nicht wenden können,—das ausschaut, als müßte in ihm schon das Problem und seine Lösung liegen, während wir doch *fühlen*, daß es nicht der Fall ist.

Ebenso, wenn man sagt "Entweder hat er diese Empfindung, oder er hat sie nicht!"—so schwebt uns dabei vor allem ein Bild vor, das schon den Sinn der Aussagen *unmißverständlich* zu bestimmen scheint. "Du weißt jetzt, worum es sich handelt"—möchte man sagen. Und gerade das weiß er damit noch nicht.

353. Die Frage nach der Art und Möglichkeit der Verifikation eines Satzes ist nur eine besondere Form der Frage "Wie meinst du das?" Die Antwort ist ein Beitrag zur Grammatik des Satzes.

354. Das Schwanken in der Grammatik zwischen Kriterien und Symptomen läßt den Schein entstehen, als gäbe es überhaupt nur Symptome. Wir sagen etwa: "Die Erfahrung lehrt, daß es regnet,

"above" and "below" mean. I see well enough that I am on top; the earth is surely beneath me! (And don't smile at this example. We are indeed all taught at school that it is stupid to talk like that. But it is much easier to bury a problem than to solve it.) And it is only reflection that shews us that in this case "above" and "below" cannot be used in the ordinary way. (That we might, for instance, say that the people at the antipodes are 'below' our part of the earth, but it must also be recognized as right for them to use the same expression about us.)

352. Here it happens that our thinking plays us a queer trick. We want, that is, to quote the law of excluded middle and to say: "Either such an image is in his mind, or it is not; there is no third possibility!"—We encounter this queer argument also in other regions of philosophy. "In the decimal expansion of π either the group "7777" occurs, or it does not—there is no third possibility." That is to say: "God sees—but we don't know." But what does that mean?—We use a picture; the picture of a visible series which one person sees the whole of and another not. The law of excluded middle says here: It must either look like this, or like that. So it really—and this is a truism—says nothing at all, but gives us a picture. And the problem ought now to be: does reality accord with the picture or not? And this picture *seems* to determine what we have to do, what to look for, and how—but it does not do so, just because we do not know how it is to be applied. Here saying "There is no third possibility" or "But there can't be a third possibility!"—expresses our inability to turn our eyes away from this picture: a picture which looks as if it must already contain both the problem and its solution, while all the time we *feel* that it is not so.

Similarly when it is said "Either he has this experience, or not"—what primarily occurs to us is a picture which by itself seems to make the sense of the expressions *unmistakable*: "Now you know what is in question"—we should like to say. And that is precisely what it does not tell him.

353. Asking whether and how a proposition can be verified is only a particular way of asking "How d'you mean?" The answer is a contribution to the grammar of the proposition.

354. The fluctuation in grammar between criteria and symptoms makes it look as if there were nothing at all but symptoms. We say,

wenn das Barometer fällt, aber sie lehrt auch, daß es regnet, wenn wir bestimmte Gefühle der Nässe und Kälte haben, oder den und den Gesichtseindruck." Als Argument dafür gibt man dann an, daß diese Sinneseindrücke uns täuschen können. Aber man bedenkt dabei nicht, daß die Tatsache, daß sie uns gerade den Regen vortäuschen, auf einer Definition beruht.

355. Nicht darum handelt es sich, daß unsre Sinneseindrücke uns belügen können, sondern, daß wir ihre Sprache verstehen. (Und diese Sprache beruht, wie jede andere, auf Übereinkunft.)

356. Man ist geneigt zu sagen: "Es regnet, oder es regnet nicht—wie ich das weiß, wie mich die Kunde davon erreicht hat, ist eine andere Sache." Aber stellen wir also die Frage so: Was nenne ich "eine Kunde davon, daß es regnet"? (Oder habe ich auch von dieser Kunde nur Kunde erhalten?) Und was kennzeichnet denn diese 'Kunde' als Kunde von etwas? Leitet uns da nicht die Form unseres Ausdrucks irre? Ist das eben nicht eine irreführende Metapher: "Mein Auge gibt mir Kunde davon, daß dort ein Sessel stehe"?

357. Wir sagen nicht, ein Hund spräche *möglicherweise* zu sich selber. Ist das, weil wir seine Seele so genau kennen? Nun, man könnte so sagen: Wenn man das Benehmen des Lebewesens sieht, sieht man seine Seele.—Aber sage ich auch von mir, ich spreche zu mir selber, weil ich mich so und so benehme?—Ich sage es *nicht* auf die Beobachtung meines Benehmens hin. Aber es hat nur Sinn, weil ich mich so benehme.—So hat es also nicht darum Sinn, weil ich es *meine*?

358. Aber ist es nicht unser *Meinen*, das dem Satz Sinn gibt? (Und dazu gehört natürlich: Sinnlose Wortreihen kann man nicht meinen.) Und das Meinen ist etwas im seelischen Bereich. Aber es ist auch etwas Privates! Es ist das ungreifbare Etwas; vergleichbar nur dem Bewußtsein selbst.

Wie könnte man das lächerlich finden! es ist ja, gleichsam, ein Traum unserer Sprache.

359. Könnte eine Maschine denken?——Könnte sie Schmerzen haben?—Nun, soll der menschliche Körper so eine Maschine heißen? Er kommt doch am nächsten dazu, so eine Maschine zu sein.

360. Aber eine Maschine kann doch nicht denken!—Ist das ein Erfahrungssatz? Nein. Wir sagen nur vom Menschen, und was ihm ähnlich ist, es denke. Wir sagen es auch von Puppen und wohl auch von Geistern. Sieh das Wort "denken" als Instrument an!

for example: "Experience teaches that there is rain when the barometer falls, but it also teaches that there is rain when we have certain sensations of wet and cold, or such-and-such visual impressions." In defence of this one says that these sense-impressions can deceive us. But here one fails to reflect that the fact that the false appearance is precisely one of rain is founded on a definition.

355. The point here is not that our sense-impressions can lie, but that we understand their language. (And this language like any other is founded on convention.)

356. One is inclined to say: "Either it is raining, or it isn't—how I know, how the information has reached me, is another matter." But then let us put the question like this: What do I call "information that it is raining"? (Or have I only information of this information too?) And what gives this 'information' the character of information about something? Doesn't the form of our expression mislead us here? For isn't it a misleading metaphor to say: "My eyes give me the information that there is a chair over there"?

357. We do not say that *possibly* a dog talks to itself. Is that because we are so minutely acquainted with its soul? Well, one might say this: If one sees the behaviour of a living thing, one sees its soul.—But do I also say in my own case that I am saying something to myself, because I am behaving in such-and-such a way?—I do *not* say it from observation of my behaviour. But it only makes sense because I do behave in this way.—Then it is not because I *mean* it that it makes sense?

358. But isn't it our *meaning* it that gives sense to the sentence? (And here, of course, belongs the fact that one cannot mean a senseless series of words.) And 'meaning it' is something in the sphere of the mind. But it is also something private! It is the intangible *something*; only comparable to consciousness itself.

How could this seem ludicrous? It is, as it were, a dream of our language.

359. Could a machine think?——Could it be in pain?—Well, is the human body to be called such a machine? It surely comes as close as possible to being such a machine.

360. But a machine surely cannot think!—Is that an empirical statement? No. We only say of a human being and what is like one that it thinks. We also say it of dolls and no doubt of spirits too. Look at the word "to think" as a tool.

361. Der Sessel denkt bei sich selber: . . . . .

wo? In einem seiner Teile? Oder außerhalb seines Körpers; in der Luft um ihn? Oder garnicht *irgendwo*? Aber was ist dann der Unterschied zwischen dem inneren Sprechen dieses Sessels und eines andern, der daneben steht?—Aber wie ist es dann mit dem Menschen: Wo spricht *er* zu sich selber? Wie kommt es, daß diese Frage sinnlos scheint; und keine Ortsbestimmung nötig ist, außer der, daß eben dieser Mensch zu sich selbst spricht? Während die Frage, *wo* der Sessel mit sich selbst spreche, eine Antwort zu verlangen scheint.—Der Grund ist: Wir wollen wissen, *wie* der Sessel hier einem Menschen gleichen soll; ob der Kopf z.B. am obern Ende der Lehne ist, u.s.w. .

Wie ist das, wenn man im Innern zu sich selbst spricht; was geht da vor?—Wie soll ich's erklären? Nun, nur so, wie du Einen die Bedeutung des Ausdrucks "zu sich selbst sprechen" lehren kannst. Und als Kinder lernen wir ja diese Bedeutung.—Nur, daß niemand sagen wird, wer sie uns lehrt, sage uns, 'was da vorgeht'.

362. Vielmehr scheint es uns, als ob der Lehrer in diesem Falle dem Schüler die Bedeutung *beibringe*—ohne sie ihm direkt zu sagen; daß aber der Schüler endlich dazu gebracht wird, sich selbst die richtige hinweisende Erklärung zu geben. Und hierin liegt unsre Illusion.

363. "Wenn ich mir etwas vorstelle, so *geschieht* doch wohl etwas!" Nun, es geschieht etwas—und wozu mache ich dann einen Lärm? Wohl dazu, was geschieht, mitzuteilen.—Aber wie teilt man denn überhaupt etwas mit? Wann sagt man, etwas werde mitgeteilt? —Was ist das Sprachspiel des Mitteilens?

Ich möchte sagen: du siehst es für viel zu selbstverständlich an, daß man Einem etwas mitteilen kann. Das heißt: Wir sind so sehr an die Mitteilung durch Sprechen, im Gespräch, gewöhnt, daß es uns scheint, als läge der ganze Witz der Mitteilung darin, daß ein Andrer den Sinn meiner Worte—etwas Seelisches—auffaßt, sozusagen in seinen Geist aufnimmt. Wenn er dann auch noch etwas damit anfängt, so gehört das nicht mehr zum unmittelbaren Zweck der Sprache.

Man möchte sagen "Die Mitteilung bewirkt, daß er *weiß*, daß ich Schmerzen habe; sie bewirkt dies geistige Phänomen; alles Andere ist der Mitteilung unwesentlich." Was dieses merkwürdige Phänomen des Wissens ist—damit läßt man sich Zeit. Seelische Vorgänge sind eben merkwürdig. (Es ist, als sagte man: "Die Uhr zeigt uns die Zeit an. *Was* die Zeit ist, ist noch nicht entschieden. Und *wozu* man die Zeit abliest—das gehört nicht hieher.")

361. The chair is thinking to itself: . . . . .

WHERE? In one of its parts? Or outside its body; in the air around it? Or not *anywhere* at all? But then what is the difference between this chair's saying something to itself and another one's doing so, next to it?—But then how is it with man: where does *he* say things to himself? How does it come about that this question seems senseless; and that no specification of a place is necessary except just that this man is saying something to himself? Whereas the question *where* the chair talks to itself seems to demand an answer.—The reason is: we want to know *how* the chair is supposed to be like a human being; whether, for instance, the head is at the top of the back and so on.

What is it like to say something to oneself; what happens here?—How am I to explain it? Well, only as you might teach someone the meaning of the expression "to say something to oneself". And certainly we learn the meaning of that as children.—Only no one is going to say that the person who teaches it to us tells us 'what takes place'.

362. Rather it seems to us as though in this case the instructor *imparted* the meaning to the pupil—without telling him it directly; but in the end the pupil is brought to the point of giving himself the correct ostensive definition. And this is where our illusion is.

363. "But when I imagine something, something certainly *happens*!" Well, something happens—and then I make a noise. What for? Presumably in order to tell what happens.—But how is *telling* done? When are we said to *tell* anything?—What is the language-game of telling?

I should like to say: you regard it much too much as a matter of course that one can tell anything to anyone. That is to say: we are so much accustomed to communication through language, in conversation, that it looks to us as if the whole point of communication lay in this: someone else grasps the sense of my words—which is something mental: he as it were takes it into his own mind. If he then does something further with it as well, that is no part of the immediate purpose of language.

One would like to say "Telling brings it about that he *knows* that I am in pain; it produces this mental phenomenon; everything else is inessential to the telling." As for what this queer phenomenon of knowledge is—there is time enough for that. Mental processes just are queer. (It is as if one said: "The clock tells us the time. *What* time is, is not yet settled. And as for what one tells the time *for*—that doesn't come in here.")

364. Jemand macht eine Berechnung im Kopf. Das Ergebnis verwendet er, sagen wir, beim Bauen einer Brücke, oder Maschine.—Willst du sagen, er habe diese Zahl *eigentlich* nicht durch Berechnung gefunden? Sie sei ihm etwa, nach einer Art Träumerei, in den Schoß gefallen? Es mußte doch da gerechnet werden, und ist gerechnet worden. Denn er *weiß*, daß, und wie, er gerechnet hat; und das richtige Resultat wäre ohne Rechnung nicht erklärbar.——Wie aber, wenn ich sagte: "Es *kommt ihm vor*, er habe gerechnet. Und warum soll sich das richtige Resultat erklären lassen? Ist es nicht unverständlich genug, daß er ohne ein Wort, oder Schriftzeichen, RECHNEN konnte?"—

Ist das Rechnen in der Vorstellung in gewissem Sinne unwirklicher, als das auf dem Papier? Es ist das *wirkliche*—Kopfrechnen.—Ist es ähnlich dem Rechnen auf dem Papier?—Ich weiß nicht, ob ich es ähnlich nennen soll. Ist ein Stück weißes Papier mit schwarzen Strichen drauf einem menschlichen Körper ähnlich?

365. Spielen Adelheid und der Bischof eine *wirkliche* Schachpartie?—Freilich. Sie geben nicht bloß vor, eine zu spielen—wie es doch in einem Theaterstücke auch geschehen könnte.—Aber diese Partie hat doch z.B. keinen Anfang!—Doch; sonst wäre es ja keine Schachpartie.—

366. Ist das Rechnen im Kopf unwirklicher, als das Rechnen auf dem Papier?—Man ist vielleicht geneigt, so etwas zu sagen; kann sich aber auch zur gegenteiligen Ansicht bringen, indem man sich sagt: Papier, Tinte, etc. seien nur logische Konstruktionen aus unsern Sinnesdaten.

"Ich habe die Multiplikation . . . . . im Kopfe ausgeführt"—*glaube* ich etwa so eine Aussage nicht?—Aber war es wirklich eine Multiplikation? Es war nicht bloß 'eine' Multiplikation, sondern *diese*—im Kopfe. Dies ist der Punkt, an dem ich irregehe. Denn ich will jetzt sagen: Es war irgend ein, dem Multiplizieren auf dem Papier *entsprechender*, geistiger Vorgang. So daß es Sinn hätte, zu sagen: "*Dieser* Vorgang im Geiste entspricht *diesem* Vorgang auf dem Papier." Und es hätte dann Sinn, von einer Methode der Abbildung zu reden, nach welcher die Vorstellung des Zeichens das Zeichen selbst darstellt.

367. Das Vorstellungsbild ist das Bild, das beschrieben wird, wenn Einer seine Vorstellung beschreibt.

368. Ich beschreibe Einem ein Zimmer, und lasse ihn dann, zum Zeichen, daß er meine Beschreibung verstanden hat, ein *impressionistisches* Bild nach dieser Beschreibung malen.—Er malt nun die Stühle, die in meiner Beschreibung grün hießen, dunkelrot; wo ich "gelb"

364. Someone does a sum in his head. He uses the result, let's say, for building a bridge or a machine.—Are you trying to say that he has not *really* arrived at this number by calculation? That it has, say, just 'come' to him in the manner of a kind of dream? There surely must have been calculation going on, and there was. For he *knows* that, and how, he calculated; and the correct result he got would be inexplicable without calculation.——But what if I said: "*It strikes him as if* he had calculated. And why should the correct result be explicable? Is it not incomprehensible enough, that without saying a word, without making a note, he was able to CALCULATE?"—

Is calculating in the imagination in some sense less real than calculating on paper? It is *real*—calculation-in-the-head.—Is it like calculation on paper?—I don't know whether to call it like. Is a bit of white paper with black lines on it like a human body?

365. Do Adelheid and the Bishop play a *real* game of chess?—Of course. They are not merely pretending—which would also be possible as part of a play.—But, for example, the game has no beginning!—Of course it has; otherwise it would not be a game of chess.—

366. Is a sum in the head less real than a sum on paper?—Perhaps one is inclined to say some such thing; but one can get oneself to think the opposite as well by telling oneself: paper, ink, etc. are only logical constructions out of our sense-data.

"I have done the multiplication . . . . . in my head"—do I perhaps not *believe* such a statement?—But was it really a multiplication? It was not merely 'a' multiplication, but *this* one—in the head. This is the point at which I go wrong. For I now want to say: it was some mental process *corresponding* to the multiplication on paper. So it would make sense to say: "*This* process in the mind corresponds to *this* process on paper." And it would then make sense to talk of a method of projection according to which the image of the sign was a representation of the sign itself.

367. The mental picture is the picture which is described when someone describes what he imagines.

368. I describe a room to someone, and then get him to paint an *impressionistic* picture from this description to shew that he has understood it.—Now he paints the chairs which I described as green, dark red; where I said "yellow", he paints blue.—That is the impression

sagte, malt er blau.—Das ist der Eindruck, den er von diesem Zimmer erhielt. Und nun sage ich: "Ganz richtig; so sieht es aus."

369. Man möchte fragen: "Wie ist das—was geht da vor—wenn Einer im Kopfe rechnet?"—Und im besondern Fall kann die Antwort sein: "Ich addiere zuerst 17 und 18, dann subtrahiere ich 39 . . . . ." Aber das ist nicht die Antwort auf unsre Frage. Was im Kopfe rechnen heißt, wird auf *solche* Weise nicht erklärt.

370. Nicht, was Vorstellungen sind, oder was da geschieht, wenn man sich etwas vorstellt, muß man fragen, sondern: wie das Wort "Vorstellung" gebraucht wird. Das heißt aber nicht, daß ich nur von Worten reden will. Denn soweit in meiner Frage vom Wort "Vorstellung" die Rede ist, ist sie's auch in der Frage nach dem Wesen der Vorstellung. Und ich sage nur, daß diese Frage nicht durch ein Zeigen—weder für den Vorstellenden, noch für den Andern, zu erklären ist; noch durch die Beschreibung irgend eines Vorgangs. Nach einer Worterklärung fragt auch die erste Frage; aber sie lenkt unsre Erwartung auf eine falsche Art der Antwort.

371. Das *Wesen* ist in der Grammatik ausgesprochen.

372. Überlege: "Das einzige Korrelat in der Sprache zu einer Naturnotwendigkeit ist eine willkürliche Regel. Sie ist das Einzige, was man von dieser Naturnotwendigkeit in einen Satz abziehen kann."

373. Welche Art von Gegenstand etwas ist, sagt die Grammatik. (Theologie als Grammatik.)

374. Die große Schwierigkeit ist hier, die Sache nicht so darzustellen, als *könne* man etwas nicht. Als wäre da wohl ein Gegenstand, von dem ich die Beschreibung abziehe, aber ich wäre nicht im Stande, ihn jemandem zu zeigen.——Und das Beste, was ich vorschlagen kann, ist wohl, daß wir der Versuchung, dies Bild zu gebrauchen, nachgeben: aber nun untersuchen, wie die *Anwendung* dieses Bildes aussieht.

375. Wie lehrt man jemand, leise für sich selbst lesen? Wie weiß man, wenn er's kann? Wie weiß er selbst, daß er tut, was man von ihm verlangt?

376. Wenn ich mir im Innern das ABC vorsage, was ist das Kriterium dafür, daß ich das Gleiche tue, wie ein Andrer, der es sich im Stillen vorsagt? Es könnte gefunden werden, daß in meinem Kehlkopf und in seinem das Gleiche dabei vorgeht. (Und ebenso, wenn wir beide an das Gleiche denken, das Gleiche wünschen, etc.) Aber lernten wir denn die Verwendung der Worte "sich im Stillen

which he got of that room. And now I say: "Quite right! That's what it's like."

369. One would like to ask: "What is it like—what happens—when one does a sum in one's head?"—And in a particular case the answer may be "First I add 17 and 18, then I subtract 39 . . . . .". But that is not the answer to our question. What is called doing sums in one's head is not explained by *such* an answer.

370. One ought to ask, not what images are or what happens when one imagines anything, but how the word "imagination" is used. But that does not mean that I want to talk only about words. For the question as to the nature of the imagination is as much about the word "imagination" as my question is. And I am only saying that this question is not to be decided—neither for the person who does the imagining, nor for anyone else—by pointing; nor yet by a description of any process. The first question also asks for a word to be explained; but it makes us expect a wrong kind of answer.

371. *Essence* is expressed by grammar.

372. Consider: "The only correlate in language to an intrinsic necessity is an arbitrary rule. It is the only thing which one can milk out of this intrinsic necessity into a proposition."

373. Grammar tells what kind of object anything is. (Theology as grammar.)

374. The great difficulty here is not to represent the matter as if there were something one *couldn't* do. As if there really were an object, from which I derive its description, but I were unable to shew it to anyone.——And the best that I can propose is that we should yield to the temptation to use this picture, but then investigate how the *application* of the picture goes.

375. How does one teach anyone to read to himself? How does one know if he can do so? How does he himself know that he is doing what is required of him?

376. When I say the ABC to myself, what is the criterion of my doing the same as someone else who silently repeats it to himself? It might be found that the same thing took place in my larynx and in his. (And similarly when we both think of the same thing, wish the same, and so on.) But then did we learn the use of the words: "to

das und das vorsagen", indem auf einen Vorgang im Kehlkopf, oder im Gehirn, hingewiesen wurde? Ist es nicht auch wohl möglich, daß meiner Vorstellung vom Laute a und seiner verschiedene physiologische Vorgänge entsprechen? Die Frage ist: *Wie vergleicht* man Vorstellungen?

377. Ein Logiker denkt vielleicht: Gleich ist gleich—es ist eine psychologische Frage, wie ein Mensch sich von der Gleichheit überzeugt. (Höhe ist Höhe—es gehört in die Psychologie, daß der Mensch sie manchmal *sieht*, manchmal *hört*.)

Was ist das Kriterium der Gleichheit zweier Vorstellungen?—Was ist das Kriterium der Röte einer Vorstellung? Für mich, wenn der Andre sie hat: was er sagt und tut. Für mich, wenn ich sie habe: garnichts. Und was für "rot" gilt, gilt auch für "gleich".

378. "Ehe ich urteile, daß zwei meiner Vorstellungen gleich sind, muß ich sie doch als gleich erkennen." Und wenn das geschehen ist, wie werde ich dann wissen, daß das Wort "gleich" meine Erkenntnis beschreibt? Nur dann, wenn ich diese Erkenntnis auf andere Weise ausdrücken, und ein Andrer mich lehren kann, daß hier "gleich" das richtige Wort ist.

Denn, bedarf ich einer Berechtigung dafür, ein Wort zu gebrauchen, dann muß es eine auch für den Andern sein.

379. Ich erkenne es erst als *das*; und nun erinnere ich mich daran, wie das genannt wird.—Bedenke: In welchen Fällen kann man dies mit Recht sagen?

380. Wie erkenne ich, daß dies rot ist?—"Ich sehe, daß es *dies* ist; und nun weiß ich, daß dies so heißt." Dies?—Was?! Welche Art der Antwort hat auf diese Frage Sinn?

(Du steuerst immer wieder auf eine innere hinweisende Erklärung hin.)

Auf den *privaten* Übergang von dem Gesehenen zum Wort könnte ich keine Regeln anwenden. Hier hingen die Regeln wirklich in der Luft; da die Institution ihrer Anwendung fehlt.

381. Wie erkenne ich, daß diese Farbe Rot ist?—Eine Antwort wäre: "Ich habe Deutsch gelernt."

382. Wie kann ich es *rechtfertigen*, daß ich mir auf diese Worte hin diese Vorstellung mache?

Hat mir jemand die Vorstellung der blauen Farbe gezeigt, und gesagt, daß *sie* es sei?

Was bedeuten die Worte "*diese* Vorstellung"? Wie zeigt man auf eine Vorstellung? Wie zeigt man zweimal auf die gleiche Vorstellung?

say such-and-such to oneself" by someone's pointing to a process in the larynx or the brain? Is it not also perfectly possible that my image of the sound *a* and his correspond to different physiological processes? The question is: *How do we compare* images?

377. Perhaps a logician will think: The same is the same—how identity is established is a psychological question. (High is high—it is a matter of psychology that one sometimes *sees*, and sometimes *hears* it.)

What is the criterion for the sameness of two images?—What is the criterion for the redness of an image? For me, when it is someone else's image: what he says and does. For myself, when it is my image: nothing. And what goes for "red" also goes for "same".

378. "Before I judge that two images which I have are the same, I must recognize them as the same." And when that has happened, how am I to know that the word "same" describes what I recognize? Only if I can express my recognition in some other way, and if it is possible for someone else to teach me that "same" is the correct word here.

For if I need a justification for using a word, it must also be one for someone else.

379. First I am aware of it as *this*; and then I remember what it is called.—Consider: in what cases is it right to say this?

380. How do I recognize that this is red?—"I see that it is *this*; and then I know that that is what this is called." This?—What?! What kind of answer to this question makes sense?

(You keep on steering towards the idea of the private ostensive definition.)

I could not apply any rules to a *private* transition from what is seen to words. Here the rules really would hang in the air; for the institution of their use is lacking.

381. How do I know that this colour is red?—It would be an answer to say: "I have learnt English".

382. At these words I form this image. How can I *justify* this?

Has anyone shewn me the image of the colour blue and told me that *this* is the image of blue?

What is the meaning of the words: "*This* image"? How does one point to an image? How does one point twice to the same image?

383. Wir analysieren nicht ein Phänomen (z.B. das Denken), sondern einen Begriff (z.B. den des Denkens), und also die Anwendung eines Worts. So kann es scheinen, als wäre, was wir treiben, Nominalismus. Nominalisten machen den Fehler, daß sie alle Wörter als *Namen* deuten, also ihre Verwendung nicht wirklich beschreiben, sondern sozusagen nur eine papierene Anweisung auf so eine Beschreibung geben.

384. Den *Begriff* 'Schmerz' hast du mit der Sprache gelernt.

385. Frage dich: Wäre es denkbar, daß Einer im Kopfe rechnen lernte, ohne je schriftlich oder mündlich zu rechnen?—"Es lernen" heißt wohl: dazu gebracht werden, daß man's kann. Und es fragt sich nur, was als Kriterium dafür gelten wird, daß jemand dies kann.——Ist aber auch dies möglich, daß einem Volksstamm nur das Kopfrechnen bekannt ist, und kein andres? Hier muß man sich fragen "Wie wird das aussehen?"—Man wird sich dies also als einen Grenzfall ausmalen müssen. Und es wird sich dann fragen, ob wir hier noch den Begriff des 'Kopfrechnens' anwenden wollen—oder ob er unter solchen Umständen seinen Zweck eingebüßt hat; weil die Erscheinungen nun zu einem andern Vorbild hin gravitieren.

386. "Aber warum traust du dir selbst so wenig? Du weißt doch sonst immer, was 'rechnen' heißt. Wenn du also sagst, du habest in der Vorstellung gerechnet, so wird es eben so sein. Hättest du *nicht* gerechnet, so würdest du's nicht sagen. Ebenso: wenn du sagst, du sähest etwas Rotes in der Vorstellung, so wird es eben rot *sein*. Du weißt ja sonst, was 'rot' ist.—Und weiter: du verläßt dich ja nicht immer auf die Übereinstimmung mit den Andern; denn oft berichtest du, du habest etwas gesehen, was niemand Andrer gesehen hat."——Aber ich traue mir ja—ich sage ja ohne Bedenken, ich habe dies im Kopf gerechnet, diese Farbe mir vorgestellt. Nicht das ist die Schwierigkeit, daß ich zweifle, ob ich mir wirklich etwas Rotes vorgestellt habe. Sondern *dies*: daß wir so ohne weiteres zeigen oder beschreiben können, welche Farbe wir uns vorgestellt haben, daß uns das Abbilden der Vorstellung in die Wirklichkeit gar keine Schwierigkeit bereitet. Sehen sie sich denn zum Verwechseln ähnlich?—Aber ich kann ja auch ohne weiteres einen Menschen nach einer Zeichnung erkennen.—Aber kann ich denn fragen "Wie schaut eine richtige Vorstellung dieser Farbe aus?", oder "Wie ist sie beschaffen?"; kann ich dies *lernen*?

(Ich kann sein Zeugnis nicht annehmen, weil es kein *Zeugnis* ist. Es sagt mir nur, was er zu sagen *geneigt* ist.)

387. Der *tiefe* Aspekt entschlüpft leicht.

383. We are not analysing a phenomenon (e.g. thought) but a concept (e.g. that of thinking), and therefore the use of a word. So it may look as if what we were doing were Nominalism. Nominalists make the mistake of interpreting all words as *names*, and so of not really describing their use, but only, so to speak, giving a paper draft on such a description.

384. You learned the *concept* 'pain' when you learned language.

385. Ask yourself: Would it be imaginable for someone to learn to do sums in his head without ever doing written or oral ones?—"Learning it" will mean: being made able to do it. Only the question arises, what will count as a criterion for being able to do it?——But is it also possible for some tribe to know only of calculation in the head, and of no other kind? Here one has to ask oneself: "What will that be like?"—And so one will have to depict it as a limiting case. And the question will then arise whether we are still willing to use the concept of 'calculating in the head' here—or whether in such circumstances it has lost its purpose, because the phenomena gravitate towards another paradigm.

386. "But why have you so little confidence in yourself? Ordinarily you always know well enough what it is to 'calculate.' So if you say you have calculated in imagination, then you will have done so. If you had *not* calculated, you would not have said you had. Equally, if you say that you see something red in imagination, then it will *be* red. You know what 'red' is elsewhere.—And further: you do not always rely on the agreement of other people; for you often report that you have seen something no one else has."——But I do have confidence in myself—I say without hesitation that I have done this sum in my head, have imagined this colour. The difficulty is not that I doubt whether I really imagined anything red. But it is *this*: that we should be able, just like that, to point out or describe the colour we have imagined, that the translation of the image into reality presents no difficulty at all. Are they then so alike that one might mix them up?—But I can also recognize a man from a drawing straight off.—Well, but can I ask: "What does a correct image of this colour look like?" or "What sort of thing is it?"; can I *learn* this?

(I cannot accept his testimony because it is not *testimony*. It only tells me what he is *inclined* to say.)

387. The *deep* aspect of this matter readily eludes us.

388. "Ich sehe zwar hier nichts Violettes, aber wenn du mir einen Farbkasten gibst, so kann ich's dir darin zeigen." Wie kann man *wissen*, daß man es zeigen kann, wenn . . . . . , daß man es also erkennen kann, wenn man es sieht?

Wie weiß ich von meiner *Vorstellung* her, wie die Farbe wirklich ausschaut?

Wie weiß ich, daß ich etwas werde tun können? d.h., daß der Zustand, in welchem ich jetzt bin, der ist: jenes tun zu können?

389. "Die Vorstellung muß ihrem Gegenstand ähnlicher sein, als jedes Bild: Denn wie ähnlich ich auch das Bild dem mache, was es darstellen soll, es kann immer noch das Bild von etwas anderm sein. Aber die Vorstellung hat es in sich, daß sie die Vorstellung von *diesem*, und von nichts anderem, ist." Man könnte so dahin kommen, die Vorstellung als ein Über-Bildnis anzusehen.

390. Könnte man sich vorstellen, daß ein Stein Bewußtsein hätte? Und wenn's Einer kann—warum soll das nicht bloß beweisen, daß diese Vorstellerei für uns kein Interesse hat?

391. Ich kann mir vielleicht auch vorstellen (obwohl es nicht leicht ist), jeder der Leute, die ich auf der Straße sehe, habe furchtbare Schmerzen, verberge sie aber kunstvoll. Und es ist wichtig, daß ich mir hier ein kunstvolles Verbergen vorstellen muß. Daß ich mir also nicht einfach sage: "Nun, seine Seele hat Schmerzen; aber was hat das mit seinem Leib zu tun!" oder "das muß sich schließlich am Leib nicht zeigen!"—Und wenn ich mir das nun vorstelle,—was tue ich; was sage ich zu mir selbst; wie sehe ich die Leute an? Ich schaue etwa Einen an und denke mir "Das muß schwer sein, zu lachen, wenn man solche Schmerzen hat", und vieles dergleichen. Ich spiele gleichsam eine Rolle, *tue so*, als hätten die Andern Schmerzen. Wenn ich das tue, sagt man etwa, ich stelle mir vor, ...

392. "Wenn ich mir vorstelle, er habe Schmerzen, geht eigentlich nur . . . . . in mir vor." Ein Andrer sagt dann: "Ich glaube, ich kann es mir auch vorstellen, *ohne* dabei . . . . . zu denken". ("Ich glaube, ich kann denken, ohne zu reden.") Das führt zu nichts. Die Analyse schillert zwischen einer naturwissenschaftlichen und einer grammatischen.

393. "Wenn ich mir vorstelle, daß Einer, der lacht, in Wirklichkeit Schmerzen hat, so stelle ich mir doch kein Schmerzbenehmen vor, denn ich sehe eben das Gegenteil. *Was* stelle ich mir also vor?"—Ich habe es schon gesagt. Und ich stelle mir dazu nicht notwendigerweise vor, daß *ich* Schmerzen fühle.——"Aber wie geht es also vor sich: sich dies vorstellen?"——Wo (außerhalb der Philosophie)

388. "I don't see anything violet here, but I can shew it you if you give me a paint box." How can one *know* that one can shew it if . . . ., in other words, that one can recognize it if one sees it?

How do I know from my *image*, what the colour really looks like?

How do I know that I shall be able to do something? that is, that the state I am in now is that of being able to do that thing?

389. "The image must be more like its object than any picture. For, however like I make the picture to what it is supposed to represent, it can always be the picture of something else as well. But it is essential to the image that it is the image of *this* and of nothing else." Thus one might come to regard the image as a super-likeness.

390. Could one imagine a stone's having consciousness? And if anyone can do so—why should that not merely prove that such image-mongery is of no interest to us?

391. I can perhaps even imagine (though it is not easy) that each of the people whom I see in the street is in frightful pain, but is artfully concealing it. And it is important that I have to imagine an artful concealment here. That I do not simply say to myself: "Well, his soul is in pain: but what has that to do with his body?" or "After all it need not shew in his body!"—And if I imagine this—what do I do; what do I say to myself; how do I look at the people? Perhaps I look at one and think: "It must be difficult to laugh when one is in such pain", and much else of the same kind. I as it were play a part, *act* as if the others were in pain. When I do this I am said for example to be imagining . . . .

392. "When I imagine he is in pain, all that really goes on in me is . . . ." Then someone else says: "I believe I can imagine it *without* thinking '. . . .' " ("I believe I can think without words.") This leads to nothing. The analysis oscillates between natural science and grammar.

393. "When I imagine that someone who is laughing is really in pain I don't imagine any pain-behaviour, for I see just the opposite. So *what* do I imagine?"—I have already said what. And I do not necessarily imagine *my* being in pain.——"But then what is the process of imagining it?"——Where (outside philosophy) do we use the

verwenden wir denn die Worte "Ich kann mir vorstellen, daß er Schmerzen hat", oder "Ich stelle mir vor, daß . . . .", oder "Stell dir vor, daß . . . . !"?

Man sagt z.B. dem, der eine Theaterrolle zu spielen hat: "Du mußt dir hier vorstellen, daß dieser Mensch Schmerzen hat, die er verbirgt"—und wir geben ihm nun keine Anweisung, sagen ihm nicht, was er *eigentlich* tun soll. Darum ist auch jene Analyse nicht zur Sache.—Wir schaun nun dem Schauspieler zu, der sich diese Situation vorstellt.

394. Unter was für Umständen würden wir jemand fragen: "Was ist da eigentlich in dir vorgegangen, wie du dir dies vorgestellt hast?"—Und was für eine Antwort erwarten wir uns da?

395. Es besteht Unklarheit darüber, welche Rolle *Vorstellbarkeit* in unserer Untersuchung spielt. In wiefern sie nämlich den Sinn eines Satzes sicherstellt.

396. Es ist so wenig für das Verständnis eines Satzes wesentlich, daß man sich bei ihm etwas vorstelle, als daß man nach ihm eine Zeichnung entwerfe.

397. Statt "Vorstellbarkeit" kann man hier auch sagen: Darstellbarkeit in einem bestimmten Mittel der Darstellung. Und von einer solchen Darstellung *kann* allerdings ein sicherer Weg zur weitern Verwendung führen. Anderseits kann sich uns ein Bild aufdrängen und garnichts nützen.

398. "Aber wenn ich mir etwas vorstelle, oder auch wirklich Gegenstände *sähe*, so *habe* ich doch etwas, was mein Nachbar nicht hat."—Ich verstehe dich. Du willst um dich schaun und sagen: "Nur *ich* habe doch DIESES."—Wozu diese Worte? Sie taugen zu nichts.—Ja, kann man nicht auch sagen "Es ist hier von einem 'Sehen'—und daher auch von einem 'Haben'—und von einem Subjekt, also auch vom Ich, nicht die Rede"? Könnte ich nicht fragen: Das, wovon du redest und sagst, nur du habest es,—in wiefern *hast* du es denn? Besitzt du es? Du *siehst* es nicht einmal. Ja, müßtest du nicht davon sagen, niemand habe es? Es ist ja auch klar: wenn du logisch ausschließt, daß ein Andrer etwas hat, so verliert es auch seinen Sinn, zu sagen, du habest es.

Aber was ist dann das, wovon du redest? Ich sagte ja, ich wisse in meinem Innern, was du meinst. Aber das hieß: ich weiß, wie man diesen Gegenstand aufzufassen, zu sehen, wie man ihn sozusagen durch Blick und Gesten zu bezeichnen meint. Ich weiß, in welcher Weise man in diesem Fall vor sich und um sich schaut,—und anderes.

words "I can imagine his being in pain" or "I imagine that . . . ." or "Imagine that . . . ."?

We say, for example, to someone who has to play a theatrical part: "Here you must imagine that this man is in pain and is concealing it"—and now we give him no directions, do not tell him what he is *actually* to do. For this reason the suggested analysis is not to the point either.—We now watch the actor who is imagining this situation.

394. In what sort of circumstances should we ask anyone: "What actually went on in you as you imagined this?"—And what sort of answer do we expect?

395. There is a lack of clarity about the role of *imaginability* in our investigation. Namely about the extent to which it ensures that a proposition makes sense.

396. It is no more essential to the understanding of a proposition that one should imagine anything in connexion with it, than that one should make a sketch from it.

397. Instead of "imaginability" one can also say here: representability by a particular method of representation. And such a representation *may* indeed safely point a way to further use of a sentence. On the other hand a picture may obtrude itself upon us and be of no use at all.

398. "But when I imagine something, or even actually *see* objects, I have *got* something which my neighbour has not."—I understand you. You want to look about you and say: "At any rate only I have got THIS."—What are these words for? They serve no purpose.—Can one not add: "There is here no question of a 'seeing'—and therefore none of a 'having'—nor of a subject, nor therefore of 'I' either"? Might I not ask: In what sense have you *got* what you are talking about and saying that only you have got it? Do you possess it? You do not even *see* it. Must you not really say that no one has got it? And this too is clear: if as a matter of logic you exclude other people's having something, it loses its sense to say that you have it.

But what is the thing you are speaking of? It is true I said that I knew within myself what you meant. But that meant that I knew how one thinks to conceive this object, to see it, to make one's looking and pointing mean it. I know how one stares ahead and looks about

Ich glaube, man kann sagen: Du redest (wenn du z.B. im Zimmer sitzt) vom 'visuellen Zimmer'. Das, was keinen Besitzer hat, ist das 'visuelle Zimmer'. Ich kann es so wenig besitzen, als ich darin umhergehen, oder es anschaun, oder darauf zeigen kann. Es gehört insofern nicht mir an, als es niemand anderm angehören kann. Oder: es gehört insofern nicht mir an, als ich ja darauf die gleiche Ausdrucksform anwenden will, wie auf das materielle Zimmer selbst, in dem ich sitze. Die Beschreibung des letztern braucht keinen Besitzer zu erwähnen, es muß ja auch keinen Besitzer haben. Dann aber *kann* das visuelle Zimmer keinen haben. "Denn es hat keinen Herrn außer sich und keinen in sich"—könnte man sagen.

Denk dir ein Landschaftsbild, eine Phantasielandschaft, und in ihr ein Haus—und jemand fragte "Wem gehört das Haus?"—Es könnte übrigens die Antwort darauf sein: "Dem Bauer, der auf der Bank davor sitzt". Aber dieser kann sein Haus dann, z.B., nicht betreten.

399. Man könnte auch sagen: der Besitzer des visuellen Zimmers müßte doch wesensgleich mit ihm sein; aber er befindet sich nicht in ihm, noch gibt es ein Außen.

400. Was der, der gleichsam das 'visuelle Zimmer' entdeckt zu haben schien,—was der gefunden hatte, war eine neue Sprechweise, ein neuer Vergleich; und man könnte auch sagen, eine neue Empfindung.

401. Du deutest die neue Auffassung als das Sehen eines neuen Gegenstands. Du deutest eine grammatische Bewegung, die du gemacht hast: als quasi-physikalische Erscheinung, die du beobachtest. (Denk z.B. an die Frage "Sind Sinnesdaten der Baustoff des Universums?")

Aber mein Ausdruck ist nicht einwandfrei: Du habest eine 'grammatische' Bewegung gemacht. Du hast vor allem eine neue Auffassung gefunden. So, als hättest du eine neue Malweise erfunden; oder auch ein neues Metrum, oder eine neue Art von Gesängen.—

402. "Ich sage zwar 'Ich habe jetzt die und die Vorstellung', aber die Worte 'ich habe' sind nur ein Zeichen für den *Andern*; die Vorstellungswelt ist *ganz* in der Beschreibung der Vorstellung dargestellt."—Du meinst: das "Ich habe" ist wie ein "Jetzt Achtung!" Du bist geneigt, zu sagen, es sollte eigentlich anders ausgedrückt werden. Etwa einfach, indem man mit der Hand ein Zeichen gibt und dann beschreibt.—Wenn man, wie hier, mit den Ausdrücken unsrer gewöhnlichen Sprache (die doch ihre Schuldigkeit tun) nicht einverstanden ist, so sitzt uns ein Bild im Kopf, das mit dem der

one in this case—and the rest. I think we can say: you are talking (if, for example, you are sitting in a room) of the 'visual room'. The 'visual room' is the one that has no owner. I can as little own it as I can walk about it, or look at it, or point to it. Inasmuch as it cannot be any one else's it is not mine either. In other words, it does not belong to me *because* I want to use the same form of expression about it as about the material room in which I sit. The description of the latter need not mention an owner, in fact it need not have any owner. But then the visual room *cannot* have any owner. "For"—one might say—"it has no master, outside or in."

Think of a picture of a landscape, an imaginary landscape with a house in it.—Someone asks "Whose house is that?"—The answer, by the way, might be "It belongs to the farmer who is sitting on the bench in front of it". But then he cannot for example enter his house.

399. One might also say: Surely the owner of the visual room would have to be the same kind of thing as it is; but he is not to be found in it, and there is no outside.

400. The 'visual room' seemed like a discovery, but what its discoverer really found was a new way of speaking, a new comparison; it might even be called a new sensation.

401. You have a new conception and interpret it as seeing a new object. You interpret a grammatical movement made by yourself as a quasi-physical phenomenon which you are observing. (Think for example of the question: "Are sense-data the material of which the universe is made?")

But there is an objection to my saying that you have made a 'grammatical' movement. What you have primarily discovered is a new way of looking at things. As if you had invented a new way of painting; or, again, a new metre, or a new kind of song.—

402. "It's true I say 'Now I am having such-and-such an image', but the words 'I am having' are merely a sign to someone *else*; the description of the image is a *complete* account of the imagined world."—You mean: the words "I am having" are like "I say! . . . ." You are inclined to say it should really have been expressed differently. Perhaps simply by making a sign with one's hand and then giving a description.—When as in this case, we disapprove of the expressions of ordinary language (which are after all performing their office), we have got a picture in our heads which conflicts with the picture of our ordinary

gewöhnlichen Ausdrucksweise streitet. Während wir versucht sind, zu sagen, unsre Ausdrucksweise beschreibe die Tatsachen nicht so, wie sie wirklich sind. Als ob (z.B.) der Satz "Er hat Schmerzen" noch auf andre Weise falsch sein könnte, als dadurch, daß dieser Mensch *nicht* Schmerzen hat. Als sage die Ausdrucksform etwas Falsches, auch wenn der Satz, zur Not, etwas Richtiges behauptet.

Denn *so* sehen ja die Streitigkeiten zwischen Idealisten, Solipsisten und Realisten aus. Die Einen greifen die normale Ausdrucksform an, so als griffen sie eine Behauptung an; die Andern verteidigen sie, als konstatierten sie Tatsachen, die jeder vernünftige Mensch anerkennt.

403. Wenn ich das Wort "Schmerz" ganz für dasjenige in Anspruch nähme, was ich bis dahin "meinen Schmerz" genannt habe, und was Andre "den Schmerz des L.W." genannt haben, so geschähe den Andern damit kein Unrecht, solange nur eine Notation vorgesehen wäre, in der der Ausfall des Wortes "Schmerz" in anderen Verbindungen irgendwie ersetzt würde. Die Andern werden dann dennoch bedauert, vom Arzt behandelt, u.s.w.. Es wäre natürlich auch *kein* Einwand gegen diese Ausdrucksweise, zu sagen: "Aber die Andern haben ja genau dasselbe, was du hast!"

Aber was hätte ich dann von dieser neuen Art der Darstellung? Nichts. Aber der Solipsist *will* ja auch keine praktischen Vorteile, wenn er seine Anschauung vertritt!

404. "Wenn ich sage 'ich habe Schmerzen', weise ich nicht auf eine Person, die die Schmerzen hat, da ich in gewissem Sinne garnicht weiß, *wer* sie hat." Und das läßt sich rechtfertigen. Denn vor allem: Ich sagte ja nicht, die und die Person habe Schmerzen, sondern "ich habe . . . .". Nun, damit nenne ich ja keine Person. So wenig, wie dadurch, daß ich vor Schmerz *stöhne*. Obwohl der Andre aus dem Stöhnen ersieht, wer Schmerzen hat.

Was heißt es denn: wissen, *wer* Schmerzen hat? Es heißt, z.B., wissen, welcher Mensch in diesem Zimmer Schmerzen hat: also, der dort sitzt, oder, der in dieser Ecke steht, der Lange mit den blonden Haaren dort, etc..—Worauf will ich hinaus? Darauf, daß es sehr verschiedene Kriterien der '*Identität*' der Person gibt.

Nun, welches ist es, das mich bestimmt, zu sagen, '*ich*' habe Schmerzen? Gar keins.

405. "Aber du willst doch jedenfalls, wenn du sagst 'ich habe Schmerzen', die Aufmerksamkeit der Andern auf eine bestimmte Person lenken."—Die Antwort könnte sein: Nein; ich will sie nur auf *mich* lenken.—

way of speaking. Whereas we are tempted to say that our way of speaking does not describe the facts as they really are. As if, for example the proposition "he has pains" could be false in some other way than by that man's *not* having pains. As if the form of expression were saying something false even when the proposition *faute de mieux* asserted something true.

For *this* is what disputes between Idealists, Solipsists and Realists look like. The one party attack the normal form of expression as if they were attacking a statement; the others defend it, as if they were stating facts recognized by every reasonable human being.

403. If I were to reserve the word "pain" solely for what I had hitherto called "my pain", and others "L.W.'s pain", I should do other people no injustice, so long as a notation were provided in which the loss of the word "pain" in other connexions were somehow supplied. Other people would still be pitied, treated by doctors and so on. It would, of course, be *no* objection to this mode of expression to say: "But look here, other people have just the same as you!"

But what should I gain from this new kind of account? Nothing. But after all neither does the solipsist *want* any practical advantage when he advances his view!

404. "When I say 'I am in pain', I do not point to a person who is in pain, since in a certain sense I have no idea *who* is." And this can be given a justification. For the main point is: I did not say that such-and-such a person was in pain, but "I am . . . ." Now in saying this I don't name any person. Just as I don't name anyone when I *groan* with pain. Though someone else sees who is in pain from the groaning.

What does it mean to know *who* is in pain? It means, for example, to know which man in this room is in pain: for instance, that it is the one who is sitting over there, or the one who is standing in that corner, the tall one over there with the fair hair, and so on.—What am I getting at? At the fact that there is a great variety of criteria for personal '*identity*'.

Now which of them determines my saying that '*I*' am in pain? None.

405. "But at any rate when you say 'I am in pain', you want to draw the attention of others to a particular person."—The answer might be: No, I want to draw their attention to *myself*.—

406. "Aber du willst doch durch die Worte 'Ich habe....' zwischen *dir* und *dem Andern* unterscheiden."—Kann man das in allen Fällen sagen? Auch, wenn ich bloß stöhne? Und auch wenn ich zwischen mir und dem Andern 'unterscheiden will'—will ich damit zwischen den Personen L.W. und N.N. unterscheiden?

407. Man könnte sich denken, daß jemand stöhnte: "Irgend jemand hat Schmerzen—ich weiß nicht wer!"—worauf man ihm, dem Stöhnenden, zu Hilfe eilte.

408. "Du zweifelst doch nicht, ob du die Schmerzen, oder der Andere sie hat!"—Der Satz "Ich weiß nicht, ob ich, oder der Andere Schmerzen hat" wäre ein logisches Produkt, und einer seiner Faktoren: "Ich weiß nicht, ob ich Schmerzen habe oder nicht"—und dies ist kein sinnvoller Satz.

409. Denke, mehrere Leute stehen in einem Kreis, darunter auch ich. Irgend einer von uns, einmal der, einmal jener, wird mit den Polen einer Elektrisiermaschine verbunden, ohne daß wir es sehen können. Ich beobachte die Gesichter der Andern und trachte zu erkennen, welcher von uns jetzt gerade elektrisiert wird.—Einmal sage ich: "Jetzt *weiß* ich, welcher es ist; *ich* bin's nämlich." In diesem Sinne könnte ich auch sagen: "Jetzt weiß ich, wer die Schläge spürt; ich nämlich". Dies wäre eine etwas seltsame Ausdrucksweise.—Nehme ich aber hier an, daß ich Schläge auch dann fühlen kann, wenn Andre elektrisiert werden, dann wird nun die Ausdrucksweise "Jetzt weiß ich, wer...." ganz unpassend. Sie gehört nicht zu diesem Spiel.

410. "Ich" benennt keine Person, "hier" keinen Ort, "dieses" ist kein Name. Aber sie stehen mit Namen in Zusammenhang. Namen werden mittels ihrer erklärt. Es ist auch wahr, daß die Physik dadurch charakterisiert ist, daß sie diese Wörter nicht verwendet.

411. Überlege: Wie können diese Fragen angewendet, und wie entschieden werden:

1) "Sind diese Bücher *meine* Bücher?"
2) "Ist dieser Fuß *mein* Fuß?"
3) "Ist dieser Körper *mein* Körper?"
4) "Ist diese Empfindung *meine* Empfindung?"

Jede dieser Fragen hat praktische (unphilosophische) Anwendungen.

Zu 2): Denk an Fälle, in denen mein Fuß anästhesiert oder gelähmt ist. Unter gewissen Umständen könnte die Frage dadurch entschieden werden, daß festgestellt wird, ob ich in diesem Fuß Schmerzen empfinde.

406. "But surely what you want to do with the words 'I am....' is to distinguish between *yourself* and *other* people."—Can this be said in every case? Even when I merely groan? And even if I do 'want to distinguish' between myself and other people—do I want to distinguish between the person L.W. and the person N.N.?

407. It would be possible to imagine someone groaning out: "Someone is in pain—I don't know who!"—and our then hurrying to help him, the one who groaned.

408. "But you aren't in doubt whether it is you or someone else who has the pain!"—The proposition "I don't know whether I or someone else is in pain" would be a logical product, and one of its factors would be: "I don't know whether I am in pain or not"—and that is not a significant proposition.

409. Imagine several people standing in a ring, and me among them. One of us, sometimes this one, sometimes that, is connected to the poles of an electrical machine without our being able to see this. I observe the faces of the others and try to see which of us has just been electrified.—Then I say: "Now I *know* who it is; for it's myself." In this sense I could also say: "Now I know who is getting the shocks; it is myself." This would be a rather queer way of speaking.—But if I make the supposition that I can feel the shock even when someone else is electrified, then the expression "Now I know who...." becomes quite unsuitable. It does not belong to this game.

410. "I" is not the name of a person, nor "here" of a place, and "this" is not a name. But they are connected with names. Names are explained by means of them. It is also true that it is characteristic of physics not to use these words.

411. Consider how the following questions can be applied, and how settled:

(1) "Are these books *my* books?"
(2) "Is this foot *my* foot?"
(3) "Is this body *my* body?"
(4) "Is this sensation *my* sensation?"

Each of these questions has practical (non-philosophical) applications.

(2) Think of cases in which my foot is anaesthetized or paralysed. Under certain circumstances the question could be settled by determining whether I can feel pain in this foot.

Zu 3): Dabei könnte man auf ein Bild im Spiegel weisen. Unter gewissen Umständen aber könnte man einen Körper betasten und die Frage stellen. Unter andern Umständen bedeutet sie das gleiche, wie: "Sieht *so* mein Körper aus?"

Zu 4): Welche ist denn *diese* Empfindung? D.h.: wie verwendet man hier das hinweisende Fürwort? Doch anders, als z.B. im ersten Beispiel! Verirrungen entstehen hier wieder dadurch, daß man sich einbildet, man zeige auf eine Empfindung, indem man seine Aufmerksamkeit auf sie richtet.

412. Das Gefühl der Unüberbrückbarkeit der Kluft zwischen Bewußtsein und Gehirnvorgang: Wie kommt es, daß das in die Betrachtungen des gewöhnlichen Lebens nicht hineinspielt? Die Idee dieser Artverschiedenheit ist mit einem leisen Schwindel verbunden,—der auftritt, wenn wir logische Kunststücke ausführen. (Der gleiche Schwindel erfaßt uns bei gewissen Theoremen der Mengenlehre.) Wann tritt, in unserm Fall, dieses Gefühl auf? Nun, wenn ich z.B. meine Aufmerksamkeit in bestimmter Weise auf mein Bewußtsein lenke und mir dabei staunend sage: DIES solle durch einen Gehirnvorgang erzeugt werden!—indem ich mir gleichsam an die Stirne greife.—Aber was kann das heißen: "meine Aufmerksamkeit auf mein Bewußtsein lenken"? Es ist doch nichts merkwürdiger, als daß es so etwas gibt! Was ich so nannte (denn diese Worte werden ja im gewöhnlichen Leben nicht gebraucht) war ein Akt des Schauens. Ich schaute steif vor mich hin—aber *nicht* auf irgend einen bestimmten Punkt, oder Gegenstand. Meine Augen waren weit offen, meine Brauen nicht zusammengezogen (wie sie es meistens sind, wenn ein bestimmtes Objekt mich interessiert). Kein solches Interesse war dem Schauen vorangegangen. Mein Blick war 'vacant'; oder *ähnlich* dem eines Menschen, der die Beleuchtung des Himmels bewundert und das Licht eintrinkt.

Bedenk nun, daß an dem Satz, den ich als Paradox aussprach (DIES werde durch einen Gehirnvorgang erzeugt!) garnichts paradoxes war. Ich hätte ihn während eines Experiments aussprechen können, dessen Zweck es war zu zeigen, der Beleuchtungseffekt, den ich sehe, werde durch die Erregung einer bestimmten Gehirnpartie erzeugt.—Aber ich sprach den Satz nicht in der Umgebung aus, in welcher er einen alltäglichen und nicht-paradoxen Sinn gehabt hätte. Und meine Aufmerksamkeit war nicht von der Art, die dem Experiment gemäß gewesen wäre. (Mein Blick wäre 'intent', nicht 'vacant' gewesen.)

413. Hier haben wir einen Fall von Introspektion; nicht unähnlich derjenigen, durch welche William James herausbrachte, das 'Selbst' bestehe hauptsächlich aus 'peculiar motions in the head and between

(3) Here one might be pointing to a mirror-image. Under certain circumstances, however, one might touch a body and ask the question. In others it means the same as: "Does my body look like *that*?"

(4) Which sensation does one mean by '*this*' one? That is: how is one using the demonstrative pronoun here? Certainly otherwise than in, say, the first example! Here confusion occurs because one imagines that by directing one's attention to a sensation one is pointing to it.

412. The feeling of an unbridgeable gulf between consciousness and brain-process: how does it come about that this does not come into the considerations of our ordinary life? This idea of a difference in kind is accompanied by slight giddiness,—which occurs when we are performing a piece of logical sleight-of-hand. (The same giddiness attacks us when we think of certain theorems in set theory.) When does this feeling occur in the present case? It is when I, for example, turn my attention in a particular way on to my own consciousness, and, astonished, say to myself: THIS is supposed to be produced by a process in the brain!—as it were clutching my forehead.—But what can it mean to speak of "turning my attention on to my own consciousness"? This is surely the queerest thing there could be! It was a particular act of gazing that I called doing this. I stared fixedly in front of me—but *not* at any particular point or object. My eyes were wide open, the brows not contracted (as they mostly are when I am interested in a particular object). No such interest preceded this gazing. My glance was vacant; or again *like* that of someone admiring the illumination of the sky and drinking in the light.

Now bear in mind that the proposition which I uttered as a paradox (THIS is produced by a brain-process!) has nothing paradoxical about it. I could have said it in the course of an experiment whose purpose was to shew that an effect of light which I see is produced by stimulation of a particular part of the brain.—But I did not utter the sentence in the surroundings in which it would have had an everyday and unparadoxical sense. And my attention was not such as would have accorded with making an experiment. (If it had been, my look would have been intent, not vacant.)

413. Here we have a case of introspection, not unlike that from which William James got the idea that the 'self' consisted mainly of 'peculiar motions in the head and between the head and throat'.

the head and throat'. Und was die Introspektion James' zeigte, war nicht die Bedeutung des Wortes "Selbst" (sofern dies etwas ähnliches bedeutet, wie "Person", "Mensch", "er selbst", "ich selbst"), noch eine Analyse eines solchen Wesens, sondern der Aufmerksamkeitszustand eines Philosophen, der sich das Wort "Selbst" vorspricht und seine Bedeutung analysieren will. (Und daraus ließe sich vieles lernen.)

414. Du denkst, du mußt doch einen Stoff weben: weil du vor einem—wenngleich leeren—Webstuhl sitzt und die Bewegungen des Webens machst.

415. Was wir liefern, sind eigentlich Bemerkungen zur Naturgeschichte des Menschen; aber nicht kuriose Beiträge, sondern Feststellungen, an denen niemand gezweifelt hat, und die dem Bemerktwerden nur entgehen, weil sie ständig vor unsern Augen sind.

416. "Die Menschen sagen übereinstimmend: sie sehen, hören, fühlen, etc. (wenn auch Mancher blind und Mancher taub ist). Sie bezeugen also von sich, sie haben *Bewußtsein.*"—Aber wie merkwürdig! wem mache ich eigentlich eine Mitteilung, wenn ich sage "Ich habe Bewußtsein"? Was ist der Zweck, mir das zu sagen, und wie kann der Andre mich verstehen?—Nun, Sätze wie "Ich sehe", "Ich höre", "Ich bin bei Bewußtsein" haben ja wirklich ihren Gebrauch. Dem Arzt sage ich "Jetzt höre ich wieder auf diesem Ohr"; dem, der mich ohnmächtig glaubt, sage ich "Ich bin wieder bei Bewußtsein", u.s.w. .

417. Beobachte ich mich also und nehme wahr, daß ich sehe, oder bei Bewußtsein bin? Und wozu überhaupt von Beobachtung reden! Warum nicht einfach sagen "Ich nehme wahr, daß ich bei Bewußtsein bin"?—Aber wozu hier die Worte "Ich nehme wahr"—warum nicht sagen "Ich bin bei Bewußtsein"?—Aber zeigen die Worte "Ich nehme wahr" hier nicht an, daß ich auf mein Bewußtsein aufmerksam bin?—was doch gewöhnlich nicht der Fall ist.—Wenn es so ist, dann sagt der Satz "Ich nehme wahr, daß . . . ." nicht, daß ich bei Bewußtsein bin, sondern, daß meine Aufmerksamkeit so und so eingestellt sei.

Aber ist es denn nicht eine bestimmte Erfahrung, die mich veranlaßt, zu sagen "Ich bin wieder bei Bewußtsein"?—*Welche* Erfahrung? In welcher Situation sagen wir es?

418. Ist, daß ich Bewußtsein habe, eine Erfahrungstatsache?—

Aber sagt man nicht vom Menschen, er habe Bewußtsein; vom Baum, oder Stein aber, sie haben keines?—Wie wäre es, wenn's anders wäre?—Wären die Menschen alle bewußtlos?—Nein; nicht im gewöhnlichen Sinn des Worts. Aber ich, z.B., hätte nicht Bewußtsein——wie ich's jetzt tatsächlich habe.

And James' introspection shewed, not the meaning of the word "self" (so far as it means something like "person", "human being", "he himself", "I myself"), nor any analysis of such a thing, but the state of a philosopher's attention when he says the word "self" to himself and tries to analyse its meaning. (And a good deal could be learned from this.)

414. You think that after all you must be weaving a piece of cloth: because you are sitting at a loom—even if it is empty—and going through the motions of weaving.

415. What we are supplying are really remarks on the natural history of human beings; we are not contributing curiosities however, but observations which no one has doubted, but which have escaped remark only because they are always before our eyes.

416. "Human beings agree in saying that they see, hear, feel, and so on (even though some are blind and some are deaf). So they are their own witnesses that they have *consciousness*."—But how strange this is! Whom do I really inform, if I say "I have consciousness"? What is the purpose of saying this to myself, and how can another person understand me?—Now, expressions like "I see", "I hear", "I am conscious" really have their uses. I tell a doctor "Now I am hearing with this ear again", or I tell someone who believes I am in a faint "I am conscious again", and so on.

417. Do I observe myself, then, and perceive that I am seeing or conscious? And why talk about observation at all? Why not simply say "I perceive I am conscious"?—But what are the words "I perceive" for here?—why not say "I am conscious"?—But don't the words "I perceive" here shew that I am attending to my consciousness?—which is ordinarily not the case.—If so, then the sentence "I perceive I am conscious" does not say that I am conscious, but that my attention is disposed in such-and-such a way.

But isn't it a particular experience that occasions my saying "I am conscious again"?—*What* experience? In what situations do we say it?

418. Is my having consciousness a fact of experience?—

But doesn't one say that a man has consciousness, and that a tree or a stone does not?—What would it be like if it were otherwise?—Would human beings all be unconscious?—No; not in the ordinary sense of the word. But I, for instance, should not have consciousness——as I now in fact have it.

419. Unter welchen Umständen werde ich sagen, ein Stamm habe einen *Häuptling*? Und der Häuptling muß doch *Bewußtsein* haben. Er darf doch nicht ohne Bewußtsein sein!

420. Aber kann ich mir nicht denken, die Menschen um mich her seien Automaten, haben kein Bewußtsein, wenn auch ihre Handlungsweise die gleiche ist, wie immer ?—Wenn ich mir's jetzt—allein in meinem Zimmer—vorstelle, sehe ich die Leute mit starrem Blick (etwa wie im Trance) ihren Verrichtungen nachgehen—die Idee ist vielleicht ein wenig unheimlich. Aber nun versuch einmal im gewöhnlichen Verkehr, z.B. auf der Straße, an dieser Idee festzuhalten! Sag dir etwa: "Die Kinder dort sind bloße Automaten; alle ihre Lebendigkeit ist bloß automatisch." Und diese Worte werden dir entweder gänzlich nichtssagend werden; oder du wirst in dir etwa eine Art unheimliches Gefühl, oder dergleichen, erzeugen.

Einen lebenden Menschen als Automaten sehen, ist analog dem, irgend eine Figur als Grenzfall, oder Variation einer andern zu sehen, z.B. ein Fensterkreuz als Swastika.

421. Es scheint uns paradox, daß wir in *einem* Bericht Körper- und Bewußtseinszustände kunterbunt durcheinander mischen: "Er litt große Qualen und warf sich unruhig umher". Das ist ganz gewöhnlich; warum erscheint es uns also paradox? Weil wir sagen wollen, der Satz handle von Greifbarem und Ungreifbarem.—Aber findest du etwas dabei, wenn ich sage: "Diese 3 Stützen geben dem Bau Festigkeit"? Sind Drei und Festigkeit greifbar?——Sieh den Satz als Instrument an, und seinen Sinn als seine Verwendung!

422. Woran glaube ich, wenn ich an eine Seele im Menschen glaube? Woran glaube ich, wenn ich glaube, diese Substanz enthalte zwei Ringe von Kohlenstoffatomen? In beiden Fällen ist ein Bild im Vordergrund, der Sinn aber weit im Hintergrund; d.h., die Anwendung des Bildes nicht leicht zu übersehen.

423. *Gewiß*, in dir geschehen alle diese Dinge.—Und nun laß mich nur den Ausdruck verstehen, den wir gebrauchen.—Das Bild ist da. Und seine Gültigkeit im besondern Falle bestreite ich nicht.—Nur laß mich jetzt noch die Anwendung des Bildes verstehen.

424. Das Bild ist *da*; und ich bestreite seine *Richtigkeit* nicht. Aber *was* ist seine Anwendung? Denke an das Bild der Blindheit als einer Dunkelheit in der Seele oder im Kopf des Blinden.

425. Während wir nämlich in unzähligen Fällen uns bemühen, ein Bild zu finden, und ist dieses gefunden, die Anwendung sich gleichsam

419. In what circumstances shall I say that a tribe has a *chief*? And the chief must surely have *consciousness*. Surely we can't have a chief without consciousness!

420. But can't I imagine that the people around me are automata, lack consciousness, even though they behave in the same way as usual?—If I imagine it now—alone in my room—I see people with fixed looks (as in a trance) going about their business—the idea is perhaps a little uncanny. But just try to keep hold of this idea in the midst of your ordinary intercourse with others, in the street, say! Say to yourself, for example: "The children over there are mere automata; all their liveliness is mere automatism." And you will either find these words becoming quite meaningless; or you will produce in yourself some kind of uncanny feeling, or something of the sort.

Seeing a living human being as an automaton is analogous to seeing one figure as a limiting case or variant of another; the cross-pieces of a window as a swastika, for example.

421. It seems paradoxical to us that we should make such a medley, mixing physical states and states of consciousness up together in a *single* report: "He suffered great torments and tossed about restlessly". It is quite usual; so why do we find it paradoxical? Because we want to say that the sentence deals with both tangibles and intangibles at once.—But does it worry you if I say: "These three struts give the building stability"? Are three and stability tangible?——Look at the sentence as an instrument, and at its sense as its employment.

422. What am I believing in when I believe that men have souls? What am I believing in, when I believe that this substance contains two carbon rings? In both cases there is a picture in the foreground, but the sense lies far in the background; that is, the application of the picture is not easy to survey.

423. *Certainly* all these things happen in you.—And now all I ask is to understand the expression we use.—The picture is there. And I am not disputing its validity in any particular case.—Only I also want to understand the application of the picture.

424. The picture is *there*; and I do not dispute its *correctness*. But *what* is its application? Think of the picture of blindness as a darkness in the soul or in the head of the blind man.

425. In numberless cases we exert ourselves to find a picture and once it is found the application as it were comes about of itself. In

von selbst macht, so haben wir hier bereits ein Bild, das sich uns auf Schritt und Tritt aufdrängt,—uns aber nicht aus der Schwierigkeit hilft, die nun erst anfängt.

Frage ich z.B.: "Wie soll ich es mir vorstellen, daß *dieser* Mechanismus in *dieses* Gehäuse geht?"—so kann als Antwort etwa eine Zeichnung in verkleinertem Maßstab dienen. Man kann mir dann sagen "Siehst du, *so* geht er hinein"; oder vielleicht auch: "Warum wundert es dich? So, wie du es *hier* siehst, so geht es auch dort."—Das letztere erklärt freilich nichts mehr, sondern fordert mich nur auf, nun die Anwendung von dem Bild, das man mir gegeben hat, zu machen.

426. Ein Bild wird heraufbeschworen, das *eindeutig* den Sinn zu bestimmen scheint. Die wirkliche Verwendung scheint etwas Verunreinigtes der gegenüber, die das Bild uns vorzeichnet. Es geht hier wieder, wie in der Mengenlehre: Die Ausdrucksweise scheint für einen Gott zugeschnitten zu sein, der weiß, was wir nicht wissen können; er sieht die ganzen unendlichen Reihen und sieht in das Bewußtsein des Menschen hinein. Für uns freilich sind diese Ausdrucksformen quasi ein Ornat, das wir wohl anlegen, mit dem wir aber nicht viel anfangen können, da uns die reale Macht fehlt, die dieser Kleidung Sinn und Zweck geben würde.

In der wirklichen Verwendung der Ausdrücke machen wir gleichsam Umwege, gehen durch Nebengassen; während wir wohl die gerade breite Straße vor uns sehen, sie aber freilich nicht benützen können, weil sie permanent gesperrt ist.

427. "Während ich zu ihm sprach, wußte ich nicht, was hinter seiner Stirn vorging." Dabei denkt man nicht an Gehirnvorgänge, sondern an Denkvorgänge. Das Bild ist ernst zu nehmen. Wir möchten wirklich hinter diese Stirne schauen. Und doch meinen wir nur das, was wir auch sonst mit den Worten meinen: wir möchten wissen, was er denkt. Ich will sagen: wir haben das lebhafte Bild—und denjenigen Gebrauch, der dem Bild zu widersprechen scheint, und das Psychische ausdrückt.

428. "Der Gedanke, dieses seltsame Wesen"—aber er kommt uns nicht seltsam vor, wenn wir denken. Der Gedanke kommt uns nicht geheimnisvoll vor, während wir denken, sondern nur, wenn wir gleichsam retrospektiv sagen: "Wie war das möglich?" Wie war es möglich, daß der Gedanke von diesem Gegenstand *selbst* handelte? Es scheint uns, als hätten wir mit ihm die Realität eingefangen.

429. Die Übereinstimmung, Harmonie, von Gedanke und Wirklichkeit liegt darin, daß, wenn ich fälschlich sage, etwas sei *rot*, es doch immerhin nicht *rot* ist. Und wenn ich jemandem das Wort

this case we already have a picture which forces itself on us at every turn,—but does not help us out of the difficulty, which only begins here.

If I ask, for example: "How am I to imagine *this* mechanism going into *this* box?"—perhaps a drawing reduced in scale may serve to answer me. Then I can be told: "You see, it goes in like *this*"; or perhaps even: "Why are you surprised? See how it goes *here*; it is the same there". Of course the latter does not explain anything more: it simply invites me to apply the picture I am given.

426. A picture is conjured up which seems to fix the sense *unambiguously*. The actual use, compared with that suggested by the picture, seems like something muddied. Here again we get the same thing as in set theory: the form of expression we use seems to have been designed for a god, who knows what we cannot know; he sees the whole of each of those infinite series and he sees into human consciousness. For us, of course, these forms of expression are like pontificals which we may put on, but cannot do much with, since we lack the effective power that would give these vestments meaning and purpose.

In the actual use of expressions we make detours, we go by side-roads. We see the straight highway before us, but of course we cannot use it, because it is permanently closed.

427. "While I was speaking to him I did not know what was going on in his head." In saying this, one is not thinking of brain-processes, but of thought-processes. The picture should be taken seriously. We should really like to see into his head. And yet we only mean what elsewhere we should mean by saying: we should like to know what he is thinking. I want to say: we have this vivid picture—and that use, apparently contradicting the picture, which expresses the psychical.

428. "This queer thing, thought"—but it does not strike us as queer when we are thinking. Thought does not strike us as mysterious while we are thinking, but only when we say, as it were retrospectively: "How was that possible?" How was it possible for thought to deal with the very object *itself*? We feel as if by means of it we had caught reality in our net.

429. The agreement, the harmony, of thought and reality consists in this: if I say falsely that something is *red*, then, for all that, it isn't *red*.

"rot" im Satze "Das ist nicht rot" erklären will, ich dazu auf etwas Rotes zeige.

430. "Lege einen Maßstab an diesen Körper an; er sagt nicht, daß der Körper so lang ist. Vielmehr ist er an sich—ich möchte sagen—tot, und leistet nichts von dem, was der Gedanke leistet."—Es ist, als hätten wir uns eingebildet, das Wesentliche am lebenden Menschen sei die äußere Gestalt, und hätten nun einen Holzblock von dieser Gestalt hergestellt und sähen mit Beschämung den toten Klotz, der auch keine Ähnlichkeit mit einem Lebewesen hat.

431. "Zwischen dem Befehl und der Ausführung ist eine Kluft. Sie muß durch das Verstehen geschlossen werden."

"Erst im Verstehen heißt es, daß wir DAS zu tun haben. Der *Befehl*——das sind ja nur Laute, Tintenstriche.—"

432. Jedes Zeichen scheint *allein* tot. *Was* gibt ihm Leben?—Im Gebrauch *lebt* es. Hat es da den lebenden Atem in sich?—Oder ist der *Gebrauch* sein Atem?

433. Wenn wir einen Befehl geben, so kann es scheinen, als ob das Letzte, was der Befehl wünscht, unausgedrückt bleiben muß, da immer noch eine Kluft zwischen dem Befehl und seiner Befolgung bleibt. Ich wünsche etwa, daß Einer eine bestimmte Bewegung macht, etwa den Arm hebt. Damit es ganz deutlich wird, mache ich ihm die Bewegung vor. Dieses Bild scheint unzweideutig; bis auf die Frage: wie weiß er, daß *er diese Bewegung machen soll*?—Wie weiß er überhaupt, wie er die Zeichen, welche immer ich ihm gebe, gebrauchen soll?—Ich werde nun etwa trachten, den Befehl durch weitere Zeichen zu ergänzen, indem ich von mir auf den Andern deute, Gebärden der Aufmunterung mache, etc. . Hier scheint es, als finge der Befehl zu stammeln an.

Als trachtete das Zeichen mit unsichern Mitteln in uns ein Verständnis hervorzurufen.—Aber wenn wir es nun verstehen, in welchem Zeichen tun wir das?

434. Die Gebärde *versucht* vorzubilden—möchte man sagen—aber kann es nicht.

435. Wenn man fragt "Wie macht der Satz das, daß er darstellt?"—so könnte die Antwort sein: "Weißt du es denn nicht? Du siehst es doch, wenn du ihn benützt." Es ist ja nichts verborgen.

Wie macht der Satz das?—Weißt du es denn nicht? Es ist ja nichts versteckt.

Aber auf die Antwort "Du weißt ja, wie es der Satz macht, es ist ja nichts verborgen" möchte man erwidern: "Ja, aber es fließt alles so rasch vorüber, und ich möchte es gleichsam breiter auseinander gelegt sehen."

And when I want to explain the word "red" to someone, in the sentence "That is not red", I do it by pointing to something red.

430. "Put a ruler against this body; it does not say that the body is of such-and-such a length. Rather is it in itself—I should like to say—dead, and achieves nothing of what thought achieves."—It is as if we had imagined that the essential thing about a living man was the outward form. Then we made a lump of wood in that form, and were abashed to see the stupid block, which hadn't even any similarity to a living being.

431. "There is a gulf between an order and its execution. It has to be filled by the act of understanding."

"Only in the act of understanding is it meant that we are to do THIS. The *order*——why, that is nothing but sounds, ink-marks.—"

432. Every sign *by itself* seems dead. *What* gives it life?—In use it is *alive.* Is life breathed into it there?—Or is the *use* its life?

433. When we give an order, it can look as if the ultimate thing sought by the order had to remain unexpressed, as there is always a gulf between an order and its execution. Say I want someone to make a particular movement, say to raise his arm. To make it quite clear, I do the movement. This picture seems unambiguous till we ask: how does he know that *he is to make that movement*?—How does he know at all what use he is to make of the signs I give him, whatever they are?—Perhaps I shall now try to supplement the order by means of further signs, by pointing from myself to him, making encouraging gestures, etc.. Here it looks as if the order were beginning to stammer.

As if the signs were precariously trying to produce understanding in us.—But if we now understand them, by what token do we understand?

434. The gesture—we should like to say—*tries* to portray, but cannot do it.

435. If it is asked: "How do sentences manage to represent?"—the answer might be: "Don't you know? You certainly see it, when you use them." For nothing is concealed.

How do sentences do it?—Don't you know? For nothing is hidden.

But given this answer: "But you know how sentences do it, for nothing is concealed" one would like to retort "Yes, but it all goes by so quick, and I should like to see it as it were laid open to view."

436. Hier ist es leicht, in jene Sackgasse des Philosophierens zu geraten, wo man glaubt, die Schwierigkeit der Aufgabe liege darin, daß schwer erhaschbare Erscheinungen, die schnell entschlüpfende gegenwärtige Erfahrung oder dergleichen, von uns beschrieben werden sollen. Wo die gewöhnliche Sprache uns zu roh erscheint, und es scheint, als hätten wir es nicht mit den Phänomenen zu tun, von denen der Alltag redet, sondern "mit den leicht entschwindenden, die mit ihrem Auftauchen und Vergehen jene ersteren annähernd erzeugen".

(Augustinus: Manifestissima et usitatissima sunt, et eadem rusus nimis latent, et nova est inventio eorum.)

437. Der Wunsch scheint schon zu wissen, was ihn erfüllen wird, oder würde; der Satz, der Gedanke, was ihn wahr macht, auch wenn es gar nicht da ist! Woher dieses *Bestimmen*, dessen, was noch nicht da ist? Dieses despotische Fordern? ("Die Härte des logischen Muß.")

438. "Der Plan ist als Plan etwas Unbefriedigtes." (Wie der Wunsch, die Erwartung, die Vermutung, u.s.f..)

Und hier meine ich: die Erwartung ist unbefriedigt, weil sie die Erwartung von etwas ist; der Glaube, die Meinung, unbefriedigt, weil sie die Meinung ist, daß etwas der Fall ist, etwas Wirkliches, etwas außerhalb dem Vorgang des Meinens.

439. In wiefern kann man den Wunsch, die Erwartung, den Glauben, etc. "unbefriedigt" nennen? Was ist unser Urbild der Unbefriedigung? Ist es ein Hohlraum? Und würde man von einem solchen sagen, er sei unbefriedigt? Wäre das nicht auch eine Metapher? —Ist es nicht ein Gefühl, was wir Unbefriedigung nennen,—etwa den Hunger?

Wir können in einem bestimmten System des Ausdrucks einen Gegenstand mittels der Worte "befriedigt" und "unbefriedigt" beschreiben. Wenn wir z.B. festsetzen, den Hohlzylinder einen "unbefriedigten Zylinder" zu nennen, und den ihn ergänzenden Vollzylinder "seine Befriedigung".

440. Zu sagen "Ich habe Lust auf einen Apfel" heißt nicht: Ich glaube, ein Apfel wird mein Gefühl der Unbefriedigung stillen. *Dieser* Satz ist keine Äußerung des Wunsches, sondern der Unbefriedigung.

441. Wir sind von Natur und durch eine bestimmte Abrichtung, Erziehung, so eingestellt, daß wir unter bestimmten Umständen Wunschäußerungen von uns machen. (Ein solcher 'Umstand' ist natürlich nicht der *Wunsch*.) Eine Frage, ob ich weiß, was ich wünsche, ehe mein Wunsch erfüllt ist, kann in diesem Spiele gar nicht

436. Here it is easy to get into that dead-end in philosophy, where one believes that the difficulty of the task consists in our having to describe phenomena that are hard to get hold of, the present experience that slips quickly by, or something of the kind. Where we find ordinary language too crude, and it looks as if we were having to do, not with the phenomena of every-day, but with ones that "easily elude us, and, in their coming to be and passing away, produce those others as an average effect". (Augustine: Manifestissima et usitatissima sunt, et eadem rusus nimis latent, et nova est inventio eorum.)

437. A wish seems already to know what will or would satisfy it; a proposition, a thought, what makes it true—even when that thing is not there at all! Whence this *determining* of what is not yet there? This despotic demand? ("The hardness of the logical must.")

438. "A plan as such is something unsatisfied." (Like a wish, an expectation, a suspicion, and so on.)

By this I mean: expectation is unsatisfied, because it is the expectation of something; belief, opinion, is unsatisfied, because it is the opinion that something is the case, something real, something outside the process of believing.

439. In what sense can one call wishes, expectations, beliefs, etc. "unsatisfied"? What is our prototype of nonsatisfaction? Is it a hollow space? And would one call that unsatisfied? Wouldn't this be a metaphor too?—Isn't what we call nonsatisfaction a feeling—say hunger?

In a particular system of expressions we can describe an object by means of the words "satisfied" and "unsatisfied". For example, if we lay it down that we call a hollow cylinder an "unsatisfied cylinder" and the solid cylinder that fills it "its satisfaction".

440. Saying "I should like an apple" does not mean: I believe an apple will quell my feeling of nonsatisfaction. *This* proposition is not an expression of a wish but of nonsatisfaction.

441. By nature and by a particular training, a particular education, we are disposed to give spontaneous expression to wishes in certain circumstances. (A *wish* is, of course, not such a 'circumstance'.) In this game the question whether I know what I wish before my wish is

auftreten. Und daß ein Ereignis meinen Wunsch zum Schweigen bringt, bedeutet nicht, daß es den Wunsch erfüllt. Ich wäre vielleicht nicht befriedigt, wäre mein Wunsch befriedigt worden.

Anderseits wird auch das Wort "wünschen" so gebraucht: "Ich weiß selbst nicht, was ich mir wünsche." ("Denn die Wünsche verhüllen uns selbst das Gewünschte.")

Wie, wenn man fragte: "Weiß ich, wonach ich lange, ehe ich es erhalte?" Wenn ich sprechen gelernt habe, so weiß ich's.

442. Ich sehe, wie Einer das Gewehr anlegt, und sage: "Ich erwarte mir einen Knall." Der Schuß fällt.—Wie, das hast du dir erwartet; war also dieser Knall irgendwie schon in deiner Erwartung? Oder stimmt deine Erwartung nur in anderer Hinsicht mit dem Eingetretenen überein; war dieser Lärm nicht in deiner Erwartung enthalten und kam nur als Accidens hinzu, als die Erwartung erfüllt wurde?—Aber nein, wenn der Lärm nicht eingetreten wäre, so wäre meine Erwartung nicht erfüllt worden; der Lärm hat sie erfüllt; er trat nicht zur Erfüllung hinzu, wie ein zweiter Gast zu dem einen, den ich erwartet hatte.—War das am Ereignis, was nicht auch in der Erwartung war, ein Accidens, eine Beigabe der Schickung?—Aber was war denn dann *nicht* Beigabe? Kam denn irgend etwas von diesem Schuß schon in meiner Erwartung vor?—Und was *war* denn Beigabe,—denn hatte ich mir nicht den ganzen Schuß erwartet?

"Der Knall war nicht so laut, als ich ihn erwartet hatte."—"Hat es also in deiner Erwartung lauter geknallt?"

443. "Das Rot, das du dir vorstellst, ist doch gewiß nicht Dasselbe (nicht dieselbe Sache) wie das, was du vor dir siehst; wie kannst du dann sagen, es sei das, was du dir vorgestellt hattest?"—Aber verhält es sich nicht analog in den Sätzen "Hier ist ein roter Fleck" und "Hier ist kein roter Fleck"? In beiden kommt das Wort "rot" vor; also kann dieses Wort nicht das Vorhandensein von etwas Rotem anzeigen.

444. Man hat vielleicht das Gefühl, daß man sich im Satz "Ich erwarte, daß er kommt" der Worte "er kommt" in anderer Bedeutung bedient, als in der Behauptung "Er kommt". Aber wäre es so, wie könnte ich davon reden, daß meine Erwartung in Erfüllung gegangen ist? Wollte ich die beiden Wörter "er" und "kommt" erklären, etwa durch hinweisende Erklärungen, so würden die gleichen Erklärungen dieser Wörter für beide Sätze gelten.

Nun könnte man aber fragen: Wie schaut das aus, wenn er kommt?—Es geht die Tür auf, jemand tritt herein, etc.—Wie schaut das aus,

fulfilled cannot arise at all. And the fact that some event stops my wishing does not mean that it fulfills it. Perhaps I should not have been satisfied if my wish had been satisfied.

On the other hand the word "wish" is also used in this way: "I don't know myself what I wish for." ("For wishes themselves are a veil between us and the thing wished for.")

Suppose it were asked "Do I know what I long for before I get it?" If I have learned to talk, then I do know.

442. I see someone pointing a gun and say "I expect a report". The shot is fired.—Well, that was what you expected; so did that report somehow already exist in your expectation? Or is it just that there is some other kind of agreement between your expectation and what occurred; that that noise was not contained in your expectation, and merely accidentally supervened when the expectation was being fulfilled?—But no, if the noise had not occurred, my expectation would not have been fulfilled; the noise fulfilled it; it was not an accompaniment of the fulfilment like a second guest accompanying the one I expected.—Was the thing about the event that was not in the expectation too an accident, an extra provided by fate?—But then what was *not* an extra? Did something of the shot already occur in my expectation?—Then what *was* extra? for wasn't I expecting the whole shot?

"The report was not so loud as I had expected."—"Then was there a louder bang in your expectation?"

443. "The red which you imagine is surely not the same (not the same thing) as the red which you see in front of you; so how can you say that it is what you imagined?"—But haven't we an analogous case with the propositions "Here is a red patch" and "Here there isn't a red patch"? The word "red" occurs in both; so this word cannot indicate the presence of something red.

444. One may have the feeling that in the sentence "I expect he is coming" one is using the words "he is coming" in a different sense from the one they have in the assertion "He is coming". But if it were so how could I say that my expectation had been fulfilled? If I wanted to explain the words "he" and "is coming", say by means of ostensive definitions, the same definitions of these words would go for both sentences.

But it might now be asked: what's it like for him to come?—The door opens, someone walks in, and so on.—What's it like for me to

wenn ich erwarte, daß er kommt?—Ich gehe im Zimmer auf und ab, sehe zuweilen auf die Uhr, etc.—Aber der eine Vorgang hat ja mit dem andern nicht die geringste Ähnlichkeit! Wie kann man dann die selben Worte zu ihrer Beschreibung gebrauchen?—Aber nun sage ich vielleicht beim auf und ab Gehen: "Ich erwarte, daß er hereinkommt".—Nun ist eine Ähnlichkeit vorhanden. Aber welcher Art ist sie?!

445. In der Sprache berühren sich Erwartung und Erfüllung.

446. Komisch wäre es, zu sagen: "Ein Vorgang sieht anders aus, wenn er geschieht, als wenn er nicht geschieht." Oder: "Ein roter Fleck sieht anders aus, wenn er da ist, als wenn er nicht da ist—aber die Sprache abstrahiert von diesem Unterschied, denn sie spricht von einem roten Fleck, ob er da ist, oder nicht."

447. Das Gefühl ist, als müßte der verneinende Satz, um einen Satz zu verneinen, ihn erst in gewissem Sinne wahr machen.

(Die Behauptung des verneinenden Satzes enthält den verneinten Satz, aber nicht dessen Behauptung.)

448. "Wenn ich sage, ich habe heute nacht *nicht* geträumt, so muß ich doch wissen, wo nach dem Traum zu suchen wäre; d.h.: der Satz 'Ich habe geträumt' darf, auf die tatsächliche Situation angewendet, falsch, aber nicht unsinnig sein."—Heißt das also, daß du doch etwas gespürt hast, sozusagen die Andeutung eines Traums, die dir die Stelle bewußt macht, an der ein Traum gestanden hätte?

Oder: wenn ich sage "Ich habe keine Schmerzen im Arm", heißt das, daß ich einen Schatten eines Schmerzgefühls habe, der gleichsam die Stelle andeutet, in die der Schmerz eintreten könnte?

Inwiefern enthält der gegenwärtige schmerzlose Zustand die Möglichkeit der Schmerzen?

Wenn Einer sagt: "Damit das Wort 'Schmerzen' Bedeutung habe, ist es notwendig, daß man Schmerzen als solche erkennt, wenn sie auftreten"—so kann man antworten: "Es ist nicht notwendiger, als daß man das Fehlen der Schmerzen erkennt."

449. "Aber muß ich nicht wissen, wie es wäre, wenn ich Schmerzen hätte?"—Man kommt nicht davon weg, daß die Benützung des Satzes darin besteht, daß man sich bei jedem Wort etwas vorstelle.

Man bedenkt nicht, daß man mit den Worten *rechnet*, operiert, sie mit der Zeit in dies oder jenes Bild überführt.—Es ist, als glaubte man, daß etwa die schriftliche Anweisung auf eine Kuh, die mir Einer

expect him to come?—I walk up and down the room, look at the clock now and then, and so on.—But the one set of events has not the smallest similarity to the other! So how can one use the same words in describing them?—But perhaps I say as I walk up and down: "I expect he'll come in"—Now there is a similarity somewhere. But of what kind?!

445. It is in language that an expectation and its fulfilment make contact.

446. It would be odd to say: "A process looks different when it happens from when it doesn't happen." Or "A red patch looks different when it is there from when it isn't there—but language abstracts from this difference, for it speaks of a red patch whether it is there or not."

447. The feeling is as if the negation of a proposition had to make it true in a certain sense, in order to negate it.

(The assertion of the negative proposition contains the proposition which is negated, but not the assertion of it.)

448. "If I say I did *not* dream last night, still I must know where to look for a dream; that is, the proposition 'I dreamt', applied to this actual situation, may be false, but mustn't be senseless."—Does that mean, then, that you did after all feel something, as it were the hint of a dream, which made you aware of the place which a dream would have occupied?

Again: if I say "I have no pain in my arm", does that mean that I have a shadow of the sensation of pain, which as it were indicates the place where the pain might be?

In what sense does my present painless state contain the possibility of pain?

If anyone says: "For the word 'pain' to have a meaning it is necessary that pain should be recognized as such when it occurs"—one can reply: "It is not more necessary than that the absence of pain should be recognized."

449. "But mustn't I know what it would be like if I were in pain?" —We fail to get away from the idea that using a sentence involves imagining something for every word.

We do not realize that we *calculate*, operate, with words, and in the course of time translate them sometimes into one picture, sometimes into another.—It is as if one were to believe that a written order for a

ausfolgen soll, immer von einer Vorstellung einer Kuh begleitet sein müsse, damit diese Anweisung nicht ihren Sinn verliere.

450. Wissen, wie jemand ausschaut: es sich vorstellen können—aber auch: es *nachmachen* können. Muß man sich's vorstellen, um es nachzumachen? Und ist, es nachmachen, nicht ebenso stark, als es sich vorstellen?

451. Wie ist es, wenn ich Einem den Befehl gebe "Stell dir hier einen roten Kreis vor!"—und ich sage nun: den Befehl verstehen heiße, wissen, wie es ist, wenn er ausgeführt wurde—oder gar: sich vorstellen können, wie es ist . . . . ?

452. Ich will sagen: "Wenn Einer die Erwartung, den geistigen Vorgang, sehen könnte, müßte er sehen, *was* erwartet wird."—Aber so ist es ja auch: Wer den Ausdruck der Erwartung sieht, sieht, was erwartet wird. Und wie könnte man es auf andere Weise, in anderem Sinne, sehen?

453. Wer mein Erwarten wahrnähme, müßte unmittelbar wahrnehmen, *was* erwartet wird. D.h.: nicht aus dem wahrgenommenen Vorgang darauf *schließen*!—Aber zu sagen, Einer nehme die Erwartung wahr, *hat keinen Sinn*. Es sei denn etwa den: er nehme den Ausdruck der Erwartung wahr. Vom Erwartenden zu sagen, er nähme die Erwartung wahr, statt, er erwarte, wäre blödsinnige Verdrehung des Ausdrucks.

454. "Es liegt alles schon in . . . . " Wie kommt es, daß der Pfeil ⋙———→ *zeigt*? Scheint er nicht schon etwas außerhalb seiner selbst in sich zu tragen?—"Nein, es ist nicht der tote Strich; nur das Psychische, die Bedeutung, kann dies."—Das ist wahr und falsch. Der Pfeil zeigt nur in der Anwendung, die das Lebewesen von ihm macht.

Dieses Zeigen ist *nicht* ein Hokuspokus, welches nur die Seele vollziehen kann.

455. Wir wollen sagen: "Wenn wir meinen, so ist hier kein totes Bild (welcher Art immer), sondern es ist, als gingen wir auf jemand zu." Wir gehen auf das Gemeinte zu.

456. "Wenn man meint, so meint man selber"; so bewegt man sich selber. Man stürmt selber vor und kann daher das Vorstürmen nicht auch beobachten. Gewiß nicht.

cow which someone is to hand over to me always had to be accompanied by an image of a cow, if the order was not to lose its meaning.

450. Knowing what someone looks like: being able to call up an image—but also: being able to *mimic* his expression. Need one imagine it in order to mimic it? And isn't mimicking it just as good as imagining it?

451. Suppose I give someone the order "Imagine a red circle here" —and now I say: understanding the order means knowing what it is like for it to have been carried out—or even: being able to imagine what it is like . . . . .?

452. I want to say: "If someone could see the mental process of expectation, he would necessarily be seeing *what* was being expected." —But that is the case: if you see the expression of an expectation, you see what is being expected. And in what other way, in what other sense would it be possible to see it?

453. Anyone who perceived my expectation would necessarily have a direct perception of *what* was being expected. That is to say, he would not have to *infer* it from the process he perceived!—But to say that someone perceives an expectation *makes no sense*. Unless indeed it means, for example, that he perceives the expression of an expectation. To say of an expectant person that he perceives his expectation instead of saying that he expects, would be an idiotic distortion of the expression.

454. "Everything is already there in . . . ." How does it come about that this arrow ⋙——→ *points*? Doesn't it seem to carry in it something besides itself?—"No, not the dead line on paper; only the psychical thing, the meaning, can do that."—That is both true and false. The arrow points only in the application that a living being makes of it.

This pointing is *not* a hocus-pocus which can be performed only by the soul.

455. We want to say: "When we mean something, it's like going up to someone, it's not having a dead picture (of any kind)." We go up to the thing we mean.

456. "When one means something, it is oneself meaning"; so one is oneself in motion. One is rushing ahead and so cannot also observe oneself rushing ahead. Indeed not.

457. Ja; meinen ist, wie wenn man auf jemanden zugeht.

458. "Der Befehl befiehlt seine Befolgung." So kennt er seine Befolgung, schon ehe sie da ist?—Aber dies war ein grammatischer Satz und er sagt: Wenn ein Befehl lautet "Tu das und das!", dann nennt man "das und das tun" das Befolgen des Befehls.

459. Wir sagen "Der Befehl befiehlt *dies*—" und tun es; aber auch: "Der Befehl befiehlt dies: ich soll . . . .". Wir übertragen ihn einmal in einen Satz, einmal in eine Demonstration, und einmal in die Tat.

460. Könnte die Rechtfertigung einer Handlung als Befolgung eines Befehls so lauten: "Du hast gesagt 'Bring mir eine gelbe Blume' und diese hier hat mir daraufhin ein Gefühl der Befriedigung gegeben, darum habe ich sie gebracht"? Müßte man da nicht antworten: "Ich habe dir doch nicht geschafft, mir die Blume zu bringen, die dir auf meine Worte hin ein solches Gefühl geben wird!"?

461. Inwiefern antizipiert denn der Befehl die Ausführung?—Dadurch, daß er *das* jetzt befiehlt, was später ausgeführt wird?—Aber es müßte ja heißen: "was später ausgeführt, oder auch nicht ausgeführt wird". Und das sagt nichts.

"Aber wenn auch mein Wunsch nicht bestimmt, was der Fall sein wird, so bestimmt er doch sozusagen das Thema einer Tatsache; ob die nun den Wunsch erfüllt, oder nicht." Wir wundern uns—gleichsam—nicht darüber, daß Einer die Zukunft weiß; sondern darüber, daß er überhaupt prophezeihen kann (richtig oder falsch).

Als nähme die bloße Prophezeihung, gleichgültig ob richtig oder falsch, schon einen Schatten der Zukunft voraus; während sie über die Zukunft nichts weiß, und weniger als nichts nicht wissen kann.

462. Ich kann ihn suchen, wenn er nicht da ist, aber ihn nicht hängen, wenn er nicht da ist.

Man könnte sagen wollen: "Da muß er doch auch dabei sein, wenn ich ihn suche".—Dann muß er auch dabei sein, wenn ich ihn nicht finde, und auch, wenn es ihn gar nicht gibt.

463. "*Den* hast du gesucht? Du konntest ja nicht einmal wissen, ob er da ist!"—Dieses Problem aber entsteht *wirklich* beim Suchen in der Mathematik. Man kann z.B. die Frage stellen: Wie war es möglich, nach der Dreiteilung des Winkels auch nur zu *suchen*?

464. Was ich lehren will, ist: von einem nicht offenkundigen Unsinn zu einem offenkundigen übergehen.

457. Yes: meaning something is like going up to someone.

458. "An order orders its own execution." So it knows its execution, then, even before it is there?—But that was a grammatical proposition and it means: If an order runs "Do such-and-such" then executing the order is called "doing such-and-such."

459. We say "The order orders *this*—" and do it; but also "The order orders this: I am to . . . ." We translate it at one time into a proposition, at another into a demonstration, and at another into action.

460. Could the justification of an action as fulfilment of an order run like this: "You said 'Bring me a yellow flower', upon which this one gave me a feeling of satisfaction; that is why I have brought it"? Wouldn't one have to reply: "But I didn't set you to bring me the flower which should give you that sort of feeling after what I said!"?

461. In what sense does an order anticipate its execution? By ordering *just that* which later on is carried out?—But one would have to say "which later on is carried out, or again is not carried out." And that is to say nothing.

"But even if my wish does not determine what is going to be the case, still it does so to speak determine the theme of a fact, whether the fact fulfils the wish or not." We are—as it were—surprised, not at anyone's knowing the future, but at his being able to prophesy at all (right or wrong).

As if the mere prophecy, no matter whether true or false, foreshadowed the future; whereas it knows nothing of the future and cannot know less than nothing.

462. I can look for him when he is not there, but not hang him when he is not there.

One might want to say: "But he must be somewhere there if I am looking for him."—Then he must be somewhere there too if I don't find him and even if he doesn't exist at all.

463. "You were looking for *him*? You can't even have known if he was there!"—But this problem really does arise when one looks for something in mathematics. One can ask, for example, how was it possible so much as to *look for* the trisection of the angle?

464. My aim is: to teach you to pass from a piece of disguised nonsense to something that is patent nonsense.

465. "Eine Erwartung ist so gemacht, daß, was immer kommt, mit ihr übereinstimmen muß oder nicht."

Wenn man nun fragt: Ist also die Tatsache durch die Erwartung auf ja und nein bestimmt, oder nicht,—d.h., ist es bestimmt, in welchem Sinne die Erwartung durch ein Ereignis—welches immer eintreffen mag—beantwortet werden wird; so muß man antworten "Ja; es sei denn, daß der Ausdruck der Erwartung unbestimmt ist, daß er etwa eine Disjunktion verschiedener Möglichkeiten enthält."

466. Wozu denkt der Mensch? wozu ist es nütze?—Wozu *berechnet* er Dampfkessel und überläßt ihre Wandstärke nicht dem Zufall? Es ist doch nur Erfahrungstatsache, daß Kessel, die so berechnet wurden, nicht so oft explodieren! Aber so, wie er alles eher täte, als die Hand ins Feuer stecken, das ihn früher gebrannt hat, so wird er alles eher tun, als den Kessel nicht berechnen.—Da uns Ursachen aber nicht interessieren,—werden wir sagen: Die Menschen denken tatsächlich: sie gehen, z.B., auf diese Weise vor, wenn sie einen Dampfkessel bauen.—Kann nun ein so erzeugter Kessel nicht explodieren? O doch.

467. Denkt der Mensch also, weil Denken sich bewährt hat?—Weil er denkt, es sei vorteilhaft, zu denken?

(Erzieht er seine Kinder, weil es sich bewährt hat?)

468. Wie wäre herauszubringen: *warum* er denkt?

469. Und doch kann man sagen, das Denken habe sich bewährt. Es seien jetzt weniger Kesselexplosionen als früher, seit etwa die Wandstärken nicht mehr nach dem Gefühl bestimmt, sondern auf die und die Weise berechnet werden. Oder, seit man jede Berechnung eines Ingenieurs durch einen zweiten kontrollieren läßt.

470. *Manchmal* also denkt man, weil es sich bewährt hat.

471. Wenn wir die Frage "warum" unterdrücken, werden wir oft erst die wichtigen *Tatsachen* gewahr; die dann in unseren Untersuchungen zu einer Antwort führen.

472. Die Natur des Glaubens an die Gleichförmigkeit des Geschehens wird vielleicht am klarsten im Falle, in dem wir Furcht vor dem Erwarteten empfinden. Nichts könnte mich dazu bewegen, meine Hand in die Flamme zu stecken,—obwohl ich mich doch *nur in der Vergangenheit* verbrannt habe.

473. Der Glaube, daß mich das Feuer brennen wird, ist von der Art der Furcht, daß es mich brennen wird.

465. "An expectation is so made that whatever happens has to accord with it, or not."

Suppose you now ask: then are facts defined one way or the other by an expectation—that is, is it defined for whatever event may occur whether it fulfils the expectation or not? The answer has to be: "Yes, unless the expression of the expectation is indefinite; for example, contains a disjunction of different possibilities."

466. What does man think for? What use is it?—Why does he make boilers according to *calculations* and not leave the thickness of their walls to chance? After all it is only a fact of experience that boilers do not explode so often if made according to these calculations. But just as having once been burnt he would do anything rather than put his hand into a fire, so he would do anything rather than not calculate for a boiler.—But as we are not interested in causes,—we shall say: human beings do in fact think: this, for instance, is how they proceed when they make a boiler.—Now, can't a boiler produced in this way explode? Oh, yes.

467. Does man think, then, because he has found that thinking pays?—Because he thinks it advantageous to think?

(Does he bring his children up because he has found it pays?)

468. What would shew *why* he thinks?

469. And yet one can say that thinking has been found to pay. That there are fewer boiler explosions than formerly, now that we no longer go by feeling in deciding the thickness of the walls, but make such-and-such calculations instead. Or since each calculation done by one engineer got checked by a second one.

470. So we do *sometimes* think because it has been found to pay.

471. It often happens that we only become aware of the important *facts*, if we suppress the question "why?"; and then in the course of our investigations these facts lead us to an answer.

472. The character of the belief in the uniformity of nature can perhaps be seen most clearly in the case in which we fear what we expect. Nothing could induce me to put my hand into a flame—although after all it is *only in the past* that I have burnt myself.

473. The belief that fire will burn me is of the same kind as the fear that it will burn me.

474. Daß mich das Feuer brennen wird, wenn ich die Hand hineinstecke: das ist Sicherheit.

D.h., da sehen wir, was Sicherheit bedeutet. (Nicht nur, was das Wort "Sicherheit" bedeutet, sondern auch, was es mit ihr auf sich hat.)

475. Nach den Gründen zu einer Annahme gefragt, *besinnt* man sich auf diese Gründe. Geschieht hier dasselbe, wie, wenn man darüber nachdenkt, was die Ursachen eines Ereignisses gewesen sein mögen?

476. Es ist zu unterscheiden zwischen dem Gegenstand der Furcht und der Ursache der Furcht.

So ist das Gesicht, das uns Furcht, oder Entzücken, einflößt (der Gegenstand der Furcht, des Entzückens) darum nicht ihre Ursache, sondern—man könnte sagen—ihre Richtung.

477. "Warum glaubst du, daß du dich an der heißen Herdplatte verbrennen wirst?"—Hast du Gründe für diesen Glauben; und brauchst du Gründe?

478. Was für einen Grund habe ich, anzunehmen, daß mein Finger, wenn er den Tisch berührt, einen Widerstand spüren wird? Was für einen Grund, zu glauben, daß dieser Bleistift sich nicht schmerzlos durch meine Hand wird stecken lassen?—Wenn ich dies frage, melden sich hundert Gründe, die einander kaum zu Wort kommen lassen wollen. "Ich habe es doch selbst unzählige Male erfahren; und ebenso oft von ähnlichen Erfahrungen gehört; wenn es nicht so wäre, würde . . . . ; etc.."

479. Die Frage "Aus welchen Gründen glaubst du das?" könnte bedeuten: "Aus welchen Gründen leitest du das jetzt ab (hast du es jetzt abgeleitet)?" Aber auch: "Welche Gründe kannst du mir nachträglich für diese Annahme angeben?"

480. Man könnte also unter "Gründen" zu einer Meinung tatsächlich nur das verstehen, was Einer sich vorgesagt hat, ehe er zu der Meinung kam. Die Rechnung, die er tatsächlich ausgeführt hat. Wenn man nun fragte: Wie *kann* aber frühere Erfahrung ein Grund zur Annahme sein, es werde später das und das eintreffen?—so ist die Antwort: Welchen allgemeinen Begriff vom Grund zu solch einer Annahme haben wir denn? Diese Art Angabe über die Vergangenheit nennen wir eben Grund zur Annahme, es werde das in Zukunft geschehen.—Und wenn man sich wundert, daß wir ein solches Spiel spielen, dann berufe ich mich auf die *Wirkung* einer vergangenen Erfahrung (darauf, daß ein gebranntes Kind das Feuer fürchtet).

474. I shall get burnt if I put my hand in the fire: that is certainty. That is to say: here we see the meaning of certainty. (What it amounts to, not just the meaning of the word "certainty.")

475. On being asked for the grounds of a supposition, one *bethinks* oneself of them. Does the same thing happen here as when one considers what may have been the causes of an event?

476. We should distinguish between the object of fear and the cause of fear.

Thus a face which inspires fear or delight (the object of fear or delight), is not on that account its cause, but—one might say—its target.

477. "Why do you believe that you will burn yourself on the hot-plate?"—Have you reasons for this belief; and do you need reasons?

478. What kind of reason have I to assume that my finger will feel a resistance when it touches the table? What kind of reason to believe that it will hurt if this pencil pierces my hand?—When I ask this, a hundred reasons present themselves, each drowning the voice of the others. "But I have experienced it myself innumerable times, and as often heard of similar experiences; if it were not so, it would . . . .; etc."

479. The question: "On what grounds do you believe this?" might mean: "From what you are now deducing it (have you just deduced it)?" But it might also mean: "What grounds can you produce for this assumption on thinking it over?"

480. Thus one could in fact take "grounds" for an opinion to mean only what a man had said to himself before he arrived at the opinion. The calculation that he has actually carried out. If it is now asked: But how *can* previous experience be a ground for assuming that such-and-such will occur later on?—the answer is: What general concept have we of grounds for this kind of assumption? This sort of statement about the past is simply what we call a ground for assuming that this will happen in the future.—And if you are surprised at our playing such a game I refer you to the *effect* of a past experience (to the fact that a burnt child fears the fire).

481. Wer sagte, er sei durch Angaben über Vergangenes nicht davon zu überzeugen, daß irgend etwas in Zukunft geschehen werde,—den würde ich nicht verstehen. Man könnte ihn fragen: was willst du denn hören? Was für Angaben nennst du Gründe dafür, das zu glauben? Was nennst du denn "überzeugen"? Welche Art des Überzeugens erwartest du dir?—Wenn *das* keine Gründe sind, was sind denn Gründe?—Wenn du sagst, das seien keine Gründe, so mußt du doch angeben können, was der Fall sein müßte, damit wir mit Recht sagen könnten, es seien Gründe für unsre Annahme vorhanden.

Denn wohlgemerkt: Gründe sind hier nicht Sätze, aus denen das Geglaubte logisch folgt.

Aber nicht, als ob man sagen könnte: fürs Glauben genügt eben weniger als für das Wissen.—Denn hier handelt es sich nicht um eine Annäherung an das logische Folgen.

482. Wir werden irregeführt durch die Ausdrucksweise: "Dieser Grund ist gut, denn er macht das Eintreffen des Ereignisses wahrscheinlich." Hier ist es, als ob wir nun etwas weiteres über den Grund ausgesagt hätten, was ihn als Grund rechtfertigt; während mit dem Satz, daß dieser Grund das Eintreffen wahrscheinlich macht, nichts gesagt ist, wenn nicht, daß dieser Grund einem bestimmten Maßstab des guten Grundes entspricht,—der Maßstab aber nicht begründet ist!

483. Ein guter Grund ist einer, der *so* aussieht.

484. Man möchte sagen: "Ein guter Grund ist er nur darum, weil er das Eintreffen *wirklich* wahrscheinlich macht". Weil er sozusagen wirklich einen Einfluß auf das Ereignis hat; also quasi einen erfahrungsmäßigen.

485. Die Rechtfertigung durch die Erfahrung hat ein Ende. Hätte sie keins, so wäre sie keine Rechtfertigung.

486. *Folgt*, daß dort ein Sessel steht, aus den Sinneseindrücken, die ich empfange?—Wie kann denn ein *Satz* aus Sinneseindrücken folgen? Nun, folgt er aus den Sätzen, die die Sinneneindrücke beschreiben? Nein.—Aber schließe ich denn nicht aus den Eindrücken, Sinnesdaten, daß ein Sessel dort steht?—Ich ziehe keinen Schluß!—Manchmal aber doch. Ich sehe z.B. eine Photographie und sage "Es muß also dort ein Sessel gestanden sein", oder auch "Aus dem, was man da sieht, schließe ich, daß ein Sessel dort steht". Das ist ein Schluß; aber keiner der Logik. Ein Schluß ist der Übergang zu einer Behauptung; also auch zu dem der Behauptung entsprechenden Benehmen. 'Ich ziehe die Konsequenzen' nicht nur in Worten, sondern auch in Handlungen.

481. If anyone said that information about the past could not convince him that something would happen in the future, I should not understand him. One might ask him: What do you expect to be told, then? What sort of information do you call a ground for such a belief? What do you call "conviction"? In what kind of way do you expect to be convinced?—If *these* are not grounds, then what are grounds?—If you say these are not grounds, then you must surely be able to state what must be the case for us to have the right to say that there are grounds for our assumption.

For note: here grounds are not propositions which logically imply what is believed.

Not that one can say: less is needed for belief than for knowledge.—For the question here is not one of an approximation to logical inference.

482. We are misled by this way of putting it: "This is a good ground, for it makes the occurrence of the event probable." That is as if we had asserted something further about the ground, which justified it as a ground; whereas to say that this ground makes the occurrence probable is to say nothing except that this ground comes up to a particular standard of good grounds—but the standard has no grounds!

483. A good ground is one that looks *like this*.

484. One would like to say: "It is a good ground only because it makes the occurrence *really* probable". Because it, so to speak, really has an influence on the event; as it were an experiential one.

485. Justification by experience comes to an end. If it did not it would not be justification.

486. Does it *follow* from the sense-impressions which I get that there is a chair over there?—How can a *proposition* follow from sense-impressions? Well, does it follow from the propositions which describe the sense-impressions? No.—But don't I infer that a chair is there from impressions, from sense-data?—I make no inference!—and yet I sometimes do. I see a photograph for example, and say "There must have been a chair over there" or again "From what I can see here I infer that there is a chair over there." That is an inference; but not one belonging to logic. An inference is a transition to an assertion; and so also to the behaviour that corresponds to the assertion. 'I draw the consequences' not only in words, but also in action.

War ich dazu berechtigt, diese Konsequenzen zu ziehen? Was *nennt* man hier eine Berechtigung?—Wie wird das Wort "Berechtigung" gebraucht? Beschreibe Sprachspiele! Aus ihnen wird sich auch die Wichtigkeit des Berechtigtseins entnehmen lassen.

487. "Ich verlasse das Zimmer, weil du es befiehlst."
"Ich verlasse das Zimmer, aber nicht, weil du es befiehlst."
Beschreibt dieser Satz einen Zusammenhang meiner Handlung mit seinem Befehl; oder macht er den Zusammenhang?

Kann man fragen: "Woher weißt du, daß du es deswegen tust, oder nicht deswegen tust?" Und ist die Antwort gar: "Ich fühle es"?

488. Wie beurteile ich, ob es so ist? Nach Indizien?

489. Frage dich: Bei welcher Gelegenheit, zu welchem Zweck, sagen wir das?

Welche Handlungsweisen begleiten diese Worte? (Denk ans Grüßen!) In welchen Szenen werden sie gebraucht; und wozu?

490. Wie weiß ich, daß *dieser Gedankengang* mich zu dieser Handlung geführt hat?—Nun, es ist ein bestimmtes Bild: z.B., in einer experimentellen Untersuchung durch eine Rechnung zu einem weitern Experiment geführt werden. Es sieht *so* aus——und nun könnte ich ein Beispiel beschreiben.

491. Nicht: "ohne Sprache könnten wir uns nicht miteinander verständigen"—wohl aber: ohne Sprache können wir andre Menschen nicht so und so beeinflussen; können wir nicht Straßen und Maschinen bauen, etc. . Und auch: Ohne den Gebrauch der Rede und der Schrift könnten sich Menschen nicht verständigen.

492. Eine Sprache erfinden, könnte heißen, auf Grund von Naturgesetzen (oder in Übereinstimmung mit ihnen) eine Vorrichtung zu bestimmtem Zweck erfinden; es hat aber auch den andern Sinn, dem analog, in welchem wir von der Erfindung eines Spiels reden.

Ich sage hier etwas über die Grammatik des Wortes "Sprache" aus, indem ich sie mit der Grammatik des Wortes "erfinden" in Verbindung bringe.

493. Man sagt: "Der Hahn ruft die Hühner durch sein Krähen herbei"—aber liegt dem nicht schon der Vergleich mit unsrer Sprache zu Grunde?—Wird der Aspekt nicht ganz verändert, wenn wir uns vorstellen, durch irgend eine physikalische Einwirkung setze das Krähen die Hühner in Bewegung?

Wenn aber gezeigt würde, in welcher Weise die Worte "Komm zu mir!" auf den Angesprochenen einwirken, sodaß am Schluß unter

Was I justified in drawing these consequences? What is *called* a justification here?—How is the word "justification" used? Describe language-games. From these you will also be able to see the importance of being justified.

487. "I am leaving the room because you tell me to."

"I am leaving the room, but not because you tell me to."

Does this proposition *describe* a connexion between my action and his order; or does it make the connexion?

Can one ask: "How do you know that you do it because of this, or not because of this?" And is the answer perhaps: "I feel it"?

488. How do I judge whether it is so? By circumstantial evidence?

489. Ask yourself: On what occasion, for what purpose, do we say this?

What kind of actions accompany these words? (Think of a greeting.) In what scenes will they be used; and what for?

490. How do I know that *this line of thought* has led me to this action?—Well, it is a particular picture: for example, of a calculation leading to a further experiment in an experimental investigation. It looks like *this*——and now I could describe an example.

491. Not: "without language we could not communicate with one another"—but for sure: without language we cannot influence other people in such-and-such ways; cannot build roads and machines, etc.. And also: without the use of speech and writing people could not communicate.

492. To invent a language could mean to invent an instrument for a particular purpose on the basis of the laws of nature (or consistently with them); but it also has the other sense, analogous to that in which we speak of the invention of a game.

Here I am stating something about the grammar of the word "language", by connecting it with the grammar of the word "invent".

493. We say: "The cock calls the hens by crowing"—but doesn't a comparison with our language lie at the bottom of this?—Isn't the aspect quite altered if we imagine the crowing to set the hens in motion by some kind of physical causation?

But if it were shewn how the words "Come to me" act on the person addressed, so that finally, given certain conditions, the muscles of his

gewissen Bedingungen seine Beinmuskeln innerviert werden, etc.—würde jener Satz damit für uns den Charakter des Satzes verlieren?

494. Ich will sagen: Der Apparat unserer gewöhnlichen Sprache, unserer Wortsprache, ist *vor allem* das, was wir "Sprache" nennen; und dann anderes nach seiner Analogie oder Vergleichbarkeit mit ihr.

495. Es ist klar, ich kann durch Erfahrung feststellen, daß ein Mensch (oder Tier) auf ein Zeichen so reagiert, wie ich es will, auf ein anderes nicht. Daß z.B. ein Mensch auf das Zeichen "⟶" hin nach rechts, auf das Zeichen "⟵" nach links geht; daß er aber auf das Zeichen "o—|" nicht so reagiert, wie auf "⟵", etc..

Ja, ich brauche gar keinen Fall zu erdichten, und nur den tatsächlichen betrachten, daß ich einen Menschen, der nur Deutsch gelernt hat, nur mit der deutschen Sprache lenken kann. (Denn das Lernen der deutschen Sprache betrachte ich nun als ein Einstellen des Mechanismus auf eine gewisse Art der Beeinflussung; und es kann uns gleich sein, ob der Andre die Sprache gelernt hat, oder vielleicht schon von Geburt so gebaut ist, daß er auf die Sätze der deutschen Sprache so reagiert, wie der gewöhnliche Mensch, wenn er Deutsch gelernt hat.)

496. Grammatik sagt nicht, wie die Sprache gebaut sein muß, um ihren Zweck zu erfüllen, um so und so auf Menschen zu wirken. Sie beschreibt nur, aber erklärt in keiner Weise, den Gebrauch der Zeichen.

497. Man kann die Regeln der Grammatik "willkürlich" nennen, wenn damit gesagt sein soll, der *Zweck* der Grammatik sei nur der der Sprache.

Wenn Einer sagt "Hätte unsere Sprache nicht diese Grammatik, so könnte sie diese Tatsachen nicht ausdrücken"—so frage man sich, was hier das "*könnte*" bedeutet.

498. Wenn ich sage, der Befehl "Bring mir Zucker!" und "Bring mir Milch!" hat Sinn, aber nicht die Kombination "Milch mir Zucker", so heißt das nicht, daß das Aussprechen dieser Wortverbindung keine Wirkung hat. Und wenn sie nun die Wirkung hat, daß der Andre mich anstarrt und den Mund aufsperrt, so nenne ich sie deswegen nicht den Befehl, mich anzustarren etc., auch wenn ich gerade diese Wirkung hätte hervorbringen wollen.

499. Zu sagen "Diese Wortverbindung hat keinen Sinn" schließt sie aus dem Bereich der Sprache aus und umgrenzt dadurch das Gebiet der Sprache. Wenn man aber eine Grenze zieht, so kann das verschiedenerlei Gründe haben. Wenn ich einen Platz mit einem Zaun, einem Strich, oder sonst irgendwie umziehe, so kann das den Zweck haben, jemand nicht hinaus, oder nicht hinein zu lassen;

egs are innervated, and so on—should we feel that that sentence lost the character of a *sentence*?

494. I want to say: It is *primarily* the apparatus of our ordinary language, of our word-language, that we call language; and then other things by analogy or comparability with this.

495. Clearly, I can establish by experience that a human being (or animal) reacts to one sign as I want him to, and to another not. That, e.g., a human being goes to the right at the sign " ⟶ " and goes to the left at the sign " ⟵ "; but that he does not react to the sign " 0——| ", as to " ⟵ ".

I do not even need to fabricate a case, I only have to consider what is in fact the case; namely, that I can direct a man who has learned only German, only by using the German language. (For here I am looking at learning German as adjusting a mechanism to respond to a certain kind of influence; and it may be all one to us whether someone else has learned the language, or was perhaps from birth constituted to react to sentences in German like a normal person who has learned German.)

496. Grammar does not tell us how language must be constructed in order to fulfil its purpose, in order to have such-and-such an effect on human beings. It only describes and in no way explains the use of signs.

497. The rules of grammar may be called "arbitrary", if that is to mean that the *aim* of the grammar is nothing but that of the language.

If someone says "If our language had not this grammar, it could not express these facts"—it should be asked what "*could*" means here.

498. When I say that the orders "Bring me sugar" and "Bring me milk" make sense, but not the combination "Milk me sugar", that does not mean that the utterance of this combination of words has no effect. And if its effect is that the other person stares at me and gapes, I don't on that account call it the order to stare and gape, even if that was precisely the effect that I wanted to produce.

499. To say "This combination of words makes no sense" excludes it from the sphere of language and thereby bounds the domain of language. But when one draws a boundary it may be for various kinds of reason. If I surround an area with a fence or a line or otherwise, the purpose may be to prevent someone from getting in or out;

es kann aber auch zu einem Spiel gehören und die Grenze soll etwa von den Spielern übersprungen werden; oder es kann andeuten, wo der Besitz eines Menschen aufhört und der des andern anfängt; etc. . Ziehe ich also eine Grenze, so ist damit noch nicht gesagt, weshalb ich sie ziehe.

500. Wenn gesagt wird, ein Satz sei sinnlos, so ist nicht, quasi, sein Sinn sinnlos. Sondern eine Wortverbindung wird aus der Sprache ausgeschlossen, aus dem Verkehr gezogen.

501. "Der Zweck der Sprache ist, Gedanken auszudrücken."—So ist es wohl der Zweck jedes Satzes, einen Gedanken auszudrücken. Welchen Gedanken drückt also z.B. der Satz "Es regnet" aus?—

502. Die Frage nach dem Sinn. Vergleiche:
"Dieser Satz hat Sinn."—"Welchen?"
"Diese Wortreihe ist ein Satz."—"Welcher?"

503. Wenn ich jemandem einen Befehl gebe, so ist es mir *ganz genug*, ihm Zeichen zu geben. Und ich würde nie sagen: Das sind ja nur Worte, und ich muß hinter die Worte dringen. Ebenso, wenn ich jemand etwas gefragt hätte und er gibt mir eine Antwort (also ein Zeichen) bin ich zufrieden—das war es, was ich erwartete—und wende nicht ein: Das ist ja eine bloße Antwort.

504. Wenn man aber sagt: "Wie soll ich wissen, was er meint, ich sehe ja nur seine Zeichen", so sage ich: "Wie soll *er* wissen, was er meint, er hat ja auch nur seine Zeichen."

505. Muß ich einen Befehl verstehen, ehe ich nach ihm handeln kann?—Gewiß! sonst wüßtest du ja nicht, was du zu tun hast.—Aber vom *Wissen* zum Tun ist ja wieder ein Sprung!—

506. Der Zerstreute, der auf den Befehl "Rechts um!" sich nach links dreht, und nun, an die Stirn greifend, sagt "Ach so—rechts um" und rechts um macht.—Was ist ihm eingefallen? Eine Deutung?

507. "Ich sage das nicht nur, ich meine auch etwas damit."—Wenn man sich überlegt, was dabei in uns vorgeht, wenn wir Worte *meinen* (und nicht nur sagen) so ist es uns, als wäre dann etwas mit diesen Worten gekuppelt, während sie sonst leerliefen.—Als ob sie gleichsam in uns eingriffen.

508. Ich sage einen Satz: "Das Wetter ist schön"; aber die Worte sind doch willkürliche Zeichen—setzen wir also an ihrer Statt diese: "a b c d". Aber nun kann ich, wenn ich dies lese, mit ihm nicht ohne Weiteres den obigen Sinn verbinden.—Ich bin nicht gewöhnt, könnte

but it may also be part of a game and the players be supposed, say, to jump over the boundary; or it may shew where the property of one man ends and that of another begins; and so on. So if I draw a boundary line that is not yet to say what I am drawing it for.

500. When a sentence is called senseless, it is not as it were its sense that is senseless. But a combination of words is being excluded from the language, withdrawn from circulation.

501. "The purpose of language is to express thoughts."—So presumably the purpose of every sentence is to express a thought. Then what thought is expressed, for example, by the sentence "It's raining"?—

502. Asking what the sense is. Compare:
"This sentence makes sense."—"What sense?"
"This set of words is a sentence."—"What sentence?"

503. If I give anyone an order I feel it to be *quite enough* to give him signs. And I should never say: this is only words, and I have got to get behind the words. Equally, when I have asked someone something and he gives me an answer (i.e. a sign) I am content—that was what I expected—and I don't raise the objection: but that's a mere answer.

504. But if you say: "How am I to know what he means, when I see nothing but the signs he gives?" then I say: "How is *he* to know what he means, when he has nothing but the signs either?"

505. Must I understand an order before I can act on it?—Certainly, otherwise you wouldn't know what you had to do!—But isn't there in turn a jump from *knowing* to doing?—

506. The absent-minded man who at the order "Right turn!" turns left, and then, clutching his forehead, says "Oh! right turn" and does a right turn.—What has struck him? An interpretation?

507. "I am not merely saying this, I mean something by it."—When we consider what is going on in us when we *mean* (and don't merely say) words, it seems to us as if there were something coupled to these words, which otherwise would run idle.—As if they, so to speak, connected with something in us.

508. I say the sentence: "The weather is fine"; but the words are after all arbitrary signs—so let's put "a b c d" in their place. But now when I read this, I can't connect it straight away with the above sense.—

ich sagen, statt "das" "a", statt "Wetter" "b" zu sagen, etc. . Aber damit meine ich nicht, ich sei nicht gewöhnt, mit "a" sofort das Wort "das" zu assoziieren, sondern ich bin nicht gewöhnt, "a" *an der Stelle* von "das" zu gebrauchen—also in der Bedeutung von "das". (Ich beherrsche diese Sprache nicht.)

(Ich bin nicht gewöhnt, Temperaturen in Fahrenheit-Graden zu messen. Darum '*sagt*' mir eine solche Temperaturangabe nichts.)

509. Wie, wenn wir jemanden fragten "In wiefern sind diese Worte eine Beschreibung dessen, was du siehst?"—und er antwortet: "Ich *meine* das mit diesen Worten." (Er sah etwa auf eine Landschaft.) Warum ist diese Antwort "Ich *meine* das . . . . " gar keine Antwort?

Wie *meint* man, was man vor sich sieht, mit Worten?

Denke, ich sagte "a b c d" und meine damit: Das Wetter ist schön. Ich hatte nämlich beim Aussprechen dieser Zeichen das Erlebnis, welches normalerweise nur der hätte, der jahraus jahrein "a" in der Bedeutung von "das", "b" in der Bedeutung von "Wetter", u.s.w., gebraucht hat.—Sagt dann " a b c d ": das Wetter ist schön?

Welches soll das Kriterium dafür sein, daß ich *dies* Erlebnis hatte?

510. Mach diesen Versuch: *Sag* "Hier ist es kalt" und *meine* "Hier ist es warm". Kannst du es?—Und was tust du dabei? Und gibt es nur eine Art, das zu tun?

511. Was heißt es denn: "entdecken, daß eine Aussage keinen Sinn hat"?—Und was heißt das: "Wenn ich etwas damit meine, muß es doch Sinn haben"?—Wenn ich etwas damit meine?—Wenn ich *was* damit meine?!—Man will sagen: der sinnvolle Satz ist der, den man nicht nur sagen, sondern den man auch denken kann.

512. Es scheint, als könnte man sagen: "Die Wortsprache läßt unsinnige Wortzusammenstellungen zu, die Sprache der Vorstellung aber nicht unsinnige Vorstellungen."—Also die Sprache der Zeichnung auch nicht unsinnige Zeichnungen? Denke, es wären Zeichnungen, nach denen Körper modelliert werden sollen. Dann haben manche Zeichnungen Sinn, manche keinen.—Wie, wenn ich mir unsinnige Wortzusammenstellungen vorstelle?

513. Betrachte diese Ausdrucksform: "Mein Buch hat soviel Seiten, wie eine Lösung der Gleichung $x^3 + 2x - 3 = 0$ beträgt." Oder: "Die Zahl meiner Freunde ist n und $n^2 + 2n + 2 = 0$." Hat dieser Satz Sinn? Es ist ihm unmittelbar nicht anzukennen. Man sieht

I am not used, I might say, to saying "a" instead of "the", "b" instead of "weather", etc. . But I don't mean by that that I am not used to making an immediate association between the word "the" and "a", but that I am not used to using "a" *in the place* of "the"—and therefore in the sense of "the". (I have not mastered this language.)

(I am not used to measuring temperatures on the Fahrenheit scale. Hence such a measure of temperature '*says*' nothing to me.)

509. Suppose we asked someone "In what sense are these words a description of what you are seeing?"—and he answers: "I *mean* this by these words." (Say he was looking at a landscape.) Why is this answer "I *mean* this . . . ." no answer at all?

How does one use words to *mean* what one sees before one?

Suppose I said "a b c d" and meant: the weather is fine. For as I uttered these signs I had the experience normally had only by someone who had year-in year-out used "a" in the sense of "the", "b" in the sense of "weather", and so on.—Does "a b c d" now mean: the weather is fine?

What is supposed to be the criterion for my having had *that* experience?

510. Make the following experiment: *say* "It's cold here" and *mean* "It's warm here". Can you do it?—And what are you doing as you do it? And is there only one way of doing it?

511. What does "discovering that an expression doesn't make sense" mean?—and what does it mean to say: "If I mean something by it, surely it must make sense"?—If I mean something by it?—If I mean *what* by it?!—One wants to say: a significant sentence is one which one can not merely say, but also think.

512. It looks as if we could say: "Word-language allows of senseless combinations of words, but the language of imagining does not allow us to imagine anything senseless."—Hence, too, the language of drawing doesn't allow of senseless drawings? Suppose they were drawings from which bodies were supposed to be modelled. In this case some drawings make sense, some not.—What if I imagine senseless combinations of words?

513. Consider the following form of expression: "The number of pages in my book is equal to a root of the equation $x^3 + 2x - 3 = 0$." Or: "I have n friends and $n^2 + 2n + 2 = 0$". Does this sentence make sense? This cannot be seen immediately. This example shews

an diesem Beispiel, wie es zugehen kann, daß etwas aussieht, wie ein Satz, den wir verstehen, was doch keinen Sinn ergibt.

(Dies wirft ein Licht auf den Begriff 'Verstehen' und 'Meinen'.)

514. Ein Philosoph sagt: er verstehe den Satz "Ich bin hier", meine etwas mit ihm, denke etwas,—auch wenn er sich gar nicht darauf besinnt, wie, bei welcher Gelegenheit, dieser Satz verwendet wird. Und wenn ich sage "Die Rose ist auch im Finstern rot", so siehst du diese Röte im Finstern förmlich vor dir.

515. Zwei Bilder der Rose im Finstern. Das eine ist ganz schwarz; denn die Rose ist unsichtbar. Im andern ist sie in allen Einzelheiten gemalt und von Schwärze umgeben. Ist eines von ihnen richtig, das andere falsch? Reden wir nicht von einer weißen Rose im Finstern und von einer roten Rose im Finstern? Und sagen wir nicht doch, sie ließen sich im Finstern nicht unterscheiden?

516. Es scheint klar: wir verstehen, was die Frage bedeutet "Kommt die Ziffernfolge 7777 in der Entwicklung von π vor?" Es ist ein deutscher Satz; man kann zeigen, was es heißt, 415 komme in der Entwicklung von π vor; und ähnliches. Nun, soweit solche Erklärungen reichen, soweit, kann man sagen, versteht man jene Frage.

517. Es fragt sich: Können wir uns denn darin nicht irren, daß wir eine Frage verstehen?

Denn mancher mathematische Beweis führt uns eben dazu, zu sagen, daß wir uns *nicht* vorstellen können, was wir glaubten, uns vorstellen zu können. (Z.B. die Konstruktion des Siebenecks.) Er führt uns dazu, zu revidieren, was uns als der Bereich des Vorstellbaren galt.

518. Sokrates zu Theaitetos: "Und wer vorstellt, sollte nicht *etwas* vorstellen?"—Th.: "Notwendig."—Sok.: "Und wer etwas vorstellt, nichts Wirkliches?"—Th.: "So scheint es."

Und wer malt, sollte nicht etwas malen—und wer etwas malt, nichts Wirkliches?—Ja, was ist das Objekt des Malens: das Menschenbild (z.B.) oder der Mensch, den das Bild darstellt?

519. Man will sagen: ein Befehl sei ein Bild der Handlung, die nach ihm ausgeführt wurde; aber auch, ein Bild der Handlung, die nach ihm ausgeführt werden *soll*.

520. "Wenn man auch den Satz als Bild eines möglichen Sachverhalts auffaßt und sagt, er zeige die Möglichkeit des Sachverhalts,

how it is that something can look like a sentence which we understand, and yet yield no sense.

(This throws light on the concepts 'understanding' and 'meaning'.)

514. A philosopher says that he understands the sentence "I am here", that he means something by it, thinks something—even when he doesn't think at all how, on what occasions, this sentence is used. And if I say "A rose is red in the dark too" you positively see this red in the dark before you.

515. Two pictures of a rose in the dark. One is quite black; for the rose is invisible. In the other, it is painted in full detail and surrounded by black. Is one of them right, the other wrong? Don't we talk of a white rose in the dark and of a red rose in the dark? And don't we say for all that that they can't be distinguished in the dark?

516. It seems clear that we understand the meaning of the question: "Does the sequence 7777 occur in the development of π?" It is an English sentence; it can be shewn what it means for 415 to occur in the development of π; and similar things. Well, our understanding of that question reaches just so far, one may say, as such explanations reach.

517. The question arises: Can't we be mistaken in thinking that we understand a question?

For many mathematical proofs do lead us to say that we *cannot* imagine something which we believed we could imagine. (E.g., the construction of the heptagon.) They lead us to revise what counts as the domain of the imaginable.

518. Socrates to Theaetetus: "And if someone thinks mustn't he think *something*?"—Th: "Yes, he must."—Soc.: "And if he thinks something, mustn't it be something real?"—Th.: "Apparently."

And mustn't someone who is painting be painting something—and someone who is painting something be painting something real!—Well, tell me what the object of painting is: the picture of a man (e.g.), or the man that the picture portrays?

519. One wants to say that an order is a picture of the action which was carried out on the order; but also that it is a picture of the action which *is to be* carried out on the order.

520. "If a proposition too is conceived as a picture of a possible state of affairs and is said to shew the possibility of the state of affairs,

so kann doch der Satz bestenfalls tun, was ein gemaltes, oder plastisches Bild, oder ein Film, tut; und er kann also jedenfalls nicht hinstellen, was nicht der Fall ist. Also hängt es ganz von unserer Grammatik ab, was (logisch) möglich genannt wird, und was nicht,—nämlich eben was sie zuläßt?"—Aber das ist doch willkürlich!—Ist es willkürlich?—Nicht mit jeder satzartigen Bildung wissen wir etwas anzufangen, nicht jede Technik hat eine Verwendung in unserm Leben, und wenn wir in der Philosophie versucht sind, etwas ganz Unnützes unter die Sätze zu zählen, so geschieht es oft, weil wir uns seine Anwendung nicht genügend überlegt haben.

521. Vergleiche 'logisch möglich' mit 'chemisch möglich'. Chemisch möglich könnte man etwa eine Verbindung nennen, für die es eine Strukturformel mit den richtigen Valenzen gibt (etwa H-O-O-O-H). Eine solche Verbindung muß natürlich nicht existieren; aber auch einer Formel HO_2 kann nicht weniger in der Wirklichkeit entsprechen, als keine Verbindung.

522. Wenn wir den Satz mit einem Bild vergleichen, so müssen wir bedenken, ob mit einem Porträt (einer historischen Darstellung) oder mit einem Genrebild. Und beide Vergleiche haben Sinn.

Wenn ich ein Genrebild anschaue, so 'sagt' es mir etwas, auch wenn ich keinen Augenblick glaube (mir einbilde), die Menschen, die ich darin sehe, seien wirklich, oder es habe wirkliche Menschen in dieser Situation gegeben. Denn wie, wenn ich fragte: "*Was* sagt es mir denn?"

523. "Das Bild sagt mir sich selbst"—möchte ich sagen. D.h., daß es mir etwas sagt, besteht in seiner eigenen Struktur, in *seinen* Formen und Farben. (Was hieße es, wenn man sagte "Das musikalische Thema sagt mir sich selbst"?)

524. Sieh es nicht als selbstverständlich an, sondern als ein merkwürdiges Faktum, daß uns Bilder und erdichtete Erzählungen Vergnügen bereiten; unsern Geist beschäftigen.

("Sieh es nicht als selbstverständlich an"—das heißt: Wundere dich darüber so, wie über anderes, was dich beunruhigt. Dann wird das Problematische verschwinden, indem du die eine Tatsache so wie die andere hinnimmst.)

((Übergang von einem offenkundigen zu einem nichtoffenkundigen Unsinn.))

525. "Nachdem er das gesagt hatte, verließ er sie wie am vorigen Tage."—Verstehe ich diesen Satz? Verstehe ich ihn ebenso, wie ich es täte, wenn ich ihn im Verlaufe einer Mitteilung hörte? Steht er

still the most that the proposition can do is what a painting or relief or film does: and so it can at any rate not set forth what is not the case. So does it depend wholly on our grammar what will be called (logically) possible and what not,—i.e. what that grammar permits?"—But surely that is arbitrary!—Is it arbitrary?—It is not every sentence-like formation that we know how to do something with, not every technique has an application in our life; and when we are tempted in philosophy to count some quite useless thing as a proposition, that is often because we have not considered its application sufficiently.

521. Compare 'logically possible' with 'chemically possible'. One might perhaps call a combination chemically possible if a formula with the right valencies existed (e.g. H - O - O - O - H). Of course such a combination need not exist; but even the formula HO_2 cannot have less than no combination corresponding to it in reality.

522. If we compare a proposition to a picture, we must think whether we are comparing it to a portrait (a historical representation) or to a genre-picture. And both comparisons have point.

When I look at a genre-picture, it 'tells' me something, even though I don't believe (imagine) for a moment that the people I see in it really exist, or that there have really been people in that situation. But suppose I ask: "*What* does it tell me, then?"

523. I should like to say "What the picture tells me is itself." That is, its telling me something consists in its own structure, in *its* own lines and colours. (What would it mean to say "What this musical theme tells me is itself"?)

524. Don't take it as a matter of course, but as a remarkable fact, that pictures and fictitious narratives give us pleasure, occupy our minds.

("Don't take it as a matter of course" means: find it surprising, as you do some things which disturb you. Then the puzzling aspect of the latter will disappear, by your accepting this fact as you do the other.)

((The transition from patent nonsense to something which is disguised nonsense.))

525. "After he had said this, he left her as he did the day before."—Do I understand this sentence? Do I understand it just as I should if I heard it in the course of a narrative? If it were set down in isolation

isoliert da, so würde ich sagen, ich weiß nicht, wovon er handelt. Ich wüßte aber doch, wie man diesen Satz etwa gebrauchen könnte; ich könnte selbst einen Zusammenhang für ihn erfinden.

(Eine Menge wohlbekannter Pfade führen von diesen Worten aus in alle Richtungen.)

526. Was heißt es, ein Bild, eine Zeichnung zu verstehen? Auch da gibt es Verstehen und Nichtverstehen. Und auch da können diese Ausdrücke verschiedenerlei bedeuten. Das Bild ist etwa ein Stilleben; einen Teil davon aber verstehe ich nicht: ich bin nicht fähig, dort Körper zu sehen, sondern sehe nur Farbflecke auf der Leinwand.—Oder ich sehe alles körperlich, aber es sind Gegenstände, die ich nicht kenne (sie schauen aus wie Geräte, aber ich kenne ihren Gebrauch nicht).—Vielleicht aber kenne ich die Gegenstände, verstehe aber, in anderem Sinne—ihre Anordnung nicht.

527. Das Verstehen eines Satzes der Sprache ist dem Verstehen eines Themas in der Musik viel verwandter, als man etwa glaubt. Ich meine es aber so: daß das Verstehen des sprachlichen Satzes näher, als man denkt, dem liegt, was man gewöhnlich Verstehen des musikalischen Themas nennt. Warum sollen sich Stärke und Tempo gerade in *dieser* Linie bewegen? Man möchte sagen: "Weil ich weiß, was das alles heißt." Aber was heißt es? Ich wüßte es nicht zu sagen. Zur 'Erklärung' könnte ich es mit etwas anderem vergleichen, was denselben Rhythmus (ich meine, dieselbe Linie) hat. (Man sagt: "Siehst du nicht, das ist, als würde eine Schlußfolgerung gezogen" oder: "Das ist gleichsam eine Parenthese", etc.. Wie begründet man solche Vergleiche?—Da gibt es sehr verschiedenartige Begründungen.)

528. Man könnte sich Menschen denken, die etwas einer Sprache nicht ganz unähnliches besäßen: Lautgebärden, ohne Wortschatz oder Grammatik. ('Mit Zungen reden.')

529. "Was wäre aber hier die Bedeutung der Laute?"—Was ist sie in der Musik? Wenn ich auch gar nicht sagen will, daß diese Sprache der klanglichen Gebärden mit Musik verglichen werden müßte.

530. Es könnte auch eine Sprache geben, in deren Verwendung die 'Seele' der Worte keine Rolle spielt. In der uns z.B. nichts daran liegt, ein Wort durch ein beliebig erfundenes neues zu ersetzen.

531. Wir reden vom Verstehen eines Satzes in dem Sinne, in welchem er durch einen andern ersetzt werden kann, der das Gleiche sagt; aber auch in dem Sinne, in welchem er durch keinen andern

I should say, I don't know what it's about. But all the same I should know how this sentence might perhaps be used; I could myself invent a context for it.

(A multitude of familiar paths lead off from these words in every direction.)

526. What does it mean to understand a picture, a drawing? Here too there is understanding and failure to understand. And here too these expressions may mean various kinds of thing. A picture is perhaps a still-life; but I don't understand one part of it: I cannot see solid objects there, but only patches of colour on the canvas.—Or I see everything as solid but there are objects that I am not acquainted with (they look like implements, but I don't know their use).—Perhaps, however, I am acquainted with the objects, but in another sense do not understand the way they are arranged.

527. Understanding a sentence is much more akin to understanding a theme in music than one may think. What I mean is that understanding a sentence lies nearer than one thinks to what is ordinarily called understanding a musical theme. Why is just *this* the pattern of variation in loudness and tempo? One would like to say "Because I know what it's all about." But what is it all about? I should not be able to say. In order to 'explain' I could only compare it with something else which has the same rhythm (I mean the same pattern). (One says "Don't you see, this is as if a conclusion were being drawn" or "This is as it were a parenthesis", etc. How does one justify such comparisons?—There are very different kinds of justification here.)

528. It would be possible to imagine people who had something not quite unlike a language: a play of sounds, without vocabulary or grammar. ('Speaking with tongues.')

529. "But what would the meaning of the sounds be in such a case?"—What is it in music? Though I don't at all wish to say that this language of a play of sounds would have to be compared to music.

530. There might also be a language in whose use the 'soul' of the words played no part. In which, for example, we had no objection to replacing one word by another arbitrary one of our own invention.

531. We speak of understanding a sentence in the sense in which it can be replaced by another which says the same; but also in the sense

ersetzt werden kann. (So wenig, wie ein musikalisches Thema durch ein anderes.)

Im einen Fall ist der Gedanke des Satzes, was verschiedenen Sätzen gemeinsam ist; im andern, etwas, was nur diese Worte, in diesen Stellungen, ausdrücken. (Verstehen eines Gedichts.)

532. So hat also "verstehen" hier zwei verschiedene Bedeutungen? —Ich will lieber sagen, diese Gebrauchsarten von "verstehen" bilden seine Bedeutung, meinen *Begriff* des Verstehens.

Denn ich *will* "verstehen" auf alles das anwenden.

533. Wie kann man aber in jenem zweiten Falle den Ausdruck erklären, das Verständnis übermitteln? Frage dich: Wie *führt* man jemand zum Verständnis eines Gedichts, oder eines Themas? Die Antwort darauf sagt, wie man hier den Sinn erklärt.

534. Ein Wort in dieser Bedeutung *hören*. Wie seltsam, daß es so etwas gibt!

So phrasiert, so betont, so gehört, ist der Satz der Anfang eines Übergangs zu *diesen* Sätzen, Bildern, Handlungen.

((Eine Menge wohlbekannter Pfade führen von diesen Worten aus in alle Richtungen.))

535. Was geschieht, wenn wir lernen, den Schluß einer Kirchentonart als Schluß zu *empfinden*?

536. Ich sage: "Dieses Gesicht (das den Eindruck der Furchtsamkeit macht) kann ich mir auch als ein mutiges denken." Damit meinen wir nicht, daß ich mir vorstellen kann, wie jemand mit diesem Gesicht etwa einem Andern das Leben retten kann (das kann man sich natürlich zu jedem Gesicht vorstellen). Ich rede vielmehr von einem Aspekt des Gesichtes selbst. Was ich meine, ist auch nicht, ich könne mir vorstellen, daß dieser Mensch sein Gesicht in ein mutiges, im gewöhnlichen Sinn, verändern kann; wohl aber, daß es auf ganz bestimmtem Wege in ein solches übergehen kann. Die Umdeutung eines Gesichtsausdrucks ist zu vergleichen der Umdeutung eines Akkords in der Musik, wenn wir ihn einmal als Überleitung in diese, einmal in jene Tonart empfinden.

537. Man kann sagen "Ich lese die Furchtsamkeit in diesem Gesicht", aber jedenfalls scheint mit dem Gesicht Furchtsamkeit nicht bloß assoziiert, äußerlich verbunden; sondern die Furcht lebt in den Gesichtszügen. Wenn sich die Züge ein wenig ändern, so können wir von einer entsprechenden Änderung der Furcht reden. Würden

in which it cannot be replaced by any other. (Any more than one musical theme can be replaced by another.)

In the one case the thought in the sentence is something common to different sentences; in the other, something that is expressed only by these words in these positions. (Understanding a poem.)

532. Then has "understanding" two different meanings here?—I would rather say that these kinds of use of "understanding" make up its meaning, make up my *concept* of understanding.

For I *want* to apply the word "understanding" to all this.

533. But in the second case how can one explain the expression, transmit one's comprehension? Ask yourself: How does one *lead* anyone to comprehension of a poem or of a theme? The answer to this tells us how meaning is explained here.

534. *Hearing* a word in a particular sense. How queer that there should be such a thing!

Phrased *like this*, emphasized like this, heard in this way, this sentence is the first of a series in which a transition is made to *these* sentences, pictures, actions.

((A multitude of familiar paths lead off from these words in every direction.))

535. What happens when we learn to *feel* the ending of a church mode as an ending?

536. I say: "I can think of this face (which gives an impression of timidity) as courageous too." We do not mean by this that I can imagine someone with this face perhaps saving someone's life (that, of course, is imaginable in connexion with any face). I am speaking rather of an aspect of the face itself. Nor do I mean that I can imagine that this man's face might change so that, in the ordinary sense, it looked courageous; though I may very well mean that there is a quite definite way in which it can change into a courageous face. The reinterpretation of a facial expression can be compared to the reinterpretation of a chord in music, when we hear it as a modulation first into this, then into that key.

537. It is possible to say "I read timidity in this face" but at all events the timidity does not seem to be merely associated, outwardly connected, with the face; but fear is there, alive, in the features. If the features change slightly, we can speak of a corresponding change in the

wir gefragt: "Kannst du dir dieses Gesicht auch als Ausdruck des Mutes denken?"—so wüßten wir, gleichsam, nicht, wie wir den Mut in diesen Zügen unterbringen sollten. Ich sage dann etwa: "Ich weiß nicht was das hieße, wenn dieses Gesicht ein mutiges Gesicht ist". Aber wie sieht die Lösung so einer Frage aus? Man sagt etwa: "Ja, jetzt versteh ich es: das Gesicht ist sozusagen gleichgültig gegen die Außenwelt." Wir haben also Mut hineingedeutet. Der Mut, könnte man sagen, *paßt* jetzt wieder auf das Gesicht. Aber *was* paßt hier *worauf*?

538. Es ist ein verwandter Fall (obwohl es vielleicht nicht so scheinen möchte) wenn wir uns z.B. darüber wundern, daß im Französischen das prädikative Adjektiv mit dem Substantiv im Geschlecht übereinstimmt, und wenn wir uns dies so erklären: Sie meinen "der Mensch ist *ein guter*".

539. Ich sehe ein Bild, das einen lächelnden Kopf darstellt. Was tue ich, wenn ich das Lächeln einmal als ein freundliches, einmal als ein böses auffasse? Stelle ich es mir nicht oft in einer räumlichen und zeitlichen Umgebung vor, die freundlich oder böse ist? So könnte ich mir zu dem Bild vorstellen, daß der Lächelnde auf ein spielendes Kind herunterlächelt, oder aber auf das Leiden eines Feindes.

Daran wird nichts geändert dadurch, daß ich mir auch die auf den ersten Blick liebliche Situation durch eine weitere Umgebung wieder anders deuten kann.—Ein gewisses Lächeln werde ich, wenn keine besondern Umstände meine Deutung umstellen, als freundliches auffassen, ein "freundliches" nennen, entsprechend reagieren.

((Wahrscheinlichkeit, Häufigkeit.))

540. "Ist es nicht eigentümlich, daß ich nicht soll denken können, es werde bald aufhören zu regnen,—auch ohne die Institution der Sprache und ihre ganze Umgebung?"—Willst du sagen, es ist seltsam, daß du dir diese Worte nicht solltest sagen können und sie *meinen* ohne jene Umgebung?

Nimm an, jemand rufe, auf den Himmel weisend, eine Reihe unverständlicher Worte aus. Da wir ihn fragen, was er meint, sagt er, das heiße "Gottlob, es wird bald aufhören zu regnen." Ja, er erklärt uns auch, was die einzelnen Wörter bedeuten.—Ich nehme an, er käme gleichsam plötzlich zu sich und sagte: jener Satz sei völliger Unsinn gewesen, sei ihm aber, als er ihn aussprach, als Satz einer ihm geläufigen Sprache erschienen. (Ja sogar wie ein wohlbekanntes Zitat.)—Was

fear. If we were asked "Can you think of this face as an expression of courage too?"—we should, as it were, not know how to lodge courage in these features. Then perhaps I say "I don't know what it would mean for this to be a courageous face." But what would an answer to such a question be like? Perhaps one says: "Yes, now I understand: the face as it were shews indifference to the outer world." So we have somehow read courage into the face. Now once more, one might say, courage *fits* this face. But *what* fits *what* here?

538. There is a related case (though perhaps it will not seem so) when, for example, we (Germans) are surprised that in French the predicative adjective agrees with the substantive in gender, and when we explain it to ourselves by saying: they mean: "the man is *a good one*."

539. I see a picture which represents a smiling face. What do I do if I take the smile now as a kind one, now as malicious? Don't I often imagine it with a spatial and temporal context which is one either of kindness or malice? Thus I might supply the picture with the fancy that the smiler was smiling down on a child at play, or again on the suffering of an enemy.

This is in no way altered by the fact that I can also take the at first sight gracious situation and interpret it differently by putting it into a wider context.—If no special circumstances reverse my interpretation I shall conceive a particular smile as kind, call it a "kind" one, react correspondingly.

((Probability, frequency.))

540. "Isn't it very odd that I should be unable—even *without* the institution of language and all its surroundings—to think that it will soon stop raining?"—Do you want to say that it is queer that you should be unable to say these words and *mean* them without those surroundings?

Suppose someone were to point at the sky and come out with a number of unintelligible words. When we ask him what he means he explains that the words mean "Thank heaven, it'll soon stop raining." He even explains to us the meaning of the individual words. —I will suppose him suddenly to come to himself and say that the sentence was completely senseless, but that when he spoke it it had seemed to him like a sentence in a language he knew. (Positively

soll ich nun sagen? Hat er diesen Satz nicht verstanden, als er ihn sagte? Trug der Satz nicht seine ganze Bedeutung in sich?

541. Aber worin lag jenes Verstehen und die Bedeutung? Er sprach die Lautreihen etwa in erfreutem Tone, indem er auf den Himmel zeigte, während es noch regnete, aber schon lichter wurde; *später* machte er eine Verbindung seiner Worte mit den deutschen Worten.

542. "Aber seine Worte fühlten sich für ihn eben wie die Worte einer ihm wohlbekannten Sprache an."—Ja; ein Kriterium dafür ist, daß er *dies* später sagte. Und nun sag *ja* nicht: "Die Wörter einer uns geläufigen Sprache fühlen sich eben in ganz bestimmter Weise an". (Was ist der *Ausdruck* dieses Gefühls?)

543. Kann ich nicht sagen: der Schrei, das Lachen, seien voll von Bedeutung?

Und das heißt ungefähr: Es ließe sich viel aus ihnen ablesen.

544. Wenn die Sehnsucht aus mir spricht "Wenn er doch nur käme!", gibt das Gefühl den Worten 'Bedeutung'. Gibt es aber den einzelnen Worten ihre Bedeutungen?

Man könnte hier aber auch sagen: das Gefühl gebe den Worten *Wahrheit*. Und da siehst du, wie hier die Begriffe ineinander fließen. (Dies erinnert an die Frage: Was ist der *Sinn* eines mathematischen Satzes?)

545. Wenn man aber sagt "Ich *hoffe*, er wird kommen"—gibt das Gefühl nicht dem Worte "hoffen" seine Bedeutung? (Und wie ist es mit dem Satz "Ich hoffe *nicht* mehr, daß er kommen wird"?) Das Gefühl gibt dem Worte "hoffen" vielleicht seinen besondern Klang; d.h., es hat seinen Ausdruck im Klang.—Wenn das Gefühl dem Wort seine Bedeutung gibt, so heißt "Bedeutung" hier: *das, worauf es ankommt*. Warum aber kommt es aufs Gefühl an?

Ist die Hoffnung ein Gefühl? (Kennzeichen.)

546. So, möchte ich sagen, sind die Worte "Möchte er doch kommen!" mit meinem Wunsche geladen. Und Worte können sich uns entringen,—wie ein Schrei. Worte können *schwer* auszusprechen sein: solche z.B., mit denen man auf etwas Verzicht leistet, oder eine Schwäche eingesteht. (Worte sind auch Taten.)

547. Verneinen: eine 'geistige Tätigkeit'. Verneine etwas, und beobachte, was du tust!—Schüttelst du etwa innerlich den Kopf? Und wenn es so ist—ist dieser Vorgang nun unseres Interesses wür-

like a familiar quotation.)—What am I to say now? Didn't he understand the sentence as he was saying it? Wasn't the whole meaning there in the sentence?

541. But what did his understanding, and the meaning, consist in? He uttered the sounds in a cheerful voice perhaps, pointing to the sky, while it was still raining but was already beginning to clear up; *later* he made a connexion between his words and the English words.

542. "But the point is, the words felt to him like the words of a language he knew well."—Yes: a criterion for that is that he later said just *that*. And now do *not* say: "The feel of the words in a language we know is of a quite particular kind." (What is the *expression* of this feeling?)

543. Can I not say: a cry, a laugh, are full of meaning?
And that means, roughly: much can be gathered from them.

544. When longing makes me cry "Oh, if only he would come!" the feeling gives the words 'meaning'. But does it give the individual words their meanings?
But here one could also say that the feeling gave the words *truth*. And from this you can see how the concepts merge here. (This recalls the question: what is the *meaning* of a mathematical proposition?)

545. But when one says "I *hope* he'll come"—doesn't the feeling give the word "hope" its meaning? (And what about the sentence "I do *not* hope for his coming any longer"?) The feeling does perhaps give the word "hope" its special ring; that is, it is expressed in that ring.—If the feeling gives the word its meaning, then here "meaning" means *point*. But why is the feeling the point?
Is hope a feeling? (Characteristic marks.)

546. In this way I should like to say the words "Oh, *let* him come!" are charged with my desire. And words can be wrung from us,—like a cry. Words can be *hard* to say: such, for example, as are used to effect a renunciation, or to confess a weakness. (Words are also deeds.)

547. Negation: a 'mental activity'. Negate something and observe what you are doing.—Do you perhaps inwardly shake your head? And if you do—is this process more deserving of our interest than, say,

diger, als der etwa, ein Verneinungszeichen in einen Satz zu schreiben? Kennst du jetzt das *Wesen* der Negation?

548. Was ist der Unterschied zwischen den beiden Vorgängen: Wünschen, daß etwas geschehe—und wünschen, daß dasselbe *nicht* geschehe?

Will man es bildlich darstellen, so wird man mit dem Bild des Ereignisses verschiedenes vornehmen: es durchstreichen, es abzäunen, und dergleichen. Aber das, kommt uns vor, ist eine *rohe* Methode des Ausdrucks. In der Wortsprache gar verwenden wir das Zeichen "nicht". Dies ist wie ein ungeschickter Behelf. Man meint: im *Denken* geschieht es schon anders.

549. "Wie kann das Wort 'nicht' verneinen?!"—"Das Zeichen 'nicht' deutet an, du sollst, was folgt, negativ auffassen." Man möchte sagen: Das Zeichen der Verneinung ist eine Veranlassung, etwas—möglicherweise sehr kompliziertes—zu tun. Es ist, als veranlaßte uns das Zeichen der Negation zu etwas. Aber wozu? Das wird nicht gesagt. Es ist, als brauchte es nur angedeutet werden; als wüßten wir es schon. Als sei eine Erklärung unnötig, da wir die Sache ohnehin schon kennen.

550. Die Negation, könnte man sagen, ist eine ausschließende, abweisende, Gebärde. Aber eine solche Gebärde verwenden wir in sehr verschiedenen Fällen!

551. "Ist es die *gleiche* Verneinung: 'Eisen schmilzt nicht bei 100 Grad C' und '2 mal 2 ist nicht 5'?" Soll das durch Introspektion entschieden werden; dadurch, daß wir zu sehen trachten, was wir bei beiden Sätzen *denken*?

552. Wie, wenn ich fragte: Zeigt es sich uns klar, während wir die Sätze aussprechen "Dieser Stab ist 1m lang" und "Hier steht 1 Soldat",

---

a) "Daß drei Verneinungen wieder eine Verneinung ergeben, muß doch schon in der einen Verneinung, die ich jetzt gebrauche, liegen." (Die Versuchung, einen Mythos des "Bedeutens" zu erfinden.)

Es hat den Anschein, als würde aus der Natur der Negation folgen, daß eine doppelte Verneinung eine Bejahung ist. (Und etwas richtiges ist daran. Was? *Unsere* Natur hängt mit beiden zusammen.)

b) Es kann keine Diskussion darüber geben, ob diese Regeln, oder andere die richtigen für das Wort "nicht" sind (ich meine, ob sie seiner Bedeutung gemäß sind). Denn das Wort hat ohne diese Regeln noch keine Bedeutung; und wenn wir die Regeln ändern, so hat es nun eine andere Bedeutung (oder keine) und wir können dann ebensogut auch das Wort ändern.

that of writing a sign of negation in a sentence? Do you now know the *essence* of negation?

548. What is the difference between the two processes: wishing that something should happen—and wishing that the same thing should *not* happen?

If we want to represent it pictorially, we shall treat the picture of the event in various ways: cross it out, put a line round it, and so on. But this strikes us as a *crude* method of expression. In word-language indeed we use the sign "not". But this is like a clumsy expedient. We think that in *thought* it is arranged differently.

549. "How can the word 'not' negate?"—"The sign 'not' indicates that you are to take what follows negatively." We should like to say: The sign of negation is our occasion for doing something—possibly something very complicated. It is as if the negation-sign occasioned our doing something. But what? That is not said. It is as if it only needed to be hinted at; as if we already knew. As if no explanation were needed, for we are in any case already acquainted with the matter.

550. Negation, one might say, is a gesture of exclusion, of rejection. But such a gesture is used in a great variety of cases!

551. "Does the *same* negation occur in: 'Iron does not melt at a hundred degrees Centigrade' and 'Twice two is not five'?" Is this to be decided by introspection; by trying to see what we are *thinking* as we utter the two sentences?

552. Suppose I were to ask: is it clear to us, while we are uttering the sentences "This rod is one yard long" and "Here is one soldier",

---

(a) "The fact that three negatives yield a negative again must already be contained in the single negative that I am using now." (The temptation to invent a myth of 'meaning'.)

It looks as if it followed from the nature of negation that a double negative is an affirmative. (And there is something right about this. What? *Our* nature is connected with both.)

(b) There cannot be a question whether these or other rules are the correct ones for the use of "not". (I mean, whether they accord with its meaning.) For without these rules the word has as yet no meaning; and if we change the rules, it now has another meaning (or none), and in that case we may just as well change the word too.

daß wir mit "1" Verschiedenes meinen, daß "1" verschiedene Bedeutungen hat?—Es zeigt sich uns gar nicht.—Sag etwa einen Satz wie "Auf je 1m steht ein Soldat, auf je 2m also 2 Soldaten". Gefragt "Meinst du dasselbe mit den beiden Einsern?", würde man etwa antworten: "Freilich meine ich dasselbe: *eins*!" (Dabei hebt man etwa einen Finger in die Höhe.)

553. Hat nun die "1" verschiedene Bedeutung, wenn sie einmal für die Maßzahl, ein andermal für die Anzahl steht? Wird die Frage *so* gestellt, so wird man sie bejahen.

554. Wir können uns leicht Menschen mit einer 'primitiveren' Logik denken, in der es etwas unserer Verneinung entsprechendes nur für bestimmte Sätze gibt; für solche etwa, die noch keine Verneinung enthalten. Man könnte den Satz "Er geht in das Haus" verneinen, eine Verneinung des negativen Satzes aber wäre sinnlos, oder sie gilt nur als Wiederholung der Verneinung. Denk an andere Mittel, als die unseren, eine Verneinung auszudrücken: etwa durch die Tonhöhe des Satzes. Wie sähe hier eine doppelte Verneinung aus?

555. Die Frage, ob für diese Menschen die Verneinung dieselbe Bedeutung hat, wie für uns, wäre analog der, ob die Ziffer "5" für Menschen, deren Zahlenreihe mit 5 endigt, dasselbe bedeutet, wie für uns.

556. Denk dir eine Sprache mit zwei verschiedenen Worten für die Verneinung, das eine ist "X", das andere "Y". Ein doppeltes "X" gibt eine Bejahung, ein doppeltes "Y" aber eine verstärkte Verneinung. Im übrigen werden die beiden Wörter gleich verwendet.—Haben nun "X" und "Y" die gleiche Bedeutung, wenn sie ohne Wiederholung in Sätzen vorkommen?—Darauf könnte man verschiedenes antworten.

a) Die beiden Wörter haben verschiedenen Gebrauch. Also verschiedene Bedeutung. Sätze aber, in denen sie ohne Wiederholung stehen, und die im übrigen gleich lauten, haben gleichen Sinn.

b) Die beiden Wörter haben die gleiche Funktion in Sprachspielen, bis auf die eine Verschiedenheit, die eine unwichtige Sache des Herkommens ist. Der Gebrauch beider Wörter wird auf die gleiche Weise gelehrt, durch die gleichen Handlungen, Gebärden, Bilder, etc.; und der Unterschied in ihrer Gebrauchsweise wird als etwas Nebensächliches, als einer von den kapriziösen Zügen der Sprache, der Erklärung der Wörter hinzugefügt. Darum werden wir sagen: "X" und "Y" haben die gleiche Bedeutung.

c) Mit den beiden Verneinungen verbinden wir verschiedene Vorstellungen. "X" dreht gleichsam den Sinn um 180 Grad. Und *darum*

that we mean different things by "one", that "one" has different meanings?—Not at all.—Say e.g. such a sentence as "One yard is occupied by one soldier, and so two yards are occupied by two soldiers." Asked "Do you mean the same thing by both 'ones'?" one would perhaps answer: "Of course I mean the same thing: *one*!" (Perhaps raising one finger.)

553. Now has "1" a different meaning when it stands for a measure and when it stands for a number? If the question is framed in *this* way, one will answer in the affirmative.

554. We can easily imagine human beings with a 'more primitive' logic, in which something corresponding to our negation is applied only to certain sorts of sentence; perhaps to such as do not themselves contain any negation. It would be possible to negate the proposition "He is going into the house", but a negation of the negative proposition would be meaningless, or would count only as a repetition of the negation. Think of means of expressing negation different from ours: by the pitch of one's voice, for instance. What would a double negation be like there?

555. The question whether negation had the same meaning to these people as to us would be analogous to the question whether the figure "5" meant the same to people whose numbers ended at 5 as to us.

556. Imagine a language with two different words for negation, "X" and "Y". Doubling "X" yields an affirmative, doubling "Y" a strengthened negative. For the rest the two words are used alike.—Now have "X" and "Y" the same meaning in sentences where they occur without being repeated?—We could give various answers to this.

(a) The two words have different uses. So they have different meanings. But sentences in which they occur without being repeated and which for the rest are the same make the same sense.

(b) The two words have the same function in language-games, except for this one difference, which is just a trivial convention. The use of the two words is taught in the same way, by means of the same actions, gestures, pictures and so on; and in explanations of the words the difference in the ways they are used is appended as something incidental, as one of the capricious features of the language. For this reason we shall say that "X" and "Y" have the same meaning.

(c) We connect different images with the two negatives. "X" as it

bringen zwei solche Verneinungen den Sinn in seine alte Lage zurück. "Y" ist wie ein Kopfschütteln. Und wie man nicht ein Kopfschütteln durch ein zweites aufhebt, so auch nicht ein "Y" durch ein zweites. Und wenn also auch Sätze mit den beiden Verneinungen praktisch aufs selbe hinauskommen, so drücken "X" und "Y" doch verschiedene Ideen aus.

557. Worin mag das gelegen haben, als ich die doppelte Verneinung aussprach, daß ich sie als verstärkte Verneinung und nicht als Bejahung meinte? Es gibt keine Antwort, die lautet: "Es lag darin, daß . . . .". Statt zu sagen "Diese Verdoppelung ist als Verstärkung gemeint" kann ich sie unter gewissen Umständen als Verstärkung *aussprechen*. Statt zu sagen "Die Verdopplung der Verneinung ist als ihre Aufhebung gemeint", kann ich z.B. Klammern setzen.—"Ja, aber diese Klammern selbst können doch verschiedene Rollen spielen; denn wer sagt, daß sie als *Klammern* aufzufassen seien?" Niemand sagt es. Und du hast ja deine Auffassung wieder durch Worte erklärt. Was die Klammern bedeuten, liegt in der Technik ihrer Anwendung. Die Frage ist: Unter welchen Umständen hat es Sinn zu sagen "Ich habe . . . . gemeint", und welche Umstände berechtigen mich zu sagen "Er hat . . . . gemeint"?

558. Was heißt es, daß im Satze "Die Rose ist rot" das "ist" eine andere Bedeutung hat, als in "zwei mal zwei ist vier"? Wenn man antwortet, es heiße, daß verschiedene Regeln von diesen beiden Wörtern gelten, so ist zu sagen, daß wir hier nur *ein* Wort haben.—Und wenn ich nur auf die grammatischen Regeln achte, so erlauben diese eben die Verwendung des Wortes "ist" in beiderlei Zusammenhängen.—Die Regel aber, welche zeigt, daß das Wort "ist" in diesen Sätzen verschiedene Bedeutung hat, ist die, welche erlaubt, im zweiten Satz das Wort "ist" durch das Gleichheitszeichen zu ersetzen, und die diese Ersetzung im ersten Satz verbietet.

559. Man möchte etwa von der Funktion des Wortes in *diesem* Satz reden. Als sei der Satz ein Mechanismus, in welchem das Wort eine bestimmte Funktion habe. Aber worin besteht diese Funktion? Wie tritt sie zu Tage? Denn es ist ja nichts verborgen, wir sehen ja den ganzen Satz! Die Funktion muß sich im Laufe des Kalküls zeigen. ((Bedeutungskörper.))

560. "Die Bedeutung des Wortes ist das, was die Erklärung der Bedeutung erklärt." D.h.: willst du den Gebrauch des Worts "Bedeutung" verstehen, so sieh nach, was man "Erklärung der Bedeutung" nennt.

were turns the sense through 180°. And *that* is why two such negatives restore the sense to its former position. "Y" is like a shake of the head. And just as one does not annul a shake of the head by shaking it again, so also one doesn't cancel one "Y" by a second one. And so even if, practically speaking, sentences with the two signs of negation come to the same thing, still "X" and "Y" express different ideas.

557. Now, when I uttered the double negation, what constituted my meaning it as a strengthened negative and not as an affirmative? There is no answer running: "It consisted in the fact that . . . . ." In certain circumstances instead of saying "This duplication is meant as a strengthening," I can *pronounce* it as a strengthening. Instead of saying "The duplication of the negative is meant to cancel it" I can e.g. put brackets.—"Yes, but after all these brackets may themselves have various roles; for who says that they are to be taken as *brackets*?" No one does. And haven't you explained your own conception in turn by means of words? The meaning of the brackets lies in the technique of applying them. The question is: under what circumstances does it make sense to say "I meant . . . .", and what circumstances justify me in saying "He meant . . . ."?

558. What does it mean to say that the "is" in "The rose is red" has a different meaning from the "is" in "twice two is four"? If it is answered that it means that different rules are valid for these two words, we can say that we have only *one* word here.—And if all I am attending to is grammatical rules, these do allow the use of the word "is" in both connexions.—But the rule which shews that the word "is" has different meanings in these sentences is the one allowing us to replace the word "is" in the second sentence by the sign of equality, and forbidding this substitution in the first sentence.

559. One would like to speak of the function of a word in *this* sentence. As if the sentence were a mechanism in which the word had a particular function. But what does this function consist in? How does it come to light? For there isn't anything hidden—don't we see the whole sentence? The function must come out in operating with the word. ((Meaning-body.))

560. "The meaning of a word is what is explained by the explanation of the meaning." I.e.: if you want to understand the use of the word "meaning", look for what are called "explanations of meaning".

561. Ist es nun nicht merkwürdig, daß ich sage, das Wort "ist" werde in zwei verschiedenen Bedeutungen (als Kopula und als Gleichheitszeichen) gebraucht, und nicht sagen möchte, seine Bedeutung sei sein Gebrauch: nämlich als Kopula und Gleichheitszeichen?

Man möchte sagen, diese beiden Arten des Gebrauchs geben nicht *eine* Bedeutung; die Personalunion durch das gleiche Wort sei ein unwesentlicher Zufall.

562. Aber wie kann ich entscheiden, welches ein wesentlicher und welches ein unwesentlicher, zufälliger Zug der Notation ist? Liegt denn eine Realität hinter der Notation, nach der sich ihre Grammatik richtet?

Denken wir an einen ähnlichen Fall im Spiel: im Damespiel wird eine Dame dadurch gekennzeichnet, daß man zwei Spielsteine aufeinanderlegt. Wird man nun nicht sagen, daß es für das Spiel unwesentlich ist, daß eine Dame aus zwei Steinen besteht?

563. Sagen wir: die Bedeutung eines Steines (einer Figur) ist ihre Rolle im Spiel.—Nun werde vor Beginn jeder Schachpartie durch das Los entschieden, welcher der Spieler Weiß erhält. Dazu halte der Eine in jeder geschlossenen Hand einen Schachkönig, der andre wählt auf gut Glück eine der beiden Hände. Wird man es nun zur Rolle des Schachkönigs im Schachspiel rechnen, daß er so zum Auslosen verwendet wird?

564. Ich bin also geneigt, auch im Spiel zwischen wesentlichen und unwesentlichen Regeln zu unterscheiden. Das Spiel, möchte man sagen, hat nicht nur Regeln, sondern auch einen *Witz*.

565. Wozu das gleiche Wort? Wir machen ja im Kalkül keinen Gebrauch von dieser Gleichheit!—Warum für beide Zwecke die gleichen Spielsteine?—Aber was heißt es hier "von der Gleichheit Gebrauch machen"? Ist es denn nicht ein Gebrauch, wenn wir eben das gleiche Wort gebrauchen?

566. Hier scheint es nun, als hätte der Gebrauch des gleichen Worts, des gleichen Steins, einen *Zweck*—wenn die Gleichheit nicht zufällig, unwesentlich, ist. Und als sei der Zweck, daß man den Stein wiedererkennen, und wissen könne, wie man zu spielen hat.—Ist da von einer physischen, oder einer logischen Möglichkeit die Rede? Wenn das Letztere, so gehört eben die Gleichheit der Steine zum Spiel.

567. Das Spiel soll doch durch die Regeln bestimmt sein! Wenn also eine Spielregel vorschreibt, daß zum Auslosen vor der Schachpartie die Könige zu verwenden sind, so gehört das, wesentlich, zum Spiel. Was könnte man dagegen einwenden? Daß man den Witz dieser Vorschrift nicht einsehe. Etwa, wie wenn man auch den Witz einer Regel nicht einsähe, nach der jeder Stein dreimal umzudrehen wäre,

561. Now isn't it queer that I say that the word "is" is used with two different meanings (as the copula and as the sign of equality), and should not care to say that its meaning is its use; its use, that is, as the copula and the sign of equality?

One would like to say that these two kinds of use do not yield a *single* meaning; the union under one head is an accident, a mere inessential.

562. But how can I decide what is an essential, and what an inessential, accidental, feature of the notation? Is there some reality lying behind the notation, which shapes its grammar?

Let us think of a similar case in a game: in draughts a king is marked by putting one piece on top of another. Now won't one say it is inessential to the game for a king to consist of two pieces?

563. Let us say that the meaning of a piece is its role in the game.—Now let it be decided by lot which of the players gets white before any game of chess begins. To this end one player holds a king in each closed fist while the other chooses one of the two hands at random. Will it be counted as part of the role of the king in chess that it is used to draw lots in this way?

564. So I am inclined to distinguish between the essential and the inessential in a game too. The game, one would like to say, has not only rules but also a *point*.

565. Why the same word? In the calculus we make no use of this identity!—Why the same piece for both purposes?—But what does it mean here to speak of "making use of the identity"? For isn't it a use, if we do in fact use the same word?

566. And now it looks as if the use of the same word or the same piece, had a *purpose*—if the identity is not accidental, inessential. And as if the purpose were that one should be able to recognize the piece and know how to play.—Are we talking about a physical or a logical possibility here? If the latter then the identity of the piece is something to do with the game.

567. But, after all, the game is supposed to be defined by the rules! So, if a rule of the game prescribes that the kings are to be used for drawing lots before a game of chess, then that is an essential part of the game. What objection might one make to this? That one does not see the point of this prescription. Perhaps as one wouldn't see the point either of a rule by which each piece had to be turned round three times

ehe man mit ihm zieht. Fänden wir diese Regel in einem Brettspiel, so würden wir uns wundern und Vermutungen über den Zweck der Regel anstellen. ("Sollte diese Vorschrift verhindern, daß man ohne Überlegung zieht?")

568. Wenn ich den Charakter des Spiels richtig verstehe—könnte ich sagen—so gehört das nicht wesentlich dazu.

((Die Bedeutung eine Physiognomie.))

569. Die Sprache ist ein Instrument. Ihre Begriffe sind Instrumente. Man denkt nun etwa, es könne keinen *großen* Unterschied machen, *welche* Begriffe wir verwenden. Wie man schließlich mit Fuß und Zoll Physik treiben kann, sowie mit m und cm; der Unterschied sei doch nur einer der Bequemlichkeit. Aber auch das ist nicht wahr, wenn, z.B., Rechnungen in einem Maßsystem mehr Zeit und Mühe erfordern, als wir aufwenden können.

570. Begriffe leiten uns zu Untersuchungen. Sind der Ausdruck unseres Interesses, und lenken unser Interesse.

571. Irreführende Parallele: Psychologie handelt von den Vorgängen in der psychischen Sphäre, wie Physik in der physischen.

Sehen, Hören, Denken, Fühlen, Wollen, sind nicht *im gleichen Sinne* die Gegenstände der Psychologie, wie die Bewegungen der Körper, die elektrischen Erscheinungen, etc., Gegenstände der Physik. Das siehst du daraus, daß der Physiker diese Erscheinungen sieht, hört, über sie nachdenkt, sie uns mitteilt, und der Psychologe die *Äußerungen* (das Benehmen) des Subjekts beobachtet.

572. Erwartung ist, grammatikalisch, ein Zustand: wie: einer Meinung sein, etwas hoffen, etwas wissen, etwas können. Aber um die Grammatik dieser Zustände zu verstehen, muß man fragen: "Was gilt als Kriterium dafür, daß sich jemand in diesem Zustand befindet?" (Zustand der Härte, des Gewichts, des Passens.)

573. Eine Ansicht haben ist ein Zustand.—Ein Zustand wessen? Der Seele? des Geistes? Nun, wovon sagt man, es habe eine Ansicht? Vom Herrn N.N. zum Beispiel. Und das ist die richtige Antwort.

Man darf eben von der Antwort auf die Frage noch keinen Aufschluß erwarten. Fragen, welche tiefer dringen, sind: Was sehen wir, in besondern Fällen, als Kriterien dafür an, daß Einer die und die Meinung hat? Wann sagen wir: er sei damals zu dieser Meinung gekommen? Wann: er habe seine Meinung geändert? U.s.w. Das Bild, welches die Antworten auf diese Fragen uns geben, zeigt, *was* hier grammatisch als *Zustand* behandelt wird.

before one moved it. If we found this rule in a board-game we should be surprised and should speculate about the purpose of the rule. ("Was this prescription meant to prevent one from moving without due consideration?")

568. If I understand the character of the game aright—I might say—then this isn't an essential part of it.

((Meaning is a physiognomy.))

569. Language is an instrument. Its concepts are instruments. Now perhaps one thinks that it can make no *great* difference *which* concepts we employ. As, after all, it is possible to do physics in feet and inches as well as in metres and centimetres; the difference is merely one of convenience. But even this is not true if, for instance, calculations in some system of measurement demand more time and trouble than it is possible for us to give them.

570. Concepts lead us to make investigations; are the expression of our interest, and direct our interest.

571. Misleading parallel: psychology treats of processes in the psychical sphere, as does physics in the physical.

Seeing, hearing, thinking, feeling, willing, are not the subject of psychology *in the same sense* as that in which the movements of bodies, the phenomena of electricity etc., are the subject of physics. You can see this from the fact that the physicist sees, hears, thinks about, and informs us of these phenomena, and the psychologist observes the *external reactions* (the behaviour) of the subject.

572. Expectation is, grammatically, a state; like: being of an opinion, hoping for something, knowing something, being able to do something. But in order to understand the grammar of these states it is necessary to ask: "What counts as a criterion for anyone's being in such a state?" (States of hardness, of weight, of fitting.)

573. To have an opinion is a state.—A state of what? Of the soul? Of the mind? Well, of what object does one say that it has an opinion? Of Mr. N.N. for example. And that is the correct answer.

One should not expect to be enlightened by the answer to *that* question. Others go deeper: What, in particular cases, do we regard as criteria for someone's being of such-and-such an opinion? When do we say: he reached this opinion at that time? When: he has altered his opinion? And so on. The picture which the answers to these questions give us shews *what* gets treated grammatically as a *state* here.

574. Ein Satz, und daher in anderm Sinne ein Gedanke, kann der 'Ausdruck' des Glaubens, Hoffens, Erwartens, etc., sein. Aber Glauben ist nicht Denken. (Eine grammatische Bemerkung.) Die Begriffe des Glaubens, Erwartens, Hoffens, sind einander weniger artfremd, als sie dem Begriff des Denkens sind.

575. Als ich mich auf diesen Stuhl setzte, glaubte ich natürlich, er werde mich tragen. Ich dachte gar nicht, daß er zusammenbrechen könnte.

Aber: "Trotz allem, was er tat, hielt ich an dem Glauben fest, ..." Hier wird gedacht, und etwa immer wieder eine bestimmte Einstellung erkämpft.

576. Ich schaue auf die brennende Lunte, folge mit höchster Spannung dem Fortschreiten des Brandes und wie er sich dem Explosivstoff nähert. Ich denke vielleicht überhaupt nichts, oder eine Menge abgerissener Gedanken. Das ist gewiß ein Fall des Erwartens.

577. Wir sagen "Ich erwarte ihn", wenn wir glauben, er werde kommen, sein Kommen uns aber nicht *beschäftigt*. ("Ich erwarte ihn" hieße hier "Ich wäre erstaunt, wenn er nicht käme"—und das wird man nicht die Beschreibung eines Seelenzustands nennen.) Wir sagen aber auch "Ich erwarte ihn", wenn dies heißen soll: Ich harre auf ihn. Wir könnten uns eine Sprache denken, die in diesen Fällen konsequent verschiedene Verben benützt. Und ebenso mehr als ein Verbum dort, wo wir von 'glauben', 'hoffen', u.s.w. reden. Die Begriffe dieser Sprache wären für ein Verständnis der Psychologie vielleicht geeigneter, als die Begriffe unsrer Sprache.

578. Frage dich: Was heißt es, den Goldbach'schen Satz *glauben*? Worin besteht dieser Glaube? In einem Gefühl der Sicherheit, wenn wir den Satz aussprechen, hören, oder denken? (Das interessierte uns nicht.) Und was sind die Kennzeichen dieses Gefühls? Ich weiß ja auch nicht, wie weit das Gefühl durch den Satz selbst hervorgerufen sein mag.

Soll ich sagen, der Glaube ist ein Farbton der Gedanken? Woher diese Idee? Nun, es gibt einen Tonfall des Glaubens, wie des Zweifels.

Ich möchte fragen: Wie greift der Glaube in diesen Satz ein? Sehen wir nach, welche Konsequenzen dieser Glaube hat, wozu er uns bringt. "Er bringt mich zum Suchen nach einem Beweis dieses Satzes."— Gut, jetzt sehen wir noch nach, worin dein Suchen eigentlich besteht! dann werden wir wissen, was es mit dem Glauben an den Satz auf sich hat.

574. A proposition, and hence in another sense a thought, can be the 'expression' of belief, hope, expectation, etc. But believing is not thinking. (A grammatical remark.) The concepts of believing, expecting, hoping are less distantly related to one another than they are to the concept of thinking.

575. When I sat down on this chair, of course I believed it would bear me. I had no thought of its possibly collapsing.

But: "In spite of everything that he did, I held fast to the belief . . . ." Here there is thought, and perhaps a constant struggle to renew an attitude.

576. I watch a slow match burning, in high excitement follow the progress of the burning and its approach to the explosive. Perhaps I don't think anything at all or have a multitude of disconnected thoughts. This is certainly a case of expecting.

577. We say "I am expecting him", when we believe that he will come, though his coming does not *occupy our thoughts*. (Here "I am expecting him" would mean "I should be surprised if he didn't come" and that will not be called the description of a state of mind.) But we also say "I am expecting him" when it is supposed to mean: I am eagerly awaiting him. We could imagine a language in which different verbs were consistently used in these cases. And similarly more than one verb where we speak of 'believing', 'hoping' and so on. Perhaps the concepts of such a language would be more suitable for understanding psychology than the concepts of our language.

578. Ask yourself: What does it mean to *believe* Goldbach's theorem? What does this belief consist in? In a feeling of certainty as we state, hear, or think the theorem? (That would not interest us.) And what are the characteristics of this feeling? Why, I don't even know how far the feeling may be caused by the proposition itself.

Am I to say that belief is a particular colouring of our thoughts? Where does this idea come from? Well, there is a tone of belief, as of doubt.

I should like to ask: how does the belief connect with this proposition? Let us look and see what are the consequences of this belief, where it takes us. "It makes me search for a proof of the proposition." —Very well; and now let us look and see what your searching really consists in. Then we shall know what belief in the proposition amounts to.

579. Das Gefühl der Zuversicht. Wie äußert es sich im Benehmen?

580. Ein 'innerer Vorgang' bedarf äußerer Kriterien.

581. Eine Erwartung ist in einer Situation eingebettet, aus der sie entspringt. Die Erwartung einer Explosion kann z.B. aus einer Situation entspringen, in der eine Explosion *zu erwarten ist.*

582. Wenn Einer, statt zu sagen "Ich erwarte jeden Moment die Explosion", flüstert: "Es wird gleich losgehen", so beschreiben doch seine Worte keine Empfindung; obgleich sie und ihr Ton eine Äußerung seiner Empfindung sein können.

583. "Aber du sprichst ja, als erwartete, hoffte, ich nicht eigentlich *etzt*—da ich zu hoffen glaube. Als wäre, was *jetzt* geschieht, ohne tiefe Bedeutung."—Was heißt es: "Was jetzt geschieht, hat Bedeutung" oder "hat tiefe Bedeutung"? Was ist eine *tiefe* Empfindung? Könnte Einer eine Sekunde lang innige Liebe oder Hoffnung empfinden,—*was immer* dieser Sekunde voranging, oder ihr folgt?——Was jetzt geschieht, hat Bedeutung—in dieser Umgebung. Die Umgebung gibt ihm die Wichtigkeit. Und das Wort "hoffen" bezieht sich auf ein Phänomen des menschlichen Lebens. (Ein lächelnder Mund *lächelt* nur in einem menschlichen Gesicht.)

584. Wenn ich nun in meinem Zimmer sitze und hoffe, N.N. werde kommen und mir Geld bringen, und eine Minute dieses Zustands könnte isoliert, aus ihrem Zusammenhang herausgeschnitten werden: wäre, was in ihr geschieht, dann kein Hoffen?—Denke, z.B., an die Worte, die du etwa in dieser Zeit aussprichst. Sie gehören nun nicht mehr dieser Sprache an. Und die Institution des Geldes gibt es in einer andern Umgebung auch nicht.

Eine Königskrönung ist das Bild der Pracht und Würde. Schneide eine Minute dieses Vorgangs aus ihrer Umgebung heraus: dem König im Krönungsmantel wird die Krone aufs Haupt gesetzt.—In einer andern Umgebung aber ist Gold das billigste Metall, sein Glanz gilt als gemein. Das Gewebe des Mantels ist dort billig herzustellen. Die Krone ist die Parodie eines anständigen Huts. Etc. .

585. Wenn Einer sagt "Ich hoffe, er wird kommen"—ist das ein *Bericht* über seinen Seelenzustand, oder eine *Äußerung* seiner Hoffnung?—Ich kann es z.B. zu mir selbst sagen. Und mir mache ich doch keinen Bericht. Es kann ein Seufzer sein; aber muß kein Seufzer sein. Sage ich jemandem "Ich kann heute meine Gedanken nicht bei der Arbeit halten; ich denke immer an sein Kommen"—so wird man *das* eine Beschreibung meines Seelenzustandes nennen.

579. The feeling of confidence. How is this manifested in behaviour?

580. An 'inner process' stands in need of outward criteria.

581. An expectation is imbedded in a situation, from which it arises. The expectation of an explosion may, for example, arise from a situation in which an explosion *is to be expected.*

582. If someone whispers "It'll go off now", instead of saying "I expect the explosion any moment", still his words do not describe a feeling; although they and their tone may be a manifestation of his feeling.

583. "But you talk as if I weren't really expecting, hoping, *now*—as I thought I was. As if what were happening *now* had no deep significance."—What does it mean to say "What is happening now has significance" or "has deep significance"? What is a *deep* feeling? Could someone have a feeling of ardent love or hope for the space of one second—*no matter what* preceded or followed this second?——What is happening now has significance—in these surroundings. The surroundings give it its importance. And the word "hope" refers to a phenomenon of human life. (A smiling mouth *smiles* only in a human face.)

584. Now suppose I sit in my room and hope that N.N. will come and bring me some money, and suppose one minute of this state could be isolated, cut out of its context; would what happened in it then not be hope?—Think, for example, of the words which you perhaps utter in this space of time. They are no longer part of this language. And in different surroundings the institution of money doesn't exist either.

A coronation is the picture of pomp and dignity. Cut one minute of this proceeding out of its surroundings: the crown is being placed on the head of the king in his coronation robes.—But in different surroundings gold is the cheapest of metals, its gleam is thought vulgar. There the fabric of the robe is cheap to produce. A crown is a parody of a respectable hat. And so on.

585. When someone says "I hope he'll come"—is this a *report* about his state of mind, or a *manifestation* of his hope?—I can, for example, say it to myself. And surely I am not giving myself a report. It may be a sigh; but it need not. If I tell someone "I can't keep my mind on my work today; I keep on thinking of his coming"—*this* will be called a description of my state of mind.

586. "Ich habe gehört, er wird kommen; ich erwarte ihn schon den ganzen Tag." Dies ist ein Bericht darüber, wie ich den Tag verbracht habe.——Ich komme in einem Gespräch zum Ergebnis, daß ein bestimmtes Ereignis zu erwarten sei, und ziehe diesen Schluß mit den Worten: "Ich muß also jetzt sein Kommen erwarten". Das kann man den ersten Gedanken, den ersten Akt, dieser Erwartung nennen.——Den Ausruf "Ich erwarte ihn sehnsüchtig!" kann man einen Akt des Erwartens nennen. Ich kann aber die selben Worte als das Resultat einer Selbstbeobachtung aussprechen, und sie hießen dann etwa: "Also nach allem, was vorgegangen ist, erwarte ich ihn dennoch mit Sehnsucht". Es kommt darauf an: Wie ist es zu diesen Worten gekommen?

587. Hat es Sinn, zu fragen "Woher weißt du, daß du das glaubst?" —und ist die Antwort: "Ich erkenne es durch Introspektion"?

In *manchen* Fällen wird man so etwas sagen können, in den meisten nicht.

Es hat Sinn, zu fragen: "Liebe ich sie wirklich, mache ich mir das nicht nur vor?" und der Vorgang der Introspektion ist das Wachrufen von Erinnerungen; von Vorstellungen möglicher Situationen und der Gefühle, die man hätte, wenn ....

588. "Ich wälze den Entschluß in mir herum, morgen abzureisen." (Dies kann man eine Beschreibung des Gemütszustandes nennen.)—— "Deine Gründe überzeugen mich nicht; Ich bin nach wie vor der Absicht, morgen abzureisen." Hier wird man versucht sein, die Absicht ein Gefühl zu nennen. Das Gefühl ist das einer gewissen Steifigkeit; des unabänderlichen Entschlusses. (Aber es gibt auch hier viele verschiedene charakteristische Gefühle, und Haltungen.)—— Man fragt mich: "Wie lange bleibst du hier?" Ich antworte: "Morgen reise ich ab; meine Ferien gehen zu Ende."—Dagegen aber: Ich sage am Ende eines Streits "Nun gut; dann reise ich morgen ab!" Ich fasse einen Entschluß.

589. "Ich habe mich in meinem Herzen dazu entschlossen." Und man ist dabei auch geneigt, auf die Brust zu zeigen. Diese Redeweise ist psychologisch ernst zu nehmen. Warum sollte sie weniger ernst zu nehmen sein, als die Aussage, der Glaube sei ein Zustand der Seele? (Luther: "Der Glaube ist unter der linken Brustzitze.")

590. Es könnte sein, daß jemand die Bedeutung des Ausdrucks "was man sagt, ernstlich *meinen*" durch ein Zeigen auf das Herz verstehen lerne. Aber nun muß man fragen "Wie zeigt sich's, daß er es gelernt hat?"

586. "I have heard he is coming; I have been waiting for him all day." That is a report on how I have spent the day.——In conversation I came to the conclusion that a particular event is to be expected, and I draw this conclusion in the words: "So now I must expect him to come". This may be called the first thought, the first act, of this expectation.——The exclamation "I'm longing to see him!" may be called an act of expecting. But I can utter the same words as the result of self-observation, and then they might mean: "So, after all that has happened, I am still longing to see him." The point is: what led up to these words?

587. Does it make sense to ask "How do you know that you believe?"—and is the answer: "I know it by introspection"?

In *some* cases it will be possible to say some such thing, in most not.

It makes sense to ask: "Do I really love her, or am I only pretending to myself?" and the process of introspection is the calling up of memories; of imagined possible situations, and of the feelings that one would have if . . . .

588. "I am revolving the decision to go away to-morrow." (This may be called a description of a state of mind.)——"Your arguments don't convince me; now as before it is my intention to go away to-morrow." Here one is tempted to call the intention a feeling. The feeling is one of a certain rigidity; of unalterable determination. (But there are many different characteristic feelings and attitudes here.)——I am asked: "How long are you staying here?" I reply: "To-morrow I am going away; it's the end of my holidays."—But over against this: I say at the end of a quarrel "All right! Then I leave to-morrow!"; I make a decision.

589. "In my heart I have determined on it." And one is even inclined to point to one's breast as one says it. Psychologically this way of speaking should be taken seriously. Why should it be taken less seriously than the assertion that belief is a state of mind? (Luther: "Faith is under the left nipple.")

590. Someone might learn to understand the meaning of the expression "seriously *meaning* what one says" by means of a gesture of pointing at the heart. But now we must ask: "How does it come out that he has learnt it?"

591. Soll ich sagen, wer eine Absicht hat, erlebt eine Tendenz? Es gebe bestimmte Tendenzerlebnisse?—Erinnere dich an diesen Fall: Wenn man in einer Diskussion dringend eine Bemerkung, einen Einwurf, machen will, geschieht es häufig, daß man den Mund öffnet, den Atem einzieht und anhält; entscheidet man sich dann, den Einwurf zu unterlassen, so läßt man den Atem aus. Das Erlebnis dieses Vorgangs ist offenbar das Erlebnis einer Tendenz, zu sprechen. Wer mich beobachtet, wird erkennen, daß ich etwas sagen wollte und mich dann anders besonnen habe. In *dieser* Situation nämlich.—In einer andern würde er mein Benehmen so nicht deuten, so charakteristisch es auch in der gegenwärtigen Situation für die Absicht, zu sprechen, ist. Und ist irgend ein Grund vorhanden, anzunehmen, dieses selbe Erlebnis könnte in einer ganz andern Situation nicht auftreten,—in der es mit einer Tendenz nichts zu tun hat?

592. "Aber wenn du sagst 'Ich habe die Absicht, abzureisen', so meinst du's doch! Es ist eben hier wieder das geistige Meinen, das den Satz belebt. Sprichst du den Satz bloß einem Andern nach, etwa um seine Sprechweise zu verspotten, so sprichst du ihn ohne dieses Meinen."—Wenn wir philosophieren, so kann es manchmal so scheinen. Aber denken wir uns doch wirklich *verschiedene* Situationen aus, und Gespräche, und wie jener Satz in ihnen ausgesprochen wird!—"Ich entdecke immer einen geistigen Unterton; vielleicht nicht immer den *gleichen*."—Und war da kein Unterton vorhanden, als du den Satz dem Andern nachsprachst? Und wie nun den 'Unterton' von dem übrigen Erlebnis des Sprechens trennen?

593. Eine Hauptursache philosophischer Krankheiten—einseitige Diät: man nährt sein Denken mit nur einer Art von Beispielen.

594. "Aber die Worte, sinnvoll ausgesprochen, haben doch nicht nur Fläche, sondern auch eine Tiefendimension!" Es findet eben doch etwas anderes statt, wenn sie sinnvoll ausgesprochen werden, als wenn sie bloß ausgesprochen werden.—Wie ich das ausdrücke, darauf kommt's nicht an. Ob ich sage, sie haben im ersten Fall Tiefe; oder, es geht dabei etwas in mir, in meinem Innern, vor; oder, sie haben eine Atmosphäre—es kommt immer aufs gleiche hinaus.

"Wenn wir nun Alle hierin übereinstimmen, wird es da nicht wahr sein?"

(Ich kann des Andern Zeugnis nicht annehmen, weil es kein *Zeugnis* ist. Es sagt mir nur, was er zu sagen *geneigt* ist.)

595. Es ist uns natürlich, den Satz in diesem Zusammenhang auszusprechen; und unnatürlich, ihn isoliert zu sagen. Sollen wir

591. Am I to say that any one who has an intention has an experience of tending towards something? That there are particular experiences of 'tending'?—Remember this case: if one urgently wants to make some remark, some objection, in a discussion, it often happens that one opens one's mouth, draws a breath and holds it; if one then decides to let the objection go, one lets the breath out. The experience of this process is evidently the experience of veering towards saying something. Anyone who observes me will know that I wanted to say something and then thought better of it. In *this* situation, that is.—In a different one he would not so interpret my behaviour, however characteristic of the intention to speak it may be in the present situation. And is there any reason for assuming that this same experience could not occur in some quite different situation—in which it has nothing to do with any 'tending'?

592. "But when you say 'I intend to go away', you surely mean it! Here again it just is the mental act of meaning that gives the sentence life. If you merely repeat the sentence after someone else, say in order to mock his way of speaking, then you say it without this act of meaning."—When we are doing philosophy it can sometimes look like that. But let us really think out various *different* situations and conversations, and the ways in which that sentence will be uttered in them.—"I always discover a mental undertone; perhaps not always the *same* one." And was there no undertone there when you repeated the sentence after someone else? And how is the 'undertone' to be separated from the rest of the experience of speaking?

593. A main cause of philosophical disease—a one-sided diet: one nourishes one's thinking with only one kind of example.

594. "But the words, significantly uttered, have after all not only a surface, but also the dimension of depth!" After all, it just is the case that something different takes place when they are uttered significantly from when they are merely uttered.—How I express this is not the point. Whether I say that in the first case they have depth; or that something goes on in me, inside my mind, as I utter them; or that they have an atmosphere—it always comes to the same thing.

"Well, if we all agree about it, won't it be true?"

(I cannot accept someone else's testimony, because it is not *testimony*. It only tells me what he is *inclined* to say.)

595. It is natural for us to say a sentence in such-and-such surroundings, and unnatural to say it in isolation. Are we to say that

sagen: Es gibt ein bestimmtes Gefühl, das das Aussprechen jedes Satzes begleitet, dessen Aussprechen uns natürlich ist?

596. Das Gefühl der 'Bekanntheit' und der 'Natürlichkeit'. Leichter ist es, ein Gefühl der Unbekanntheit und der Unnatürlichkeit aufzufinden. Oder: *Gefühle*. Denn nicht alles, was uns unbekannt ist, macht uns einen Eindruck der Unbekanntheit. Und hier muß man sich überlegen, was wir "unbekannt" nennen. Einen Feldstein, den wir am Weg sehen, erkennen wir als solchen, aber vielleicht nicht als den, der immer da gelegen ist. Einen Menschen etwa als Menschen, aber nicht als Bekannten. Es gibt Gefühle der Wohlvertrautheit; ihre Äußerung ist manchmal ein Blick, oder die Worte "Das alte Zimmer!" (das ich vor vielen Jahren bewohnt habe und nun unverändert wiederfinde). Ebenso gibt es Gefühle der Fremdheit: Ich stutze; sehe den Gegenstand, oder Menschen, prüfend oder mißtrauisch an; sage "Es ist mir alles fremd."—Aber weil es nun dies Gefühl der Fremdheit gibt, kann man nicht sagen: jeder Gegenstand, den wir gut kennen und der uns nicht fremd vorkommt, gebe uns ein Gefühl der Vertrautheit.—Wir meinen, quasi, der Platz, den einmal das Gefühl der Fremdheit einnimmt, müsse doch *irgendwie* besetzt sein. Es ist der Platz für diese Atmosphäre vorhanden, und nimmt ihn nicht die eine ein, dann eine andere.

597. Wie dem Deutschen, der gut Englisch spricht, Germanismen unterlaufen, obgleich er nicht erst den deutschen Ausdruck bildet und ihn dann ins Englische übersetzt; wie er also Englisch spricht, *als übersetze er*, 'unbewußt', aus dem Deutschen, so denken wir oft, als läge unserm Denken ein Denkschema zu Grunde; als übersetzten wir aus einer primitiveren Denkweise in die unsre.

598. Wenn wir philosophieren, möchten wir Gefühle hypostasieren, wo keine sind. Sie dienen dazu, uns unsere Gedanken zu erklären.

'*Hier* verlangt die Erklärung unseres Denkens ein Gefühl!' Es ist, als ob unsre Überzeugung auf diese Forderung hin ihr nachkäme.

599. In der Philosophie werden nicht Schlüsse gezogen. "Es muß sich doch so verhalten!" ist kein Satz der Philosophie. Sie stellt nur fest, was Jeder ihr zugibt.

600. Macht alles, was uns nicht auffällt, den Eindruck der Unauffälligkeit? Macht uns das Gewöhnliche immer den *Eindruck* der Gewöhnlichkeit?

there is a particular feeling accompanying the utterance of every sentence when we say it naturally?

596. The feeling of 'familiarity' and of 'naturalness'. It is easier to get at a feeling of unfamiliarity and of unnaturalness. Or, at *feelings*. For not everything which is unfamiliar to us makes an impression of unfamiliarity upon us. Here one has to consider what we call "unfamiliar". If a boulder lies on the road, we know it for a boulder, but perhaps not for the one which has always lain there. We recognize a man, say, as a man, but not as an acquaintance. There are feelings of old acquaintance: they are sometimes expressed by a particular way of looking or by the words: "The same old room!" (which I occupied many years before and now returning find unchanged). Equally there are feelings of strangeness. I stop short, look at the object or man questioningly or mistrustfully, say "I find it all strange."—But the existence of this feeling of strangeness does not give us a reason for saying that every object which we know well and which does not seem strange to us gives us a feeling of familiarity.—We think that, as it were, the place once filled by the feeling of strangeness must surely be occupied *somehow*. The place for this kind of atmosphere is there, and if one of them is not in possession of it, then another is.

597. Just as Germanisms creep into the speech of a German who speaks English well although he does not first construct the German expression and then translate it into English; just as this makes him speak English *as if he were translating* 'unconsciously' from the German—so we often think as if our thinking were founded on a thought-schema: as if we were translating from a more primitive mode of thought into ours.

598. When we do philosophy, we should like to hypostatize feelings where there are none. They serve to explain our thoughts to us.

'*Here* explanation of our thinking demands a feeling!' It is as if our conviction were simply consequent upon this requirement.

599. In philosophy we do not draw conclusions. "But it must be like this!" is not a philosophical proposition. Philosophy only states what everyone admits.

600. Does everything that we do not find conspicuous make an impression of inconspicuousness? Does what is ordinary always make the *impression* of ordinariness?

601. Wenn ich von diesem Tisch rede,—*erinnere* ich mich daran, daß dieser Gegenstand "Tisch" genannt wird?

602. Wenn man mich fragt "Hast du deinen Schreibtisch wiedererkannt, wie du heute morgens in dein Zimmer getreten bist?" —so würde ich wohl sagen "Gewiß!" Und doch wäre es irreführend, zu sagen, es habe sich da ein Wiedererkennen abgespielt. Der Schreibtisch war mir natürlich nicht fremd; ich war nicht überrascht, ihn zu sehen, wie ich es gewesen wäre, wenn ein Anderer da gestanden hätte, oder ein fremdartiger Gegenstand.

603. Niemand wird sagen, daß jedesmal, wenn ich in mein Zimmer komme, in die altgewohnte Umgebung, sich ein Wiedererkennen alles dessen, was ich sehe und hundertmal gesehen habe, abspielt.

604. Von den Vorgängen, die man "Wiedererkennen" nennt, haben wir leicht ein falsches Bild; als bestünde das Wiedererkennen immer darin, daß wir zwei Eindrücke miteinander vergleichen. Es ist, als trüge ich ein Bild eines Gegenstands bei mir und agnoszierte danach einen Gegenstand als den, welchen das Bild darstellt. Unser Gedächtnis scheint uns so einen Vergleich zu vermitteln, indem es uns ein Bild des früher Gesehenen aufbewahrt, oder uns erlaubt (wie durch ein Rohr) in die Vergangenheit zu blicken.

605. Und es ist ja nicht so sehr, als vergliche ich den Gegenstand mit einem neben ihm stehenden Bild, sondern als *deckte* er sich mit dem Bild. Ich sehe also nur Eins und nicht Zwei.

606. Wir sagen "Der Ausdruck seiner Stimme war *echt*". War er unecht, so denken wir uns quasi hinter ihm einen anderen stehen.—Er macht nach außen *dieses* Gesicht, im Innern aber ein anderes.—Das heißt aber nicht, daß, wenn sein Ausdruck *echt* ist, er zwei gleiche Gesichter macht.

(("Ein ganz bestimmter Ausdruck."))

607. Wie schätzt man, wieviel Uhr es ist? Ich meine aber nicht, nach äußeren Anhaltspunkten, dem Stand der Sonne, der Helligkeit im Zimmer, u. dergl.—Man fragt sich etwa "Wieviel Uhr kann es sein?", hält einen Augenblick inne, stellt sich vielleicht das Zifferblatt vor; und dann spricht man eine Zeit aus.—Oder man überlegt sich mehrere Möglichkeiten; man denkt sich *eine* Zeit, dann eine andre, und bleibt endlich bei einer stehen. So und ähnlich geht es vor sich.——Aber ist nicht der Einfall von einem Gefühl der Überzeugung begleitet; und heißt das nicht, daß er nun mit einer inneren Uhr übereinstimmt?—Nein, ich lese die Zeit von keiner Uhr ab; ein Gefühl der Überzeugung ist insofern da, als ich mir *ohne* Empfindung des Zweifels, mit Ruhe und Sicherheit, eine Zeit sage.—Aber schnappt

601. When I talk about this table,—am I *remembering* that this object is called a "table"?

602. Asked "Did you recognize your desk when you entered your room this morning?"—I should no doubt say "Certainly!" And yet it would be misleading to say that an act of recognition had taken place. Of course the desk was not strange to me; I was not surprised to see it, as I should have been if another one had been standing there, or some unfamiliar kind of object.

603. No one will say that every time I enter my room, my long-familiar surroundings, there is enacted a recognition of all that I see and have seen hundreds of times before.

604. It is easy to have a false picture of the processes called "recognizing"; as if recognizing always consisted in comparing two impressions with one another. It is as if I carried a picture of an object with me and used it to perform an identification of an object as the one represented by the picture. Our memory seems to us to be the agent of such a comparison, by preserving a picture of what has been seen before, or by allowing us to look into the past (as if down a spy-glass).

605. And it is not so much as if I were comparing the object with a picture set beside it, but as if the object *coincided* with the picture. So I see only one thing, not two.

606. We say "The expression in his voice was *genuine*". If it was spurious we think as it were of another one behind it.—*This* is the face he shews the world, inwardly he has another one.—But this does not mean that when his expression is *genuine* he has two the same.

(("A quite particular expression."))

607. How does one judge what time it is? I do not mean by external evidences, however, such as the position of the sun, the lightness of the room, and so on.—One asks oneself, say, "What time can it be?", pauses a moment, perhaps imagines a clock-face, and then says a time.—Or one considers various possibilities, thinks first of one time, then of another, and in the end stops at one. That is the kind of way it is done.——But isn't the idea accompanied by a feeling of conviction; and doesn't that mean that it accords with an inner clock?—No, I don't read the time off from any clock; there is a feeling of conviction inasmuch as I say a time to myself *without* feeling any doubt, with calm assurance.—But doesn't something click as I say

nicht etwas bei dieser Zeitangabe ein?—Nichts das ich wüßte; wenn du nicht das Zur-Ruhe-Kommen der Überlegung, das Stehenbleiben bei einer Zahl so nennst. Ich hätte hier auch nie von einem 'Gefühl der Überzeugung' geredet, sondern gesagt: ich habe eine Weile überlegt und mich dann dafür entschieden, daß es viertel sechs ist.—Wonach aber hab ich mich entschieden? Ich hätte vielleicht gesagt: "bloß nach dem Gefühl"; das heißt nur: ich habe es dem Einfall überlassen.——Aber du mußtest dich doch wenigstens zum Schätzen der Zeit in einen bestimmten Zustand versetzen; und du nimmst doch nicht jede Vorstellung einer Zeitangabe als Angabe der richtigen Zeit!—Wie gesagt: ich hatte mich *gefragt* "Wieviel Uhr mag es sein?" D.h., ich habe diese Frage nicht, z.B., in einer Erzählung gelesen; noch sie als Ausspruch eines Andern zitiert; noch mich im Aussprechen dieser Wörter geübt; u.s.f. Nicht unter *diesen* Umständen habe ich die Worte gesprochen.—Aber unter *welchen* also?—Ich dachte an mein Frühstück und ob es heute spät damit würde. Solcherart waren die Umstände.—Aber siehst du denn wirklich nicht, daß du doch in einem, wenn auch ungreifbaren, für das Schätzen der Zeit charakteristischen Zustand, gleichsam in einer dafür charakteristischen Atmosphäre warst?—Ja, das Charakteristische war, daß ich mich fragte "Wieviel Uhr mag es sein?"—Und hat dieser Satz eine bestimmte Atmosphäre,—wie soll ich sie von ihm selbst trennen können? Es wäre mir nie eingefallen, der Satz hätte einen solchen Dunstkreis, hätte ich nicht daran gedacht, wie man ihn auch anders—als Zitat, im Scherz, als Sprechübung, etc.—sagen könnte. Und *da* wollte ich auf einmal sagen, da erschien es mir auf einmal, ich müßte die Worte doch irgendwie besonders *gemeint* haben; anders nämlich, als in jenen andern Fällen. Es hatte sich mir das Bild von der besonderen Atmosphäre aufgedrängt; ich sehe sie förmlich vor mir—solange ich nämlich nicht auf das sehe, was nach meiner Erinnerung wirklich gewesen ist.

Und was das Gefühl der Sicherheit anbelangt: so sage ich mir manchmal "Ich bin sicher, es ist . . . Uhr", und in mehr oder weniger sicherem Tonfall, etc.. Fragst du nach dem *Grund* für diese Sicherheit, so habe ich keinen.

Wenn ich sage: ich lese es auf einer innern Uhr ab,—so ist das ein Bild, dem nur entspricht, daß ich diese Zeitangabe gemacht habe. Und der Zweck des Bildes ist, diesen Fall dem andern anzugleichen. Ich sträube mich, die beiden verschiedenen Fälle anzuerkennen.

608. Von größter Wichtigkeit ist die Idee der Ungreifbarkeit jenes geistigen Zustands beim Schätzen der Zeit. Warum ist er *ungreifbar*? Ist es nicht, weil wir, was an unserm Zustand greifbar

this time?—Not that I know of; unless that is what you call the coming-to-rest of deliberation, the stopping at one number. Nor should I ever have spoken of a 'feeling of conviction' here, but should have said: I considered a while and then plumped for its being quarter past five.—But what did I go by? I might perhaps have said: "simply by feel", which only means that I left it to what should suggest itself.——But you surely must at least have disposed yourself in a definite way in order to guess the time; and you don't take just any idea of a time of day as yielding the correct time!—To repeat: I *asked* myself "I wonder what time it is?" That is, I did not, for example, read this question in some narrative, or quote it as someone else's utterance; nor was I practising the pronunciation of these words; and so on. *These* were not the circumstances of my saying the words.—But then, *what* were the circumstances?—I was thinking about my breakfast and wondering whether it would be late today. These were the kind of circumstances.—But do you really not see that you were all the same disposed in a way which, though impalpable, is characteristic of guessing the time, like being surrounded by a characteristic atmosphere?—Yes; what was characteristic was that I said to myself "I wonder what time it is?"—And if this sentence has a particular atmosphere, how am I to separate it from the sentence itself? It would never have occurred to me to think the sentence had such an aura if I had not thought of how one might say it differently—as a quotation, as a joke, as practice in elocution, and so on. And *then* all at once I wanted to say, then all at once it seemed to me, that I must after all have *meant* the words somehow specially; differently, that is, from in those other cases. The picture of the special atmosphere forced itself upon me; I can see it quite clear before me—so long, that is, as I do not look at what my memory tells me really happened.

And as for the feeling of certainty: I sometimes say to myself "I am sure it's . . . o'clock", and in a more or less confident tone of voice, and so on. If you ask me the *reason* for this certainty I have none.

If I say, I read it off from an inner clock,—that is a picture, and the only thing that corresponds to it is that I said it was such-and-such a time. And the purpose of the picture is to assimilate this case to the other one. I am refusing to acknowledge two different cases here.

608. The idea of the intangibility of that mental state in estimating the time is of the greatest importance. Why is it *intangible*? Isn't it

ist, uns weigern, zu dem spezifischen Zustand zu rechnen, den wir postulieren?

609. Die Beschreibung einer Atmosphäre ist eine spezielle Sprachanwendung, zu speziellen Zwecken.

((Deuten des 'Verstehens' als Atmosphäre; als seelischer Akt. Man kann zu allem eine Atmosphäre hinzukonstruieren. 'Ein unbeschreiblicher Charakter'.))

610. Beschreib das Aroma des Kaffees!—Warum geht es nicht? Fehlen uns die Worte? Und *wofür* fehlen sie uns?—Woher aber der Gedanke, es müsse doch so eine Beschreibung möglich sein? Ist dir so eine Beschreibung je abgegangen? Hast du versucht, das Aroma zu beschreiben, und es ist nicht gelungen?

((Ich möchte sagen "Diese Töne sagen etwas herrliches, aber ich weiß nicht was." Diese Töne sind eine starke Geste, aber ich kann ihr nichts erklärendes an die Seite stellen. Ein tief ernstes Kopfnicken. James: "Es fehlen uns die Worte". Warum führen wir sie dann nicht ein? Was müßte der Fall sein, damit wir es könnten?))

611. "Das Wollen ist auch nur eine Erfahrung", möchte man sagen (der 'Wille' auch nur 'Vorstellung'). Er kommt, wenn er kommt, und ich kann ihn nicht herbeiführen.

Nicht herbeiführen?—Wie *was*? Was kann ich denn herbeiführen? Womit vergleiche ich das Wollen, wenn ich dies sage?

612. Von der Bewegung meines Armes, z.B., würde ich nicht sagen, sie komme, wenn sie komme, etc. . Und hier ist das Gebiet, in welchem wir sinnvoll sagen, daß uns etwas nicht einfach geschieht, sondern daß wir es *tun*. "Ich brauche nicht abwarten, bis mein Arm sich heben wird,—ich kann ihn heben." Und hier setze ich die Bewegung meines Arms etwa dem entgegen, daß sich das heftige Klopfen meines Herzens legen wird.

613. In dem Sinne, in welchem ich überhaupt etwas herbeiführen kann (etwa Magenschmerzen durch Überessen) kann ich auch das Wollen herbeiführen. In diesem Sinne führe ich das Schwimmen-Wollen herbei, indem ich ins Wasser springe. Ich wollte wohl sagen: ich könnte das Wollen nicht wollen; d.h., es hat keinen Sinn, vom Wollen-Wollen zu sprechen. "Wollen" ist nicht der Name für eine Handlung und also auch für keine willkürliche. Und mein falscher Ausdruck kam daher, daß man sich das Wollen als ein unmittelbares, nichtkausales, Herbeiführen denken will. Dieser Idee aber liegt eine irreführende Analogie zu Grunde; der kausale Nexus erscheint durch

because we refuse to count what is tangible about our state as part of the specific state which we are postulating?

609. The description of an atmosphere is a special application of language, for special purposes.

((Interpreting 'understanding' as atmosphere; as a mental act. One can construct an atmosphere to attach to anything. 'An indescribable character.'))

610. Describe the aroma of coffee.—Why can't it be done? Do we lack the words? And *for what* are words lacking?—But how do we get the idea that such a description must after all be possible? Have you ever felt the lack of such a description? Have you tried to describe the aroma and not succeeded?

((I should like to say: "These notes say something glorious, but I do not know what." These notes are a powerful gesture, but I cannot put anything side by side with it that will serve as an explanation. A grave nod. James: "Our vocabulary is inadequate." Then why don't we introduce a new one? What would have to be the case for us to be able to?))

611. "Willing too is merely an experience," one would like to say (the 'will' too only 'idea'). It comes when it comes, and I cannot bring it about.

Not bring it about?—Like *what*? What can I bring about, then? What am I comparing willing with when I say this?

612. I should not say of the movement of my arm, for example: it comes when it comes, etc. . And this is the region in which we say significantly that a thing doesn't simply happen to us, but that we *do* it. "I don't need to wait for my arm to go up—I can raise it." And here I am making a contrast between the movement of my arm and, say, the fact that the violent thudding of my heart will subside.

613. In the sense in which I can ever bring anything about (such as stomach-ache through over-eating), I can also bring about an act of willing. In this sense I bring about the act of willing to swim by jumping into the water. Doubtless I was trying to say: I can't will willing; that is, it makes no sense to speak of willing willing. "Willing" is not the name of an action; and so not the name of any voluntary action either. And my use of a wrong expression came from our wanting to think of willing as an immediate non-causal bringing-about. A misleading analogy lies at the root of this idea; the causal

einen Mechanismus hergestellt, der zwei Maschinenteile verbindet. Die Verbindung kann auslassen, wenn der Mechanismus gestört wird. (Man denkt nur an die Störungen, denen ein Mechanismus normalerweise ausgesetzt ist; nicht daran, daß etwa die Zahnräder plötzlich weich werden, oder einander durchdringen, etc..)

614. Wenn ich meinen Arm 'willkürlich' bewege, so bediene ich mich nicht eines Mittels, die Bewegung herbeizuführen. Auch mein Wunsch ist nicht ein solches Mittel.

615. "Das Wollen, wenn es nicht eine Art Wünschen sein soll, muß das Handeln selber sein. Es darf nicht vor dem Handeln stehen bleiben." Ist es das Handeln, so ist es dies im gewöhnlichen Sinne des Worts; also: sprechen, schreiben, gehen, etwas heben, sich etwas vorstellen. Aber auch: trachten, versuchen, sich bemühen,—zu sprechen, zu schreiben, etwas zu heben, sich etwas vorzustellen, etc..

616. Wenn ich meinen Arm hebe, so habe ich *nicht* gewünscht, er möge sich heben. Die willkürliche Handlung schließt diesen Wunsch aus. Man kann allerdings sagen: "Ich hoffe, ich werde den Kreis fehlerlos zeichnen". Und damit drückt man einen Wunsch aus, die Hand möge sich so und so bewegen.

617. Wenn wir unsere Finger in besonderer Weise verschränken, so sind wir manchmal nicht im Stande, einen bestimmten Finger auf Befehl zu bewegen, wenn der Befehlende bloß auf den Finger *zeigt*—ihn bloß unserm Aug zeigt. Wenn er ihn dagegen berührt, so können wir ihn bewegen. Man möchte diese Erfahrung so beschreiben: wir seien nicht im Stande, den Finger bewegen zu *wollen*. Der Fall ist ganz verschieden von dem, wenn wir nicht im Stande sind, den Finger zu bewegen, weil ihn etwa jemand festhält. Man wird nun geneigt sein, den ersten Fall so zu beschreiben: man könne für den Willen keinen Angriff finden, ehe der Finger nicht berührt werde. Erst wenn man ihn fühle, könne der Wille wissen, wo er anzugreifen habe.—Aber diese Ausdrucksweise ist irreführend. Man möchte sagen: "Wie soll ich denn wissen, wo ich mit dem Willen anzupacken habe, wenn das Gefühl nicht die Stelle bezeichnet?" Aber wie weiß man denn, wenn das Gefühl da ist, wohin ich den Willen zu lenken habe?

Daß der Finger in diesem Falle gleichsam gelähmt ist, ehe wir eine Berührung in ihm fühlen, das zeigt die Erfahrung; es war aber nicht a priori einzusehen.

618. Das wollende Subjekt stellt man sich hier als etwas Masseloses (Trägheitsloses) vor; als einen Motor, der in sich selbst keinen Trägheitswiderstand zu überwinden hat. Und also nur Treibendes

nexus seems to be established by a mechanism connecting two parts of a machine. The connexion may be broken if the mechanism is disturbed. (We think only of the disturbances to which a mechanism is normally subject, not, say, of cog-wheels suddenly going soft, or passing through one another, and so on.)

614. When I raise my arm 'voluntarily' I do not use any instrument to bring the movement about. My wish is not such an instrument either.

615. "Willing, if it is not to be a sort of wishing, must be the action itself. It cannot be allowed to stop anywhere short of the action." If it is the action, then it is so in the ordinary sense of the word; so it is speaking, writing, walking, lifting a thing, imagining something. But it is also trying, attempting, making an effort,—to speak, to write, to lift a thing, to imagine something etc..

616. When I raise my arm, I have *not* wished it might go up. The voluntary action excludes this wish. It is indeed possible to say: "I hope I shall draw the circle faultlessly". And that is to express a wish that one's hand should move in such-and-such a way.

617. If we cross our fingers in a certain special way we are sometimes unable to move a particular finger when someone tells us to do so, if he only *points* to the finger—merely shews it to the eye. If on the other hand he touches it, we can move it. One would like to describe this experience as follows: we are unable to *will* to move the finger. The case is quite different from that in which we are not able to move the finger because someone is, say, holding it. One now feels inclined to describe the former case by saying: one can't find any point of application for the will till the finger is touched. Only when one feels the finger can the will know where it is to catch hold.—But this kind of expression is misleading. One would like to say: "How am I to know where I am to catch hold with the will, if feeling does not shew the place?" But then how is it known to what point I am to direct the will when the feeling is there?

That in this case the finger is as it were paralysed until we feel a touch on it is shewn by experience; it could not have been seen *a priori*.

618. One imagines the willing subject here as something without any mass (without any inertia); as a motor which has no inertia in itself to overcome. And so it is only mover, not moved. That is:

und nicht Getriebenes ist. D.h.: Man kann sagen "Ich will, aber mein Körper folgt mir nicht"—aber nicht: "Mein Wille folgt mir nicht". (Augustinus.)

Aber in dem Sinn, in welchem es mir nicht mißlingen kann, zu wollen, kann ich es auch nicht versuchen.

619. Und man könnte sagen: "Ich kann nur insofern jederzeit *wollen*, als ich nie versuchen kann, zu wollen."

620. *Tun* scheint selbst kein Volumen der Erfahrung zu haben. Es scheint wie ein ausdehnungsloser Punkt, die Spitze einer Nadel. Diese Spitze scheint das eigentliche Agens. Und das Geschehen in der Erscheinung nur Folge dieses Tuns. "Ich *tue*" scheint einen bestimmten Sinn zu haben, abgelöst von jeder Erfahrung.

621. Aber vergessen wir eines nicht: wenn 'ich meinen Arm hebe', hebt sich mein Arm. Und das Problem entsteht: was ist das, was übrigbleibt, wenn ich von der Tatsache, daß ich meinen Arm hebe, die abziehe, daß mein Arm sich hebt?

((Sind nun die kinaesthetischen Empfindungen mein Wollen?))

622. Wenn ich meinen Arm hebe, *versuche* ich meistens nicht, ihn zu heben.

623. "Ich will unbedingt dieses Haus erreichen." Wenn aber keine Schwierigkeit da ist,—*kann* ich da trachten, unbedingt dies Haus zu erreichen?

624. Im Laboratorium, unter dem Einfluß elektrischer Ströme etwa, sagt Einer mit geschlossenen Augen "Ich bewege meinen Arm auf und ab"—obgleich sich der Arm nicht bewegt. "Er hat also das besondere Gefühl dieser Bewegung" sagen wir.—Beweg mit geschlossenen Augen deinen Arm hin und her. Und nun versuch, während du es tust, dir einzureden, der Arm stehe still und du habest nur gewisse seltsame Empfindungen in Muskeln und Gelenken!

625. "Wie weißt du, daß du deinen Arm gehoben hast?"—"Ich fühle es." Was du also wiedererkennst, ist die Empfindung? Und bist du sicher, daß du sie richtig wiedererkennst?—Du bist sicher, daß du deinen Arm gehoben hast; ist nicht dies das Kriterium, das Maß, des Wiedererkennens?

626. "Wenn ich mit einem Stock diesen Gegenstand abtaste, habe ich die Tastempfindung in der Spitze des Stockes, nicht in der Hand, die ihn hält." Wenn Einer sagt "Ich habe nicht hier in der Hand, sondern im Handgelenk Schmerzen", so ist die Konsequenz, daß der Arzt das Handgelenk untersucht. Welchen Unterschied macht es aber, ob ich sage, ich fühle die Härte des Gegenstands in der

One can say "I will, but my body does not obey me"—but not: "My will does not obey me." (Augustine.)

But in the sense in which I cannot fail to will, I cannot try to will either.

619. And one might say: "I can always will only inasmuch as I can never try to will."

620. *Doing* itself seems not to have any volume of experience. It seems like an extensionless point, the point of a needle. This point seems to be the real agent. And the phenomenal happenings only to be consequences of this acting. "I *do* . . ." seems to have a definite sense, separate from all experience.

621. Let us not forget this: when 'I raise my arm', my arm goes up. And the problem arises: what is left over if I subtract the fact that my arm goes up from the fact that I raise my arm?

((Are the kinaesthetic sensations my willing?))

622. When I raise my arm I do not usually *try* to raise it.

623. "At all costs I will get to that house."—But if there is no difficulty about it—*can* I try at all costs to get to the house?

624. In the laboratory, when subjected to an electric current, for example, someone says with his eyes shut "I am moving my arm up and down"—though his arm is not moving. "So," we say, "he has the special feeling of making that movement."—Move your arm to and fro with your eyes shut. And now try, while you do so, to tell yourself that your arm is staying still and that you are only having certain queer feelings in your muscles and joints!

625. "How do you know that you have raised your arm?"—"I feel it." So what you recognize is the feeling? And are you certain that you recognize it right?—You are certain that you have raised your arm; isn't this the criterion, the measure, of the recognition?

626. "When I touch this object with a stick I have the sensation of touching in the tip of the stick, not in the hand that holds it." When someone says "The pain isn't here in my hand, but in my wrist", this has the consequence that the doctor examines the wrist. But what difference does it make if I say that I feel the hardness of the

Stockspitze, oder in der Hand? Heißt, was ich sage: "Es ist, als hätte ich Nervenenden in der Stockspitze"? *Inwiefern* ist es so?—Nun, ich bin jedenfalls geneigt, zu sagen "Ich fühle die Härte, etc. in der Stockspitze". Und damit geht zusammen, daß ich beim Abtasten nicht auf meine Hand, sondern auf die Stockspitze sehe; daß ich, was ich fühle, mit den Worten beschreibe "Ich fühle dort etwas Hartes, Rundes"—nicht mit den Worten "Ich fühle einen Druck gegen die Fingerspitzen des Daumens, Mittelfingers und Zeigefingers. . . ." Wenn mich etwa jemand fragte "Was fühlst du jetzt in den Fingern, die die Sonde halten?", so könnte ich ihm antworten: "Ich weiß nicht——ich fühle *dort* etwas Hartes, Rauhes."

627. Betrachte diese Beschreibung einer willkürlichen Handlung: "Ich fasse den Entschluß, um 5 Uhr die Glocke zu ziehen; und wenn es 5 schlägt, macht mein Arm nun diese Bewegung."—Ist das die richtige Beschreibung, und nicht *die*: ". . . . und wenn es 5 schlägt, hebe ich meinen Arm"?——Die erste Beschreibung möchte man so ergänzen: "und siehe da! mein Arm hebt sich, wenn es 5 schlägt." Und dies "siehe da" ist gerade, was hier wegfällt. Ich sage *nicht*: "Sieh, mein Arm hebt sich!" wenn ich ihn hebe.

628. Man könnte also sagen: die willkürliche Bewegung sei durch die Abwesenheit des Staunens charakterisiert. Und nun will ich nicht, daß man fragt "Aber *warum* erstaunt man hier nicht?"

629. Wenn Leute über die Möglichkeit eines Vorherwissens der Zukunft reden, vergessen sie immer die Tatsache des Vorhersagens der willkürlichen Bewegungen.

630. Betrachte die beiden Sprachspiele:

a) Einer gibt einem Andern den Befehl, bestimmte Armbewegungen zu machen, oder Körperstellungen einzunehmen (Turnlehrer und Schüler). Und eine Variante dieses Sprachspiels ist dies: Der Schüler gibt sich selbst Befehle und führt sie dann aus.

b) Jemand beobachtet gewisse regelmäßige Vorgänge—z.B. die Reaktionen verschiedener Metalle auf Säuren—und macht daraufhin Vorhersagen über die Reaktionen, die in bestimmten Fällen eintreten werden.

Es ist zwischen diesen beiden Sprachspielen eine offenbare Verwandtschaft, und auch Grundverschiedenheit. In beiden könnte man die ausgesprochenen Worte "Voraussagen" nennen. Vergleiche aber die Abrichtung, die zu der ersten Technik führt, mit der Abrichtung für die zweite!

object in the tip of the stick or in my hand? Does what I say mean "It is as if I had nerve-endings in the tip of the stick?" *In what sense* is it like that?—Well, I am at any rate inclined to say "I feel the hardness etc. in the tip of the stick." What goes with this is that when I touch the object I look not at my hand but at the tip of the stick; that I describe what I feel by saying "I feel something hard and round there"—not "I feel a pressure against the tips of my thumb, middle finger, and index finger . . . ." If, for example, someone asks me "What are you now feeling in the fingers that hold the probe?" I might reply: "I don't know——I feel something hard and rough *over there*."

627. Examine the following description of a voluntary action: "I form the decision to pull the bell at 5 o'clock, and when it strikes 5, my arm makes this movement."—Is that the correct description, and not *this* one: " . . . . . and when it strikes 5, I raise my arm"?——One would like to supplement the first description: "and see! my arm goes up when it strikes 5." And this "and see!" is precisely what doesn't belong here. I do *not* say "See, my arm is going up!" when I raise it.

628. So one might say: voluntary movement is marked by the absence of surprise. And now I do not mean you to ask "But *why* isn't one surprised here?"

629. When people talk about the possibility of foreknowledge of the future they always forget the fact of the prediction of one's own voluntary movements.

630. Examine these two language-games:

(a) Someone gives someone else the order to make particular movements with his arm, or to assume particular bodily positions (gymnastics instructor and pupil). And here is a variation of this language-game: the pupil gives himself orders and then carries them out.

(b) Someone observes certain regular processes—for example, the reactions of different metals to acids—and thereupon makes predictions about the reactions that will occur in certain particular cases.

There is an evident kinship between these two language-games, and also a fundamental difference. In both one might call the spoken words "predictions". But compare the training which leads to the first technique with the training for the second one.

631. "Ich werde jetzt zwei Pulver einnehmen; eine halbe Stunde darauf werde ich erbrechen."—Es erklärt nichts, wenn ich sage, im ersten Fall sei ich das Agens, im zweiten bloß der Beobachter. Oder: im ersten Falle sähe ich den kausalen Zusammenhang von innen, im zweiten von außen. Und vieles ähnliche.

Es ist auch nicht zur Sache, zu sagen, daß eine Vorhersage der ersten Art so wenig unfehlbar ist, wie eine der zweiten Art.

Nicht auf Grund von Beobachtungen meines Verhaltens sagte ich, ich würde jetzt zwei Pulver einnehmen. Die Antezedentien dieses Satzes waren andere. Ich meine die Gedanken, Handlungen, etc., die zu ihm hinleiten. Und es ist nur irreführend, zu sagen: "Die einzige wesentliche Voraussetzung deiner Äußerung war eben dein Entschluß."

632. Ich will nicht sagen: im Falle der Willensäußerung "Ich werde Pulver einnehmen" sei die Voraussage Ursache—und ihre Erfüllung der Effekt. (Das könnte vielleicht eine physiologische Untersuchung entscheiden.) Soviel aber ist wahr: Wir können häufig aus der Äußerung des Entschlusses die Handlung eines Menschen vorhersagen. Ein wichtiges Sprachspiel.

633. "Du wurdest früher unterbrochen; weißt du noch, was du sagen wolltest?"—Wenn ich's nun weiß und es sage—heißt das, daß ich es schon früher gedacht, und nur nicht gesagt hatte? Nein. Es sei denn, daß du die Sicherheit, mit der ich den unterbrochenen Satz weiterführe, als Kriterium dafür nimmst, daß der Gedanke damals bereits fertig war.—Aber es lag freilich schon alles mögliche in der Situation und in meinen Gedanken, das dem Satz weiterhilft.

634. Wenn ich den unterbrochenen Satz fortsetze und sage, *so* hätte ich ihn damals fortsetzen wollen, so ist das ähnlich, wie wenn ich einen Gedankengang nach kurzen Notizen ausführe.

Und *deute* ich also diese Notizen nicht? War nur *eine* Fortsetzung unter jenen Umständen möglich? Gewiß nicht. Aber ich *wählte* nicht unter diesen Deutungen. Ich *erinnerte* mich: daß ich das sagen wollte.

635. "Ich wollte sagen . . . ."—Du erinnerst dich an verschiedene Einzelheiten. Aber sie alle zeigen nicht diese Absicht. Es ist, als wäre das Bild einer Szene aufgenommen worden, aber es sind von ihm nur einige verstreute Einzelheiten zu sehen; hier eine Hand, dort ein Stück eines Gesichts, oder ein Hut,—das übrige ist dunkel. Und nun ist es, als wüßte ich doch ganz gewiß, was das ganze Bild darstellt. Als könnte ich das Dunkel lesen.

631. "I am going to take two powders now, and in half-an-hour I shall be sick."—It explains nothing to say that in the first case I am the agent, in the second merely the observer. Or that in the first case I see the causal connexion from inside, in the second from outside. And much else to the same effect.

Nor is it to the point to say that a prediction of the first kind is no more infallible than one of the second kind.

It was not on the ground of observations of my behaviour that I said I was going to take two powders. The antecedents of this proposition were different. I mean the thoughts, actions and so on which led up to it. And it can only mislead you to say: "The only essential presupposition of your utterance was just your decision."

632. I do not want to say that in the case of the expression of intention "I am going to take two powders" the prediction is a cause—and its fulfilment the effect. (Perhaps a physiological investigation could determine this.) So much, however, is true: we can often predict a man's actions from his expression of a decision. An important language-game.

633. "You were interrupted a while ago; do you still know what you were going to say?"—If I do know now, and say it—does that mean that I had already thought it before, only not said it? No. Unless you take the certainty with which I continue the interrupted sentence as a criterion of the thought's already having been completed at that time.—But, of course, the situation and the thoughts which I had contained all sorts of things to help the continuation of the sentence.

634. When I continue the interrupted sentence and say that *this* was how I had been going to continue it, this is like following out a line of thought from brief notes.

Then don't I *interpret* the notes? Was only one continuation possible in these circumstances? Of course not. But I did not *choose* between interpretations. I *remembered* that I was going to say this.

635. "I was going to say . . . . . "—You remember various details. But not even all of them together shew your intention. It is as if a snapshot of a scene had been taken, but only a few scattered details of it were to be seen: here a hand, there a bit of a face, or a hat—the rest is dark. And now it is as if we knew quite certainly what the whole picture represented. As if I could read the darkness.

636. Diese 'Einzelheiten' sind nicht irrelevant in dem Sinne, in welchem andere Umstände, an die ich mich gleichfalls erinnern kann, es sind. Aber wem ich mitteile "Ich wollte für einen Augenblick sagen....", der erfährt dadurch diese Einzelheiten nicht und muß sie auch nicht erraten. Er muß z.B. nicht wissen, daß ich schon den Mund zum Sprechen geöffnet hatte. Er *kann* sich aber den Vorgang so 'ausmalen'. (Und diese Fähigkeit gehört zum Verstehen meiner Mitteilung.)

637. "Ich weiß genau, was ich sagen wollte!" Und doch hatte ich's nicht gesagt.—Und doch lese ich's nicht von irgend einem andern Vorgang ab, der damals stattfand und mir in der Erinnerung ist.

Und ich *deute* auch nicht die damalige Situation und ihre Vorgeschichte. Denn ich überlege mir sie nicht und beurteile sie nicht.

638. Wie kommt es, daß ich dann trotzdem geneigt bin, ein Deuten darin zu sehen, wenn ich sage "Einen Augenblick lang wollte ich ihn betrügen"?

"Wie kannst du sicher sein, daß du einen Augenblick lang ihn betrügen wolltest? Waren nicht deine Handlungen und Gedanken viel zu rudimentär?"

Kann denn die Evidenz nicht zu spärlich sein? Ja, wenn man ihr nachgeht, scheint sie außerordentlich spärlich; aber ist das nicht, weil man die Geschichte dieser Evidenz außer Acht läßt? Wenn ich einen Augenblick lang die Absicht hatte, dem Andern Unwohlsein vorzuheucheln, so brauchte es dazu eine Vorgeschichte.

Beschreibt der, der sagt "Für einen Augenblick...." wirklich nur einen momentanen Vorgang?

Aber auch die ganze Geschichte war nicht die Evidenz, auf Grund derer ich sagte "Für einen Augenblick...."

639. Die Meinung, möchte man sagen, *entwickelt sich*. Aber auch darin liegt ein Fehler.

640. "Dieser Gedanke knüpft an Gedanken an, die ich früher einmal gehabt habe."—Wie tut er das? Durch ein *Gefühl* der Anknüpfung? Aber wie kann das Gefühl die Gedanken wirklich verknüpfen?—Das Wort "Gefühl" ist hier sehr irreleitend. Aber es ist manchmal möglich, mit Sicherheit zu sagen "Dieser Gedanke hängt mit jenen früheren zusammen", ohne daß man doch im Stande ist, den Zusammenhang zu zeigen. Dies gelingt vielleicht später.

641. "Wenn ich die Worte gesagt hätte 'Ich will ihn jetzt betrügen', hätte ich die Absicht nicht gewisser gehabt, als so."—Aber wenn du jene Worte gesagt hättest, mußtest du sie im vollen Ernste gemeint

636. These 'details' are not irrelevant in the sense in which other circumstances which I can remember equally well are irrelevant. But if I tell someone "For a moment I was going to say . . . ." he does not learn those details from this, nor need he guess them. He need not know, for instance, that I had already opened my mouth to speak. But he *can* 'fill out the picture' in this way. (And this capacity is part of understanding what I tell him.)

637. "I know exactly what I was going to say!" And yet I did not say it.—And yet I don't read it off from some other process which took place then and which I remember.

Nor am I *interpreting* that situation and its antecedents. For I don't consider them and don't judge them.

638. How does it come about that in spite of this I am inclined to see an interpretation in saying "For a moment I was going to deceive him"?

"How can you be certain that for the space of a moment you were going to deceive him? Weren't your actions and thoughts much too rudimentary?"

For can't the evidence be too scanty? Yes, when one follows it up it seems extraordinarily scanty; but isn't this because one is taking no account of the history of this evidence? Certain antecedents were necessary for me to have had a momentary intention of pretending to someone else that I was unwell.

If someone says "For a moment . . . . ." is he really only describing a momentary process?

But not even the whole story was my evidence for saying "For a moment . . . . ."

639. One would like to say that an opinion *develops*. But there is a mistake in this too.

640. "This thought ties on to thoughts which I have had before."—How does it do so? Through a *feeling* of such a tie? But how can a feeling really tie thoughts together?—The word "feeling" is very misleading here. But it is sometimes possible to say with certainty: "This thought is connected with those earlier thoughts", and yet be unable to shew the connexion. Perhaps that comes later.

641. "My intention was no less certain as it was than it would have been if I had said 'Now I'll deceive him'."—But if you had said the words, would you necessarily have meant them quite seriously? (Thus

haben? (So ist also der am meisten explizite Ausdruck der Absicht allein keine genügende Evidenz der Absicht.)

642. "Ich habe ihn in diesem Augenblick gehaßt"—was geschah da? Bestand es nicht in Gedanken, Gefühlen und Handlungen? Und wenn ich mir nun diesen Augenblick vorführte, würde ich ein bestimmtes Gesicht machen, dächte an gewisse Geschehnisse, atmete in bestimmter Weise, brächte in mir gewisse Gefühle hervor. Ich könnte ein Gespräch, eine ganze Szene erdenken, in der dieser Haß zum Aufflammen käme. Und ich könnte diese Szene mit Gefühlen spielen, die denen eines wirklichen Vorfalls nahekämen. Dabei wird mir natürlich helfen, daß ich Ähnliches wirklich durchlebt habe.

643. Wenn ich mich nun des Vorfalls schäme, schäme ich mich des Ganzen: der Worte, des giftigen Tones, u.s.w. .

644. "Ich schäme mich nicht dessen, was ich damals tat, sondern der Absicht, die ich hatte."—Und lag die Absicht nicht *auch* in dem, was ich tat? Was rechtfertigt die Scham? Die ganze Geschichte des Vorfalls.

645. "Einen Augenblick lang wollte ich . . . ." D.h., ich hatte ein bestimmtes Gefühl, inneres Erlebnis; und ich erinnere mich dran.—— Und nun erinnere dich *recht genau*! Da scheint das 'innere Erlebnis' des Wollens wieder zu verschwinden. Stattdessen erinnert man sich an Gedanken, Gefühle, Bewegungen, auch an Zusammenhänge mit früheren Situationen.

Es ist, als hätte man die Einstellung eines Mikroskops verändert, und was jetzt im Brennpunkt liegt, sah man früher nicht.

646. "Nun, das zeigt nur, daß du dein Mikroskop falsch eingestellt hast. Du solltest eine bestimmte Schicht des Präparats anschaun, und siehst nun eine andere."

Daran ist etwas richtig. Aber nimm an, ich erinnerte mich (mit einer bestimmten Einstellung der Linsen) an *eine* Empfinaung; wie darf ich sagen, daß sie das ist, was ich die "Absicht" nenne? Es könnte sein, daß ein bestimmter Kitzel (z.B.) jede meiner Absichten begleitete.

647. Was ist der natürliche Ausdruck einer Absicht?—Sieh eine Katze an, wenn sie sich an einen Vogel heranschleicht; oder ein Tier, wenn es entfliehen will.

((Verbindung mit Sätzen über Empfindungen.))

648. "Ich erinnere mich nicht mehr an meine Worte, aber ich erinnere mich genau an meine Absicht: ich wollte ihn mit meinen Worten beruhigen." Was *zeigt* mir meine Erinnerung; was führt sie mir vor die Seele? Nun, wenn sie nichts täte, als mir diese Worte

the most explicit expression of intention is by itself insufficient evidence of intention.)

642. "At that moment I hated him."—What happened here? Didn't it consist in thoughts, feelings, and actions? And if I were to rehearse that moment to myself I should assume a particular expression, think of certain happenings, breathe in a particular way, arouse certain feelings in myself. I might think up a conversation, a whole scene in which that hatred flared up. And I might play this scene through with feelings approximating to those of a real occasion. That I have actually experienced something of the sort will naturally help me to do so.

643. If I now become ashamed of this incident, I am ashamed of the whole thing: of the words, of the poisonous tone, etc. .

644. "I am not ashamed of what I did then, but of the intention which I had."—And didn't the intention lie *also* in what I did? What justifies the shame? The whole history of the incident.

645. "For a moment I meant to . . . ." That is, I had a particular feeling, an inner experience; and I remember it.——And now remember *quite precisely*! Then the 'inner experience' of intending seems to vanish again. Instead one remembers thoughts, feelings, movements, and also connexions with earlier situations.

It is as if one had altered the adjustment of a microscope. One did not see before what is now in focus.

646. "Well, that only shews that you have adjusted your microscope wrong. You were supposed to look at a particular section of the culture, and you are seeing a different one."

There is something right about that. But suppose that (with a particular adjustment of the lenses) I did remember a *single* sensation; how have I the right to say that it is what I call the "intention"? It might be that (for example) a particular tickle accompanied every one of my intentions.

647. What is the natural expression of an intention?—Look at a cat when it stalks a bird; or a beast when it wants to escape.

((Connexion with propositions about sensations.))

648. "I no longer remember the words I used, but I remember my intention precisely; I meant my words to quiet him." What does my memory *shew* me; what does it bring before my mind? Suppose it did

einzugeben! und vielleicht noch andere, die die Situation noch genauer ausmalen.— ("Ich erinnere mich nicht mehr meiner Worte, aber wohl an den Geist meiner Worte.")

649. "So kann also der gewisse Erinnerungen nicht haben, der keine Sprache gelernt hat?" Freilich,—er kann keine sprachlichen Erinnerungen, sprachlichen Wünsche oder Befürchtungen, etc. haben. Und Erinnerungen, etc., in der Sprache sind ja nicht bloß die fadenscheinigen Darstellungen der *eigentlichen* Erlebnisse; ist denn das Sprachliche kein Erlebnis?

650. Wir sagen, der Hund fürchtet, sein Herr werde ihn schlagen; aber nicht: er fürchte, sein Herr werde ihn morgen schlagen. Warum nicht?

651. "Ich erinnere mich, ich wäre damals gerne noch länger geblieben."—Welches Bild dieses Verlangens tritt mir vor die Seele? Gar keins. Was ich in der Erinnerung vor mir sehe, läßt keinen Schluß auf meine Gefühle zu. Und doch erinnere ich mich ganz deutlich daran, daß sie vorhanden waren.

652. "Er maß ihn mit feindseligem Blick und sagte. . . ." Der Leser der Erzählung versteht dies; er hat keinen Zweifel in seiner Seele. Nun sagst du: "Wohl, er denkt sich die Bedeutung hinzu, er errät sie."—Im allgemeinen: Nein. Im allgemeinen denkt er sich nichts hinzu, errät nichts.—Es ist aber auch möglich, daß der feindselige Blick und die Worte sich später als Verstellung erweisen, oder daß der Leser im Zweifel darüber erhalten wird, ob sie es sind oder nicht, und daß er also wirklich auf eine mögliche Deutung rät.—Aber dann rät er vor allem auf einen Zusammenhang. Er sagt sich etwa: die Beiden, die hier so feindlich tun, sind in Wirklichkeit Freunde, etc. etc. .

(("Wenn du den Satz verstehen willst, mußt du dir die seelische Bedeutung, die Seelenzustände, dazu vorstellen."))

653. Denk dir diesen Fall: Ich sage Einem, ich sei einen gewissen Weg gegangen, einem Plan gemäß, den ich zuvor angefertigt habe. Ich zeige ihm darauf diesen Plan, und er besteht aus Strichen auf einem Papier; aber ich kann nicht erklären, inwiefern diese Striche der Plan meiner Wanderung sind, dem Andern keine Regel sagen, wie der Plan zu deuten ist. Wohl aber bin ich jener Zeichnung mit allen charakteristischen Anzeichen des Kartenlesens nachgegangen. Ich könnte so eine Zeichnung einen 'privaten' Plan nennen; oder die Erscheinung, die ich beschrieben habe: "einem privaten Plan folgen". (Aber dieser Ausdruck wäre natürlich sehr leicht mißzuverstehen.)

Könnte ich nun sagen: "Daß ich damals so und so handeln wollte,

nothing but suggest those words to me!—and perhaps others which fill out the picture still more exactly.—("I don't remember my words any more, but I certainly remember their spirit.")

649. "So if a man has not learned a language, is he unable to have certain memories?" Of course—he cannot have verbal memories, verbal wishes or fears, and so on. And memories etc., in language, are not mere threadbare representations of the *real* experiences; for is what is linguistic not an experience?

650. We say a dog is afraid his master will beat him; but not, he is afraid his master will beat him to-morrow. Why not?

651. "I remember that I should have been glad then to stay still longer."—What picture of this wish came before my mind? None at all. What I see in my memory allows no conclusion as to my feelings. And yet I remember quite clearly that they were there.

652. "He measured him with a hostile glance and said . . . ." The reader of the narrative understands this; he has no doubt in his mind. Now you say: "Very well, he supplies the meaning, he guesses it."—Generally speaking: no. Generally speaking he supplies nothing, guesses nothing.—But it is also possible that the hostile glance and the words later prove to have been pretence, or that the reader is kept in doubt whether they are so or not, and so that he really does guess at a possible interpretation.—But then the main thing he guesses at is a context. He says to himself for example: The two men who are here so hostile to one another are in reality friends, etc. etc.

(("If you want to understand a sentence, you have to imagine the psychical significance, the states of mind involved."))

653. Imagine this case: I tell someone that I walked a certain route, going by a map which I had prepared beforehand. Thereupon I shew him the map, and it consists of lines on a piece of paper; but I cannot explain how these lines are the map of my movements, I cannot tell him any rule for interpreting the map. Yet I did follow the drawing with all the characteristic tokens of reading a map. I might call such a drawing a 'private' map; or the phenomenon that I have described "following a private map". (But this expression would, of course, be very easy to misunderstand.)

Could I now say: "I read off my having then meant to do such-and-

lese ich gleichsam wie von einem Plan ab, obgleich kein Plan da ist"? Aber das heißt doch nichts anderes, als: *Ich bin jetzt geneigt, zu sagen*: "Ich lese die Absicht, so zu handeln, in gewissen Seelenzuständen, an die ich mich erinnere."

654. Unser Fehler ist, dort nach einer Erklärung zu suchen, wo wir die Tatsachen als 'Urphänomene' sehen sollten. D.h., wo wir sagen sollten: *dieses Sprachspiel wird gespielt*.

655. Nicht um die Erklärung eines Sprachspiels durch unsre Erlebnisse handelt sich's, sondern um die Feststellung eines Sprachspiels.

656. *Wozu* sage ich jemandem, ich hätte früher den und den Wunsch gehabt?—Sieh auf das Sprachspiel als das *Primäre*! Und auf die Gefühle, etc. als auf eine Betrachtungsweise, eine Deutung, des Sprachspiels!

Man könnte fragen: Wie ist der Mensch je dahin gekommen, eine sprachliche Äußerung zu machen, die wir "Berichten eines vergangenen Wunsches", oder einer vergangenen Absicht, nennen?

657. Denken wir uns, diese Äußerung nehme immer die Form an: "Ich sagte mir: 'wenn ich nur länger bleiben könnte!' " Der Zweck einer solchen Mitteilung könnte sein, den Andern meine Reaktionen kennen zu lehren. (Vergleiche die Grammatik von "meinen" und "vouloir dire".)

658. Denk, wir drückten die Absicht eines Menschen immer so aus, indem wir sagen: "Er sagte gleichsam zu sich selbst 'Ich will....' " —Das ist das Bild. Und nun will ich wissen: Wie verwendet man den Ausdruck "etwas gleichsam zu sich selbst sagen"? Denn er bedeutet nicht: etwas zu sich selbst sagen.

659. Warum will ich ihm außer dem, was ich tat, auch noch eine Intention mitteilen?—Nicht, weil die Intention auch noch etwas war, was damals vor sich ging. Sondern, weil ich ihm etwas über *mich* mitteilen will, was über das hinausgeht, was damals geschah.

Ich erschließe ihm mein Inneres, wenn ich sage, was ich tun wollte.—Nicht aber auf Grund einer Selbstbeobachtung, sondern durch eine Reaktion (man könnte es auch eine Intuition nennen).

660. Die Grammatik des Ausdrucks "Ich wollte damals sagen...." ist verwandt der des Ausdrucks "Ich hätte damals fortsetzen können".

Im einen Fall die Erinnerung an eine Absicht, im andern, an ein Verstehen.

such, as if from a map, although there is no map"? But that means nothing but: *I am now inclined to say* "I read the intention of acting thus in certain states of mind which I remember."

654. Our mistake is to look for an explanation where we ought to look at what happens as a 'proto-phenomenon'. That is, where we ought to have said: *this language-game is played.*

655. The question is not one of explaining a language-game by means of our experiences, but of noting a language-game.

656. What is the purpose of telling someone that a time ago I had such-and-such a wish?—Look on the language-game as the *primary* thing. And look on the feelings, etc., as you look on a way of regarding the language-game, as interpretation.

It might be asked: how did human beings ever come to make the verbal utterances which we call reports of past wishes or past intentions?

657. Let us imagine these utterances always taking this form: "I said to myself: 'if only I could stay longer!' " The purpose of such a statement might be to acquaint someone with my reactions. (Compare the grammar of "mean" and "vouloir dire".)

658. Suppose we expressed the fact that a man had an intention by saying "He as it were said to himself 'I will . . . .' "—That is the picture. And now I want to know: how does one employ the expression "as it were to say something to oneself"? For it does not mean: to say something to oneself.

659. Why do I want to tell him about an intention too, as well as telling him what I did?—Not because the intention was also something which was going on at that time. But because I want to tell him something about *myself*, which goes beyond what happened at that time.

I reveal to him something of myself when I tell him what I was going to do.—Not, however, on grounds of self-observation, but by way of a response (it might also be called an intuition).

660. The grammar of the expression "I was then going to say . . . ." is related to that of the expression "I could then have gone on."

In the one case I remember an intention, in the other I remember having understood.

661. Ich erinnere mich, *ihn* gemeint zu haben. Erinnere ich mich eines Vorgangs oder Zustands?—Wann fing er an; wie verlief er; etc.?

662. In einer nur um weniges verschiedenen Situation hätte er, statt stumm mit dem Finger zu winken, jemandem gesagt "Sag dem N., er soll zu mir kommen". Man kann nun sagen, die Worte "Ich wollte, N. solle zu mir kommen" beschreiben den damaligen Zustand meiner Seele, und kann es auch wieder *nicht* sagen.

663. Wenn ich sage "Ich meinte *ihn*", da mag mir wohl ein Bild vorschweben, etwa davon, wie ich ihn ansah, etc.; aber das Bild ist nur wie eine Illustration zu einer Geschichte. Aus ihr allein wäre meistens gar nichts zu erschließen; erst wenn man die Geschichte kennt, weiß man, was es mit dem Bild soll.

664. Man könnte im Gebrauch eines Worts eine 'Oberflächengrammatik' von einer 'Tiefengrammatik' unterscheiden. Das, was sich uns am Gebrauch eines Worts unmittelbar einprägt, ist seine Verwendungsweise im *Satzbau*, der Teil seines Gebrauches—könnte man sagen—den man mit dem Ohr erfassen kann.——Und nun vergleiche die Tiefengrammatik, des Wortes "meinen" etwa, mit dem, was seine Oberflächengrammatik uns würde vermuten lassen. Kein Wunder, wenn man es schwer findet, sich auszukennen.

665. Denke, jemand zeigte mit dem Gesichtsausdruck des Schmerzes auf seine Wange und sagte dabei "abrakadabra!"—Wir fragen "Was meinst du?" Und er antwortet "Ich meinte damit Zahnschmerzen."—Du denkst dir sofort: Wie kann man denn mit diesem Wort 'Zahnschmerzen *meinen*'? Oder was *hieß* es denn: Schmerzen mit dem Wort *meinen*? Und doch hättest du, in anderem Zusammenhang, behauptet, daß die geistige Tätigkeit, das und das zu *meinen*, gerade das Wichtigste beim Gebrauch der Sprache sei.

Aber wie,—kann ich denn nicht sagen "Mit 'abrakadabra' meine ich Zahnschmerzen"? Freilich; aber das ist eine Definition; nicht eine Beschreibung dessen, was in mir beim Aussprechen des Wortes vorgeht.

666. Denke, du habest Schmerzen und zugleich hörst du, wie nebenan Klavier gestimmt wird. Du sagst "Es wird bald aufhören." Es ist doch wohl ein Unterschied, ob du den Schmerz meinst, oder das Klavierstimmen!—Freilich; aber worin besteht dieser Unterschied? Ich gebe zu: es wird in vielen Fällen der Meinung eine Richtung der Aufmerksamkeit entsprechen, sowie auch oft ein Blick, eine Geste, oder ein Schließen der Augen, das man ein "Nach-Innen-Blicken" nennen könnte.

661. I remember having meant *him*. Am I remembering a process or state?—When did it begin, what was its course; etc.?

662. In an only slightly different situation, instead of silently beckoning, he would have said to someone "Tell N. to come to me." One can now say that the words "I wanted N. to come to me" describe the state of my mind at that time; and again one may *not* say so.

663. If I say "I meant *him*" very likely a picture comes to my mind, perhaps of how I looked at him, etc.; but the picture is only like an illustration to a story. From it alone it would mostly be impossible to conclude anything at all; only when one knows the story does one know the significance of the picture.

664. In the use of words one might distinguish 'surface grammar' from 'depth grammar'. What immediately impresses itself upon us about the use of a word is the way it is used in the construction of the sentence, the part of its use—one might say—that can be taken in by the ear.——And now compare the depth grammar, say of the word "to mean", with what its surface grammar would lead us to suspect. No wonder we find it difficult to know our way about.

665. Imagine someone pointing to his cheek with an expression of pain and saying "abracadabra!"—We ask "What do you mean?" And he answers "I meant toothache".—You at once think to yourself: How can one 'mean toothache' by that word? Or what did it *mean* to *mean* pain by that word? And yet, in a different context, you would have asserted that the mental activity of *meaning* such-and-such was just what was most important in using language.

But—can't I say "By 'abracadabra' I mean toothache"? Of course I can; but this is a definition; not a description of what goes on in me when I utter the word.

666. Imagine that you were in pain and were simultaneously hearing a nearby piano being tuned. You say "It'll soon stop." It certainly makes quite a difference whether you mean the pain or the piano-tuning!—Of course; but what does this difference consist in? I admit, in many cases some direction of the attention will correspond to your meaning one thing or another, just as a look often does, or a gesture, or a way of shutting one's eyes which might be called "looking into oneself".

667. Denke, es simuliert Einer Schmerzen und sagt nun "Es wird bald nachlassen". Kann man nicht sagen, er meine den Schmerz? und doch konzentriert er seine Aufmerksamkeit auf keinen Schmerz.— Und wie, wenn ich endlich sage "Er hat schon aufgehört"?

668. Aber kann man nicht auch so lügen, indem man sagt "Es wird bald aufhören" und den Schmerz meint,—aber auf die Frage "Was hast du gemeint?" zur Antwort gibt: "Den Lärm im Nebenzimmer"? In Fällen dieser Art sagt man etwa: "Ich wollte antworten . . . ., habe mir's aber überlegt und geantwortet . . . ."

669. Man kann sich beim Sprechen auf einen Gegenstand beziehen, indem man auf ihn zeigt. Das Zeigen ist hier ein Teil des Sprachspiels. Und nun kommt es uns vor, als spreche man von einer Empfindung dadurch, daß man seine Aufmerksamkeit beim Sprechen auf sie richtet. Aber wo ist die Analogie? Sie liegt offenbar darin, daß man durch *Schauen* und *Horchen* auf etwas zeigen kann.

Aber auch auf den Gegenstand *zeigen*, von dem man spricht, kann ja für das Sprachspiel, für den Gedanken, unter Umständen ganz unwesentlich sein.

670. Denk, du telephonierst jemandem und sagst ihm: "Dieser Tisch ist zu hoch", wobei du mit dem Finger auf den Tisch zeigst. Welche Rolle spielt hier das Zeigen? Kann ich sagen: ich *meine* den betreffenden Tisch, indem ich auf ihn zeige? Wozu dieses Zeigen, und wozu diese Worte und was sonst sie begleiten mag?

671. Und worauf zeige ich denn durch die innere Tätigkeit des Horchens? Auf den Laut, der mir zu Ohren kommt, und auf die Stille, wenn ich *nichts* höre?

Das Horchen *sucht* gleichsam einen Gehörseindruck und kann daher auf ihn nicht zeigen, sondern nur auf den *Ort*, wo es ihn sucht.

672. Wenn die rezeptive Einstellung ein 'Hinweisen' auf etwas genannt wird,—dann nicht auf die Empfindung, die wir dadurch erhalten.

673. Die geistige Einstellung '*begleitet*' das Wort nicht in demselben Sinne, wie eine Gebärde es begleitet. (Ähnlich, wie Einer allein reisen kann, und doch von meinen Wünschen begleitet, und wie ein Raum leer sein kann und doch vom Licht durchflossen.)

674. Sagt man z.B.: "Ich habe jetzt eigentlich nicht meinen Schmerz gemeint; ich habe nicht genügend auf ihn Acht gegeben"? Frage ich mich etwa: "Was habe ich denn jetzt mit diesem Wort gemeint? meine Aufmerksamkeit war zwischen meinem Schmerz und dem Lärm geteilt—"?

667. Imagine someone simulating pain, and then saying "It'll get better soon". Can't one say he means the pain? and yet he is not concentrating his attention on any pain.—And what about when I finally say "It's stopped now"?

668. But can't one also lie in this way: one says "It'll stop soon", and means pain—but when asked "What did you mean?" one answers "The noise in the next room"? In this sort of case one may say: "I was going to answer.... but thought better of it and did answer....."

669. One can refer to an object when speaking by pointing to it. Here pointing is a part of the language-game. And now it seems to us as if one spoke *of* a sensation by directing one's attention to it. But where is the analogy? It evidently lies in the fact that one can point to a thing by *looking* or *listening*.

But in certain circumstances, even *pointing* to the object one is talking about may be quite inessential to the language-game, to one's thought.

670. Imagine that you were telephoning someone and you said to him: "This table is too tall", and pointed to the table. What is the role of pointing here? Can I say: I *mean* the table in question by pointing to it? What is this pointing for, and what are these words and whatever else may accompany them for?

671. And what do I point to by the inner activity of listening? To the sound that comes to my ears, and to the silence when I hear *nothing*?

Listening as it were *looks for* an auditory impression and hence can't point to it, but only to the *place* where it is looking for it.

672. If a receptive attitude is called a kind of 'pointing' to something—then that something is not the sensation which we get by means of it.

673. The mental attitude doesn't '*accompany*' what is said in the sense in which a gesture accompanies it. (As a man can travel alone, and yet be accompanied by my good wishes; or as a room can be empty, and yet full of light.)

674. Does one say, for example: "I didn't really mean my pain just now; my mind wasn't on it enough for that?" Do I ask myself, say: "What did I mean by this word just now? My attention was divided between my pain and the noise—"?

675. "Sag mir, was ist in dir vorgegangen, als du die Worte . . . aussprachst?"—Darauf ist die Antwort nicht "Ich habe gemeint . . . ."!

676. "Ich meinte mit dem Wort *dies*" ist eine Mitteilung, die anders verwendet wird, als die einer Affektion der Seele.

677. Anderseits: "Als du vorhin fluchtest, hast du es wirklich gemeint?" Dies heißt etwa soviel wie: "Warst du dabei wirklich ärgerlich?"—Und die Antwort kann auf Grund einer Introspektion gegeben werden, und ist oft von der Art: "Ich habe es nicht sehr ernst gemeint", "Ich habe es halb im Scherz gemeint" etc. . Hier gibt es Gradunterschiede.

Und man sagt allerdings auch: "Ich habe bei diesem Wort halb und halb an ihn gedacht."

678. Worin besteht dieses Meinen (der Schmerzen oder des Klavierstimmens)? Es kommt keine Antwort—denn die Antworten, die sich uns auf den ersten Blick anbieten, taugen nicht.—"Und doch *meinte* ich damals das eine und nicht das andre." Ja,—nun hast du nur einen Satz mit Emphase wiederholt, dem ja niemand widersprochen hat.

679. "Kannst du aber zweifeln, daß du *das* meintest?"—Nein; aber sicher sein, es wissen, kann ich auch nicht.

680. Wenn du mir sagst, du habest geflucht und dabei den N. gemeint, so wird es mir gleichgültig sein, ob du dabei sein Bild angeschaut, ob du dir ihn vorgestellt hast, seinen Namen aussprachst, etc. . Die Schlüsse aus dem Faktum, die mich interessieren, haben damit nichts zu tun. Anderseits aber könnte es sein, daß Einer mir erklärt, der Fluch sei nur dann *wirksam*, wenn man sich den Menschen klar vorstellt, oder seinen Namen laut ausspricht. Aber man würde nicht sagen "Es kommt darauf an, wie der Fluchende sein Opfer *meint*."

681. Man fragt natürlich auch nicht: "Bist du sicher, daß du *ihn* verflucht hast, daß die Verbindung mit ihm hergestellt war?"

So ist also wohl diese Verbindung sehr leicht herzustellen, daß man ihrer so sicher sein kann?! Wissen kann, daß sie nicht daneben geht.—Nun, kann es mir passieren, daß ich an den *Einen* schreiben will und tatsächlich an den Andern schreibe? und wie könnte das geschehen?

682. "Du sagtest 'Es wird bald aufhören'.—Hast du an den Lärm gedacht, oder an deine Schmerzen?" Wenn er nun antwortet "Ich habe ans Klavierstimmen gedacht"—konstatiert er, es habe diese Verbindung bestanden, oder schlägt er sie mit diesen Worten?—Kann

675. "Tell me, what was going on in you when you uttered the words . . . .?"—The answer to this is not: "I was meaning . . . . ."!

676. "I meant *this* by that word" is a statement which is differently used from one about an affection of the mind.

677. On the other hand: "When you were swearing just now, did you really mean it?" This is perhaps as much as to say: "Were you really angry?"—And the answer may be given as a result of introspection and is often some such thing as: "I didn't mean it very seriously", "I meant it half jokingly" and so on. There are differences of degree here.

And one does indeed also say "I was half thinking of him when I said that."

678. What does this act of meaning (the pain, or the piano-tuning) consist in? No answer comes—for the answers which at first sight suggest themselves are of no use.—"And yet at the time I *meant* the one thing and not the other." Yes,—now you have only repeated with emphasis something which no one has contradicted anyway.

679. "But can you doubt that you meant *this*?"—No; but neither can I be certain of it, know it.

680. When you tell me that you cursed and meant N. as you did so it is all one to me whether you looked at a picture of him, or imagined him, uttered his name, or what. The conclusions from this fact that interest me have nothing to do with these things. On the other hand, however, someone might explain to me that cursing was *effective* only when one had a clear image of the man or spoke his name out loud. But we should not say "The point is how the man who is cursing *means* his victim."

681. Nor, of course, does one ask: "Are you sure that you cursed *him*, that the connexion with him was established?"

Then this connexion must be very easy to establish, if one can be so sure of it?! Can know that it doesn't fail of its object!—Well, can it happen to me, to intend to write to one person and in fact write to another? and how might it happen?

682. "You said, 'It'll stop soon'.—Were you thinking of the noise or of your pain?" If he answers "I was thinking of the piano-tuning"—is he observing that the connexion existed, or is he making it by means

ich nicht *beides* sagen? Wenn, was er sagte, wahr war, bestand da nicht jene Verbindung—und schlägt er nicht dennoch eine, die nicht bestand?

683. Ich zeichne einen Kopf. Du fragst "Wen soll das vorstellen?" —Ich: "Das soll N. sein."—Du: "Es sieht ihm aber nicht ähnlich; eher noch dem M."—Als ich sagte, es stelle den N. vor,—machte ich einen Zusammenhang, oder berichtete ich von einem? Welcher Zusammenhang hatte denn bestanden?

684. Was ist dafür zu sagen, daß meine Worte einen Zusammenhang, der bestanden hat, beschreiben? Nun, sie beziehen sich auf Verschiedenes, was nicht erst mit ihnen in die Erscheinung trat. Sie sagen, z.B., daß ich damals eine bestimmte Antwort gegeben *hätte*, wenn ich gefragt worden wäre. Und wenn dies auch nur konditional ist, so sagt es doch etwas über die Vergangenheit.

685. "Suche den A" heißt nicht "Suche den B"; aber ich mag, indem ich die beiden Befehle befolge, genau das gleiche tun.

Zu sagen, es müsse dabei etwas anderes geschehen, wäre ähnlich, als sagte man: die Sätze "Heute ist mein Geburtstag" und "Am 26. April ist mein Geburtstag" müßten sich auf verschiedene Tage beziehen, da ihr Sinn nicht der gleiche sei.

686. "Freilich habe ich den B. gemeint; ich habe gar nicht an A gedacht!"

"Ich wollte, B. sollte zu mir kommen, damit . . . ."—Alles dies deutet auf einen größern Zusammenhang.

687. Statt "Ich habe ihn gemeint" kann man freilich manchmal sagen "Ich habe an ihn gedacht"; manchmal auch "Ja, wir haben von ihm geredet". Also frag dich, worin es besteht 'von ihm reden'!

688. Man kann unter Umständen sagen: "Als ich sprach, empfand ich, ich sagte es *dir*." Aber das würde ich nicht sagen, wenn ich ohnehin mit dir sprach.

689. "Ich denke an N." "Ich rede von N."

Wie rede ich von ihm? Ich sage etwa "Ich muß heute N. besuchen."——Aber das ist doch nicht genug! Mit "N." könnte ich doch verschiedene Personen meinen, die diesen Namen haben.—"Also muß noch eine andere Verbindung meiner Rede mit dem N. bestehen, denn sonst hätte ich *doch* nicht IHN gemeint."

Gewiß, eine solche Verbindung besteht. Nur nicht, wie du sie dir vorstellst: nämlich durch einen geistigen *Mechanismus*.

(Man vergleicht "ihn meinen" mit "auf ihn zielen".)

of these words?—Can't I say *both*? If what he said was true, didn't the connexion exist—and is he not for all that making one which did not exist?

683. I draw a head. You ask "Whom is that supposed to represent?"—I: "It's supposed to be N."—You: "But it doesn't look like him; if anything, it's rather like M."—When I said it represented N.—was I establishing a connexion or reporting one? And what connexion did exist?

684. What is there in favour of saying that my words describe an existing connexion? Well, they relate to various things which didn't simply make their appearance with the words. They say, for example, that I *should have* given a particular answer then, if I had been asked. And even if this is only conditional, still it does say something about the past.

685. "Look for A" does not mean "Look for B"; but I may do just the same thing in obeying the two orders.

To say that something different must happen in the two cases would be like saying that the propositions "Today is my birthday" and "My birthday is on April 26th" must refer to different days, because they do not make the same sense.

686. "Of course I meant B; I didn't think of A at all!"

"I wanted B to come to me, so as to . . ."—All this points to a wider context.

687. Instead of "I meant him" one can, of course, sometimes say "I thought of him"; sometimes even "Yes, we were speaking of him." Ask yourself what 'speaking of him' consists in.

688. In certain circumstances one can say "As I was speaking, I felt I was saying it *to you*". But I should not say this if I were in any case talking with you.

689. "I am thinking of N." "I am speaking of N."

How do I speak *of* him? I say, for instance, "I must go and see N today"——But surely that is not enough! After all, when I say "N" I might mean various people of this name.—"Then there must surely be a further, different connexion between my talk and N, for otherwise I should *still* not have meant HIM.

Certainly such a connexion exists. Only not as you imagine it: namely by means of a mental *mechanism*.

(One compares "meaning him" with "aiming at him".)

690. Wie, wenn ich einmal eine scheinbar unschuldige Bemerkung mache und sie mit einem verstohlenen Seitenblick auf jemand begleite; ein andermal, vor mich niedersehend, offen über einen Anwesenden rede, indem ich seinen Namen nenne,—denke ich wirklich *eigens* an ihn, wenn ich seinen Namen gebrauche?

691. Wenn ich das Gesicht des N. nach dem Gedächtnis für mich hinzeichne, so kann man doch sagen, ich *meine* ihn mit meiner Zeichnung. Aber von welchem Vorgang, der während des Zeichnens stattfindet (oder vor- oder nachher) könnte ich sagen, er wäre das Meinen?

Denn man möchte natürlich sagen: als er ihn meinte, habe er auf ihn gezielt. Wie aber macht das Einer, wenn er sich das Gesicht des Andern in die Erinnerung ruft?

Ich meine, wie ruft er sich IHN ins Gedächtnis?

Wie ruft er ihn?

692. Ist es richtig, wenn Einer sagt: "Als ich dir diese Regel gab, meinte ich, du solltest in diesem Falle . . . . ."? Auch wenn er, als er die Regel gab, an diesen Fall gar nicht dachte? Freilich ist es richtig. "Es meinen" hieß eben nicht: daran denken. Die Frage ist nun aber: Wie haben wir zu beurteilen, ob Einer dies gemeint hat?—Daß er z.B. eine bestimmte Technik der Arithmetik und Algebra beherrschte und dem Andern den gewöhnlichen Unterricht im Entwickeln einer Reihe gab, ist so ein Kriterium.

693. "Wenn ich Einen die Bildung der Reihe . . . . lehre, meine ich doch, er solle an der hundertsten Stelle . . . . schreiben."—Ganz richtig: du meinst es. Und offenbar, ohne notwendigerweise auch nur daran zu denken. Das zeigt dir, wie verschieden die Grammatik des Zeitworts "meinen" von der des Zeitworts "denken" ist. Und nichts Verkehrteres, als Meinen eine geistige Tätigkeit nennen! Wenn man nämlich nicht darauf ausgeht, Verwirrung zu erzeugen. (Man könnte auch von einer Tätigkeit der Butter reden, wenn sie im Preise steigt; und wenn dadurch keine Probleme erzeugt werden, so ist es harmlos.)

690. What about the case where I at one time make an apparently innocent remark and accompany it with a furtive sidelong glance at someone; and at another time, without any such glance, speak of somebody present openly, mentioning his name—am I really thinking *specially* about him as I use his name?

691. When I make myself a sketch of N's face from memory, I can surely be said to *mean* him by my drawing. But which of the processes taking place while I draw (or before or afterwards) could I call meaning him?

For one would naturally like to say: when he meant him, he aimed at him. But how is anyone doing that, when he calls someone else's face to mind?

I mean, how does he call HIM to mind?

How does he call him?

692. Is it correct for someone to say: "When I gave you this rule, I meant you to . . . . . in this case"? Even if he did not think of this case at all as he gave the rule? Of course it is correct. For "to mean it" did not mean: to think of it. But now the problem is: how are we to judge whether someone meant such-and-such?—The fact that he has, for example, mastered a particular technique in arithmetic and algebra, and that he taught someone else the expansion of a series in the usual way, is such a criterion.

693. "When I teach someone the formation of the series . . . . I surely mean him to write . . . . at the hundredth place."—Quite right; you mean it. And evidently without necessarily even thinking of it. This shews you how different the grammar of the verb "to mean" is from that of "to think". And nothing is more wrong-headed than calling meaning a mental activity! Unless, that is, one is setting out to produce confusion. (It would also be possible to speak of an activity of butter when it rises in price, and if no problems are produced by this it is harmless.)

TEIL II
PART II

i

Man kann sich ein Tier zornig, furchtsam, traurig, freudig, erschrocken vorstellen. Aber hoffend? Und warum nicht?

Der Hund glaubt, sein Herr sei an der Tür. Aber kann er auch glauben, sein Herr werde übermorgen kommen?—Und *was* kann er nun nicht?—Wie mache denn ich's?—Was soll ich darauf antworten?

Kann nur hoffen, wer sprechen kann? Nur der, der die Verwendung einer Sprache beherrscht. D.h., die Erscheinungen des Hoffens sind Modifikationen dieser komplizierten Lebensform. (Wenn ein Begriff auf einen Charakter der menschlichen Handschrift abzielt, dann hat er keine Anwendung auf Wesen, welche nicht schreiben.)

"Kummer" beschreibt uns ein Muster, welches im Lebensteppich mit verschiedenen Variationen wiederkehrt. Wenn bei einem Menschen der Körperausdruck des Grames und der Freude, etwa mit dem Ticken einer Uhr, abwechselten, so hätten wir hier nicht den charakteristischen Verlauf des Grammusters, noch des Freudemusters.

"Er fühlte für eine Sekunde heftigen Schmerz."—Warum klingt es seltsam: "Er fühlte für eine Sekunde tiefen Kummer"? Nur weil es so selten vorkommt?

Aber fühlst du nicht *jetzt* den Kummer? ("Aber spielst du nicht *jetzt* Schach?") Die Antwort kann bejahend sein; aber das macht den Begriff des Kummers nicht ähnlicher einem Empfindungsbegriff.—Die Frage war ja eigentlich eine zeitliche und persönliche; nicht die logische, die wir stellen wollten.

"Du mußt wissen: ich fürchte mich."

"Du mußt wissen: mir graut davor."—

Ja, man kann das auch in *lächelndem* Ton sagen.

Und willst du mir sagen, er spürt das nicht?! Wie *weiß* er's denn sonst?—Aber auch, wenn es eine Mitteilung ist, so lernt er's nicht von seinen Empfindungen.

Denn denk dir die Empfindungen hervorgerufen durch die *Gebärden* des Grauens: die Worte "mir graut davor" sind ja auch so eine Gebärde; und wenn ich sie beim Aussprechen höre und fühle, gehört das zu jenen übrigen Empfindungen. Warum soll denn die ungesprochene Gebärde die gesprochene begründen?

i

One can imagine an animal angry, frightened, unhappy, happy, startled. But hopeful? And why not?

A dog believes his master is at the door. But can he also believe his master will come the day after to-morrow?—And *what* can he not do here?—How do I do it?—How am I supposed to answer this?

Can only those hope who can talk? Only those who have mastered the use of a language. That is to say, the phenomena of hope are modes of this complicated form of life. (If a concept refers to a character of human handwriting, it has no application to beings that do not write.)

"Grief" describes a pattern which recurs, with different variations, in the weave of our life. If a man's bodily expression of sorrow and of joy alternated, say with the ticking of a clock, here we should not have the characteristic formation of the pattern of sorrow or of the pattern of joy.

"For a second he felt violent pain."—Why does it sound queer to say: "For a second he felt deep grief"? Only because it so seldom happens?

But don't you feel grief *now*? ("But aren't you playing chess *now*?") The answer may be affirmative, but that does not make the concept of grief any more like the concept of a sensation.—The question was really, of course, a temporal and personal one, not the logical question which we wanted to raise.

"I must tell you: I am frightened."

"I must tell you: it makes me shiver."—

And one can say this in a *smiling* tone of voice too.

And do you mean to tell me he doesn't feel it? How else does he *know* it?—But even when he says it as a piece of information he does not learn it from his sensations.

For think of the sensations produced by physically shuddering: the words "it makes me shiver" are themselves such a shuddering reaction; and if I hear and feel them as I utter them, this belongs among the rest of those sensations. Now why should the wordless shudder be the ground of the verbal one?

ii

Mit seinen Worten "Als ich das Wort hörte, bedeutete es für mich . . . ." bezieht er sich auf einen *Zeitpunkt* und auf eine *Art der Wortverwendung*. (Was wir nicht begreifen, ist natürlich diese Kombination.)

Und der Ausdruck "Ich wollte damals sagen . . . ." bezieht sich auf einen *Zeitpunkt* und auf eine *Handlung*.

Ich rede von den wesentlichen *Bezügen* der Äußerung, um sie von andern Besonderheiten unseres Ausdrucks abzulösen. Und wesentlich sind der Äußerung die Bezüge, die uns veranlassen würden, eine im übrigen uns fremde Art des Ausdrucks in diese bei uns gebräuchliche Form zu übersetzen.

Wer nicht im Stande wäre, zu sagen: das Wort "sondern" könne ein Zeitwort und ein Bindewort sein, oder Sätze zu bilden, in denen es einmal dies, einmal jenes ist, der könnte einfache Schulübungen nicht bewältigen. Das aber wird von einem Schüler nicht verlangt: das Wort außerhalb eines Zusammenhangs so, oder so *aufzufassen*, oder zu berichten, wie er's aufgefaßt habe.

Die Worte "die Rose ist rot" sind sinnlos, wenn das Wort "ist" die Bedeutung von "ist gleich" hat.—Heißt dies: Wenn du jenen Satz sprichst und "ist" darin als Gleichheitszeichen meinst, so zerfällt dir der Sinn?

Wir nehmen einen Satz und erklären Einem die Bedeutung jedes seiner Wörter; er lernt damit, sie anzuwenden und also auch jenen Satz. Hätten wir statt des Satzes eine Wortreihe ohne Sinn gewählt, so würde er *sie* nicht anwenden lernen. Und erklärt man das Wort "ist" als Gleichheitszeichen, dann lernt er nicht den Satz "die Rose ist rot" verwenden.

Und dennoch hat es auch mit dem 'Zerfallen des Sinnes' seine Richtigkeit. Sie liegt in diesem Beispiel: Man könnte Einem sagen: Wenn du den Ausruf "Ei, ei!" ausdrucksvoll sprechen willst, darfst du nicht an Eier dabei denken!

Das Erleben einer Bedeutung und das Erleben eines Vorstellungsbildes. "Man *erlebt* hier und dort," möchte man sagen, "nur etwas Anderes. Ein anderer Inhalt wird dem Bewußtsein dargeboten—steht vor ihm."—Welcher ist der Inhalt des Vorstellungserlebnisses? Die Antwort ist ein Bild, oder eine Beschreibung. Und was ist der Inhalt

ii

In saying "When I heard this word, it meant . . . . to me" one refers to a *point of time* and to a *way of using the word*. (Of course, it is this combination that we fail to grasp.)

And the expression "I was then going to say . . . . ." refers to a *point of time* and to an *action*.

I speak of the essential *references* of the utterance in order to distinguish them from other peculiarities of the expression we use. The references that are essential to an utterance are the ones which would make us translate some otherwise alien form of expression into this, our customary form.

If you were unable to say that the word "till" could be both a verb and a conjunction, or to construct sentences in which it was now the one and now the other, you would not be able to manage simple schoolroom exercises. But a schoolboy is not asked to *conceive* the word in one way or another out of any context, or to report how he has conceived it.

The words "the rose is red" are meaningless if the word "is" has the meaning "is identical with".—Does this mean: if you say this sentence and mean the "is" as the sign of identity, the sense disintegrates?

We take a sentence and tell someone the meaning of each of its words; this tells him how to apply them and so how to apply the sentence too. If we had chosen a senseless sequence of words instead of the sentence, he would not learn how to apply the *sequence*. And if we explain the word "is" as the sign of identity, then he does not learn how to use the sentence "the rose is red".

And yet there is something right about this 'disintegration of the sense'. You get it in the following example: one might tell someone: if you want to pronounce the salutation "Hail!" expressively, you had better not think of hailstones as you say it.

Experiencing a meaning and experiencing a mental image. "In both cases", we should like to say, "we are *experiencing* something, only something different. A different content is proffered—is present—to consciousness."—What is the content of the experience of imagining? The answer is a picture, or a description. And what is the content

des Bedeutungserlebnisses? Ich weiß nicht, wie ich antworten soll.—Wenn jene Äußerung irgendeinen Sinn hat, so ist es der, daß die beiden Begriffe sich ähnlich zueinander verhalten, wie die von 'rot' und 'blau'; und das ist falsch.

Kann man das Verstehen einer Bedeutung festhalten wie ein Vorstellungsbild? Wenn mir also plötzlich eine Bedeutung des Wortes einfällt,—kann sie mir auch vor der Seele stehenbleiben?

"Der ganze Plan stand mir mit einem Schlage vor der Seele und blieb so fünf Minuten lang stehen." Warum klingt das seltsam? Man möchte glauben: was aufblitzte und was stehen blieb, konnte nicht dasselbe sein.

Ich rief aus "Jetzt hab ich's!"—Es war ein plötzliches Aufzucken: dann konnte ich den Plan in seinen Einzelheiten darlegen. Was sollte da stehenbleiben? Ein Bild vielleicht. Aber "Jetzt hab ich's" hieß nicht, ich habe das Bild.

Wem eine Bedeutung eines Wortes einfiel, und wer sie nicht wieder *vergaß*, kann nun das Wort in dieser Weise anwenden.

Wem die Bedeutung einfiel, der *weiß* sie nun, und der Einfall war der Anfang des Wissens. Wie ist er dann ähnlich einem Vorstellungserlebnis?

Wenn ich sage "Herr Schweizer ist kein Schweizer", so meine ich das erste "Schweizer" als Eigenname, das zweite als Gattungsname. Muß da also beim ersten "Schweizer" etwas anderes in meinem Geiste vorgehen, als beim zweiten? (Es sei denn, daß ich den Satz 'papageienhaft' ausspreche.)—Versuch, das erste "Schweizer" als Gattungsnamen und das zweite als Eigennamen zu meinen!—Wie macht man das? Wenn *ich*'s tue, blinzele ich mit den Augen vor Anstrengung, indem ich versuche, mir bei jedem der beiden Worte die richtige Bedeutung vorzuführen.—Aber führe ich mir denn auch beim gewöhnlichen Gebrauch der Wörter ihre Bedeutung vor?

Wenn ich den Satz mit den vertauschten Bedeutungen ausspreche, so zerfällt mir der Satzsinn.—Nun, er zerfällt *mir*, aber nicht dem Andern, dem ich die Mitteilung mache. Was schadet es also?——"Aber es geht eben doch beim gewöhnlichen Aussprechen des Satzes etwas bestimmtes *anderes* vor."—Es geht dabei *nicht* jenes 'Vorführen der Bedeutung' vor sich.

of the experience of meaning? I don't know what I am supposed to say to this.—If there is any sense in the above remark, it is that the two concepts are related like those of 'red' and 'blue'; and that is wrong.

Can one keep hold of an understanding of meaning as one can keep hold of a mental image? That is, if one meaning of a word suddenly strikes me,—can it also stay there in my mind?

"The whole scheme presented itself to my mind in a flash and stayed there like that for five minutes." Why does this sound odd? One would like to think: what flashed on me and what stayed there in my mind can't have been the same.

I exclaimed "Now I have it!"—a sudden start, and then I was able to set the scheme forth in detail. What is supposed to have stayed in this case? A picture, perhaps. But "Now I have it" did not mean, I have the picture.

If a meaning of a word has occurred to you and you have not *forgotten* it again, you can now use the word in such-and-such a way.

If the meaning has occurred to you, now you *know* it, and the knowing began when it occurred to you. Then how is it like an experience of imagining something?

If I say "Mr. Scot is not a Scot", I mean the first "Scot" as a proper name, the second one as a common name. Then do different things have to go on in my mind at the first and second "Scot"? (Assuming that I am not uttering the sentence 'parrot-wise'.)—Try to mean the first "Scot" as a common name and the second one as a proper name.—How is it done? When *I* do it, I blink with the effort as I try to parade the right meanings before my mind in saying the words.—But do I parade the meanings of the words before my mind when I make the ordinary use of them?

When I say the sentence with this exchange of meanings I feel that its sense disintegrates.—Well, *I* feel it, but the person I am saying it to does not. So what harm is done?——"But the point is, when one utters the sentence in the usual way something *else*, quite definite, takes place."—What takes place is *not* this 'parade of the meanings before one's mind'.

iii

Was macht meine Vorstellung von ihm zu einer Vorstellung von *ihm*?

Nicht die Ähnlichkeit des Bildes.

Von der Äußerung "Ich sehe ihn jetzt lebhaft vor mir" gilt ja die gleiche Frage, wie von der Vorstellung. Was macht diese Äußerung zu einer Äußerung über *ihn*?—Nichts, was in ihr liegt, oder mit ihr gleichzeitig ist ('hinter ihr steht'). Wenn du wissen willst, wen er gemeint hat, frag ihn!

(Es kann aber auch sein, daß mir ein Gesicht vorschwebt, ja daß ich es zeichnen kann, und weiß nicht, welcher Person es gehört, wo ich es gesehen habe.)

Wenn aber jemand beim Vorstellen, oder statt des Vorstellens zeichnete; wenn auch nur mit dem Finger in der Luft. (Man könnte das "motorische Vorstellung" nennen.) Da könnte man fragen "Wen stellt das vor?" Und seine Antwort entschiede.—Es ist ganz so, als hätte er eine Beschreibung in Worten gegeben, und diese kann eben auch *statt* der Vorstellung stehen.

iii

What makes my image of him into an image of *him*?

Not its looking like him.

The same question applies to the expression "I see him now vividly before me" as to the image. What makes this utterance into an utterance about *him*?—Nothing in it or simultaneous with it ('behind it'). If you want to know whom he meant, ask him.

(But it is also possible for a face to come before my mind, and even for me to be able to draw it, without my knowing whose it is or where I have seen it.)

Suppose, however, that someone were to draw while he had an image or instead of having it, though it were only with his finger in the air. (This might be called "motor imagery.") He could be asked: "Whom does that represent?" And his answer would be decisive.—It is quite as if he had given a verbal description: and such a description can also simply take the *place* of the image.

iv

"Ich glaube, daß er leidet."——*Glaube* ich auch, daß er kein Automat ist?

Nur mit Widerstreben könnte ich das Wort in diesen beiden Zusammenhängen aussprechen.

(Oder ist es *so*: ich glaube, daß er leidet; ich bin sicher, daß er kein Automat ist? Unsinn!)

Denke, ich sage von einem Freunde: "Er ist kein Automat."—Was wird hier mitgeteilt, und für wen wäre es eine Mitteilung? Für einen *Menschen*, der den Andern unter gewöhnlichen Umständen trifft? Was *könnte* es ihm mitteilen! (Doch höchstens, daß dieser sich immer wie ein Mensch, nicht manchmal wie eine Maschine benimmt.)

"Ich glaube, daß er kein Automat ist" hat, so ohne weiteres, noch gar keinen Sinn.

Meine Einstellung zu ihm ist eine Einstellung zur Seele. Ich habe nicht die *Meinung*, daß er eine Seele hat.

Die Religion lehrt, die Seele könne bestehen, wenn der Leib zerfallen ist. Verstehe ich denn, was sie lehrt?—Freilich verstehe ich's——ich kann mir dabei manches vorstellen. Man hat ja auch Bilder von diesen Dingen gemalt. Und warum sollte so ein Bild nur die unvollkommene Wiedergabe des ausgesprochenen Gedankens sein? Warum soll es nicht den *gleichen* Dienst tun, wie die gesprochene Lehre? Und auf den Dienst kommt es an.

Wenn sich uns das Bild vom Gedanken im Kopf aufdrängen kann, warum dann nicht noch viel mehr das vom Gedanken in der Seele?

Der menschliche Körper ist das beste Bild der menschlichen Seele.

Wie ist es aber mit so einem Ausdruck: "Als du es sagtest, verstand ich es in meinem Herzen"? Dabei deutet man auf's Herz. Und *meint* man diese Gebärde etwa nicht?! Freilich meint man sie. Oder ist man sich bewußt, *nur* ein Bild zu gebrauchen? Gewiß nicht.—Es ist nicht ein Bild unserer Wahl, nicht ein Gleichnis, und doch ein bildlicher Ausdruck.

iv

"I believe that he is suffering."——Do I also *believe* that he isn't an automaton?

It would go against the grain to use the word in both connexions.

(Or is it like this: I believe that he is suffering, but am certain that he is not an automaton? Nonsense!)

Suppose I say of a friend: "He isn't an automaton".—What information is conveyed by this, and to whom would it be information? To a *human being* who meets him in ordinary circumstances? What information *could* it give him? (At the very most that this man always behaves like a human being, and not occasionally like a machine.)

"I believe that he is not an automaton", just like that, so far makes no sense.

My attitude towards him is an attitude towards a soul. I am not of the *opinion* that he has a soul.

Religion teaches that the soul can exist when the body has disintegrated. Now do I understand this teaching?—Of course I understand it——I can imagine plenty of things in connexion with it. And haven't pictures of these things been painted? And why should such a picture be only an imperfect rendering of the spoken doctrine? Why should it not do the *same* service as the words? And it is the service which is the point.

If the picture of thought in the head can force itself upon us, then why not much more that of thought in the soul?

The human body is the best picture of the human soul.

And how about such an expression as: "In my heart I understood when you said that", pointing to one's heart? Does one, perhaps, not *mean* this gesture? Of course one means it. Or is one conscious of using a *mere* figure? Indeed not.—It is not a figure that we choose, not a simile, yet it is a figurative expression.

V

Denk dir, wir beobachteten die Bewegung eines Punktes (eines Lichtpunktes auf einem Schirm, z.B.). Wichtige Schlüsse der verschiedensten Art könnten sich aus dem Benehmen dieses Punktes ziehen lassen. Aber wie vielerlei läßt sich an ihm beobachten!—Die Bahn des Punktes und gewisse ihrer Maße (z.B. Amplitude und Wellenlänge), oder die Geschwindigkeit und das Gesetz, wonach sie sich ändert, oder die Anzahl, oder die Lage, der Stellen, an denen sie sich sprungweise ändert, oder die Krümmung der Bahn an diesen Stellen, und unzähliges.—Und jeder dieser *Züge* des Benehmens könnte der einzige sein, welcher uns unteressiert. Es könnte z.B. alles an dieser Bewegung uns gleichgültig sein, außer die Zahl der Schlingen in einer gewissen Zeit.—Und wenn uns nun nicht nur *ein* solcher Zug interessiert, sondern ihrer mehrere, so mag jeder von ihnen uns einen besondern, seiner Art nach von allen andern verschiedenen Aufschluß geben. Und so ist es mit dem Benehmen des Menschen, mit den verschiedenen Charakteristiken dieses Benehmens, die wir beobachten.

So handelt die Psychologie vom Benehmen, nicht von der Seele? Was berichtet der Psychologe?—Was beobachtet er? Nicht das Benehmen der Menschen, insbesondere ihre Äußerungen? Aber *diese* handeln nicht vom Benehmen.

"Ich merkte, er war verstimmt." Ist das ein Bericht über das Benehmen, oder den Seelenzustand? ("Der Himmel sieht drohend aus": handelt das von der Gegenwart, oder von der Zukunft?) Beides; aber nicht im Nebeneinander; sondern vom einen durch das andere.

Der Arzt fragt: "Wie fühlt er sich?" Die Krankenschwester sagt: "Er stöhnt." Ein Bericht über's Benehmen. Aber muß die Frage für die Beiden überhaupt existieren, ob dieses Stöhnen wirklich echt, wirklich der Ausdruck von etwas ist? Könnten sie nicht z.B. den Schluß ziehen "Wenn er stöhnt, so müssen wir ihm noch ein schmerzstillendes Pulver geben"—ohne ein Mittelglied zu verschweigen? Kommt es denn nicht auf den Dienst an, in welchen sie die Beschreibung des Benehmens stellen?

"Aber diese machen dann eben eine stillschweigende Voraussetzung." Dann ruht der Vorgang unsres Sprachspiels immer auf einer stillschweigenden Voraussetzung.

V

Suppose we were observing the movement of a point (for example, a point of light on a screen). It might be possible to draw important consequences of the most various kinds from the behaviour of this point. And what a variety of observations can be made here!—The path of the point and certain of its characteristic measures (amplitude and wave-length for instance), or the velocity and the law according to which it varies, or the number or position of the places at which it changes discontinuously, or the curvature of the path at these places, and innumerable other things.—Any of these features of its behaviour might be the only one to interest us. We might, for example, be indifferent to everything about its movements except for the number of loops it made in a certain time.—And if we were interested, not in just *one* such feature, but in several, each might yield us special information, different in kind from all the rest. This is how it is with the behaviour of man; with the different characteristic features which we observe in this behaviour.

Then psychology treats of behaviour, not of the mind?

What do psychologists record?—What do they observe? Isn't it the behaviour of human beings, in particular their utterances? But *these* are not about behaviour.

"I noticed that he was out of humour." Is this a report about his behaviour or his state of mind? ("The sky looks threatening": is this about the present or the future?) Both; not side-by-side, however, but about the one *via* the other.

A doctor asks: "How is he feeling?" The nurse says: "He is groaning". A report on his behaviour. But need there be any question for them whether the groaning is really genuine, is really the expression of anything? Might they not, for example, draw the conclusion "If he groans, we must give him more analgesic"—without suppressing a middle term? Isn't the point the service to which they put the description of behaviour?

"But then they make a tacit presupposition." Then what we do in our language-game always rests on a tacit presupposition.

Ich beschreibe ein psychologisches Experiment: den Apparat, die Fragen des Experimentators, die Handlungen und Antworten des Subjekts—und nun sage ich, dies sei eine Szene in einem Theaterstück.—Nun hat sich alles geändert. Man wird also erklären: Wenn in einem Buch über Psychologie dieses Experiment in gleicher Weise beschrieben wäre, so würde die Beschreibung des Benehmens eben als Ausdruck von Seelischem verstanden, weil man *voraussetzt*, das Subjekt halte uns nicht zum Besten, habe die Antworten nicht auswendig gelernt, und dergleichen mehr.—Wir machen also eine Voraussetzung?

Würden wir uns wirklich so äußern: "Ich mache natürlich die Voraussetzung, daß. . . . . . "?—Oder nur darum nicht, weil der Andere das schon weiß?

Besteht eine Voraussetzung nicht, wo ein Zweifel besteht? Und der Zweifel kann gänzlich fehlen. Das Zweifeln hat ein Ende.

Es ist hier wie mit dem Verhältnis: physikalischer Gegenstand und Sinneseindrücke. Wir haben hier zwei Sprachspiele und ihre Beziehungen zueinander sind komplizierter Art.—Will man diese Beziehungen auf eine *einfache* Formel bringen, so geht man fehl.

I describe a psychological experiment: the apparatus, the questions of the experimenter, the actions and replies of the subject—and then I say that it is a scene in a play.—Now everything is different. So it will be said: If this experiment were described in the same way in a book on psychology, then the behaviour described would be understood as the expression of something mental just because it is *presupposed* that the subject is not taking us in, hasn't learnt the replies by heart, and other things of the kind.—So we are making a presupposition?

Should we ever really express ourselves like this: "Naturally I am presupposing that . . . . ."?—Or do we not do so only because the other person already knows that?

[Doesn't a presupposition imply a doubt? And doubt may be entirely lacking. Doubting has an end.]

It is like the relation: physical object—sense-impressions. Here we have two different language-games and a complicated relation between them.—If you try to reduce their relations to a *simple* formula you go wrong.

vi

Denk dir, Einer sagte: jedes uns wohlbekannte Wort, eines Buchs z.B., habe in unserm Geiste schon einen Dunstkreis, einen 'Hof' schwach angedeuteter Verwendungen in sich.—So, als wäre auf einem Gemälde jede der Figuren auch von zarten, nebelhaft gezeichneten Szenen, gleichsam in einer anderen Dimension, umgeben, und wir sähen die Figuren hier in andern Zusammenhängen.—Machen wir nur Ernst mit dieser Annahme!—Da zeigt es sich, daß sie die *Intention* nicht zu erklären vermag.

Wenn es nämlich so ist, daß die Möglichkeiten der Verwendung eines Wortes beim Sprechen, oder Hören uns in Halbtönen vorschweben,—wenn es so ist, so gilt das eben für *uns*. Aber wir verständigen uns mit Andern, ohne zu wissen, ob auch sie diese Erlebnisse haben.

Was würden wir denn Einem entgegnen, der uns mitteilte, bei *ihm* sei das Verstehen ein innerer Vorgang?——Was würden wir ihm entgegnen, wenn er sagte, bei ihm sei das Schachspielenkönnen ein innerer Vorgang?—Daß nichts, was in ihm vorgeht, uns interessiert, wenn wir wissen wollen, ob er Schach spielen kann.—Und wenn er nun darauf antwortet, es interessiere uns eben doch:—nämlich, ob er Schach spielen könne,—da müßten wir ihn auf die Kriterien aufmerksam machen, die uns seine Fähigkeit beweisen würden, und anderseits auf die Kriterien der 'inneren Zustände'.

Auch wenn Einer nur dann, und nur so lange, eine bestimmte Fähigkeit hätte, als er etwas bestimmtes fühlt, wäre das Gefühl nicht die Fähigkeit.

Die Bedeutung ist nicht das Erlebnis beim Hören oder Aussprechen des Wortes, und der Sinn des Satzes nicht der Komplex dieser Erlebnisse.—(Wie setzt sich der Sinn des Satzes "Ich habe ihn noch immer nicht gesehen" aus den Bedeutungen seiner Wörter zusammen?) Der Satz ist aus den Wörtern zusammengesetzt, und das ist genug.

Jedes Wort—so möchte man sagen—kann zwar in verschiedenen Zusammenhängen verschiedenen Charakter haben, aber es hat doch immer *einen* Charakter—ein Gesicht. Es schaut uns doch an.—Aber auch ein *gemaltes* Gesicht schaut uns an.

Bist du sicher, daß es *ein* Wenn-Gefühl gibt; nicht vielleicht mehrere? Hast du versucht, das Wort in sehr verschiedenartigen Zusammen-

vi

Suppose someone said: every familiar word, in a book for example, actually carries an atmosphere with it in our minds, a 'corona' of lightly indicated uses.—Just as if each figure in a painting were surrounded by delicate shadowy drawings of scenes, as it were in another dimension, and in them we saw the figures in different contexts.—Only let us take this assumption seriously!—Then we see that it is not adequate to explain *intention*.

For if it is like this, if the possible uses of a word do float before us in half-shades as we say or hear it—this simply goes for *us*. But we communicate with other people without knowing if they have this experience too.

How should we counter someone who told us that with *him* understanding was an inner process?——How should we counter him if he said that with him knowing how to play chess was an inner process?—We should say that when we want to know if he can play chess we aren't interested in anything that goes on inside him.—And if he replies that this is in fact just what we are interested in, that is, we are interested in whether he can play chess—then we shall have to draw his attention to the criteria which would demonstrate his capacity, and on the other hand to the criteria for the 'inner states'.

Even if someone had a particular capacity only when, and only as long as, he had a particular feeling, the feeling would not be the capacity.

The meaning of a word is not the experience one has in hearing or saying it, and the sense of a sentence is not a complex of such experiences.—(How do the meanings of the individual words make up the sense of the sentence "I still haven't seen him yet"?) The sentence is composed of the words, and that is enough.

Though—one would like to say—every word has a different character in different contexts, at the same time there is *one* character it always has: a single physiognomy. It looks at us.—But a face in a *painting* looks at us too.

Are you sure that there is a single if-feeling, and not perhaps several? Have you tried saying the word in a great variety of contexts? For

hängen auszusprechen? Wenn es z.B. den Hauptton des Satzes trägt, und wenn ihn das nächste Wort trägt.

Denk dir, wir fänden einen Menschen, der uns, über seine Wortgefühle, sagt: für ihn hätte "wenn" und "aber" das *gleiche* Gefühl.—Dürften wir ihm das nicht glauben? Es würde uns vielleicht befremden. "Er spielt gar nicht unser Spiel" möchte man sagen. Oder auch: "Das ist ein anderer Typus."

Würden wir von diesem nicht glauben, er verstehe die Worte "wenn" und "aber", so wie wir sie verstehen, wenn er sie so *verwendet*, wie wir?

Man schätzt das psychologische Interesse des Wenn-Gefühls falsch ein, wenn man es als selbstverständliches Korrelat einer Bedeutung ansieht, es muß vielmehr in einem andern Zusammenhang gesehen werden, in dem der besondern Umstände, unter denen es auftritt.

Hat Einer das Wenn-Gefühl nie, wenn er das Wort "wenn" nicht ausspricht? Es ist doch jedenfalls merkwürdig, wenn nur diese Ursache dies Gefühl hervorruft. Und so ist es überhaupt mit der 'Atmosphäre' eines Worts:—warum sieht man es als so selbstverständlich an, daß nur *dies* Wort diese Atmosphäre hat?

Das Wenn-Gefühl ist nicht ein Gefühl, das das Wort "wenn" begleitet.

Das Wenn-Gefühl müßte zu vergleichen sein dem besondern 'Gefühl', das eine musikalische Phrase uns gibt. (So ein Gefühl beschreibt man manchmal, indem man sagt "Es ist hier, als ob ein Schluß gezogen würde", oder "Ich möchte sagen '*also* . . . .' ", oder "ich möchte hier immer eine Geste machen—" und nun macht man sie.)

Aber kann man dies Gefühl von der Phrase trennen? Und doch ist es nicht die Phrase selbst; denn Einer kann sie hören ohne dies Gefühl.

Ist es darin ähnlich dem 'Ausdruck' mit welchem sie gespielt wird?

Wir sagen, diese Stelle gibt uns ein ganz besonderes Gefühl. Wir singen sie uns vor, und machen dabei eine gewisse Bewegung, haben vielleicht auch irgendeine besondere Empfindung. Aber diese Begleitungen— die Bewegung, die Empfindung—würden wir in anderem Zusammenhang gar nicht wiedererkennen. Sie sind ganz leer, außer eben, wenn wir diese Stelle singen.

example, when it bears the principal stress of the sentence, and when the word next to it does.

Suppose we found a man who, speaking of how words felt to him, told us that "if" and "but" felt the *same*.—Should we have the right to disbelieve him? We might think it strange. "He doesn't play our game at all", one would like to say. Or even: "This is a different type of man."

If he *used* the words "if" and "but" as we do, shouldn't we think he understood them as we do?

One misjudges the psychological interest of the if-feeling if one regards it as the obvious correlate of a meaning; it needs rather to be seen in a different context, in that of the special circumstances in which it occurs.

Does a person never have the if-feeling when he is not uttering the word "if"? Surely it is at least remarkable if this cause alone produces this feeling. And this applies generally to the 'atmosphere' of a word;—why does one regard it so much as a matter of course that only *this* word has this atmosphere?

The if-feeling is not a feeling which accompanies the word "if".

The if-feeling would have to be compared with the special 'feeling' which a musical phrase gives us. (One sometimes describes such a feeling by saying "Here it is as if a conclusion were being drawn", or "I should like to say '*hence* . . . . .' ", or "Here I should always like to make a gesture—" and then one makes it.)

But can this feeling be separated from the phrase? And yet it is not the phrase itself, for that can be heard without the feeling.

Is it in this respect like the 'expression' with which the phrase is played?

We say this passage gives us a quite special feeling. We sing it to ourselves, and make a certain movement, and also perhaps have some special sensation. But in a different context we should not recognize these accompaniments—the movement, the sensation—at all. They are quite empty except just when we are singing this passage.

"Ich singe sie mit einem ganz bestimmten Ausdruck." Dieser Ausdruck ist nicht etwas, was man von der Stelle trennen kann. Es ist ein anderer Begriff. (Ein anderes Spiel.)

Das Erlebnis ist diese Stelle, so gespielt (*so*, wie ich es etwa vormache; eine Beschreibung könnte es nur *andeuten*).

Die vom Ding untrennbare Atmosphäre,—sie ist also keine Atmosphäre.

Was mit einander innig assoziiert ist, assoziiert *wurde*, das scheint zueinander zu passen. Aber wie scheint es das? wie äußert sich's, daß es zu passen scheint? Etwa so: Wir können uns nicht denken, daß der Mann, der diesen Namen, dies Gesicht, diese Schriftzüge hatte, nicht *diese* Werke, sondern etwa ganz andere (die eines anderen großen Mannes) hervorgebracht hat.

Wir können uns das nicht denken? Versuchen wir's denn?—

Es könnte so sein: Ich höre, es male jemand ein Bild "Beethoven beim Schreiben der neunten Symphonie". Ich könnte mir leicht vorstellen, was etwa auf so einem Bild zu sehen wäre. Aber wie, wenn Einer darstellen wollte, wie Goethe ausgesehen hätte beim Schreiben der neunten Symphonie? Da wüßte ich mir nichts vorzustellen, was nicht peinlich und lächerlich wäre.

"I sing it with a quite particular expression." This expression is not something that can be separated from the passage. It is a different concept. (A different game.)

The experience is this passage played like *this* (that is, as I am doing it, for instance; a description could only *hint* at it).

Thus the atmosphere that is inseparable from its object—is not an atmosphere.

Closely associated things, things which we *have* associated, seem to fit one another. But what is this seeming to fit? How is their seeming to fit manifested? Perhaps like this: we cannot imagine the man who had this name, this face, this handwriting, not to have produced *these* works, but perhaps quite different ones instead (those of another great man).

We cannot imagine it? Do we try?—

Here is a possibility: I hear that someone is painting a picture "Beethoven writing the ninth symphony". I could easily imagine the kind of thing such a picture would shew us. But suppose someone wanted to represent what Goethe would have looked like writing the ninth symphony? Here I could imagine nothing that would not be embarrassing and ridiculous.

vii

Leute, die uns nach dem Erwachen gewisse Begebenheiten erzählen (sie seien dort und dort gewesen, etc.). Wir lehren sie nun den Ausdruck "mir hat geträumt", dem die Erzählung folgt. Ich frage sie dann manchmal "hat dir heute nacht etwas geträumt?" und erhalte eine bejahende, oder eine verneinende Antwort, manchmal eine Traumerzählung, manchmal keine. Das ist das Sprachspiel. (Ich habe jetzt angenommen, daß ich selbst nicht träume. Aber ich habe ja auch nie Gefühle einer unsichtbaren Gegenwart und Andere haben sie, und ich kann sie über ihre Erfahrungen befragen.)

Muß ich nun eine Annahme darüber machen, ob die Leute ihr Gedächtnis getäuscht hat, oder nicht; ob sie wirklich während des Schlafs diese Bilder vor sich gesehen haben, oder ob es ihnen nur nach dem Erwachen so vorkommt? Und welchen Sinn hat diese Frage?—Und welches Interesse?! Fragen wir uns das je, wenn uns Einer seinen Traum erzählt? Und wenn nicht,—ist es, weil wir sicher sind, sein Gedächtnis werde ihn nicht getäuscht haben? (Und angenommen, es wäre ein Mensch mit ganz besonders schlechtem Gedächtnis.—)

Und heißt das, es sei unsinnig, je die Frage zu stellen: ob der Traum wirklich während des Schlafs vor sich gehe, oder ein Gedächtnisphänomen des Erwachten sei? Es wird auf die Verwendung der Frage ankommen.

"Es scheint, der Geist kann dem Wort Bedeutung geben"—ist das nicht, als sagte ich: "Es scheint, daß im Benzol die C-Atome an den Ecken eines Sechsecks liegen"? Das ist doch kein Schein; es ist ein Bild.

Die Evolution der höheren Tiere und des Menschen und das Erwachen des Bewußtseins auf einer bestimmten Stufe. Das Bild ist etwa dies: Die Welt ist, trotz aller Ätherschwingungen, die sie durchziehen, dunkel. Eines Tages aber macht der Mensch sein sehendes Auge auf, und es wird hell.

Unsere Sprache beschreibt zuerst einmal ein Bild. Was mit dem Bild zu geschehen hat, wie es zu verwenden ist, bleibt im Dunkeln. Aber es ist ja klar, daß es erforscht werden muß, wenn man den Sinn unserer Aussage verstehen will. Das Bild aber scheint uns dieser Arbeit zu überheben; es deutet schon auf eine bestimmte Verwendung. Dadurch hat es uns zum Besten.

vii

People who on waking tell us certain incidents (that they have been in such-and-such places, etc.). Then we teach them the expression "I dreamt", which precedes the narrative. Afterwards I sometimes ask them "did you dream anything last night?" and am answered yes or no, sometimes with an account of a dream, sometimes not. That is the language-game. (I have assumed here that I do not dream myself. But then, nor do I ever have the feeling of an invisible presence; other people do, and I can question them about their experiences.)

Now must I make some assumption about whether people are deceived by their memories or not; whether they really had these images while they slept, or whether it merely seems so to them on waking? And what meaning has this question?—And what interest? Do we ever ask ourselves this when someone is telling us his dream? And if not—is it because we are sure his memory won't have deceived him? (And suppose it were a man with a quite specially bad memory?—)

Does this mean that it is nonsense ever to raise the question whether dreams really take place during sleep, or are a memory phenomenon of the awakened? It will turn on the use of the question.

"The mind seems able to give a word meaning"—isn't this as if I were to say "The carbon atoms in benzene seem to lie at the corners of a hexagon"? But this is not something that seems to be so; it is a picture.

The evolution of the higher animals and of man, and the awakening of consciousness at a particular level. The picture is something like this: Though the ether is filled with vibrations the world is dark. But one day man opens his seeing eye, and there is light.

What this language primarily describes is a picture. What is to be done with the picture, how it is to be used, is still obscure. Quite clearly, however, it must be explored if we want to understand the sense of what we are saying. But the picture seems to spare us this work: it already points to a particular use. This is how it takes us in.

"Meine kinästhetischen Empfindungen belehren mich über die Bewegungen und Lagen meiner Glieder."

Ich lasse meinen Zeigefinger eine leichte pendelnde Bewegung mit kleinem Ausschlag machen. Ich spüre sie kaum, oder gar nicht. Vielleicht ein wenig in der Fingerspitze als ein leichtes Spannen. (Gar nicht im Gelenk.) Und diese Empfindung belehrt mich über die Bewegung?—denn ich kann die Bewegung genau beschreiben.

"Du mußt sie eben doch fühlen, sonst wüßtest Du nicht (ohne zu schauen), wie sich dein Finger bewegt." Aber, es "wissen", heißt nur: es beschreiben können.—Ich mag die Richtung, aus der ein Schall kommt, nur angeben können, weil er das eine Ohr stärker affiziert als das andere; aber das spüre ich nicht in den Ohren; es bewirkt aber: ich '*weiß*', aus welcher Richtung der Schall kommt; ich blicke z.B. in dieser Richtung.

So geht es auch mit den Ideen, daß ein Merkmal der Schmerzempfindung uns über ihren Ort am Körper belehren muß, und ein Merkmal des Erinnerungsbildes über die Zeit, in die es fällt.

Eine Empfindung *kann* uns über die Bewegung, oder Lage eines Gliedes belehren. (Wer z.B. nicht, wie der Normale, wüßte, ob sein Arm gestreckt sei, den könnte ein stechender Schmerz im Ellbogen davon überzeugen.)—Und so kann auch der Charakter eines Schmerzes uns über den Sitz der Verletzung belehren. (Und die Vergilbtheit einer Photographie über ihr Alter.)

Was ist das Kriterium dafür, daß mich ein Sinneseindruck über die Form und Farbe belehrt?

Welcher Sinneseindruck? Nun *dieser*; ich beschreibe ihn durch Worte, oder durch ein Bild.

Und nun: was fühlst du, wenn deine Finger in dieser Lage sind?—"Wie soll man ein Gefühl erklären? Es ist etwas unerklärbares, besonderes." Aber den Gebrauch der Worte muß man doch lehren können!

Ich suche nun nach dem grammatischen Unterschied.

Sehen wir einmal vom kinästhetischen Gefühl ab!—Ich will Einem ein Gefühl beschreiben, und sage ihm "Mach's *so*, dann wirst du's

viii

"My kinaesthetic sensations advise me of the movement and position of my limbs."

I let my index finger make an easy pendulum movement of small amplitude. I either hardly feel it, or don't feel it at all. Perhaps a little in the tip of the finger, as a slight tension. (Not at all in the joint.) And this sensation advises me of the movement?—for I can describe the movement exactly.

"But after all, you must feel it, otherwise you wouldn't know (without looking) how your finger was moving." But "knowing" it only means: being able to describe it.—I may be able to tell the direction from which a sound comes only because it affects one ear more strongly than the other, but I don't feel this in my ears; yet it has its effect: I *know* the direction from which the sound comes; for instance, I look in that direction.

It is the same with the idea that it must be some feature of our pain that advises us of the whereabouts of the pain in the body, and some feature of our memory image that tells us the time to which it belongs.

A sensation *can* advise us of the movement or position of a limb. (For example, if you do not know, as a normal person does, whether your arm is stretched out, you might find out by a piercing pain in the elbow.)—In the same way the character of a pain can tell us where the injury is. (And the yellowness of a photograph how old it is.)

What is the criterion for my learning the shape and colour of an object from a sense-impression?

What sense-impression? Well, *this* one; I use words or a picture to describe it.

And now: what do you feel when your fingers are in this position?—"How is one to define a feeling? It is something special and indefinable." But it must be possible to teach the use of the words!

What I am looking for is the grammatical difference.

Let us leave the kinaesthetic feeling out for the moment.—I want to describe a feeling to someone, and I tell him "Do *this*, and then you'll

haben", dabei halte ich meinen Arm, oder meinen Kopf in bestimmter Lage. Ist das nun eine Beschreibung eines Gefühls, und wann werde ich sagen, er habe verstanden, welches Gefühl ich gemeint habe?— Er wird daraufhin noch eine *weitere* Beschreibung des Gefühls geben müssen. Und welcher Art muß die sein?

Ich sage "Mach's *so*, dann wirst du's haben." Kann da nicht ein Zweifel sein? muß nicht einer sein, wenn ein Gefühl gemeint ist?

Das schaut *so* aus; *das* schmeckt *so*; *das* fühlt sich *so* an. "Das" und "so" müssen verschieden erklärt werden.

Ein 'Gefühl' hat für uns ein ganz *bestimmtes* Interesse. Und dazu gehört z.B. der 'Grad des Gefühls', sein 'Ort', die Übertäubbarkeit des einen durch ein anderes. (Wenn die Bewegung sehr schmerzhaft ist, so daß der Schmerz jede andere leise Empfindung an dieser Stelle übertäubt, wird es dadurch unsicher, ob du diese Bewegung wirklich gemacht hast? Könnte es dich etwa dazu bringen, daß du dich mit den Augen davon überzeugst?)

get it," and I hold my arm or my head in a particular position. Now is this a description of a feeling? and when shall I say that he has understood what feeling I meant?—He will have to give a *further* description of the feeling afterwards. And what kind of description must it be?

I say "Do *this*, and you'll get it". Can't there be a doubt here? Mustn't there be one, if it is a feeling that is meant?

This looks *so*; *this* tastes *so*; *this* feels *so*. "This" and "so" must be differently explained.

Our interest in a 'feeling' is of a quite *particular* kind. It includes, for instance, the 'degree of the feeling', its 'place', and the extent to which one feeling can be submerged by another. (When a movement is very painful, so that the pain submerges every other slight sensation in the same place, does this make it uncertain whether you have really made this movement? Could it lead you to find out by looking?)

ix

Wer den eigenen Kummer beobachtet, mit welchen Sinnen beobachtet er ihn? Mit einem besonderen Sinn; mit einem, der den Kummer *fühlt*? So fühlt er ihn *anders*, wenn er ihn beobachtet? Und welchen beobachtet er nun; den, welcher nur da ist, während er beobachtet wird?

'Beobachten' erzeugt nicht das Beobachtete. (Das ist eine begriffliche Feststellung.)

Oder: Ich 'beobachte' nicht *das*, was durch's Beobachten erst entsteht. Das Objekt der Beobachtung ist ein Anderes.

Eine Berührung, die gestern noch schmerzhaft war, ist es heute nicht mehr.

Heute fühle ich den Schmerz nur noch, wenn ich an ihn denke. (D.h.: unter gewissen Umständen.)

Mein Kummer ist nicht mehr der gleiche: eine Erinnerung, die mir vor einem Jahr noch unerträglich war, ist es mir heute nicht mehr.

Das ist das Resultat einer Beobachtung.

Wann sagt man: jemand beobachte? Ungefähr: Wenn er sich in eine günstige Lage versetzt, gewisse Eindrücke zu erhalten, um (z.B.) was sie ihn lehren, zu beschreiben.

Wen man abgerichtet hätte, beim Anblick von etwas Rotem einen bestimmten Laut auszustoßen, beim Anblick von etwas Gelbem einen andern, und so fort für andre Farben, der würde damit noch nicht Gegenstände nach ihren Farben beschreiben. Obwohl er uns zu einer Beschreibung verhelfen könnte. Eine Beschreibung ist eine Abbildung einer Verteilung in einem Raum (der Zeit z.B.).

Ich lasse meinen Blick in einem Zimmer umherschweifen, plötzlich fällt er auf einen Gegenstand von auffallender roter Färbung, und ich sage "Rot!"—damit habe ich keine Beschreibung gegeben.

Sind die Worte "Ich fürchte mich" eine Beschreibung eines Seelenzustandes?

Ich sage "Ich fürchte mich", der Andere fragt mich: "Was war das? Ein Schrei der Angst; oder willst du mir mitteilen, wie dir's zumute ist; oder ist es eine Betrachtung über deinen gegenwärtigen Zustand?" —Könnte ich ihm immer eine klare Antwort geben? könnte ich ihm nie eine geben?

ix

If you observe your own grief, which senses do you use to observe it? A particular sense; one that *feels* grief? Then do you feel it *differently* when you are observing it? And what is the grief that you are observing—is it one which is there only while it is being observed?

'Observing' does not produce what is observed. (That is a conceptual statement.)

Again: I do not 'observe' what only comes into being through observation. The object of observation is something *else*.

A touch which was still painful yesterday is no longer so today.

Today I feel the pain only when I think about it. (That is: in certain circumstances.)

My grief is no longer the same; a memory which was still unbearable to me a year ago is now no longer so.

That is a result of observation.

When do we say that any one is observing? Roughly: when he puts himself in a favourable position to receive certain impressions in order (for example) to describe what they tell him.

If you trained someone to emit a particular sound at the sight of something red, another at the sight of something yellow, and so on for other colours, still he would not yet be describing objects by their colours. Though he might be a help to us in giving a description. A description is a representation of a distribution in a space (in that of time, for instance).

If I let my gaze wander round a room and suddenly it lights on an object of a striking red colour, and I say "Red!"—that is not a description.

Are the words "I am afraid" a description of a state of mind?

[I say "I am afraid"; someone else asks me: "What was that? A cry of fear; or do you want to tell me how you feel; or is it a reflection on your present state?"—Could I always give him a clear answer? Could I never give him one?]

Man kann sich sehr Verschiedenes vorstellen, z.B.: "Nicht, nicht! Ich fürchte mich!"

"Ich fürchte mich. Ich muß es leider gestehen."

"Ich fürchte mich noch immer ein wenig, aber nicht mehr so, wie früher."

"Ich fürchte mich im Grunde noch immer, obwohl ich mir's nicht gestehen will."

"Ich quäle mich selbst mit allerlei Furchtgedanken."

"Ich fürchte mich,—jetzt, wo ich furchtlos sein sollte!"

Zu jedem dieser Sätze gehört ein besonderer Tonfall, zu jedem ein anderer Zusammenhang.

Man könnte sich Menschen denken, die gleichsam viel bestimmter dächten, als wir, und, wo wir *ein* Wort verwenden, verschiedene verwendeten.

Man fragt sich "Was bedeutet 'ich fürchte mich' eigentlich, worauf ziele ich damit?" Und es kommt natürlich keine Antwort, oder eine, die nicht genügt.

Die Frage ist: "In welcher Art Zusammenhang steht es?"

Es kommt keine Antwort, wenn ich die Frage "Worauf ziele ich?", "Was denke ich dabei?" dadurch beantworten will, daß ich die Furchtäußerung wiederhole und dabei auf mich achtgebe, aus dem Augenwinkel gleichsam meine Seele beobachte. Ich kann aber allerdings in einem konkreten Fall fragen "Warum habe ich das gesagt, was wollte ich damit?"—und ich könnte die Frage auch beantworten; aber nicht auf Grund der Beobachtung von Begleiterscheinungen des Sprechens. Und meine Antwort würde die frühere Äußerung ergänzen, paraphrasieren.

Was ist Furcht? Was heißt "sich fürchten"? Wenn ich's mit *einem* Zeigen erklären wollte—wurde ich die Furcht *spielen.*

Könnte ich Hoffen auch so darstellen? Kaum. Oder gar Glauben?

Meinen Seelenzustand (der Furcht etwa) beschreiben, das tue ich in einem bestimmten Zusammenhang. (Wie eine bestimmte Handlung nur in einem bestimmten Zusammenhang ein Experiment ist.)

Ist es denn so erstaunlich, daß ich den gleichen Ausdruck in verschiedenen Spielen verwende? Und manchmal auch, gleichsam, zwischen den Spielen?

Und rede ich denn immer mit sehr bestimmter Absicht?—Und ist darum, was ich sage, sinnlos?

We can imagine all sorts of things here, for example:

"No, no! I am afraid!"

"I am afraid. I am sorry to have to confess it."

"I am still a bit afraid, but no longer as much as before."

"At bottom I am still afraid, though I won't confess it to myself."

"I torment myself with all sorts of fears."

"Now, just when I should be fearless, I am afraid!"

To each of these sentences a special tone of voice is appropriate, and a different context.

It would be possible to imagine people who as it were thought much more definitely than we, and used different words where we use only one.

We ask "What does 'I am frightened' really mean, what am I referring to when I say it?" And of course we find no answer, or one that is inadequate.

The question is: "In what sort of context does it occur?"

I can find no answer if I try to settle the question "What am I referring to?" "What am I thinking when I say it?" by repeating the expression of fear and at the same time attending to myself, as it were observing my soul out of the corner of my eye. In a concrete case I can indeed ask "Why did I say that, what did I mean by it?"—and I might answer the question too; but not on the ground of observing what accompanied the speaking. And my answer would supplement, paraphrase, the earlier utterance.

What is fear? What does "being afraid" mean? If I wanted to define it at a *single* shewing—I should *play-act* fear.

Could I also represent hope in this way? Hardly. And what about belief?

Describing my state of mind (of fear, say) is something I do in a particular context. (Just as it takes a particular context to make a certain action into an experiment.)

Is it, then, so surprising that I use the same expression in different games? And sometimes as it were between the games?

And do I always talk with very definite purpose?—And is what I say meaningless because I don't?

Wenn es in einer Leichenrede heißt "Wir trauern um unsern .....", so soll das doch der Trauer Ausdruck geben; nicht den Anwesenden etwas mitteilen. Aber in einem Gebet am Grabe wären diese Worte eine Art von Mitteilung.

Das Problem ist doch dies: Der Schrei, den man keine Beschreibung nennen kann, der primitiver ist als jede Beschreibung, tut gleichwohl den Dienst einer Beschreibung des Seelenlebens.

Ein Schrei ist keine Beschreibung. Aber es gibt Übergänge. Und die Worte "Ich fürchte mich" können näher und entfernter von einem Schrei sein. Sie können ihm ganz nahe liegen, und *ganz* weit von ihm entfernt sein.

Wir sagen doch nicht unbedingt von Einem, er *klage*, weil er sagt, er habe Schmerzen. Also können die Worte "Ich habe Schmerzen" eine Klage, und auch etwas anderes sein.

Ist aber "Ich fürchte mich" nicht immer, und doch manchmal, etwas der Klage ähnliches, warum soll es dann *immer* eine Beschreibung eines Seelenzustandes sein?

When it is said in a funeral oration "We mourn our . . . ." this is surely supposed to be an expression of mourning; not to tell anything to those who are present. But in a prayer at the grave these words would in a way be used to tell someone something.

But here is the problem: a cry, which cannot be called a description, which is more primitive than any description, for all that serves as a description of the inner life.

A cry is not a description. But there are transitions. And the words "I am afraid" may approximate more, or less, to being a cry. They may come quite close to this and also be *far* removed from it.

We surely do not always say someone is *complaining*, because he says he is in pain. So the words "I am in pain" may be a cry of complaint, and may be something else.

But if "I am afraid" is not always something like a cry of complaint and yet sometimes is, then why should it *always* be a description of a state of mind?

x

Wie ist man je dazu gekommen, einen Ausdruck wie "Ich glaube . . . . ." zu gebrauchen? Ist man einmal auf ein Phänomen (des Glaubens) aufmerksam geworden?

Hatte man sich selbst und die Anderen beobachtet und so das Glauben gefunden?

Moore's Paradox läßt sich so aussprechen: Die Äußerung "Ich glaube, es verhält sich so" wird ähnlich verwendet wie die Behauptung "Es verhält sich so"; und doch die *Annahme*, ich glaube, es verhalte sich so, nicht ähnlich wie die Annahme, es verhalte sich so.

Da scheint es ja, als wäre die Behauptung "Ich glaube" nicht die Behauptung dessen, was die Annahme "ich glaube" annimmt!

Ebenso: Die Aussage "Ich glaube, es wird regnen" hat einen ähnlichen Sinn, d.h., ähnliche Verwendung, wie "Es wird regnen", aber "Ich glaubte damals, es werde regnen" nicht einen ähnlichen, wie "Es hat damals geregnet".

"Aber es muß doch 'Ich glaubte' eben *das* in der Vergangenheit sagen, was 'Ich glaube' in der Gegenwart!"—Es muß doch $\sqrt{-1}$ eben das für -1 bedeuten, was $\sqrt{1}$ für 1 bedeutet! Das heißt gar nichts.

"Im Grunde beschreibe ich mit den Worten 'Ich glaube . . .' den eigenen Geisteszustand,—aber diese Beschreibung ist hier indirekt eine Behauptung des geglaubten Tatbestandes selbst."—Wie ich, unter Umständen, eine Photographie beschreibe, um das zu beschreiben, wovon sie eine Aufnahme ist.

Aber dann muß ich noch sagen können, daß die Photographie eine gute Aufnahme ist. Also auch: "Ich glaube, daß es regnet, und mein Glaube ist verläßlich, also verlasse ich mich auf ihn."—Dann wäre mein Glaube eine Art Sinneseindruck.

Man kann den eigenen Sinnen mißtrauen, aber nicht dem eigenen Glauben.

Gäbe es ein Verbum mit der Bedeutung 'fälschlich glauben', so hätte das keine sinnvolle erste Person im Indikativ des Präsens.

Sieh's nicht als selbstverständlich an, sondern als etwas sehr Merkwürdiges, daß die Verben "glauben", "wünschen", "wollen", alle die grammatischen Formen aufweisen, die "schneiden", "kauen", "laufen" auch haben.

Das Sprachspiel des Meldens kann so gewendet werden, daß die Meldung den Empfänger nicht über ihren Gegenstand unterrichten soll; sondern über den Meldenden.

x

How did we ever come to use such an expression as "I believe . . . "? Did we at some time become aware of a phenomenon (of belief)?

Did we observe ourselves and other people and so discover belief?

Moore's paradox can be put like this: the expression "I believe that this is the case" is used like the assertion "This is the case"; and yet the *hypothesis* that I believe this is the case is not used like the hypothesis that this is the case.

So it *looks* as if the assertion "I believe" were not the assertion of what is supposed in the hypothesis "I believe"!

Similarly: the statement "I believe it's going to rain" has a meaning like, that is to say a use like, "It's going to rain", but the meaning of "I believed then that it was going to rain", is not like that of "It did rain then".

"But surely 'I believed' must tell of just the same thing in the past as 'I believe' in the present!"—Surely $\sqrt{-1}$ must mean just the same in relation to -1, as $\sqrt{1}$ means in relation to 1! This means nothing at all.

"At bottom, when I say 'I believe . . .' I am describing my own state of mind—but this description is indirectly an assertion of the fact believed."—As in certain circumstances I describe a photograph in order to describe the thing it is a photograph of.

But then I must also be able to say that the photograph is a good one. So here too: "I believe it's raining and my belief is reliable, so I have confidence in it."—In that case my belief would be a kind of sense-impression.

One can mistrust one's own senses, but not one's own belief.

If there were a verb meaning 'to believe falsely', it would not have any significant first person present indicative.

Don't look at it as a matter of course, but as a most remarkable thing, that the verbs "believe", "wish", "will" display all the inflexions possessed by "cut", "chew", "run".

The language-game of reporting can be given such a turn that a report is not meant to inform the hearer about its subject matter but about the person making the report.

So ist es z.B., wenn der Lehrer den Schüler prüft. (Man kann messen, um den Maßstab zu prüfen.)

Angenommen, ich führte einen Ausdruck—z.B. den: "Ich glaube"—so ein: Er soll dort der Meldung vorgesetzt werden, wo sie dazu dient, über den Meldenden selbst Auskunft zu geben. (Es braucht dem Ausdruck also keine Unsicherheit anzuhangen. Bedenke, daß die Unsicherheit der Behauptung sich auch unpersönlich ausdrücken läßt: "Er dürfte heute kommen".)—"Ich glaube . . . ., und es ist nicht so" wäre ein Widerspruch.

"Ich glaube . . . ." beleuchtet meinen Zustand. Es lassen sich aus dieser Äußerung Schlüsse auf mein Verhalten ziehen. Also ist hier eine *Ähnlichkeit* mit den Äußerungen der Gemütsbewegung, der Stimmung, etc..

Wenn aber "Ich glaube, es sei so" meinen Zustand beleuchtet, dann auch die Behauptung "Es ist so". Denn das Zeichen "Ich glaube" kann's nicht machen; kann es höchstens andeuten.

Eine Sprache, in der "Ich glaube, es ist so" nur durch den Ton der Behauptung "Es ist so" ausgedrückt wird. Statt "Er glaubt" heißt es dort "Er ist geneigt, zu sagen . . ." und es gibt auch die Annahme (den Konjunktiv) "Angenommen, ich sei geneigt etc.", aber nicht eine Äußerung: "Ich bin geneigt, zu sagen".

Moore's Paradox gäbe es in dieser Sprache nicht; statt dessen aber ein Verbum, dem eine Form fehlt.

Das aber sollte uns nicht überraschen. Denk daran, daß man die *eigene* künftige Handlung in der Äußerung der Absicht vorhersagen kann.

Ich sage vom Andern "Er scheint zu glauben . . . ." und Andere sagen es von mir. Nun, warum sage ich's nie von mir, auch dann, wenn es die Andern *mit Recht* von mir sagen?—Sehe und höre ich mich selbst denn nicht?—Man kann es sagen.

"Die Überzeugung fühlt man in sich, man schließt nicht auf sie aus den eigenen Worten, oder ihrem Tonfall."—Wahr ist: Man schließt nicht aus den eigenen Worten auf die eigene Überzeugung; oder auf die Handlungen, die dieser entspringen.

"Da scheint es ja, als wäre die Behauptung 'Ich glaube' nicht die Behauptung dessen, was die Annahme annimmt."—Ich bin also versucht, nach einer anderen Fortsetzung des Verbums in die erste Person des Indikativ Präsentis auszuschauen.

Ich denke so: Glauben ist ein Zustand der Seele. Er dauert an; und unabhängig vom Ablauf seines Ausdrucks in einem Satz, z.B.. Er ist also eine Art von Disposition des Glaubenden. Die offenbart mir,

It is so when, for instance, a teacher examines a pupil. (You can measure to test the ruler.)

Suppose I were to introduce some expression—"I believe", for instance—in this way: it is to be prefixed to reports when they serve to give information about the reporter. (So the expression need not carry with it any suggestion of uncertainty. Remember that the uncertainty of an assertion can be expressed impersonally: "He might come today".)—"I believe . . . ., and it isn't so" would be a contradiction.

"I believe . . . ." throws light on my state. Conclusions about my conduct can be drawn from this expression. So there is a *similarity* here to expressions of emotion, of mood, etc..

If, however, "I believe it is so" throws light on my state, then so does the assertion "It is so". For the sign "I believe" can't do it, can at the most hint at it.

Imagine a language in which "I believe it is so" is expressed only by means of the tone of the assertion "It is so". In this language they say, not "He believes" but "He is inclined to say . . . ." and there exists also the hypothetical (subjunctive) "Suppose I were inclined etc.", but not the expression "I am inclined to say".

Moore's paradox would not exist in this language; instead of it, however, there would be a verb lacking one inflexion.

But this ought not to surprise us. Think of the fact that one can predict one's *own* future action by an expression of intention.

I say of someone else "He seems to believe . . . ." and other people say it of me. Now, why do I never say it of myself, not even when others *rightly* say it of me?—Do I myself not see and hear myself, then?—That can be said.

"One feels conviction within oneself, one doesn't infer it from one's own words or their tone."—What is true here is: one does not infer one's own conviction from one's own words; nor yet the actions which arise from that conviction.

"Here it *looks* as if the assertion 'I believe' were not the assertion of what is supposed in the hypothesis."—So I am tempted to look for a different development of the verb in the first person present indicative.

This is how I think of it: Believing is a state of mind. It has duration; and that independently of the duration of its expression in a sentence, for example. So it is a kind of disposition of the believing person. This is shewn me in the case of someone else by his behaviour; and

im Andern, sein Benehmen; seine Worte. Und zwar ebensowohl eine Äußerung "Ich glaube . . .", wie seine einfache Behauptung.—Wie ist es nun mit mir: wie erkenne ich selbst die eigene Disposition?—Da müßte ich ja wie der Andere auf mich achtgeben, auf meine Worte hören, aus ihnen Schlüsse ziehen können!

Ich habe zu meinen eigenen Worten eine ganz andere Einstellung als die Andern.

Jene Fortsetzung könnte ich finden, wenn ich nur sagen könnte "Ich scheine zu glauben".

Horchte ich auf die Rede meines Mundes, so könnte ich sagen, ein Anderer spreche aus meinem Mund.

"Nach meiner Äußerung zu urteilen, glaube ich *das*." Nun, es ließen sich Umstände ausdenken, in denen diese Worte Sinn hätten.

Und dann könnte Einer auch sagen "Es regnet und ich glaube es nicht", oder "Mir scheint, mein Ego glaubt das, aber es ist nicht so." Man müßte sich dazu ein Benehmen ausmalen, das darauf deutet, zwei Wesen sprächen aus meinem Munde.

Die Linie liegt schon in der *Annahme* anders, als du denkst.

In den Worten "Angenommen, ich glaube . . . ." setzt du schon die ganze Grammatik des Wortes "glauben" voraus, den gewöhnlichen Gebrauch, den du beherrschst.—Du nimmst nicht einen Stand der Dinge an, der dir, sozusagen, eindeutig durch ein Bild vor Augen steht, so daß du dann eine andere als die gewöhnliche Behauptung an diese Annahme anstückeln kannst.—Du wüßtest gar nicht, was du hier annimmst (d.h., was z.B. aus so einer Annahme folgt), wenn dir nicht schon die Verwendung von "glauben" geläufig wäre.

Denk an den Ausdruck "Ich sage . . .", z.B. in "Ich sage, es wird heute regnen", welches einfach der Behauptung "Es wird . . . ." gleichkommt. "Er sagt, es wird . . . ." heißt beiläufig "Er glaubt, es wird . . . .". "Angenommen, ich sage . . . ." heißt *nicht:* Angenommen, es werde heute . . . .

Verschiedene Begriffe berühren sich hier und laufen ein Stück Wegs miteinander. Man muß eben nicht glauben, daß die Linien alle *Kreise* seien.

Betrachte auch den Unsatz: "Es dürfte regnen; aber es regnet nicht."

Und hier muß man sich hüten, zu sagen: "Es dürfte regnen" heißt eigentlich: ich glaube, es wird regnen.—Warum sollte dann nicht umgekehrt dies jenes heißen?

Betrachte nicht die zaghafte Behauptung als Behauptung der Zaghaftigkeit.

by his words. And under this head, by the expression "I believe . . .' as well as by the simple assertion.—What about my own case: how do I myself recognize my own disposition?—Here it will have been necessary for me to take notice of myself as others do, to listen to myself talking, to be able to draw conclusions from what I say!

My own relation to my words is wholly different from other people's.

That different development of the verb would have been possible, if only I could say "I seem to believe".

If I listened to the words of my mouth, I might say that someone else was speaking out of my mouth.

"Judging from what I say, *this* is what I believe." Now, it is possible to think out circumstances in which these words would make sense.

And then it would also be possible for someone to say "It is raining and I don't believe it", or "It seems to me that my ego believes this, but it isn't true." One would have to fill out the picture with behaviour indicating that two people were speaking through my mouth.

Even in the *hypothesis* the pattern is not what you think.

When you say "Suppose I believe . . . ." you are presupposing the whole grammar of the word "to believe", the ordinary use, of which you are master.—You are not supposing some state of affairs which, so to speak, a picture presents unambiguously to you, so that you can tack on to this hypothetical use some assertive use other than the ordinary one.—You would not know at all what you were supposing here (i.e. what, for example, would follow from such a supposition), if you were not already familiar with the use of "believe".

Think of the expression "I say . . . .", for example in "I say it will rain today", which simply comes to the same thing as the assertion "It will . . . .". "He says it will . . . ." means approximately "He believes it will . . . .". "Suppose I say . . . ." does *not* mean: Suppose it rains today.

Different concepts touch here and coincide over a stretch. But you need not think that all lines are *circles*.

Consider the misbegotten sentence "It may be raining, but it isn't".

And here one should be on one's guard against saying that "It may be raining" really means "I think it'll be raining." For why not the other way round, why should not the latter mean the former?

Don't regard a hesitant assertion as an assertion of hesitancy.

xi

Zwei Verwendungen des Wortes "sehen".

Die eine: "Was siehst du dort?"—"Ich sehe *dies*" (es folgt eine Beschreibung, eine Zeichnung, eine Kopie). Die andere: "Ich sehe eine Ähnlichkeit in diesen beiden Gesichtern"—der, dem ich dies mitteile, mag die Gesichter so deutlich sehen, wie ich selbst.

Die Wichtigkeit: Der kategorische Unterschied der beiden 'Objekte' des Sehens.

Der Eine könnte die beiden Gesichter genau abzeichnen; der Andere in dieser Zeichnung die Ähnlichkeit bemerken, die der erste nicht sah.

Ich betrachte ein Gesicht, auf einmal bemerke ich seine Ähnlichkeit mit einem andern. Ich *sehe*, daß es sich nicht geändert hat; und sehe es doch anders. Diese Erfahrung nenne ich "das Bemerken eines Aspekts".

Seine *Ursachen* interessieren den Psychologen.

Uns interessiert der Begriff und seine Stellung in den Erfahrungsbegriffen.

Man könnte sich denken, daß an mehreren Stellen eines Buches, z.B. eines Lehrbuchs, die Illustration

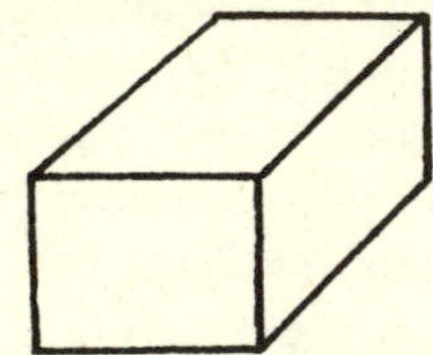

stünde. Im dazugehörigen Text ist jedesmal von etwas anderem die Rede: Einmal von einem Glaswürfel, einmal von einer umgestülpten offenen Kiste, einmal von einem Drahtgestell, das diese Form hat, einmal von drei Brettern, die ein Raumeck bilden. Der Text deutet jedesmal die Illustration.

Aber wir können auch die Illustration einmal als das eine, einmal als das andere Ding *sehen*.—Wir deuten sie also, und *sehen* sie, wie wir sie *deuten*.

Da möchte man vielleicht antworten: Die Beschreibung der unmittelbaren Erfahrung, des Seherlebnisses, mittels einer Deutung ist eine indirekte Beschreibung. "Ich sehe die Figur als Kiste" heißt: ich habe ein bestimmtes Seherlebnis, welches mit dem Deuten der Figur als Kiste, oder mit dem Anschauen einer Kiste, erfahrungsgemäß

xi

Two uses of the word "see".

The one: "What do you see there?"—"I see *this*" (and then a description, a drawing, a copy). The other: "I see a likeness between these two faces"—let the man I tell this to be seeing the faces as clearly as I do myself.

The importance of this is the difference of category between the two 'objects' of sight.

The one man might make an accurate drawing of the two faces, and the other notice in the drawing the likeness which the former did not see.

I contemplate a face, and then suddenly notice its likeness to another. I *see* that it has not changed; and yet I see it differently. I call this experience "noticing an aspect".

Its *causes* are of interest to psychologists.

We are interested in the concept and its place among the concepts of experience.

You could imagine the illustration

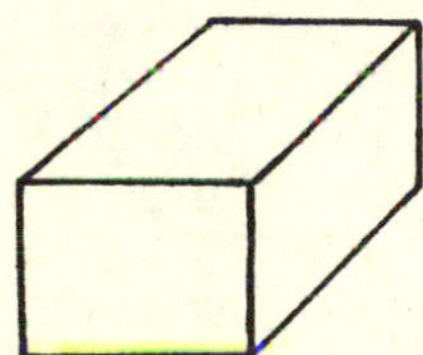

appearing in several places in a book, a text-book for instance. In the relevant text something different is in question every time: here a glass cube, there an inverted open box, there a wire frame of that shape, there three boards forming a solid angle. Each time the text supplies the interpretation of the illustration.

But we can also *see* the illustration now as one thing now as another.—So we interpret it, and *see* it as we *interpret* it.

Here perhaps we should like to reply: The description of what is got immediately, i.e. of the visual experience, by means of an interpretation—is an indirect description. "I see the figure as a box" means: I have a particular visual experience which I have found that I always have when I interpret the figure as a box or when I look at

einher geht. Aber wenn es das hieße, dann müßte ich's wissen. Ich müßte mich auf das Erlebnis direkt, und nicht nur indirekt beziehen können. (Wie ich von Rot nicht unbedingt als der Farbe des Blutes reden muß.)

Die folgende Figur, welche ich aus Jastrow[1] entnommen habe, wird in meinen Bemerkungen der H-E-Kopf heißen. Man kann ihn als Hasenkopf, oder als Entenkopf sehen.

Und ich muß zwischen dem 'stetigen Sehen' eines Aspekts und dem 'Aufleuchten' eines Aspekts unterscheiden.

Das Bild mochte mir gezeigt worden sein, und ich darin nie etwas anderes als einen Hasen gesehen haben.

Es ist hier nützlich, den Begriff des Bildgegenstandes einzuführen. Ein 'Bildgesicht' z.B. wäre die Figur

Ich verhalte mich zu ihm in mancher Beziehung wie zu einem menschlichen Gesicht. Ich kann seinen Ausdruck studieren, auf ihn wie auf den Ausdruck des Menschengesichtes reagieren. Ein Kind kann zum Bildmenschen, oder Bildtier reden, sie behandeln, wie es Puppen behandelt.

Ich konnte also den H-E-Kopf von vornherein einfach als Bildhasen sehen. D.h.: Gefragt, "Was ist das?", oder "Was siehst du da?", hätte ich geantwortet: "Einen Bildhasen". Hätte man mich weiter gefragt, was das sei, so hätte ich zur Erklärung auf allerlei Hasenbilder, vielleicht auf wirkliche Hasen gezeigt, von dem Leben dieser Tiere geredet, oder sie nachgemacht.

Ich hätte auf die Frage "Was siehst du da?" nicht geantwortet: "Ich sehe das jetzt als Bildhasen." Ich hätte einfach die Wahrneh-

[1] *Fact and Fable in Psychology.*

a box. But if it meant this I ought to know it. I ought to be able to refer to the experience directly, and not only indirectly. (As I can speak of red without calling it the colour of blood.)

I shall call the following figure, derived from Jastrow[1], the duck-rabbit. It can be seen as a rabbit's head or as a duck's.

And I must distinguish between the 'continuous seeing' of an aspect and the 'dawning' of an aspect.

The picture might have been shewn me, and I never have seen anything but a rabbit in it.

Here it is useful to introduce the idea of a picture-object. For instance

would be a 'picture-face'.

In some respects I stand towards it as I do towards a human face. I can study its expression, can react to it as to the expression of the human face. A child can talk to picture-men or picture-animals, can treat them as it treats dolls.

I may, then, have seen the duck-rabbit simply as a picture-rabbit from the first. That is to say, if asked "What's that?" or "What do you see here?" I should have replied: "A picture-rabbit". If I had further been asked what that was, I should have explained by pointing to all sorts of pictures of rabbits, should perhaps have pointed to real rabbits, talked about their habits, or given an imitation of them.

I should not have answered the question "What do you see here?" by saying: "Now I am seeing it as a picture-rabbit". I should simply

[1] *Fact and Fable in Psychology.*

mung beschrieben; nicht anders, als wären meine Worte gewesen "Ich sehe dort einen roten Kreis".—

Dennoch hätte ein Anderer von mir sagen können "Er sieht die Figur als Bild-H."

Zu sagen "Ich sehe das jetzt als . . .", hätte für mich so wenig Sinn gehabt, als beim Anblick von Messer und Gabel zu sagen: "Ich sehe das jetzt als Messer und Gabel." Man würde diese Äußerung nicht verstehen.—Ebensowenig wie diese: "Das ist jetzt für mich eine Gabel", oder "Das kann auch eine Gabel sein".

Man '*hält*' auch nicht, was man bei Tisch als Essbesteck erkennt, *für* ein Essbesteck; sowenig wie man, beim Essen, für gewöhnlich den Mund zu bewegen versucht, oder zu bewegen trachtet.

Wer sagt "Jetzt ist es für mich ein Gesicht", den kann man fragen: "Auf welche Verwandlung spielst du an?"

Ich sehe zwei Bilder; in dem einen den H-E-Kopf umgeben von Hasen, im andern von Enten. Ich bemerke die Gleichheit nicht. *Folgt* daraus, daß ich beide Male etwas andres *sehe*?—Es gibt uns einen Grund diesen Ausdruck hier zu gebrauchen.

"Ich habe es ganz anders gesehen, ich hätte es nie erkannt!" Nun, das ist ein Ausruf. Und er hat auch eine Rechtfertigung.

Ich hätte nie daran gedacht, die beiden Köpfe so aufeinander zu legen, sie *so* zu vergleichen. Denn sie legen eine andere Vergleichsweise nahe.

Der Kopf, *so* gesehen, hat mit dem Kopf, *so* gesehen, auch nicht die leiseste Ähnlichkeit——obwohl sie kongruent sind.

Man zeigt mir einen Bildhasen und fragt mich, was das sei; ich sage "Das ist ein H". Nicht "Das ist jetzt ein H". Ich teile die Wahrnehmung mit.—Man zeigt mir den H-E-Kopf und fragt mich, was das sei; da *kann* ich sagen "Das ist ein H-E-Kopf". Aber ich kann auch ganz anders auf die Frage reagieren.—Die Antwort, es sei der H-E-Kopf, ist wieder die Mitteilung der Wahrnehmung; die Antwort "Jetzt ist es ein H" ist es nicht. Hätte ich gesagt "Es ist ein Hase", so wäre mir die Doppeldeutigkeit entgangen, und ich hätte die Wahrnehmung berichtet.

Der Aspektwechsel. "Du würdest doch sagen, daß sich das Bild jetzt gänzlich geändert hat!"

Aber was ist anders: mein Eindruck? meine Stellungnahme?—Kann ich's sagen? Ich *beschreibe* die Änderung, wie eine Wahrnehmung ganz als hätte sich der Gegenstand vor meinen Augen geändert.

have described my perception: just as if I had said "I see a red circle over there."—

Nevertheless someone else could have said of me: "He is seeing the figure as a picture-rabbit."

It would have made as little sense for me to say "Now I am seeing it as . . . " as to say at the sight of a knife and fork "Now I am seeing this as a knife and fork". This expression would not be understood.—Any more than: "Now it's a fork" or "It can be a fork too".

One doesn't '*take*' what one knows as the cutlery at a meal *for* cutlery; any more than one ordinarily tries to move one's mouth as one eats, or aims at moving it.

If you say "Now it's a face for me", we can ask: "What change are you alluding to?"

I see two pictures, with the duck-rabbit surrounded by rabbits in one, by ducks in the other. I do not notice that they are the same. Does it *follow* from this that I *see* something different in the two cases?—It gives us a reason for using this expression here.

"I saw it quite differently, I should never have recognized it!" Now, that is an exclamation. And there is also a justification for it.

I should never have thought of superimposing the heads like that, of making *this* comparison between them. For they suggest a different mode of comparison.

Nor has the head seen like *this* the slightest similarity to the head seen like *this*——although they are congruent.

I am shewn a picture-rabbit and asked what it is; I say "It's a rabbit". Not "Now it's a rabbit". I am reporting my perception.—I am shewn the duck-rabbit and asked what it is; I *may* say "It's a duck-rabbit". But I may also react to the question quite differently.—The answer that it is a duck-rabbit is again the report of a perception; the answer "Now it's a rabbit" is not. Had I replied "It's a rabbit", the ambiguity would have escaped me, and I should have been reporting my perception.

The change of aspect. "But surely you would say that the picture is altogether different now!"

But what is different: my impression? my point of view?—Can I say? I *describe* the alteration like a perception; quite as if the object had altered before my eyes.

"Ich sehe ja jetzt *das*", könnte ich sagen (z.B. auf ein anderes Bild deutend). Es ist die Form der Meldung einer neuen Wahrnehmung.

Der Ausdruck des Aspektwechsels ist der Ausdruck einer *neuen* Wahrnehmung, zugleich mit dem Ausdruck der unveränderten Wahrnehmung.

Ich sehe auf einmal die Lösung eines Vexierbilds. Wo früher Zweige waren, ist jetzt eine menschliche Gestalt. Mein Gesichtseindruck hat sich geändert, und ich erkenne nun, daß er nicht nur Farbe und Form hatte, sondern auch eine ganz bestimmte 'Organisation'.— Mein Gesichtseindruck hat sich geändert; —wie war er früher; wie ist er jetzt?—Stelle ich ihn durch eine genaue Kopie dar—und ist das keine gute Darstellung?—so zeigt sich keine Änderung.

Und sag nur ja nicht "Mein Gesichtseindruck ist doch nicht die *Zeichnung*; er ist *dies*——was ich niemand zeigen kann."—Freilich ist er nicht die Zeichnung, aber auch nichts von der gleichen Kategorie, das ich in mir trage.

Der Begriff des 'inneren Bildes' ist irreführend, denn das Vorbild für diesen Begriff ist das '*äußere* Bild'; und doch sind die Verwendungen der Begriffsworte einander nicht ähnlicher, als die von "Zahlzeichen" und "Zahl". (Ja, wer die Zahl das 'ideale Zahlzeichen' nennen wollte, könnte damit eine ähnliche Verwirrung anrichten.)

Wer die 'Organisation' des Gesichtseindrucks mit Farben und Formen zusammenstellt, geht vom Gesichtseindruck als einem inneren Gegenstand aus. Dieser Gegenstand wird dadurch freilich ein Unding; ein seltsam schwankendes Gebilde. Denn die Ähnlichkeit mit dem Bild ist nun gestört.

Wenn ich weiß, daß es verschiedene Aspekte des Würfelschemas gibt, kann ich den Andern, um zu erfahren, was er sieht, noch außer der Kopie ein Model des Gesehenen herstellen, oder zeigen lassen; auch wenn *er* gar nicht weiß, wozu ich zwei Erklärungen fordere.

Beim Aspektwechsel aber verschiebt sich's. Es wird das der einzig mögliche Erlebnisausdruck, was früher nach der Kopie vielleicht eine unnütze Bestimmung schien, oder auch war.

Und das allein tut den Vergleich der 'Organisation' mit Farbe und Form im Gesichtseindruck ab.

Wenn ich den H-E-Kopf als H sah, so sah ich: diese Formen und Farben (ich gebe sie genau wieder)—und außerdem noch so etwas:

"Now I am seeing *this*", I might say (pointing to another picture, for example). This has the form of a report of a new perception.

The expression of a change of aspect is the expression of a *new* perception and at the same time of the perception's being unchanged.

I suddenly see the solution of a puzzle-picture. Before, there were branches there; now there is a human shape. My visual impression has changed and now I recognize that it has not only shape and colour but also a quite particular 'organization'.—My visual impression has changed;—what was it like before and what is it like now?—If I represent it by means of an exact copy—and isn't that a good representation of it?—no change is shewn.

And above all do *not* say "After all my visual impression isn't the *drawing*; it is *this*——which I can't shew to anyone."—Of course it is not the drawing, but neither is it anything of the same category, which I carry within myself.

The concept of the 'inner picture' is misleading, for this concept uses the '*outer* picture' as a model; and yet the uses of the words for these concepts are no more like one another than the uses of 'numeral' and 'number'. (And if one chose to call numbers 'ideal numerals', one might produce a similar confusion.)

If you put the 'organization' of a visual impression on a level with colours and shapes, you are proceeding from the idea of the visual impression as an inner object. Of course this makes this object into a chimera; a queerly shifting construction. For the similarity to a picture is now impaired.

If I know that the schematic cube has various aspects and I want to find out what someone else sees, I can get him to make a model of what he sees, in addition to a copy, or to point to such a model; even though *he* has no idea of my purpose in demanding two accounts.

But when we have a changing aspect the case is altered. Now the only possible expression of our experience is what before perhaps seemed, or even was, a useless specification when once we had the copy.

And this by itself wrecks the comparison of 'organization' with colour and shape in visual impressions.

If I saw the duck-rabbit as a rabbit, then I saw: these shapes and colours (I give them in detail)—and I saw besides something like this:

dabei nun zeige ich auf eine Menge verschiedener Hasenbilder.—Dies zeigt die Verschiedenheit der Begriffe.

Das 'Sehen als . . . .' gehört nicht zur Wahrnehmung. Und darum ist es wie ein Sehen und wieder nicht wie ein Sehen.

Ich schaue auf ein Tier; man fragt mich: "Was siehst du?" Ich antworte: "Einen Hasen."—Ich sehe eine Landschaft; plötzlich läuft ein Hase vorbei. Ich rufe aus "Ein Hase!"

Beides, die Meldung und der Ausruf, ist ein Ausdruck der Wahrnehmung und des Seherlebnisses. Aber der Ausruf ist es in anderem Sinne, als die Meldung. Er entringt sich uns.—Er verhält sich zum Erlebnis ähnlich, wie der Schrei zum Schmerz.

Aber da er die Beschreibung einer Wahrnehmung ist, kann man ihn auch Gedankenausdruck nennen.——Wer den Gegenstand anschaut, muß nicht an ihn denken; wer aber das Seherlebnis hat, dessen Ausdruck der Ausruf ist, der *denkt* auch an das, was er sieht.

Und darum erscheint das Aufleuchten des Aspekts halb Seherlebnis, halb ein Denken.

Jemand sieht plötzlich eine Erscheinung vor sich, die er nicht erkennt (es mag ein ihm wohlbekannter Gegenstand, aber in ungewöhnlicher Lage, oder Beleuchtung sein); das Nichterkennen dauert vielleicht nur sekundenlang. Ist es richtig: er habe ein anderes Seherlebnis, als der, der den Gegenstand gleich erkannte?

Könnte denn Einer die vor ihm auftauchende, ihm unbekannte Form nicht ebenso *genau* beschreiben, wie ich, dem sie vertraut ist? Und ist das nicht die Antwort?—Freilich, im allgemeinen wird es so nicht sein. Auch wird seine Beschreibung ganz anders lauten. (Ich werde z.B. sagen "Das Tier hatte lange Ohren"—er: "Es waren da zwei lange Fortsätze" und nun zeichnet er sie.)

Ich treffe Einen, den ich jahrelang nicht gesehen habe; ich sehe ihn deutlich, erkenne ihn aber nicht. Plötzlich erkenne ich ihn, sehe in seinem veränderten Gesicht sein früheres. Ich glaube, ich würde ihn jetzt anders porträtieren, wenn ich malen könnte.

Wenn ich nun meinen Bekannten in der Menschenmenge erkenne, nachdem ich vielleicht schon längere Zeit in seiner Richtung geschaut habe,—ist das ein besonderes Sehen? ist es ein Sehen und Denken? oder eine Verschmelzung der beiden—wie ich beinahe sagen möchte?

Die Frage ist: *Warum* will man das sagen?

and here I point to a number of different pictures of rabbits.—This shews the difference between the concepts.

'Seeing as . . . .' is not part of perception. And for that reason it is like seeing and again not like.

I look at an animal and am asked: "What do you see?" I answer: "A rabbit".—I see a landscape; suddenly a rabbit runs past. I exclaim "A rabbit!"

Both things, both the report and the exclamation, are expressions of perception and of visual experience. But the exclamation is so in a different sense from the report: it is forced from us.—It is related to the experience as a cry is to pain.

But since it is the description of a perception, it can also be called the expression of thought.——If you are looking at the object, you need not think of it; but if you are having the visual experience expressed by the exclamation, you are also *thinking* of what you see.

Hence the flashing of an aspect on us seems half visual experience, half thought.

Someone suddenly sees an appearance which he does not recognize (it may be a familiar object, but in an unusual position or lighting); the lack of recognition perhaps lasts only a few seconds. Is it correct to say he has a different visual experience from someone who knew the object at once?

For might not someone be able to describe an unfamiliar shape that appeared before him just as *accurately* as I, to whom it is familiar? And isn't that the answer?—Of course it will not generally be so. And his description will run quite differently. (I say, for example, "The animal had long ears"—he: "There were two long appendages", and then he draws them.)

I meet someone whom I have not seen for years; I see him clearly, but fail to know him. Suddenly I know him, I see the old face in the altered one. I believe that I should do a different portrait of him now if I could paint.

Now, when I know my acquaintance in a crowd, perhaps after looking in his direction for quite a while,—is this a special sort of seeing? Is it a case of both seeing and thinking? or an amalgam of the two, as I should almost like to say?

The question is: *why* does one want to say this?

Derselbe Ausdruck, der auch Meldung des Gesehenen ist, ist jetzt Ausruf des Erkennens.

Was ist das Kriterium des Seherlebnisses?—Was soll das Kriterium sein?

Die Darstellung dessen, 'was gesehen wird'.

Der Begriff der Darstellung des Gesehenen, sowie der Kopie, ist sehr dehnbar, und *mit ihm* der Begriff des Gesehenen. Die beiden hängen innig zusammen. (Und das heißt *nicht*, daß sie ähnlich sind.)

Wie merkt man, daß die Menschen räumlich *sehen*?—Ich frage Einen, wie das Terrain (dort) liegt, das er überschaut. "Liegt es *so*?" (ich zeige es mit der Hand)—"Ja."—"Wie weißt du das?"—"Es ist nicht neblig, ich sehe es ganz klar."—Es werden nicht Gründe für die *Vermutung* gegeben. Es ist uns einzig natürlich, das Geschaute räumlich darzustellen; während es für die ebene Darstellung, sei es durch Zeichnung oder durch Worte, besonderer Übung und eines Unterrichts bedarf. (Die Sonderbarkeit der Kinderzeichnungen.)

Sieht Einer ein Lächeln, das er nicht als Lächeln erkennt, nicht so versteht, anders, als der es versteht?—Er macht es z.B. anders nach.

Halte die Zeichnung eines Gesichts verkehrt und du kannst den Ausdruck des Gesichts nicht erkennen. Vielleicht kannst du sehen, daß es lächelt, aber doch nicht genau *wie* es lächelt. Du kannst das Lächeln nicht nachahmen, oder seinen Charakter genauer beschreiben.

Und doch mag das verkehrte Bild das Gesicht eines Menschen höchst genau darstellen.

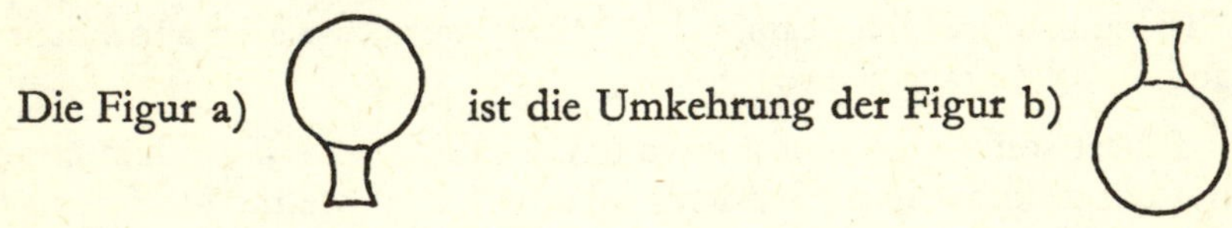

Die Figur a)
ist die Umkehrung der Figur b)

Wie die Figur c) die Umkehrung von d) Freude

Aber zwischen meinem Eindruck von c und d besteht ein anderer Unterschied—möchte ich sagen—als zwischen dem von a und von b. d sieht z.B. ordentlicher aus als c. (Vergleiche eine Bemerkung von Lewis Carroll.) d ist leicht zu kopieren, c schwer.

The very expression which is also a report of what is seen, is here a cry of recognition.

What is the criterion of the visual experience?—The criterion? What do you suppose?

The representation of 'what is seen'.

The concept of a representation of what is seen, like that of a copy, is very elastic, and so *together with it* is the concept of what is seen. The two are intimately connected. (Which is *not* to say that they are alike.)

How does one tell that human beings *see* three-dimensionally?—I ask someone about the lie of the land (over there) of which he has a view. "Is it like *this*?" (I shew him with my hand)—"Yes."—"How do you know?"—"It's not misty, I see it quite clear."—He does not give reasons for the surmise. The only thing that is natural to us is to represent what we see three-dimensionally; special practice and training are needed for two-dimensional representation whether in drawing or in words. (The queerness of children's drawings.)

If someone sees a smile and does not know it for a smile, does not understand it as such, does he see it differently from someone who understands it?—He mimics it differently, for instance.

Hold the drawing of a face upside down and you can't recognize the expression of the face. Perhaps you can see that it is smiling, but not exactly what *kind* of smile it is. You cannot imitate the smile or describe it more exactly.

And yet the picture which you have turned round may be a most exact representation of a person's face.

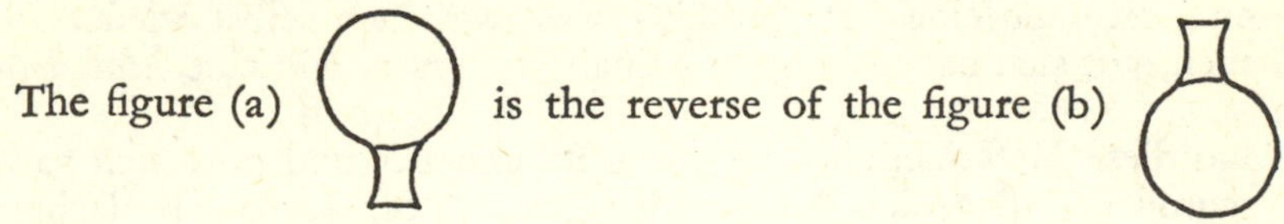

The figure (a)
is the reverse of the figure (b)

As (c) is the reverse of (d) *Pleasure*

But—I should like to say—there is a different difference between my impressions of (c) and (d) and between those of (a) and (b). (d), for example, looks neater than (c). (Compare a remark of Lewis Carroll's.) (d) is easy, (c) hard to copy.

Denk dir den H-E-Kopf in einem Gewirr von Strichen versteckt. Einmal nun bemerke ich ihn in dem Bild, und zwar einfach als Hasenkopf. Später einmal schaue ich das gleiche Bild an und bemerke die gleiche Linie, aber als Ente, und dabei brauche ich noch nicht zu wissen, daß es beidemale die gleiche Linie war. Wenn ich später nun den Aspekt wechseln sehe,—kann ich sagen, daß dabei die Aspekte H und E ganz anders gesehen werden, als da ich sie einzeln im Gewirr der Striche erkannte? Nein.

Aber der Wechsel ruft ein Staunen hervor, den das Erkennen nicht hervorrief.

Wer in einer Figur (1) nach einer anderen Figur (2) sucht, und sie dann findet, der sieht (1) damit auf neue Weise. Er kann nicht nur eine neue Art der Beschreibung von ihr geben, sondern jenes Bemerken war ein neues Seherlebnis.

Aber es muß nicht geschehen, daß er sagen möchte: "Die Figur (1) sieht nun ganz anders aus; sie hat auch keine Ähnlichkeit mit der früheren, obwohl sie mit ihr kongruent ist!"

Es gibt hier eine Unmenge miteinander verwandter Erscheinungen und möglicher Begriffe.

Ist also die Kopie der Figur eine *unvollkommene* Beschreibung meines Seherlebnisses? Nein.—Es kommt doch auf die Umstände an, ob, und welche, nähere Bestimmungen notwendig sind.—Sie *kann* eine unvollkommene Beschreibung sein; wenn eine Frage übrig bleibt.

Man kann natürlich sagen: Es gibt gewisse Dinge, die sowohl unter den Begriff 'Bildhase', als 'Bildente' fallen. Und so ein Ding ist ein Bild, eine Zeichnung.—Aber der *Eindruck* ist nicht zugleich der von einer Bildente und von einem Bildhasen.

"Was ich eigentlich *sehe*, muß doch das sein, was in mir durch Einwirkung des Objekts zustande kommt."—Das, was in mir zustande kommt, ist dann eine Art Abbild, etwas, was man selbst wieder anschauen, vor sich haben könnte; beinahe so etwas wie eine *Materialisation*.

Und diese Materialisation ist etwas Räumliches und muß sich ganz in räumlichen Begriffen beschreiben lassen. Sie kann z.B. lächeln (wenn sie ein Gesicht ist), aber der Begriff der Freundlichkeit gehört nicht zu ihrer Darstellung, sondern ist dieser Darstellung *fremd* (wenn er ihr auch dienen kann).

Fragst du mich, was ich gesehen habe, so werde ich vielleicht eine Skizze herstellen können, die es zeigt; aber daran, wie mein Blick gewandelt ist, werde ich mich in den meisten Fällen überhaupt nicht erinnern.

Imagine the duck-rabbit hidden in a tangle of lines. Now I suddenly notice it in the picture, and notice it simply as the head of a rabbit. At some later time I look at the same picture and notice the same figure, but see it as the duck, without necessarily realizing that it was the same figure both times.—If I later see the aspect change—can I say that the duck and rabbit aspects are now seen quite differently from when I recognized them separately in the tangle of lines? No.

But the change produces a surprise not produced by the recognition.

If you search in a figure (1) for another figure (2), and then find it, you see (1) in a new way. Not only can you give a new kind of description of it, but noticing the second figure was a new visual experience.

But you would not necessarily want to say "Figure (1) looks quite different now; it isn't even in the least like the figure I saw before, though they are congruent!"

There are here hugely many interrelated phenomena and possible concepts.

Then is the copy of the figure an *incomplete* description of my visual experience? No.—But the circumstances decide whether, and what, more detailed specifications are necessary.—It *may* be an incomplete description; if there is still something to ask.

Of course we can say: There are certain things which fall equally under the concept 'picture-rabbit' and under the concept 'picture-duck'. And a picture, a drawing, is such a thing.—But the *impression* is not simultaneously of a picture-duck and a picture-rabbit.

"What I really *see* must surely be what is produced in me by the influence of the object"—Then what is produced in me is a sort of copy, something that in its turn can be looked at, can be before one; almost something like a *materialization*.

And this materialization is something spatial and it must be possible to describe it in purely spatial terms. For instance (if it is a face) it can smile; the concept of friendliness, however, has no place in an account of it, but is *foreign* to such an account (even though it may subserve it).

If you ask me what I saw, perhaps I shall be able to make a sketch which shews you; but I shall mostly have no recollection of the way my glance shifted in looking at it.

Der Begriff 'sehen' macht einen wirren Eindruck. Nun, so ist er.—Ich sehe in die Landschaft; mein Blick schweift, ich sehe allerlei klare und unklare Bewegung; *dies* prägt sich mir klar ein, *jenes* nur ganz verschwommen. Wie gänzlich zerrissen uns doch erscheinen kann, was wir sehen! Und nun schau an, was "Beschreibung des Gesehenen" heißt!—Aber das ist eben, was man eine Beschreibung des Gesehenen nennt. Es gibt nicht *einen eigentlichen*, ordentlichen Fall so einer Beschreibung—und das Übrige ist eben noch unklar, harrt noch der Klärung, oder muß einfach als Abfall in den Winkel gekehrt werden.

Es ist hier für uns die ungeheure Gefahr: feine Unterschiede machen zu wollen.—Ähnlich ist es, wenn man den Begriff des physikalischen Körpers aus dem 'wirklich Gesehenen' erklären will.—Es ist vielmehr das alltägliche Sprachspiel *hinzunehmen*, und *falsche* Darstellungen sind als dies zu kennzeichnen. Das primitive Sprachspiel, das dem Kind beigebracht wird, bedarf keiner Rechtfertigung; die Versuche der Rechtfertigung bedürfen der Zurückweisung.

Betrachte nun als Beispiel die Aspekte des Dreiecks. Das Dreieck

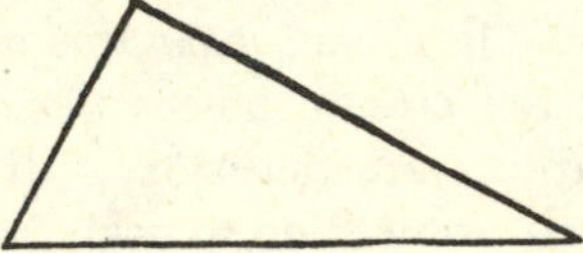

kann gesehen werden: als dreieckiges Loch, als Körper, als geometrische Zeichnung; auf seiner Grundlinie stehend, an seiner Spitze aufgehängt; als Berg, als Keil, als Pfeil oder Zeiger; als ein umgefallener Körper, der (z.B.) auf der kürzeren Kathete stehen sollte, als ein halbes Parallelogram, und verschiedenes anderes.

"Du kannst dabei einmal an *das* denken, einmal an *das*, einmal es als *das* ansehen, einmal als *das*, und dann wirst du's einmal *so* sehen, einmal *so*."—*Wie* denn? Es gibt ja keine weitere Bestimmung.

Wie ist es aber möglich, daß man ein Ding einer *Deutung* gemäß *sieht*?—Die Frage stellt es als ein seltsames Faktum dar; als wäre hier etwas in eine Form gezwängt worden, was eigentlich nicht hineinpaßt. Aber es ist hier kein Drücken und Zwängen geschehen.

Wenn es scheint, es wäre für so eine Form zwischen anderen Formen kein Platz, so mußt du sie in einer anderen Dimension aufsuchen. Wenn hier kein Platz ist, so ist er eben in einer anderen Dimension.

The concept of 'seeing' makes a tangled impression. Well, it is tangled.—I look at the landscape, my gaze ranges over it, I see all sorts of distinct and indistinct movement; *this* impresses itself sharply on me, *that* is quite hazy. After all, how completely ragged what we see can appear! And now look at all that can be meant by "description of what is seen".—But this just is what is called description of what is seen. There is not *one genuine* proper case of such description—the rest being just vague, something which awaits clarification, or which must just be swept aside as rubbish.

Here we are in enormous danger of wanting to make fine distinctions.—It is the same when one tries to define the concept of a material object in terms of 'what is really seen'.—What we have rather to do is to *accept* the everyday language-game, and to note *false* accounts of the matter *as* false. The primitive language-game which children are taught needs no justification; attempts at justification need to be rejected.

Take as an example the aspects of a triangle. This triangle

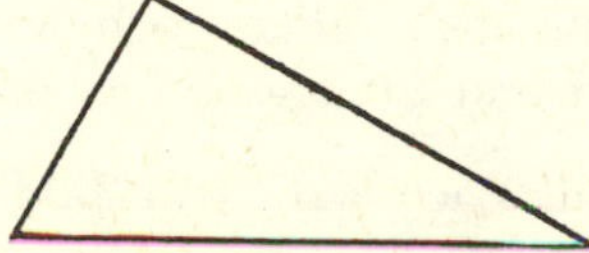

can be seen as a triangular hole, as a solid, as a geometrical drawing; as standing on its base, as hanging from its apex; as a mountain, as a wedge, as an arrow or pointer, as an overturned object which is meant to stand on the shorter side of the right angle, as a half parallelogram, and as various other things.

"You can think now of *this* now of *this* as you look at it, can regard it now as *this* now as *this*, and then you will see it now *this* way, now *this*."—*What* way? There *is* no further qualification.

But how is it possible to *see* an object according to an *interpretation*?—The question represents it as a queer fact; as if something were being forced into a form it did not really fit. But no squeezing, no forcing took place here.

When it looks as if there were no room for such a form between other ones you have to look for it in another dimension. If there is no room here, there *is* room in another dimension.

(In diesem Sinne ist auch auf der reellen Zahlenlinie nicht für imaginäre Zahlen Platz. Und das heißt doch: die Anwendung des imaginären Zahlbegriffs ist unähnlicher der des reellen, als der Anblick der *Rechnungen* es offenbart. Man muß zur Anwendung hinuntersteigen, dann findet jener Begriff einen sozusagen *ungeahnt* verschiedenen Platz.)

Wie wäre diese Erklärung: "Ich kann etwas als *das* sehen, wovon es ein Bild sein kann"?

Das heißt doch: Die Aspekte im Aspektwechsel sind *die*, die die Figur unter Umständen *ständig* in einem Bild haben könnte.

Ein Dreieck kann ja wirklich in einem Gemälde *stehen*, in einem anderen hängen, in einem dritten etwas Umgefallenes darstellen.—So zwar, daß ich, der Beschauer nicht sage "Das kann auch etwas umgefallenes darstellen", sondern "das Glas ist umgefallen und liegt in Scherben". So reagieren wir auf das Bild.

Könnte ich sagen, wie ein Bild beschaffen sein muß, um dies zu bewirken? Nein. Es gibt z.B. Malweisen, die mir nichts in dieser unmittelbaren Weise mitteilen, aber doch andern Menschen. Ich glaube, daß Gewohnheit und Erziehung hier mitzureden haben.

Was heißt es nun, daß ich auf dem Bild die Kugel '*schweben sehe*'?

Liegt es schon darin, daß mir diese Beschreibung die nächstliegende, selbstverständliche ist? Nein; das könnte sie aus verschiedenen Gründen sein. Sie könnte z.B. einfach die herkömmliche sein.

Was aber ist der Ausdruck dafür, daß ich das Bild nicht nur, z.B., so verstehe (weiß, was es darstellen *soll*), sondern so *sehe*?—Ein solcher Ausdruck ist: "Die Kugel scheint zu schweben", "Man sieht sie schweben", oder auch, in besonderem Tonfall, "Sie schwebt!"

Das ist also der Ausdruck des Dafürhaltens. Aber nicht als solcher verwendet.

Wir fragen uns hier nicht, was die Ursachen sind und was in einem besonderen Fall diesen Eindruck hervorruft.

Und *ist* es ein besonderer Eindruck?—"Ich sehe doch etwas *anderes*, wenn ich die Kugel schweben, als wenn ich sie bloß daliegen sehe."—Das heißt eigentlich: Dieser Ausdruck ist gerechtfertigt! (Denn, wörtlich genommen, ist er ja nur eine Wiederholung.)

(It is in this sense too that there is no room for imaginary numbers in the continuum of real numbers. But what this means is: the application of the concept of imaginary numbers is less like that of real numbers than appears from the look of the *calculations*. It is necessary to get down to the application, and then the concept finds a different place, one which, so to speak, one never dreamed of.)

How would the following account do: "What I can see something *as*, is what it can be a picture of"?

What this means is: the aspects in a change of aspects are those ones which the figure might sometimes have *permanently* in a picture.

A triangle can really be *standing up* in one picture, be hanging in another, and can in a third be something that has fallen over.—That is, I who am looking at it say, not "It may also be something that has fallen over", but "That glass has fallen over and is lying there in fragments". This is how we react to the picture.

Could I say what a picture must be like to produce this effect? No. There are, for example, styles of painting which do not convey anything to me in this immediate way, but do to other people. I think custom and upbringing have a hand in this.

What does it mean to say that I '*see the sphere floating in the air*' in a picture?

Is it enough that this description is the first to hand, is the matter-of-course one? No, for it might be so for various reasons. This might, for instance, simply be the conventional description.

What is the expression of my not merely understanding the picture in this way, for instance, (knowing what it is *supposed* to be), but *seeing* it in this way?—It is expressed by: "The sphere seems to float", "You see it floating", or again, in a special tone of voice, "It floats!"

This, then, is the expression of taking something for something. But not being used as such.

Here we are not asking ourselves what are the causes and what produces this impression in a particular case.

And *is* it a special impression?—"Surely I see something *different* when I see the sphere floating from when I merely see it lying there."—This really means: This expression is justified!—(For taken literally it is no more than a repetition.)

(Und doch ist mein Eindruck auch nicht der einer wirklichen schwebenden Kugel. Es gibt Abarten des 'räumlichen Sehens'. Die Räumlichkeit einer Photographie und die Räumlichkeit dessen, was wir durch's Stereoskop sehen.)

"Und ist es wirklich ein anderer Eindruck?"—Um es zu beantworten, möchte ich mich fragen, ob da wirklich etwas anderes in mir existiert. Aber wie kann ich mich davon überzeugen?——Ich *beschreibe*, was ich sehe, anders.

Gewisse Zeichnungen sieht man immer als Figuren in der Ebene, andere manchmal, oder auch immer, räumlich.

Da möchte man nun sagen: Der Gesichtseindruck der räumlich gesehenen Zeichnungen ist räumlich; ist für's Würfelschema z.B. ein Würfel. (Denn die Beschreibung des Eindrucks ist die Beschreibung eines Würfels.)

Und es ist dann merkwürdig, daß unser Eindruck für manche Zeichnungen etwas Flaches, für manche etwas Räumliches ist. Man fragt sich: "Wo soll das enden?"

Wenn ich das Bild eines dahinjagenden Pferdes sehe,—*weiß* ich nur, daß diese Bewegungsart gemeint ist? Ist es Aberglaube, daß ich es im Bilde dahinjagen *sehe*?——Und tut dies nun auch mein Gesichtseindruck?

Was teilt mir Einer mit, der sagt "Ich sehe es jetzt als . . . . ."? Welche Folgen hat diese Mitteilung? Was kann ich mit ihr anfangen?

Menschen assoziieren oft Farben mit Vokalen. Es könnte sein, daß für Manchen ein Vokal, wenn er öfters hintereinander ausgesprochen wird, seine Farbe wechselt. *a* ist für ihn z.B. 'jetzt blau—jetzt rot'.

Es könnte die Äußerung "Ich sehe es jetzt als . . ." uns nicht mehr bedeuten, als die: "*a* ist für mich jetzt rot".

(Gekuppelt mit physiologischen Beobachtungen könnte auch dieser Wechsel uns wichtig werden.)

Da fällt mir ein, daß in Gesprächen über ästhetische Gegenstände die Worte gebraucht werden: "Du mußt es *so* sehen, so ist es gemeint"; "Wenn du es *so* siehst, siehst du, wo der Fehler liegt"; "Du mußt diese Takte als Einleitung hören"; "Du mußt nach dieser Tonart hinhören"; "Du mußt es *so* phrasieren" (und das kann sich auf's Hören wie auf's Spielen beziehen).

(And yet my impression is not that of a real floating sphere either. There are various forms of 'three-dimensional seeing'. The three-dimensional character of a photograph and the three-dimensional character of what we see through a stereoscope.)

"And is it really a different impression?"—In order to answer this I should like to ask myself whether there is really something different there in me. But how can I find out?——I *describe* what I am seeing differently.

Certain drawings are always seen as flat figures, and others sometimes, or always, three-dimensionally.

Here one would now like to say: the visual impression of what is seen three-dimensionally is three-dimensional; with the schematic cube, for instance, it is a cube. (For the description of the impression is the description of a cube.)

And then it seems queer that with some drawings our impression should be a flat thing, and with some a three-dimensional thing. One asks oneself "Where is this going to end?"

When I see the picture of a galloping horse—do I merely *know* that this is the kind of movement meant? Is it superstition to think I *see* the horse galloping in the picture?——And does my visual impression gallop too?

What does anyone tell me by saying "Now I see it as . . . . ."? What consequences has this information? What can I do with it?

People often associate colours with vowels. Someone might find that a vowel changed its colour when it was repeated over and over again. He finds *a* 'now blue—now red', for instance.

The expression "Now I am seeing it as . . ." might have no more significance for us than: "Now I find *a* red".

(Linked with physiological observations, even this change might acquire importance for us.)

Here it occurs to me that in conversation on aesthetic matters we use the words: "You have to see it like *this*, this is how it is meant"; "When you see it like *this*, you see where it goes wrong"; "You have to hear this bar as an introduction"; "You must hear it in this key"; "You must phrase it like *this*" (which can refer to hearing as well as to playing).

Die Figur

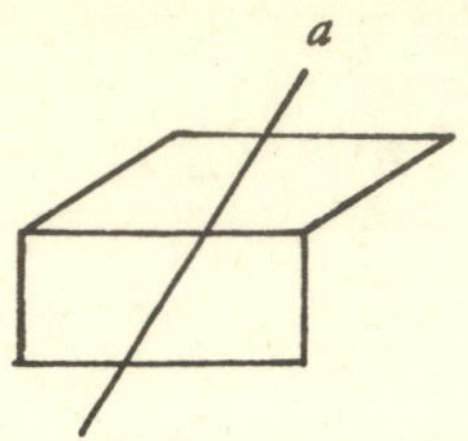

soll eine konvexe Stufe vorstellen und zur Demonstration von irgendwelchen räumlichen Vorgängen verwendet werden. Wir ziehen dazu etwa die Gerade *a* durch die Mittelpunkte der beiden Flächen.—Wenn nun Einer die Figur nur auf Augenblicke räumlich sähe, und auch dann bald als konkave, bald als konvexe Stufe, so könnte es ihm dadurch schwer werden, unserer Demonstration zu folgen. Und wenn für ihn der flache Aspekt mit einem räumlichen wechselt, so ist es hier nicht anders, als zeigte ich ihm während der Demonstration gänzlich verschiedene Gegenstände.

Was heißt es, wenn ich, eine Zeichnung in der darstellenden Geometrie betrachtend, sage: "Ich weiß, daß diese Linie hier wieder zum Vorschein kommt, aber ich kann sie nicht so *sehen*"? Heißt es einfach, daß mir die Geläufigkeit des Operierens in der Zeichnung fehlt, daß ich mich nicht so gut in ihr 'auskenne'?—Nun, diese Geläufigkeit ist gewiß eines unserer Kriterien. Was uns vom räumlichen Sehen der Zeichnung überzeugt, ist eine gewisse Art des 'sich Auskennens'. Gewisse Gesten z.B., die die räumlichen Verhältnisse andeuten: feine Abschattungen des Verhaltens.

Ich sehe, daß auf dem Bild der Pfeil das Tier durchdringt. Er hat es im Hals getroffen und ragt im Genick heraus. Das Bild sei eine Silhouette.—*Siehst* du den Pfeil—*weißt* du nur, daß diese beiden Stücke Teile eines Pfeils darstellen sollen?

(Vergleiche Köhlers Figur der einander durchdringenden Sechsecke.)

"Das ist doch kein *Sehen*!"——"Das ist doch ein Sehen!"—Beide müssen sich begrifflich rechtfertigen lassen.

Das ist doch ein Sehen! *Inwiefern* ist es ein Sehen?

"Die Erscheinung nimmt einen zuerst wunder, aber es wird gewiß eine physiologische Erklärung dafür gefunden werden."—

Unser Problem ist kein kausales, sondern ein begriffliches.

Würde mir das Bild des durchbohrten Tiers, oder der einander durchdringenden Sechsecke, für einen Augenblick nur gezeigt, und ich sollte es danach beschreiben, so wäre *das* die Beschreibung; sollte ich's zeichnen, so würde ich gewiß eine sehr fehlerhafte Kopie hervor-

This figure

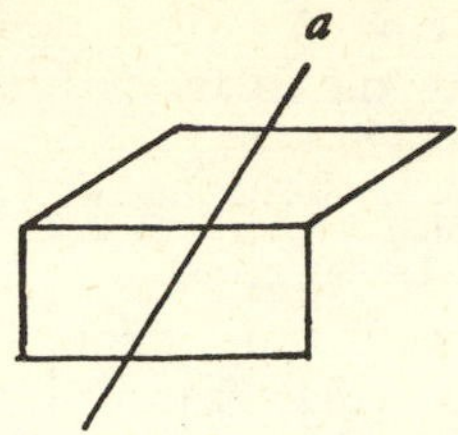

is supposed to represent a convex step and to be used in some kind of topological demonstration. For this purpose we draw the straight line *a* through the geometric centres of the two surfaces.—Now if anyone's three-dimensional impression of the figure were never more than momentary, and even so were now concave, now convex, that might make it difficult for him to follow our demonstration. And if he finds that the flat aspect alternates with a three-dimensional one, that is just as if I were to shew him completely different objects in the course of the demonstration.

What does it mean for me to look at a drawing in descriptive geometry and say: "I know that this line appears again here, but I can't *see* it like that"? Does it simply mean a lack of familiarity in operating with the drawing; that I don't 'know my way about' too well?—This familiarity is certainly one of our criteria. What tells us that someone is seeing the drawing three-dimensionally is a certain kind of 'knowing one's way about'. Certain gestures, for instance, which indicate the three-dimensional relations: fine shades of behaviour.

I see that an animal in a picture is transfixed by an arrow. It has struck it in the throat and sticks out at the back of the neck. Let the picture be a silhouette.—Do you *see* the arrow—or do you merely *know* that these two bits are supposed to represent part of an arrow?

(Compare Köhler's figure of the interpenetrating hexagons.)

"But this isn't *seeing*!"——"But this is seeing!"—It must be possible to give both remarks a conceptual justification.

But this is seeing! *In what sense* is it seeing?

"The phenomenon is at first surprising, but a physiological explanation of it will certainly be found."—

Our problem is not a causal but a conceptual one.

If the picture of the transfixed beast or of the interpenetrating hexagons were shewn to me just for a moment and then I had to describe it, *that* would be my description; if I had to draw it I should

bringen, aber sie würde eine Art Tier von einem Pfeil durchbohrt zeigen, oder zwei Sechsecke, die einander durchdringen. D.h.: Gewisse Fehler würde ich *nicht* machen.

Das erste, was mir an diesem Bild in die Augen springt, ist: es sind zwei Sechsecke.

Nun schaue ich sie an und frage mich: "Sehe ich sie wirklich *als* Sechsecke?"—und zwar die ganze Zeit, während sie vor meinen Augen sind? (Vorausgesetzt, daß sich ihr Aspekt dabei nicht geändert hat.)— Und ich möchte antworten: "Ich denke nicht die ganze Zeit an sie als Sechsecke."

Einer sagt mir: "Ich habe es sofort als zwei Sechsecke gesehen. Ja das war *alles*, *was* ich gesehen habe." Aber wie verstehe ich das? Ich denke, er hätte auf die Frage "Was siehst du?" gleich mit dieser Beschreibung geantwortet, auch hätte er sie nicht als eine von mehreren möglichen behandelt. Sie ist darin gleich der Antwort "Ein Gesicht", wenn ich ihm die Figur

gezeigt hätte.

Die beste Beschreibung, die ich von dem geben kann, was mir auf einen Augenblick gezeigt wurde, ist *das*: . . . . .

"Der Eindruck war der von einem sich bäumenden Tier." Es kam also eine ganz bestimmte Beschreibung.—War das das *Sehen*, oder war es ein Gedanke?

Versuche nicht, in dir selbst das Erlebnis zu analysieren!

Es hätte ja auch sein können, daß ich das Bild zuerst als etwas anderes sah, und mir dann sagte "Ach, es sind zwei Sechsecke!" Der Aspekt hätte sich also geändert. Und beweist das nun, daß ich's tatsächlich als etwas Bestimmtes *sah*?

"Ist es ein *echtes* Seherlebnis?" Die Frage ist: Inwiefern ist es eins.

Es ist hier *schwierig*, zu sehen, daß es sich um Begriffsbestimmungen handelt.

Ein *Begriff* drängt sich auf. (Das darfst du nicht vergessen.)

Wann würde ich's denn ein bloßes Wissen, kein Sehen, nennen?— Etwa, wenn Einer das Bild wie eine Werkzeichnung behandelte, es *läse*, wie eine Blaupause. (Feine Abschattungen des Benehmens.— Warum sind sie *wichtig*? Sie haben wichtige Folgen.)

certainly produce a very faulty copy, but it would shew some sort of animal transfixed by an arrow, or two hexagons interpenetrating. That is to say: there are certain mistakes that I should *not* make.

The first thing to jump to my eye in this picture is: there are two hexagons.

Now I look at them and ask myself: "Do I really see them *as* hexagons?"—and for the whole time they are before my eyes? (Assuming that they have not changed their aspect in that time.)—And I should like to reply: "I am not thinking of them as hexagons the whole time."

Someone tells me: "I saw it at once as two hexagons. And that's the *whole* of *what* I saw." But how do I understand this? I think he would have given this description at once in answer to the question "What are you seeing?", nor would he have treated it as one among several possibilities. In this his description is like the answer "A face" on being shewn the figure

The best description I can give of what was shewn me for a moment is *this*: . . . . .

"The impression was that of a rearing animal." So a perfectly definite description came out.—Was it *seeing*, or was it a thought?

Do not try to analyse your own inner experience.

Of course I might also have seen the picture first as something different, and then have said to myself "Oh, it's two hexagons!" So the aspect would have altered. And does this prove that I in fact *saw* it as something definite?

"Is it a *genuine* visual experience?" The question is: in what sense is it one?

Here it is *difficult* to see that what is at issue is the fixing of concepts. A *concept* forces itself on one. (This is what you must not forget.)

For when should I call it a mere case of knowing, not seeing?—Perhaps when someone treats the picture as a working drawing, *reads* it like a blueprint. (Fine shades of behaviour.—Why are they *important*? They have important consequences.)

"Es ist für mich ein Tier, vom Pfeil durchbohrt." Ich behandle es als das; dies ist meine *Einstellung* zur Figur. Das ist eine Bedeutung davon, es ein 'Sehen' zu nennen.

Kann ich aber auch im gleichen Sinne sagen: "Dies sind für mich zwei Sechsecke"? Nicht im gleichen Sinne, aber in einem ähnlichen.

Du mußt an die Rolle denken, welche Bilder vom Charakter der Gemälde (im Gegensatz zu Werkzeichnungen) in unserem Leben spielen. Und hier besteht durchaus nicht Einförmigkeit.

Damit zu vergleichen: Man hängt sich manchmal Sprüche an die Wand. Aber nicht Lehrsätze der Mechanik. (Unser Verhältnis zu diesen beiden.)

Von dem, der die Zeichnung als dies Tier sieht, werde ich mir manches andere erwarten, als von dem, der nur weiß, was sie darstellen soll.

Besser wäre vielleicht dieser Ausdruck gewesen: Wir *betrachten* die Photographie, das Bild an unserer Wand, als das Objekt selbst (Mensch, Landschaft, etc.), welches auf ihnen dargestellt ist.

Dies müßte nicht sein. Wir könnten uns leicht Menschen vorstellen, die zu solchen Bildern nicht dies Verhältnis hätten. Menschen z.B., die von Photographieen abgestoßen würden, weil ihnen ein Gesicht ohne Farbe, ja vielleicht ein Gesicht in verkleinertem Maßstab, unmenschlich vorkäme.

Wenn ich nun sage "Wir betrachten ein Porträt als Menschen",—wann und wie lange tun wir dies? *Immer*, wenn wir's überhaupt sehen (und es nicht etwa als etwas anderes sehen)?

Ich könnte das bejahen, und dadurch würde ich den Begriff des Betrachtens bestimmen.—Die Frage ist, ob noch ein anderer, verwandter Begriff für uns wichtig wird, der eines so-Sehens (nämlich), das nur statthat, während ich mich mit dem Bild als dem Gegenstand (der dargestellt ist) beschäftige.

Ich könnte sagen: Ein Bild *lebt* nicht immer für mich, während ich es sehe.

"Ihr Bild lächelt mich von der Wand an." Das muß es nicht immer tun, wenn gerade mein Blick darauf fällt.

Der H-E-Kopf. Man fragt sich: Wie ist es möglich, daß das Auge, dieser *Punkt*, in einer Richtung blickt?—"*Sieh, wie er blickt*!"(Und dabei 'blickt' man selbst.) Aber man sagt und tut das nicht in einem fort, während man das Bild betrachtet. Und was ist nun dieses "Sieh, wie er blickt!"—ist es der Ausdruck einer Empfindung?

"To me it is an animal pierced by an arrow." That is what I treat it as; this is my *attitude* to the figure. This is one meaning in calling it a case of 'seeing'.

But can I say in the same sense: "To me these are two hexagons"? Not in the same sense, but in a similar one.

You need to think of the role which pictures such as paintings (as opposed to working drawings) have in our lives. This role is by no means a uniform one.

A comparison: texts are sometimes hung on the wall. But not theorems of mechanics. (Our relation to these two things.)

If you see the drawing as such-and-such an animal, what I expect from you will be pretty different from what I expect when you merely know what it is meant to be.

Perhaps the following expression would have been better: we *regard* the photograph, the picture on our wall, as the object itself (the man, landscape, and so on) depicted there.

This need not have been so. We could easily imagine people who did not have this relation to such pictures. Who, for example, would be repelled by photographs, because a face without colour and even perhaps a face reduced in scale struck them as inhuman.

I say: "We regard a portrait as a human being,"—but when do we do so, and for how long? *Always*, if we see it at all (and do not, say, see it as something else)?

I might say yes to this, and that would determine the concept of regarding-as.—The question is whether yet another concept, related to this one, is also of importance to us: that, namely, of a seeing-as which only takes place while I am actually concerning myself with the picture as the object depicted.

I might say: a picture does not always *live* for me while I am seeing it.

"Her picture smiles down on me from the wall." It need not always do so, whenever my glance lights on it.

The duck-rabbit. One asks oneself: how can the eye—this *dot*—be looking in a direction?—"*See, it is looking!*" (And one 'looks' oneself as one says this.) But one does not say and do this the whole time one is looking at the picture. And now, what is this "See, it's looking!" —does it express a sensation?

(Ich strebe nicht mit allen diesen Beispielen irgend eine Vollständigkeit an. Nicht eine Klassifikation der psychologischen Begriffe. Sie sollen nur den Leser in den Stand setzen, sich in begrifflichen Unklarheiten zu helfen.)

"Ich sehe es jetzt als ein . . . ." geht zusammen mit "Ich versuche, es als ein . . . . zu sehen", oder "Ich kann es noch nicht als ein . . . sehen". Ich kann aber nicht versuchen, das konventionelle Bild eines Löwen *als* Löwen zu sehen, sowenig wie ein F als diesen Buchstaben. (Wohl aber z.B. als einen Galgen.)

Frage dich nun nicht "Wie geht es mit *mir*?"—Frage: "Was weiß ich vom Andern?"

Wie spielt man denn das Spiel: "Es könnte auch *das* sein"? (*Das*, was die Figur auch sein könnte—und das ist das, als was sie gesehen werden kann—ist nicht einfach eine andere Figur. Wer sagt "Ich sehe

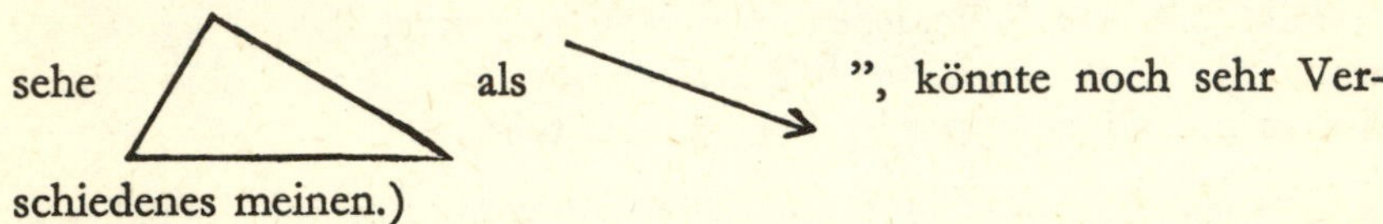

als ", könnte noch sehr Verschiedenes meinen.)

Kinder spielen dieses Spiel. Sie sagen von einer Kiste z.B., sie ist jetzt ein Haus; und sie wird darauf ganz als ein Haus ausgedeutet. Eine Erfindung in sie gewoben.

Und *sieht* das Kind die Kiste nun als Haus?
"Er vergißt ganz, daß es eine Kiste ist; es ist für ihn tatsächlich ein Haus." (Dafür gibt es bestimmte Anzeichen.) Wäre es dann nicht auch richtig zu sagen, er *sehe* sie als Haus?

Und wer nun so spielen könnte, und in einer bestimmten Situation mit besonderem Ausdruck ausriefe "Jetzt ist es ein Haus!"—der würde dem Aufleuchten des Aspekts Ausdruck geben.

Hörte ich Einen über das H-E-Bild reden, und *jetzt*, in gewisser Weise, über den besonderen Ausdruck dieses Hasengesichts, so würde ich sagen, er sehe das Bild jetzt als Hasen.

Der Ausdruck der Stimme und Gebärde aber ist der gleiche, als hätte sich das Objekt geändert und wäre nun endlich zu dem oder jenem *geworden*.

Ich lasse mir ein Thema wiederholt und jedesmal in einem langsameren Tempo vorspielen. Endlich sage ich "*Jetzt* ist es richtig", oder "*Jetzt* erst ist es ein Marsch", "*Jetzt* erst ist es ein Tanz".—In *iesem* Ton drückt sich auch das Aufleuchten des Aspekts aus.

(In giving all these examples I am not aiming at some kind of completeness, some classification of psychological concepts. They are only meant to enable the reader to shift for himself when he encounters conceptual difficulties.)

"Now I see it as a . . . ." goes with "I am trying to see it as a . . . ." or "I can't see it as a . . . . yet". But I cannot try to see a conventional picture of a lion *as* a lion, any more than an F as that letter. (Though I may well try to see it as a gallows, for example.)

Do not ask yourself "How does it work with *me*?"—Ask "What do I know about someone else?"

How does one play the game: "It could be *this* too"? (What a figure could also be—which is what it can be seen as—is not simply another figure. If someone said "I see

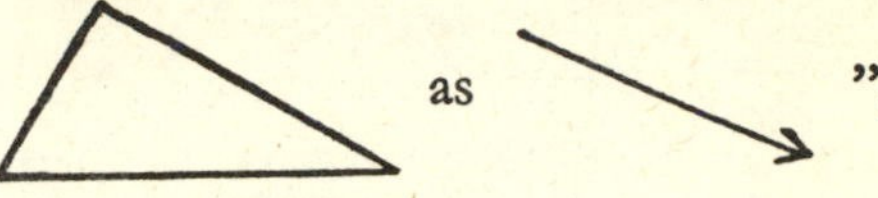

as ", he might still be meaning very different things.)

Here is a game played by children: they say that a chest, for example, is a house; and thereupon it is interpreted as a house in every detail. A piece of fancy is worked into it.

And does the child now *see* the chest as a house?

"He quite forgets that it is a chest; for him it actually is a house." (There are definite tokens of this.) Then would it not also be correct to say he *sees* it as a house?

And if you knew how to play this game, and, given a particular situation, you exclaimed with special expression "Now it's a house!"—you would be giving expression to the dawning of an aspect.

If I heard someone talking about the duck-rabbit, and *now* he spoke in a certain way about the special expression of the rabbit's face I should say, now he's seeing the picture as a rabbit.

But the expression in one's voice and gestures is the same as if the object had altered and had ended by *becoming* this or that.

I have a theme played to me several times and each time in a slower tempo. In the end I say "*Now* it's right", or "*Now* at last it's a march", "*Now* at last it's a dance".—The same tone of voice expresses the dawning of an aspect.

'Feine Abschattungen des Benehmens'—Wenn sich mein Verstehen des Themas darin äußert, daß ich es mit dem richtigen Ausdruck pfeife, so ist das ein Beispiel dieser feinen Abschattungen.

Die Aspekte des Dreiecks: Es ist, wie wenn eine *Vorstellung* mit dem Gesichtseindruck in Berührung käme und für eine Zeit in Berührung bliebe.

Darin unterscheiden sich diese Aspekte aber vom konkaven und konvexen Aspekt der Stufe (z.B.). Auch von den Aspekten der Figur

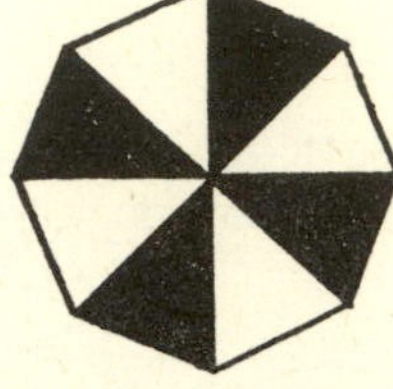

(ich werde sie "Doppelkreuz" nennen) als weißes Kreuz auf schwarzem Grund und als schwarzes Kreuz auf weißem Grund.

Du mußt bedenken, daß die Beschreibung der miteinander abwechselnden Aspekte in jedem Falle von andrer Art sind.

(Die Versuchung, zu sagen, "Ich sehe es *so*", indem man bei "es" und "so" auf das Gleiche zeigt.) Eliminiere dir immer das private Objekt, indem du annimmst: es ändere sich fortwährend; du merkst es aber nicht, weil dich dein Gedächtnis fortwährend täuscht.

Jene beiden Aspekte des Doppelkreuzes (ich werde sie die Aspekte A nennen) ließen sich z.B. einfach dadurch mitteilen, daß der Betrachter abwechselnd auf ein freistehendes weißes und auf ein freistehendes schwarzes Kreuz zeigt.

Ja, man könnte sich denken, daß dies eine primitive Reaktion eines Kindes wäre, noch ehe es sprechen kann.

(Bei der Mitteilung der Aspekte A wird also auf einen Teil der Doppelkreuzfigur hingewiesen.—Den H- und E-Aspekt könnte man auf analoge Weise nicht beschreiben.)

Nur der 'sieht die Aspekte H und E', der die Gestalten jener beiden Tiere innehat. Eine analoge Bedingung gibt es für die Aspekte A nicht.

Den H-E-Kopf kann jemand einfach für das Bild eines Hasen halten, das Doppelkreuz für das Bild eines schwarzen Kreuzes, aber die bloß Dreiecksfigur nicht für das Bild eines umgefallenen Gegenstands. Diesen Aspekt des Dreiecks zu sehen, braucht es *Vorstellungskraft*.

'Fine shades of behaviour.'—When my understanding of a theme is expressed by my whistling it with the correct expression, this is an example of such fine shades.

The aspects of the triangle: it is as if an *image* came into contact, and for a time remained in contact, with the visual impression.

In this, however, these aspects differ from the concave and convex aspects of the step (for example). And also from the aspects of the figure

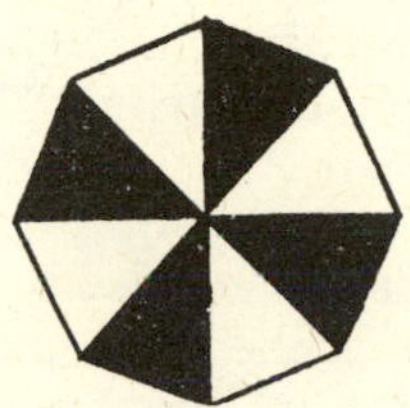

(which I shall call a "double cross") as a white cross on a black ground and as a black cross on a white ground.

You must remember that the descriptions of the alternating aspects are of a different kind in each case.

(The temptation to say "I see it like *this*", pointing to the same thing for "it" and "this".) Always get rid of the idea of the private object in this way: assume that it constantly changes, but that you do not notice the change because your memory constantly deceives you.

Those two aspects of the double cross (I shall call them the aspects A) might be reported simply by pointing alternately to an isolated white and an isolated black cross.

One could quite well imagine this as a primitive reaction in a child even before it could talk.

(Thus in reporting the aspects A we point to a part of the double cross.—The duck and rabbit aspects could not be described in an analogous way.)

You only 'see the duck and rabbit aspects' if you are already conversant with the shapes of those two animals. There is no analogous condition for seeing the aspects A.

It is possible to take the duck-rabbit simply for the picture of a rabbit, the double cross simply for the picture of a black cross, but not to take the bare triangular figure for the picture of an object that has fallen over. To see this aspect of the triangle demands *imagination*.

Die Aspekte A sind nicht wesentlich räumliche Aspekte; ein schwarzes Kreuz auf weißem Grunde nicht wesentlich eines, das eine weiße Fläche zum Hintergrund hat. Man könnte Einem den Begriff des schwarzen Kreuzes auf andersfärbigem Grunde beibringen, ohne ihm je andere als auf Papierbogen gemalte Kreuze zu zeigen. Der 'Hintergrund' ist hier einfach die Umgebung der Kreuzfigur.

Die Aspekte A hängen nicht in gleicher Weise mit einer möglichen Täuschung zusammen, wie die räumlichen Aspekte der Würfelzeichnung oder der Stufe.

Ich kann das Würfelschema als Schachtel sehen;—aber auch: einmal als Papier-, einmal, als Blechschachtel?—Was sollte ich dazu sagen, wenn jemand mich versicherte, *er* könnte es?—Ich kann hier eine Begriffsgrenze ziehen.

Denke aber an den Ausdruck '*empfunden*' bei der Betrachtung eines Bildes. ("Man fühlt die Weichheit dieses Stoffes.") (Das *Wissen* im Traum. "Und ich *wußte*, daß in dem Zimmer der . . . war.")

Wie lehrt man ein Kind (etwa beim Rechnen) "Jetzt nimm *diese* Punkte zusammen!" oder "Jetzt gehören *die* zusammen"? Offenbar muß "zusammennehmen" und "zusammengehören" ursprünglich eine andere Bedeutung für ihn gehabt haben, als die, etwas so, oder so *sehen*. —Und das ist eine Bemerkung über Begriffe, nicht über Unterrichtsmethoden.

Eine *Art* der Aspekte könnte man "Aspekte der Organisation" nennen. Wechselt der Aspekt, so sind Teile des Bildes zusammengehörig, die früher nicht zusammengehörig waren.

Ich kann im Dreieck jetzt *das* als Spitze, *das* als Grundlinie sehen— jetzt *das* als Spitze und *das* als Grundlinie.—Es ist klar, daß dem Schüler, der nur eben erst mit dem Begriff Spitze, Grundlinie, etc. Bekanntschaft gemacht hat, die Worte "Ich sehe jetzt *das* als Spitze" noch nichts sagen können.—Aber das meine ich nicht als Erfahrungssatz.

Nur von dem würde man sagen, er sähe es jetzt *so*, jetzt *so*, der *imstande ist*, mit Geläufigkeit gewisse Anwendungen von der Figur zu machen.

Das Substrat dieses Erlebnisses ist das Beherrschen einer Technik.

Wie seltsam aber, daß dies die logische Bedingung dessen sein soll, daß Einer das und das *erlebt*! Du sagst doch nicht, nur der 'habe Zahnschmerzen', der das und das zu tun imstande sei.—Woraus folgt, daß wir's hier nicht mit dem selben Erlebnisbegriff zu tun haben können. Es ist ein anderer, wenn auch verwandter.

The aspects A are not essentially three-dimensional; a black cross on a white ground is not essentially a cross with a white surface in the background. You could teach someone the idea of the black cross on a ground of different colour without shewing him anything but crosses painted on sheets of paper. Here the 'background' is simply the surrounding of the cross.

The aspects A are not connected with the possibility of illusion in the same way as are the three-dimensional aspects of the drawing of a cube or step.

I can see the schematic cube as a box;—but can I also see it now as a paper, now as a tin, box?—What ought I to say, if someone assured me *he* could?—I can set a limit to the concept here.

Yet think of the expression "*felt*" in connexion with looking at a picture. ("One feels the softness of that material.") (*Knowing* in dreams. "And I *knew* that . . . was in the room.")

How does one teach a child (say in arithmetic) "Now take *these* things together!" or "Now *these* go together"? Clearly "taking together" and "going together" must originally have had another meaning for him than that of *seeing* in this way or that.—And this is a remark about concepts, not about teaching methods.

One *kind* of aspect might be called 'aspects of organization'. When the aspect changes parts of the picture go together which before did not.

In the triangle I can see now *this* as apex, *that* as base—now *this* as apex, *that* as base.—Clearly the words "Now I am seeing *this* as the apex" cannot so far mean anything to a learner who has only just met the concepts of apex, base, and so on.—But I do not mean this as an empirical proposition.

"Now he's seeing it like *this*", "now like *that*" would only be said of someone *capable* of making certain applications of the figure quite freely.

The substratum of this experience is the mastery of a technique.

But how queer for this to be the logical condition of someone's having such-and-such an *experience*! After all, you don't say that one only 'has toothache' if one is capable of doing such-and-such.—From this it follows that we cannot be dealing with the same concept of experience here. It is a different though related concept.

Nur von Einem, der das und das *kann*, gelernt hat, beherrscht, hat es Sinn zu sagen, er habe *das* erlebt.

Und wenn das närrisch klingt, mußt du bedenken, daß der *Begriff* des Sehens hier modifiziert wird. (Eine ähnliche Überlegung ist oft nötig, um das Schwindelgefühl in der Mathematik zu vertreiben.)

Wir sprechen, machen Äusserungen, und erst *später* erhalten wir ein Bild von ihrem Leben.

Wie konnte ich denn sehen, daß diese Stellung zaghaft war, ehe ich wußte, daß sie eine Stellung und nicht die Anatomie dieses Wesens ist?

Aber heißt das nicht nur, daß ich *diesen* Begriff, der sich eben nicht *nur* auf Visuelles bezieht, dann zur Beschreibung des Gesehenen nicht verwenden könnte?—Könnte ich nicht dennoch einen rein-visuellen Begriff der zaghaften Stellung, des furchtsamen Gesichts haben?

Ein solcher wäre dann mit den Begriffen 'dur' und 'moll' zu vergleichen, die wohl einen Gefühlswert haben, aber auch einzig zur Beschreibung der wahrgenommenen Struktur gebraucht werden können.

Das Epitheton "traurig" auf das Strichgesicht angewendet, z.B., charakterisiert die Gruppierung von Strichen in einem Oval. Angewendet auf den Menschen hat es eine andere (obgleich verwandte) Bedeutung. (Das heißt aber *nicht*, daß der traurige Gesichtsausdruck dem Gefühl der Traurigkeit *ähnlich* sei!)

Bedenke auch dies: Rot und Grün kann ich nur sehen, aber nicht hören,—die Traurigkeit aber, soweit ich sie sehen kann, kann ich sie auch hören.

Denk nur an den Ausdruck "Ich hörte eine klagende Melodie"! Und nun die Frage: "*Hört* er das Klagen?"

Und wenn ich antworte: "Nein, er hört es nicht; er empfindet es nur"—was ist damit getan? Man kann ja nicht einmal ein Sinnesorgan dieser 'Empfindung' angeben.

Mancher möchte nun antworten: "Freilich hör ich's!"—Mancher: "Ich *höre* es eigentlich nicht."

Es lassen sich aber Begriffsunterschiede feststellen.

Wir reagieren anders auf den Gesichtseindruck, als der, der ihn nicht als furchtsam (im *vollen* Sinne des Wortes) erkennt.—Nun will ich aber *nicht* sagen, wir spüren in den Muskeln und Gelenken diese Reaktion, und dies sei die 'Empfindung'.—Nein, wir haben hier einen modifizierten *Empfindungs*begriff.

It is only if someone *can do*, has learnt, is master of, such-and-such, that it makes sense to say he has had *this* experience.

And if this sounds crazy, you need to reflect that the *concept* of seeing is modified here. (A similar consideration is often necessary to get rid of a feeling of dizziness in mathematics.)

We talk, we utter words, and only *later* get a picture of their life.

For how could I see that this posture was hesitant before I knew that it was a posture and not the anatomy of the animal?

But surely that only means that I cannot use *this* concept to describe the object of sight, just because it has *more* than purely visual reference?—Might I not for all that have a purely visual concept of a hesitant posture, or of a timid face?

Such a concept would be comparable with 'major' and 'minor' which certainly have emotional value, but can also be used purely to describe a perceived structure.

The epithet "sad", as applied for example to the outline face, characterizes the grouping of lines in a circle. Applied to a human being it has a different (though related) meaning. (But this does *not* mean that a sad expression is *like* the feeling of sadness!)

Think of this too: I can only see, not hear, red and green,—but sadness I can hear as much as I can see it.

Think of the expression "I heard a plaintive melody". And now the question is: "Does he *hear* the plaint?"

And if I reply: "No, he doesn't hear it, he merely has a sense of it"—where does that get us? One cannot mention a sense-organ for this 'sense'.

Some would like to reply here: "Of course I hear it!"—Others: "I don't really *hear* it."

We can, however, establish differences of concept here.

We react to the visual impression differently from someone who does not recognize it as timid (in the *full* sense of the word).—But I do *not* want to say here that we feel this reaction in our muscles and joints and that this is the 'sensing'.—No, what we have here is a modified concept of *sensation*.

Man könnte von Einem sagen, er sei für den *Ausdruck* in einem Gesicht blind. Aber fehlte deshalb seinem Gesichtssinn etwas?

Aber das ist natürlich nicht einfach eine Frage der Physiologie. Das Physiologische ist hier ein Symbol für das Logische.

Wer den Ernst einer Melodie empfindet, was nimmt der wahr?—Nichts, was sich durch Wiedergabe des Gehörten mitteilen ließe.

Von einem beliebigen Schriftzeichen—diesem etwa —kann ich mir vorstellen, es sei ein streng korrekt geschriebener Buchstabe irgendeines fremden Alphabets. Oder aber, es sei ein fehlerhaft geschriebener; und zwar fehlerhaft auf die eine, oder andere Weise: z.B. schleuderhaft, oder typisch kindisch-ungeschickt, oder bürokratisch verschnörkelt. Es könnte in verschiedener Weise vom korrekt geschriebenen abweichen.—Und je nach der Erdichtung, mit der ich es umgebe, kann ich es in verschiedenen Aspekten sehen. Und hier besteht enge Verwandtschaft mit dem 'Erleben der Bedeutung eines Wortes'.

Ich möchte sagen, daß, was hier aufleuchtet, nur so lange stehen bleibt, als eine bestimmte Beschäftigung mit dem betrachteten Objekt dauert. ("Sieh, wie er blickt.")——'Ich möchte sagen'—und *ist* es so?—Frage dich: "Wie lange fällt mir etwas auf?"—Wie lange ist es mir *neu*?

Im Aspekt ist eine Physiognomie vorhanden, die nachher vergeht. Es ist beinahe, als wäre da ein Gesicht, welches ich zuerst *nachahme*, und dann hinnehme, ohne es nachzuahmen.—Und ist das nicht eigentlich genug der Erklärung?—Aber, ist es nicht zu viel?

"Ich bemerkte die Ähnlichkeit zwischen ihm und seinem Vater für ein paar Minuten, dann nicht mehr."—Das könnte man sagen, wenn sich sein Gesicht ändert und nur für kurze Zeit seinem Vater ähnlich sieht. Aber es kann auch heißen: Nach ein paar Minuten ist mir ihre Ähnlichkeit nicht mehr aufgefallen.

"Nachdem dir die Ähnlichkeit aufgefallen war,—wie lange warst du dir ihrer bewußt?" Wie könnte man diese Frage beantworten?—"Ich habe bald nicht mehr an sie gedacht" oder "Sie ist mir von Zeit zu Zeit immer wieder aufgefallen" oder "Es ist mir einigemale durch den Kopf gegangen: Wie ähnlich sie doch sind!" oder "Ich habe gewiß eine Minute lang die Ähnlichkeit angestaunt".—So etwa sehen die Antworten aus.

Ich möchte die Frage stellen: "Bin ich mir der Raumhaftigkeit, Tiefe, eines Gegenstandes (dieses Schranks z.B.), während ich ihn

One might say of someone that he was blind to the *expression* of a face. Would his eyesight on that account be defective?

This is, of course, not simply a question for physiology. Here the physiological is a symbol of the logical.

If you feel the seriousness of a tune, what are you perceiving?—Nothing that could be conveyed by reproducing what you heard.

I can imagine some arbitrary cipher—this, for instance: [cipher]—to be a strictly correct letter of some foreign alphabet. Or again, to be a faultily written one, and faulty in this way or that: for example, it might be slap-dash, or typical childish awkwardness, or like the flourishes in a legal document. It could deviate from the correctly written letter in a variety of ways.—And I can see it in various aspects according to the fiction I surround it with. And here there is a close kinship with 'experiencing the meaning of a word'.

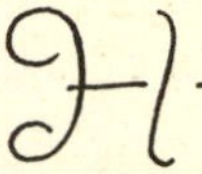

I should like to say that what dawns here lasts only as long as I am occupied with the object in a particular way. ("See, it's looking!")——'I should like to say'—and *is* it so?——Ask yourself "For how long am I struck by a thing?"—For how long do I find it *new*?

The aspect presents a physiognomy which then passes away. It is almost as if there were a face there which at first I *imitate*, and then accept without imitating it.—And isn't this really explanation enough?—But isn't it too much?

"I observed the likeness between him and his father for a few minutes, and then no longer."—One might say this if his face were changing and only looked like his father's for a short time. But it can also mean that after a few minutes I stopped being struck by the likeness.

"After the likeness had struck you, how long were you aware of it?" What kind of answer might one give to this question?—"I soon stopped thinking about it", or "It struck me again from time to time", or "I several times had the thought, how like they are!", or "I marvelled at the likeness for at least a minute"—That is the sort of answer you would get.

I should like to put the question "Am I *aware* of the spatial character, the depth of an object (of this cupboard for instance), the *whole* time

sehe, *immer bewußt?*" *Fühle* ich sie, sozusagen, die ganze Zeit?—Aber stell die Frage in der dritten Person.—Wann würdest du sagen, er sei sich ihrer immer bewußt? wann das Gegenteil?—Man könnte ihn ja fragen,—aber wie hat er gelernt, auf diese Frage zu antworten?—Er weiß, was es heißt "ununterbrochen einen Schmerz fühlen". Aber das wird ihn hier nur verwirren (wie es auch mich verwirrt).

Wenn er nun sagt, er sei sich der Tiefe fortwährend bewußt,—glaube ich's ihm? Und sagt er, er sei sich ihrer nur von Zeit zu Zeit bewußt (wenn er von ihr redet, etwa)—glaub ich ihm *das*? Es wird mir vorkommen, als ruhten diese Antworten auf falscher Grundlage.—Anders aber, wenn er sagt, der Gegenstand komme ihm manchmal flach, manchmal räumlich vor.

Es erzählt mir einer: "Ich sah die Blume an, dachte aber an etwas anderes und war mir ihrer Farbe nicht bewußt." Versteh ich das?—Ich kann mir einen sinnvollen Zusammenhang dazu denken; es würde etwa weitergehen: "Dann plötzlich *sah* ich sie und erkannte, daß es die war, welche . . . . . . ".

Oder auch: "Hätte ich mich damals abgewandt, ich hätte nicht sagen können, welche Farbe sie hatte."

"Er blickte sie an, ohne sie zu sehen."—Das gibt's. Aber was ist das Kriterium dafür?—Es gibt da eben verschiedenerlei Fälle.

"Ich habe jetzt mehr auf die Form, als auf die Farbe geschaut." Laß dich nur solche Wendungen des Ausdrucks nicht verwirren. Vor allem, denk nicht "Was mag da wohl im Aug' oder im Gehirn vor sich gehen?"

Die Ähnlichkeit fällt mir auf, und das Auffallen erlischt.

Sie fiel mir nur für wenige Minuten auf, dann nicht mehr.

Was geschah da?—Wessen kann ich mich entsinnen? Mein eigener Gesichtsausdruck kommt mir in den Sinn, ich könnte ihn nachmachen. Hätte Einer, der mich kennt, mein Gesicht gesehen, er hätte gesagt: "Es ist dir jetzt etwas an seinem Gesicht aufgefallen."—Auch fällt mir ein, was ich bei so einer Gelegenheit etwa hörbar, oder nur in mir selbst, sage. Und das ist alles.—Und ist das das Auffallen? Nein. Das sind die Erscheinungen des Auffallens; aber die *sind* 'was geschieht'.

Ist das Auffallen Schauen + Denken? Nein. Viele unserer Begriffe *kreuzen* sich hier.

('Denken' und 'in der Vorstellung sprechen'—ich sage nicht "zu sich selbst sprechen"—sind verschiedene Begriffe.)

I am seeing it?" Do I, so to speak, *feel* it the whole time?—But put the question in the third person.—When would you say of someone that he was aware of it the whole time, and when the opposite?—Of course, one could ask him,—but how did he learn how to answer such a question?—He knows what it means "to feel pain continuously". But that will only confuse him here (as it confuses me).

If he now says he is continuously aware of the depth—do I believe him? And if he says he is aware of it only occasionally (when talking about it, perhaps)—do I believe *that*? These answers will strike me as resting on a false foundation.—It will be different if he says that the object sometimes strikes him as flat, sometimes as three-dimensional.

Someone tells me: "I looked at the flower, but was thinking of something else and was not conscious of its colour." Do I understand this?—I can imagine a significant context, say his going on: "Then I suddenly *saw* it, and realized it was the one which . . . . . .".

Or again: "If I had turned away then, I could not have said what colour it was."

"He looked at it without seeing it."—There is such a thing. But what is the criterion for it?—Well, there is a variety of cases here.

"Just now I looked at the shape rather than at the colour." Do not let such phrases confuse you. Above all, don't wonder "What can be going on in the eyes or brain?"

The likeness makes a striking impression on me; then the impression fades.

It only struck me for a few minutes, and then no longer did.

What happened here?—What can I recall? My own facial expression comes to mind; I could reproduce it. If someone who knew me had seen my face he would have said "Something about his face struck you just now".—There further occurs to me what I say on such an occasion, out loud or to myself. And that is all.—And is this what being struck is? No. These are the phenomena of being struck; but they *are* 'what happens'.

Is being struck looking plus thinking? No. Many of our concepts *cross* here.

('Thinking' and 'inward speech'—I do not say '*to* oneself'—are different concepts.)

Der Farbe des Objekts entspricht die Farbe im Gesichtseindruck (dies Fließpapier scheint mir rosa, und es ist rosa)—der Form des Objekts die Form im Gesichtseindruck (es scheint mir rechteckig, und es ist rechteckig)—aber was ich im Aufleuchten des Aspekts wahrnehme, ist nicht eine Eigenschaft des Objekts, es ist eine interne Relation zwischen ihm und andern Objekten.

Es ist beinahe, als ob das 'Sehen des Zeichens in diesem Zusammenhang' ein Nachhall eines Gedankens wäre.

"Ein im Sehen nachhallender Gedanke"—möchte man sagen.

Denk dir eine physiologische Erklärung für das Erlebnis. Es sei die: Beim Betrachten der Figur bestreicht der Blick sein Objekt wieder und wieder entlang einer bestimmten Bahn. Die Bahn entspricht einer besonderen Form der Oszillation der Augäpfel beim Schauen. Es kann geschehen, daß eine solche Bewegungsart in eine andere überspringt und die beiden miteinander abwechseln (Aspekte A). Gewisse Bewegungsformen sind physiologisch unmöglich; daher kann ich z.B. das Würfelschema nicht als zwei einander durchdringende Prismen sehen. U.s.f.. Dies sei die Erklärung.—"Ja, nun weiß ich, daß es eine Art *Sehen* ist."—Du hast jetzt ein neues, ein physiologisches Kriterium des Sehens eingeführt. Und das kann das alte Problem verdecken, aber nicht lösen.—Der Zweck dieser Bemerkung war aber, uns vor Augen zu führen, was geschieht, wenn uns eine physiologische Erklärung dargeboten wird. Der psychologische Begriff schwebt über dieser Erklärung unberührt. Und die Natur unseres Problems wird dadurch klarer.

Sehe ich wirklich jedesmal etwas anderes, oder deute ich nur, was ich sehe, auf verschiedene Weise? Ich bin geneigt, das erste zu sagen. Aber warum?—Deuten ist ein Denken, ein Handeln; Sehen ein Zustand.

Nun, die Fälle, in welchen wir *deuten*, sind leicht zu erkennen. Deuten wir, so machen wir Hypothesen, die sich als falsch erweisen mögen.—"Ich sehe diese Figur als ein . . . . . ." kann sowenig verifiziert werden (oder nur in dem Sinne) wie "Ich sehe ein leuchtendes Rot". Es besteht also eine Ähnlichkeit der Verwendung von "*sehen*" in beiden Zusammenhängen. Denk nur ja nicht, du wüßtest im Vorhinein, was "*Zustand* des Sehens" hier bedeutet! Laß dich die Bedeutung durch den Gebrauch *lehren*.

Gewisses am Sehen kommt uns rätselhaft vor, weil uns das ganze Sehen nicht rätselhaft genug vorkommt.

The colour of the visual impression corresponds to the colour of the object (this blotting paper looks pink to me, and is pink)—the shape of the visual impression to the shape of the object (it looks rectangular to me, and is rectangular)—but what I perceive in the dawning of an aspect is not a property of the object, but an internal relation between it and other objects.

It is almost as if 'seeing the sign in this context' were an echo of a thought.

"The echo of a thought in sight"—one would like to say.

Imagine a physiological explanation of the experience. Let it be this: When we look at the figure, our eyes scan it repeatedly, always following a particular path. The path corresponds to a particular pattern of oscillation of the eyeballs in the act of looking. It is possible to jump from one such pattern to another and for the two to alternate. (Aspects A.) Certain patterns of movement are physiologically impossible; hence, for example, I cannot see the schematic cube as two interpenetrating prisms. And so on. Let this be the explanation.—"Yes, that shews it is a kind of *seeing*."—You have now introduced a new, a physiological, criterion for seeing. And this can screen the old problem from view, but not solve it.—The purpose of this paragraph however, was to bring before our view what happens when a physiological explanation is offered. The psychological concept hangs out of reach of this explanation. And this makes the nature of the problem clearer.

Do I really see something different each time, or do I only interpret what I see in a different way? I am inclined to say the former. But why?—To interpret is to think, to do something; seeing is a state.

Now it is easy to recognize cases in which we are *interpreting*. When we interpret we form hypotheses, which may prove false.—"I am seeing this figure as a . . . . ." can be verified as little as (or in the same sense as) "I am seeing bright red". So there is a similarity in the use of "seeing" in the two contexts. Only do not think you knew in advance what the "*state* of seeing" means here! Let the use *teach* you the meaning.

We find certain things about seeing puzzling, because we do not find the whole business of seeing puzzling enough.

Wer eine Photographie betrachtet, von Menschen, Häusern, Bäumen, dem geht Räumlichkeit an ihr nicht ab. Es wäre uns nich leicht, sie als Aggregat von Farbflecken in der Ebene zu beschreiben, aber was wir im Stereoskop sehen, schaut noch in anderer Weise räumlich aus.

(Es ist nichts weniger als selbstverständlich, daß wir mit zwei Augen 'räumlich' sehen. Wenn die beiden Gesichtsbilder in eins verschmelzen, könnte man sich als Resultat ein verschwommenes erwarten.)

Der Begriff des Aspekts ist dem Begriff der Vorstellung verwandt. Oder: der Begriff 'ich sehe es jetzt als ...' ist verwandt mit 'ich stelle mir jetzt *das* vor'.

Gehört dazu, etwas als Variation eines bestimmten Themas zu hören, nicht Phantasie? Und doch nimmt man dadurch etwas wahr.

"Stell dir das so geändert vor, so hast du das andere." In der Vorstellung kann man einen Beweis führen.

Das Sehen des Aspekts und das Vorstellen unterstehen dem Willen. Es gibt den Befehl "Stell dir *das* vor!" und den: "Sieh die Figur jetzt *so!*"; aber nicht: "Sieh das Blatt jetzt grün!"

Es erhebt sich nun die Frage: Könnte es Menschen geben, denen die Fähigkeit etwas *als etwas* zu sehen, abginge—und wie wäre das? Was für Folgen hätte es?—Wäre dieser Defekt zu vergleichen mit Farbenblindheit, oder mit dem Fehlen des absoluten Gehörs?—Wir wollen ihn "Aspektblindheit" nennen—und uns nun überlegen, was damit gemeint sein könnte. (Eine begriffliche Untersuchung.) Der Aspektblinde soll die Aspekte A nicht wechseln sehen. Soll er aber auch nicht erkennen, daß das Doppelkreuz ein schwarzes und ein weißes Kreuz enthält? Soll er also die Aufgabe nicht bewältigen können: "Zeig mir unter diesen Figuren solche, die ein schwarzes Kreuz enthalten"? Nein. Das soll er können, aber er soll nicht sagen: "Jetzt ist es ein schwarzes Kreuz auf weißem Grund!"

Soll er für die Ähnlichkeit zweier Gesichter blind sein?—Aber also auch für die Gleichheit, oder angenäherte Gleichheit? Das will ich nicht festsetzen. (Er soll Befehle von der Art "Bring mir etwas, was so ausschaut wie *das*!" ausführen können.)

Soll er das Würfelschema nicht als Würfel sehen können?—Daraus würde nicht folgen, daß er es nicht als Darstellung (z.B. als Werkzeichnung) eines Würfels erkennen könnte. Es würde aber für ihn

If you look at a photograph of people, houses and trees, you do not feel the lack of the third dimension in it. We should not find it easy to describe a photograph as a collection of colour-patches on a flat surface; but what we see in a stereoscope looks three-dimensional in a different way again.

(It is anything but a matter of course that we see 'three-dimensionally' with two eyes. If the two visual images are amalgamated, we might expect a blurred one as a result.)

The concept of an aspect is akin to the concept of an image. In other words: the concept 'I am now seeing it as . . . .' is akin to 'I am now having *this* image'.

Doesn't it take imagination to hear something as a variation on a particular theme? And yet one is perceiving something in so hearing it.

"Imagine this changed like this, and you have this other thing." One can use imagining in the course of proving something.

Seeing an aspect and imagining are subject to the will. There is such an order as "Imagine *this*", and also: "Now see the figure like *this*"; but not: "Now see this leaf green".

The question now arises: Could there be human beings lacking in the capacity to see something *as something*—and what would that be like? What sort of consequences would it have?—Would this defect be comparable to colour-blindness or to not having absolute pitch?—We will call it "aspect-blindness"—and will next consider what might be meant by this. (A conceptual investigation.) The aspect-blind man is supposed not to see the aspects A change. But is he also supposed uot to recognize that the double cross contains both a black and a white cross? So if told "Shew me figures containing a black cross among these examples" will he be unable to manage it? No, he should be able to do that; but he will not be supposed to say: "Now it's a black cross on a white ground!"

Is he supposed to be blind to the similarity between two faces?—And so also to their identity or approximate identity? I do not want to settle this. (He ought to be able to execute such orders as "Bring me something that looks like *this*.")

Ought he to be unable to see the schematic cube as a cube?—It would not follow from that that he could not recognize it as a representation (a working drawing for instance) of a cube. But for him it

nicht von einem Aspekt in den anderen überspringen.—Frage: Soll er es, wie wir, unter Umständen für einen Würfel *halten* können?—Wenn nicht, so könnte man das nicht wohl eine Blindheit nennen.

Der 'Aspektblinde' wird zu Bildern überhaupt ein anderes Verhältnis haben, als wir.

(Anomalien *dieser* Art können wir uns leicht vorstellen.)

Aspektblindheit wird *verwandt* sein dem Mangel des 'musikalischen Gehörs'.

Die Wichtigkeit dieses Begriffes liegt in dem Zusammenhang der Begriffe 'sehen des Aspekts' und 'erleben der Bedeutung eines Wortes'. Denn wir wollen fragen: "Was ginge dem ab, der die Bedeutung eines Wortes nicht *erlebt*?"

Was ginge z.B. dem ab, der die Aufforderung, das Wort 'sondern' auszusprechen und es als Zeitwort zu meinen, nicht verstünde,—oder einem, der nicht fühlt, daß das Wort, wenn es zehnmal nach der Reihe ausgesprochen wird, seine Bedeutung für ihn verliert und ein bloßer Klang wird?

Vor Gericht z.B. könnte die Frage erörtert werden, wie Einer ein Wort gemeint habe. Und es kann dies aus gewissen Tatsachen geschlossen werden.—Es ist eine Frage der *Absicht.* Konnte es aber in ähnlicher Weise bedeutsam sein, wie er ein Wort—das Wort "Bank" z.B.—erlebt hat?

Ich hätte mit jemandem eine Geheimsprache vereinbart; "Turm" bedeutet Bank. Ich sage ihm "Geh jetzt zum Turm!"—er versteht mich und handelt danach, aber das Wort "Turm" kommt ihm in dieser Verwendung fremdartig vor, es hat noch nicht die Bedeutung 'angenommen'.

"Wenn ich ein Gedicht, eine Erzählung mit Empfindung lese, so geht doch etwas in mir vor, was nicht vorgeht, wenn ich die Zeilen nur der Information wegen überfliege."—Auf welche Vorgänge spiele ich an?—Die Sätze *klingen* anders. Ich achte genau auf den Tonfall. Manchmal hat ein Wort einen falschen Ton, tritt zu sehr, oder zu wenig hervor. Ich merke es und mein Gesicht drückt es aus. Ich könnte später über die Einzelheiten meines Vortrags reden, z.B. über die Unrichtigkeiten im Ton. Manchmal, schwebt mir ein Bild, gleichsam eine Illustration vor. Ja, dies scheint mir zu helfen, im richtigen Ausdruck zu lesen. Und dergleichen könnte ich noch manches anführen.—Ich kann auch einem Wort einen Ton verleihen, der seine Bedeutung, beinahe als wäre das Wort ein Bild der Sache, aus den übrigen heraushebt. (Und dies kann natürlich durch den Bau des Satzes bedingt sein.)

would not jump from one aspect to the other.—Question: Ought he to be able to *take* it as a cube in certain circumstances, as we do?—If not, this could not very well be called a sort of blindness.

The 'aspect-blind' will have an altogether different relationship to pictures from ours.

(Anomalies of *this* kind are easy for us to imagine.)

Aspect-blindness will be *akin* to the lack of a 'musical ear'.

The importance of this concept lies in the connexion between the concepts of 'seeing an aspect' and 'experiencing the meaning of a word'. For we want to ask "What would you be missing if you did not *experience* the meaning of a word?"

What would you be missing, for instance, if you did not understand the request to pronounce the word "till" and to mean it as a verb,—or if you did not feel that a word lost its meaning and became a mere sound if it was repeated ten times over?

In a law-court, for instance, the question might be raised how someone meant a word. And this can be inferred from certain facts.—It is a question of *intention*. But could how he experienced a word—the word "bank" for instance—have been significant in the same way?

Suppose I had agreed on a code with someone; "tower" means bank. I tell him "Now go to the tower"—he understands me and acts accordingly, but he feels the word "tower" to be strange in this use, it has not yet 'taken on' the meaning.

"When I read a poem or narrative with feeling, surely something goes on in me which does not go on when I merely skim the lines for information."—What processes am I alluding to?—The sentences have a different *ring*. I pay careful attention to my intonation. Sometimes a word has the wrong intonation, I emphasize it too much or too little. I notice this and shew it in my face. I might later talk about my reading in detail, for example about the mistakes in my tone of voice. Sometimes a picture, as it were an illustration, comes to me. And this seems to help me to read with the correct expression. And I could mention a good deal more of the same kind.—I can also give a word a tone of voice which brings out the meaning of the rest, almost as if this word were a picture of the whole thing. (And this may, of course, depend on sentence-formation.)

Wenn ich beim ausdrucksvollen Lesen dies Wort ausspreche, ist es ganz mit seiner Bedeutung angefüllt.—"Wie kann das sein, wenn Bedeutung der Gebrauch des Wortes ist?" Nun, mein Ausdruck war bildlich gemeint. Aber nicht, als hätte ich das Bild gewählt, sondern es drängte sich mir auf.—Aber die bildliche Verwendung des Wortes kann ja mit der ursprünglichen nicht in Konflikt geraten.

Warum gerade *dies* Bild sich mir darbietet, ließe sich vielleicht erklären. (Denke nur an den Ausdruck und die Bedeutung des Ausdrucks "das treffende Wort".)

Wenn mir aber der Satz wie ein Wortgemälde vorkommen kann, ja das einzelne Wort im Satz wie ein Bild, dann ist es nicht mehr so verwunderlich, daß ein Wort, isoliert und ohne Zweck ausgesprochen, eine bestimmte Bedeutung in sich zu tragen scheinen kann.

Denke hier an eine besondere Art der Täuschung, die auf diese Dinge ein Licht wirft.—Ich gehe mit einem Bekannten in der Umgebung der Stadt spazieren. Im Gespräch zeigt es sich, daß ich mir die Stadt zu unserer Rechten liegend vorstelle. Für diese Annahme habe ich nicht nur *keinen* mir bewußten Grund, sondern eine ganz einfache Überlegung konnte mich davon überzeugen, daß die Stadt etwas links vor uns liegt. Auf die Frage, *warum* ich mir denn die Stadt in *dieser* Richtung vorstelle, kann ich zuerst keine Antwort geben. Ich hatte *keinen Grund*, das zu glauben. Obgleich aber keinen Grund, scheine ich doch gewisse psychologische Ursachen zu sehen. Und zwar sind es gewisse Assoziationen und Erinnerungen. Z.B. diese: Wir gingen nämlich einen Kanal entlang, und ich war früher einmal, unter ähnlichen Umständen, einem gefolgt, und die Stadt lag damals rechts von uns.—Ich könnte die Ursachen meiner unbegründeten Überzeugung gleichsam psychoanalytisch zu finden trachten.

"Aber was ist das für ein seltsames Erlebnis?"—Es ist natürlich nicht seltsamer als jedes andere; es ist nur von andrer Art als diejenigen Erlebnisse, die wir als die fundamentalsten betrachten, die Sinneseindrücke etwa.

"Mir ist, als wüßte ich, daß die Stadt dort liegt."—"Mir ist, als paßte der Name 'Schubert' zu Schuberts Werken und seinem Gesicht."

Du kannst dir das Wort "weiche" vorsprechen und es dabei einmal als Imperativ, einmal als Eigenschaftswort meinen. Und nun sag "Weiche!"—und dann "Weiche *nicht* vom Platz!"—Begleitet das *gleiche* Erlebnis beidemale das Wort—bist du sicher?

Wenn ein feines Aufhorchen mir zeigt, daß ich in jenem Spiel das Wort bald *so*, bald *so* erlebe,—zeigt es mir nicht auch, daß ich's im

When I pronounce this word while reading with expression it is completely filled with its meaning.—"How can this be, if meaning is the use of the word?" Well, what I said was intended figuratively. Not that I chose the figure: it forced itself on me.—But the figurative employment of the word can't get into conflict with the original one.

Perhaps it could be explained why precisely *this* picture suggests itself to me. (Just think of the expression, and the meaning of the expression: "the word that hits it off".)

But if a sentence can strike me as like a painting in words, and the very individual word in the sentence as like a picture, then it is no such marvel that a word uttered in isolation and without purpose can seem to carry a particular meaning in itself.

Think here of a special kind of illusion which throws light on these matters.—I go for a walk in the environs of a city with a friend. As we talk it comes out that I am imagining the city to lie on our right. Not only have I *no* conscious reason for this assumption, but some quite simple consideration was enough to make me realize that the city lay rather to the left ahead of us. I can at first give no answer to the question *why* I imagine the city in *this* direction. I had *no reason* to think it. But though I see no reason still I seem to see certain psychological causes for it. In particular, certain associations and memories. For example, we walked along a canal, and once before in similar circumstances I had followed a canal and that time the city lay on our right.—I might try as it were psychoanalytically to discover the causes of my unfounded conviction.

"But what is this queer experience?"—Of course it is not queerer than any other; it simply differs in kind from those experiences which we regard as the most fundamental ones, our sense impressions for instance.

"I feel as if I knew the city lay over there."—"I feel as if the name 'Schubert' fitted Schubert's works and Schubert's face."

You can say the word "March" to yourself and mean it at one time as an imperative at another as the name of a month. And now say "March!"—and then "March *no further*!"—Does the *same* experience accompany the word both times—are you sure?

If a sensitive ear shews me, when I am playing this game, that I have now *this* now *that* experience of the word—doesn't it also shew

Fluß der Rede oft *gar nicht* erlebe?—Denn, daß ich es dann auch bald *so*, bald *so* meine, intendiere, später wohl auch so erkläre, steht ja nicht in Frage.

Aber es bleibt dann die Frage, warum wir denn bei diesem *Spiel* des Worterlebens auch von 'Bedeutung' und 'Meinen' sprechen.—Das ist eine Frage anderer Art.——Es ist die charakteristische Erscheinung dieses Sprachspiels, daß wir, in *dieser* Situation, den Ausdruck gebrauchen: wir hätten das Wort in *der* Bedeutung ausgesprochen, und diesen Ausdruck aus jenem andern Sprachspiel herübernehmen.

Nenn es einen Traum. Es ändert nichts.

Gegeben die beiden Begriffe 'fett' und 'mager', würdest du eher geneigt sein, zu sagen, Mittwoch sei fett und Dienstag mager, oder das Umgekehrte? (Ich neige entschieden zum ersteren.) Haben nun hier "fett" und "mager" eine andere, als ihre gewöhnliche Bedeutung?—Sie haben eine andere Verwendung.—Hätte ich also eigentlich andere Wörter gebrauchen sollen? Doch gewiß nicht.—Ich will *diese* Wörter (mit den mir geläufigen Bedeutungen) *hier* gebrauchen.—Nun sage ich nichts über die Ursachen der Erscheinung. Sie *könnten* Assoziationen aus meinen Kindheitstagen sein. Aber das ist Hypothese. Was immer die Erklärung,—jene Neigung besteht.

Gefragt, "Was meinst du hier eigentlich mit 'fett' und 'mager'?"—könnte ich die Bedeutungen nur auf die ganz gewöhnliche Weise erklären. Ich könnte sie *nicht* an den Beispielen von Dienstag und Mittwoch zeigen.

Man könnte hier von 'primärer' und 'sekundärer' Bedeutung eines Worts reden. Nur der, für den das Wort jene Bedeutung hat, verwendet es in dieser.

Nur dem, der rechnen gelernt hat—schriftlich oder mündlich,—kann man, mittels dieses Begriffs des Rechnens begreiflich machen, was Kopfrechnen ist.

Die sekundäre Bedeutung ist nicht eine 'übertragene' Bedeutung. Wenn ich sage "Der Vokal *e* ist für mich gelb", so meine ich nicht: 'gelb' in übertragener Bedeutung—denn ich könnte, was ich sagen will, gar nicht anders als mittels des Begriffs 'gelb' ausdrücken.

Einer sagt mir: "Wart auf mich bei der Bank." Frage: Hast du, *als du das Wort aussprachst*, diese Bank gemeint?—Diese Frage ist von der Art derjenigen: "Hast du, auf dem Weg zu ihm, beabsichtigt, ihm das und das zu sagen?" Sie bezieht sich auf eine bestimmte Zeit (auf die Zeit des Gehens, wie die erste Frage auf die Zeit des Redens)—aber

me that I often do not have *any* experience of it in the course of talking?—For the fact that I then also mean it, intend it, now like *this* now like *that*, and maybe also say so later is, of course, not in question.

But the question now remains why, in connexion with this *game* of experiencing a word, we also speak of 'the meaning' and of 'meaning it'.—This is a different kind of question.——It is the phenomenon which is characteristic of this language-game that in *this* situation we use this expression: we say we pronounced the word with *this* meaning and take this expression over from that other language-game.

Call it a dream. It does not change anything.

Given the two ideas 'fat' and 'lean', would you be rather inclined to say that Wednesday was fat and Tuesday lean, or the other way round? (I incline to choose the former.) Now have "fat" and "lean" some different meaning here from their usual one?—They have a different use.—So ought I really to have used different words? Certainly not that.—I want to use *these* words (with their familiar meanings) *here*.—Now, I say nothing about the causes of this phenomenon. They *might* be associations from my childhood. But that is a hypothesis. Whatever the explanation,—the inclination is there.

Asked "What do you really mean here by 'fat' and 'lean'?"—I could only explain the meanings in the usual way. I could *not* point to the examples of Tuesday and Wednesday.

Here one might speak of a 'primary' and 'secondary' sense of a word. It is only if the word has the primary sense for you that you use it in the secondary one.

Only if you have learnt to calculate—on paper or out loud—can you be made to grasp, by means of this concept, what calculating in the head is.

The secondary sense is not a 'metaphorical' sense. If I say "For me the vowel *e* is yellow" I do not mean: 'yellow' in a metaphorical sense,—for I could not express what I want to say in any other way than by means of the idea 'yellow'.

Someone tells me: "Wait for me by the bank". Question: Did you, *as you were saying the word*, mean this bank?—This question is of the same kind as "Did you intend to say such-and-such to him on your way to meet him?" It refers to a definite time (the time of walking, as the former question refers to the time of speaking)—but not to an

nicht auf ein *Erlebnis* während dieser Zeit. Das Meinen ist sowenig ein Erlebnis, wie das Beabsichtigen.

Was unterscheidet sie aber vom Erlebnis?—Sie haben keinen Erlebnisinhalt. Denn die Inhalte (Vorstellungen z.B.), die sie begleiten und illustrieren, sind nicht das Meinen oder Beabsichtigen.

Die Absicht, *in der* gehandelt wird, 'begleitet' nicht die Handlung, sowenig wie der Gedanke die Rede 'begleitet'. Gedanke und Absicht sind weder 'gegliedert', noch 'ungegliedert', weder einem einzelnen Ton zu vergleichen, der während des Handelns oder Redens erklingt, noch einer Melodie.

'Reden' (ob laut, oder im Stillen) und 'Denken' sind nicht gleichartige Begriffe; wenn auch im engsten Zusammenhang.

Das Erlebnis beim Sprechen und die Absicht haben nicht das gleiche *Interesse*. (Das Erlebnis könnte vielleicht einen Psychologen über die '*unbewußte*' Absicht belehren.)

"Wir haben bei diesem Wort Beide an ihn gedacht." Nehmen wir an, jeder von uns hätte dabei die gleichen Worte im Stillen zu sich gesagt—und MEHR kann es doch nicht heißen.—Aber wären diese Worte nicht auch nur ein *Keim*? Sie müssen doch zu einer Sprache gehören und zu einem Zusammenhang, um wirklich der Ausdruck des Gedankens an jenen Menschen zu sein.

Gott, wenn er in unsre Seelen geblickt hätte, hätte dort nicht sehen können, von wem wir sprachen.

"Warum hast du mich bei diesem Wort angeschaut, hast du an . . . . gedacht?"—Es gibt also eine Reaktion in diesem Zeitpunkt und sie wird durch die Worte "Ich dachte an . . ." oder "Ich erinnerte mich plötzlich an . . . ." erklärt.

Du beziehst dich mit dieser Äußerung auf den Zeitpunkt des Redens. Es macht einen Unterschied, ob du dich auf diesen, oder auf jenen Zeitpunkt beziehst.

Die bloße Worterklärung bezieht sich nicht auf ein Geschehnis im Zeitpunkt des Aussprechens.

Das Sprachspiel "Ich meine (oder meinte) *das*" (nachträgliche Worterklärung) ist ganz verschieden von dem: "Ich dachte dabei an . . . ." *Dies* ist verwandt mit: "Es erinnerte mich an . . . ."

"Ich habe mich heute schon dreimal dran erinnert, daß ich ihm schreiben muß." Welche Wichtigkeit hat, was dabei in mir vor sich

experience during that time. Meaning is as little an experience as intending.

But what distinguishes them from experience?—They have no experience-content. For the contents (images for instance) which accompany and illustrate them are not the meaning or intending.

The intention *with which* one acts does not 'accompany' the action any more than the thought 'accompanies' speech. Thought and intention are neither 'articulated' nor 'non-articulated'; to be compared neither with a single note which sounds during the acting or speaking, nor with a tune.

'Talking' (whether out loud or silently) and 'thinking' are not concepts of the same kind; even though they are in closest connexion.

The *interest* of the experiences one has while speaking and of the intention is not the same. (The experiences might perhaps inform a psychologist about the '*unconscious*' intention.)

"At that word we both thought of him." Let us assume that each of us said the same words to himself—and how can it mean MORE than that?—But wouldn't even those words be only a *germ*? They must surely belong to a language and to a context, in order really to be the expression of the thought *of* that man.

If God had looked into our minds he would not have been able to see there whom we were speaking of.

"Why did you look at me at that word, were you thinking of . . . .?" —So there is a reaction at a certain moment and it is explained by saying "I thought of . . . ." or "I suddenly remembered . . . ."

In saying this you refer to that moment in the time you were speaking. It makes a difference whether you refer to this or to that moment.

Mere explanation of a word does not refer to an occurrence at the moment of speaking.

The language-game "I mean (or meant) *this*" (subsequent explanation of a word) is quite different from this one: "I thought of . . . . as I said it." The latter is akin to "It reminded me of . . . ."

"I have already remembered three times today that I must write to him." Of what importance is it what went on in me then?—On the

ging?—Aber andererseits, welche Wichtigkeit, welches Interesse hat der Bericht selbst?—Er läßt gewisse Schlüsse zu.

"Bei diesen Worten fiel er mir ein."—Was ist die primitive Reaktion, mit der das Sprachspiel anfängt?—die dann in diese Worte umgesetzt werden kann. Wie kommt es dazu, daß Menschen diese Worte gebrauchen?

Die primitive Reaktion konnte ein Blick, eine Gebärde sein, aber auch ein Wort.

"Warum hast du mich angeschaut und den Kopf geschüttelt?"—"Ich wollte dir zu verstehen geben, daß du . . . . ." Das soll nicht eine Zeichenregel ausdrücken, sondern den Zweck meiner Handlung.

Das Meinen ist kein Vorgang, der dies Wort begleitet. Denn kein *Vorgang* könnte die Konsequenzen des Meinens haben.

(Ähnlich könnte man, glaube ich, sagen: Eine Rechnung ist kein Experiment, denn kein Experiment könnte die besonderen Konsequenzen einer Multiplikation haben.)

Es gibt wichtige Begleitvorgänge des Redens, die dem gedankenlosen Reden oft fehlen und es kennzeichnen. Aber *sie* sind nicht das Denken.

"Jetzt weiß ich's!" Was ging da vor?———Wußte ich's also *nicht*, als ich versicherte, jetzt wüßte ich's?

Du siehst es falsch an.

(Wozu dient das Signal?)

Und könnte man das 'Wissen' eine Begleitung des Ausrufs nennen?

Das vertraute Gesicht eines Wortes, die Empfindung, es habe seine Bedeutung in sich aufgenommen, sei ein Ebenbild seiner Bedeutung,—es könnte Menschen geben, denen das alles fremd ist. (Es würde ihnen die Anhänglichkeit an ihre Worte fehlen.)—Und wie äußern sich diese Gefühle bei uns?—Darin, wie wir Worte wählen und schätzen.

Wie finde ich das 'richtige' Wort? Wie wähle ich unter den Worten? Es ist wohl manchmal, als vergliche ich sie nach feinen Unterschieden ihres Geruchs: *Dies* ist zu sehr . . . ., *dies* zu sehr . . . . .,—*das* ist das richtige.—Aber ich muß nicht immer beurteilen, erklären; ich könnte oft nur sagen: "Es stimmt einfach noch nicht." Ich bin unbefriedigt, suche weiter. Endlich kommt ein Wort: "*Das* ist es!" *Manchmal* kann ich sagen, warum. So schaut eben hier das Suchen aus, und so das Finden.

other hand what is the importance, what the interest, of the statement itself?—It permits certain conclusions.

"At these words *he* occurred to me."—What is the primitive reaction with which the language-game begins—which can then be translated into these words? How do people get to use these words?

The primitive reaction may have been a glance or a gesture, but it may also have been a word.

"Why did you look at me and shake your head?"—"I wanted to give you to understand that you . . . . ." This is supposed to express not a symbolic convention but the purpose of my action.

Meaning it is not a process which accompanies a word. For no *process* could have the consequences of meaning.

(Similarly, I think, it could be said: a calculation is not an experiment, for no experiment could have the peculiar consequences of a multiplication.)

There are important accompanying phenomena of talking which are often missing when one talks without thinking, and this is characteristic of talking without thinking. But *they* are not the thinking.

"Now I know!" What went on here?———So did I *not* know, when I declared that now I knew?

You are looking at it wrong.

(What is the signal for?)

And could the 'knowing' be called an accompaniment of the exclamation?

The familiar physiognomy of a word, the feeling that it has taken up its meaning into itself, that it is an actual likeness of its meaning—there could be human beings to whom all this was alien. (They would not have an attachment to their words.)—And how are these feelings manifested among us?—By the way we choose and value words.

How do I find the 'right' word? How do I choose among words? Without doubt it is sometimes as if I were comparing them by fine differences of smell: *That* is too . . . . . ., *that* is too . . . . . ., —*this* is the right one.—But I do not always have to make judgments, give explanations; often I might only say: "It simply isn't right yet". I am dissatisfied, I go on looking. At last a word comes: "*That's* it!" *Sometimes* I can say why. This is simply what searching, this is what finding, is like here.

Aber 'kommt' nicht das Wort, das dir einfällt, in etwas besonderer Weise? Gib doch acht!—Das genaue Achtgeben nützt mich nichts. Es könnte doch nur entdecken, was *jetzt* in *mir* vorgeht.

Und wie kann ich, gerade jetzt, überhaupt darauf hinhören? Ich müßte doch warten, bis mir wieder ein Wort einfällt. Aber das Seltsame ist ja, daß es scheint, als müßte ich nicht auf die Gelegenheit warten, sondern könnte mir's vorführen, auch wenn es sich nicht wirklich zuträgt. . . . . Und wie?—Ich *spiele* es.—Aber *was* kann ich auf diese Weise erfahren? Was mache ich denn nach?—Charakteristische Begleiterscheinungen. Hauptsächlich: Gebärden, Mienen, Tonfall.

Über einen feinen ästhetischen Unterschied läßt sich *Vieles* sagen—das ist wichtig.—Die erste Äusserung mag freilich sein: "*Dies* Wort paßt, *dies* nicht"—oder dergleichen. Aber nun können noch alle weitverzweigten Zusammenhänge erörtert werden, die jedes der Wörter schlägt. Es ist eben *nicht* mit jenem ersten Urteil abgetan, denn es ist das *Feld* eines Wortes, was entscheidet.

"Mir liegt das Wort auf der Zunge." Was geht dabei in meinem Bewußtsein vor? Darauf kommt's gar nicht an. Was immer vorging, war nicht mit jener Äusserung gemeint. Interessanter ist, was dabei in meinem Benehmen vorging.—"Mir liegt das Wort auf der Zunge" teilt dir mit: das Wort, das hierher gehört, sei mir entfallen, ich hoffe es bald zu finden. Im übrigen tut jener Wortausdruck nicht mehr, als ein gewisses wortloses Benehmen.

James will darüber eigentlich sagen: "Was für ein merkwürdiges Erlebnis! Das Wort ist noch nicht da und ist doch, in einem Sinne, schon da,—oder etwas ist da, was nur zu diesem Wort heranwachsen *kann*."—Aber das ist gar kein Erlebnis. Als Erlebnis *gedeutet* sieht es freilich seltsam aus. Nicht anders, als die Absicht, gedeutet als Begleitung des Handelns, oder aber -1 als Kardinalzahl.

Die Worte "Es liegt mir auf der Zunge" sind so wenig der Ausdruck eines Erlebnisses, wie die: "Jetzt weiß ich weiter!"—Wir gebrauchen sie in *gewissen Situationen*, und sie sind umgeben von einem Benehmen besonderer Art, auch von manchen charakteristischen Erlebnissen. Ins besondere folgt ihnen häufig das *Finden* des Worts. (Frage dich: "Wie wäre es, wenn Menschen *nie* das Wort fänden, das ihnen auf der Zunge liegt?")

But doesn't the word that occurs to you somehow 'come' in a special way? Just attend and you'll see!—Careful attention is no use to me. All it could discover would be what is *now* going on in *me*.

And how can I, precisely now, listen for it at all? I ought to have to wait until a word occurs to me anew. This, however, is the queer thing: it seems as though I did not have to wait on the occasion, but could give myself an exhibition of it, even when it is not actually taking place. How?—I *act* it.—But *what* can I learn in this way? What do I reproduce?—Characteristic accompaniments. Primarily: gestures, faces, tones of voice.

It is possible—and this is important—to say a *great deal* about a fine aesthetic difference.—The first thing you say may, of course, be just: "*This* word fits, *that* doesn't"—or something of the kind. But then you can discuss all the extensive ramifications of the tie-up effected by each of the words. That first judgment is *not* the end of the matter, for it is the field of force of a word that is decisive.

"The word is on the tip of my tongue." What is going on in my consciousness? That is not the point at all. Whatever did go on was not what was meant by that expression. It is of more interest what went on in my behaviour.—"The word is on the tip of my tongue" tells you: the word which belongs here has escaped me, but I hope to find it soon. For the rest the verbal expression does no more than certain wordless behaviour.

James, in writing of this subject, is really trying to say: "What a remarkable experience! The word is not there yet, and yet in a certain sense is there,—or something is there, which *cannot* grow into anything but this word."—But this is not experience at all. *Interpreted* as experience it does indeed look odd. As does intention, when it is interpreted as the accompaniment of action; or again, like minus one interpreted as a cardinal number.

The words "It's on the tip of my tongue" are no more the expression of an experience than "Now I know how to go on!"—We use them in *certain situations*, and they are surrounded by behaviour of a special kind, and also by some characteristic experiences. In particular they are frequently followed by *finding* the word. (Ask yourself: "What would it be like if human beings *never* found the word that was on the tip of their tongue?")

Das stille, 'innerliche' Reden ist nicht ein halb verborgenes Phänomen, als nehme man es durch einen Schleier wahr. Es ist *gar nicht* verborgen, aber sein Begriff kann uns leicht verwirren, denn er läuft, eine weite Strecke, hart am Begriff eines 'äußern' Vorgangs entlang, ohne sich doch mit ihm zu decken.

(Die Frage, ob beim innerlichen Sprechen Kehlkopfmuskeln innerviert werden, und ähnliches, mag großes Interesse haben, aber nicht für unsere Untersuchung.)

Die enge Verwandtschaft des 'innerlichen Redens' mit dem 'Reden' drückt sich darin aus, daß sich hörbar mitteilen läßt, was innerlich geredet wurde, und daß das innerliche Reden eine äußere Handlung *begleiten* kann. (Ich kann innerlich singen, oder still lesen, oder Kopfrechnen und dabei mit der Hand den Takt schlagen.)

"Aber das innerliche Reden ist doch eine gewisse Tätigkeit, die ich lernen muß!" Wohl; aber was ist hier 'tun' und was ist hier 'lernen'?

Laß dich die Bedeutung der Worte von ihren Verwendungen lehren! (Ähnlich kann man in der Mathematik oft sagen: Laß den *Beweis* dich lehren, *was* bewiesen wurde.)

"So rechne ich nicht *wirklich*, wenn ich im Kopf rechne?"—Du unterscheidest doch auch Kopfrechnen vom wahrnehmbaren Rechnen! Aber du kannst nur lernen, was 'Kopfrechnen' ist, indem du lernst, was 'Rechnen' ist; du kannst Kopfrechnen nur lernen, indem du rechnen lernst.

Man kann sehr 'deutlich' in der Vorstellung reden, wenn man dabei den Tonfall der Sätze durch summen (bei geschlossenen Lippen) wiedergibt. Auch Kehlkopfbewegungen helfen. Aber das Merkwürdige ist ja eben, daß man die Rede dann in der Vorstellung *hört*, und nicht bloß, sozusagen, ihr Skelett im Kehlkopf, *fühlt*. (Denn das ließe sich ja auch denken, daß Menschen still mit Kehlkopfbewegungen rechneten, wie man mit den Fingern rechnen kann.)

Eine Hypothese, wie die, es ginge beim innerlichen Rechnen das und das in unserem Körper vor, ist für uns nur insofern von Interesse, als sie uns eine mögliche Verwendung der Äußerung "Ich sagte zu mir selbst . . . ." zeigt; nämlich die, von der Äußerung auf den physiologischen Vorgang zu schließen.

Daß, was ein Anderer innerlich redet, mir verborgen ist, liegt im *Begriff* 'innerlich reden'. Nur ist "verborgen" hier das falsche Wort;

Silent 'internal' speech is not a half hidden phenomenon which is as it were seen through a veil. It is not hidden *at all*, but the concept may easily confuse us, for it runs over a long stretch cheek by jowl with the concept of an 'outward' process, and yet does not coincide with it.

(The question whether the muscles of the larynx are innervated in connexion with internal speech, and similar things, may be of great interest, but not in our investigation.)

The close relationship between 'saying inwardly' and 'saying' is manifested in the possibility of telling out loud what one said inwardly, and of an outward action's *accompanying* inward speech. (I can sing inwardly, or read silently, or calculate in my head, and beat time with my hand as I do so.)

"But saying things inwardly is surely a certain activity which I have to learn!" Very well; but what is 'doing' and what is 'learning' here?

Let the use of words teach you their meaning. (Similarly one can often say in mathematics: let the *proof* teach you *what* was being proved.)

"So I don't *really* calculate, when I calculate in my head?"—After all, you yourself distinguish between calculation in the head and perceptible calculation! But you can only learn what 'calculating in the head' is by learning what 'calculating' is; you can only learn to calculate in your head by learning to calculate.

One can say things in one's head very 'distinctly', when one reproduces the tone of voice of one's sentences by humming (with closed lips). Movements of the larynx help too. But the remarkable thing is precisely that one then *hears* the talk in one's imagination and does not merely *feel* the skeleton of it, so to speak, in one's larynx. (For human beings could also well be imagined calculating silently with movements of the larynx, as one can calculate on one's fingers.)

A hypothesis, such as that such-and-such went on in our bodies when we made internal calculations, is only of interest to us in that it points to a possible use of the expression "I said .... to myself"; namely that of inferring the physiological process from the expression.

That what someone else says to himself is hidden from me is part of the *concept* 'saying inwardly'. Only "hidden" is the wrong word

denn ist es mir verborgen, so sollte es ihm selbst offenbar sein, *er* müßte es *wissen.* Aber er 'weiß' es nicht, nur den Zweifel, den es für mich gibt, gibt es für ihn nicht.

"Was Einer zu sich selbst im Innern spricht, ist mir verborgen" könnte freilich auch heißen, ich könne es zumeist nicht *erraten*, noch auch (wie es ja möglich wäre) aus den Bewegungen seines Kehlkopfs z.B. ablesen.

"Ich weiß, was ich will, wünsche, glaube, fühle, ..." (u.s.f. durch alle psychologischen Verben) ist entweder Philosophen-Unsinn, oder aber *nicht* ein Urteil a priori.

"Ich weiß . . ." mag heißen "Ich zweifle nicht . . ."—aber es heißt nicht, die Worte "Ich zweifle . . ." seien *sinnlos*, der Zweifel logisch ausgeschlossen.

Man sagt "Ich weiß", wo man auch sagen kann "Ich glaube", oder "Ich vermute"; wo man sich überzeugen kann. (Wer mir aber vorhält, man sage manchmal "Ich muß doch wissen, ob ich Schmerzen habe!", "Nur du kannst wissen, was du fühlst" und ähnliches, der soll sich die Anlässe und den Zweck dieser Redensarten besehen. "Krieg ist Krieg!" ist ja auch nicht ein Beispiel des Identitätsgesetzes.)

Der Fall läßt sich denken, in dem ich mich davon überzeugen *könnte*, daß ich zwei Hände habe. Normalerweise aber kann ich's *nicht*. "Aber du brauchst sie dir ja nur vor die Augen zu halten."—Wenn ich *jetzt* zweifle, ob ich zwei Hände habe, dann brauche ich auch meinen Augen nicht zu trauen. (Ebensogut könnte ich dann meinen Freund fragen.)

Damit hängt zusammen, daß z.B. der Satz "Die Erde hat Millionen von Jahren existiert", einen klareren Sinn hat, als der: "Die Erde hat in den letzten fünf Minuten existiert". Denn, wer das letztere behauptet, den würde ich fragen: "Auf welche Beobachtungen bezieht sich dieser Satz; und welche würden ihm entgegenstehen?"—während ich weiß, zu welchem Gedankenkreis und zu welchen Beobachtungen der erste Satz gehört.

"Ein neugeborenes Kind hat keine Zähne."—"Eine Gans hat keine Zähne."—"Eine Rose hat keine Zähne."—Das letztere—möchte man sagen—ist doch offenbar wahr! Sicherer sogar, als daß eine Gans keine hat.—Und doch ist es nicht so klar. Denn wo sollte eine Rose Zähne haben? Die Gans hat keine in ihren Kiefern. Und sie hat natürlich

here; for if it is hidden from me, it ought to be apparent to him, *he* would have to *know* it. But he does not 'know' it; only, the doubt which exists for me does not exist for him.

"What anyone says to himself within himself is hidden from me" might of course also mean that I can for the most part not *guess* it, nor can I read it off from, for example, the movements of his throat (which would be a possibility.)

"I know what I want, wish, believe, feel, ..." (and so on through all the psychological verbs) is either philosophers' nonsense, or at any rate *not* a judgment *a priori.*

"I know . . ." may mean "I do not doubt . . ." but does not mean that the words "I doubt . . ." are *senseless*, that doubt is logically excluded.

One says "I know" where one can also say "I believe" or "I suspect"; where one can find out. (If you bring up against me the case of people's saying "But I must know if I am in pain!", "Only you can know what you feel", and similar things, you should consider the occasion and purpose of these phrases. "War is war" is not an example of the law of identity, either.)

It is possible to imagine a case in which I *could* find out that I had two hands. Normally, however, I *cannot* do so. "But all you need is to hold them up before your eyes!"—If I am *now* in doubt whether I have two hands, I need not believe my eyes either. (I might just as well ask a friend.)

With this is connected the fact that, for instance, the proposition "The Earth has existed for millions of years" makes clearer sense than "The Earth has existed in the last five minutes". For I should ask anyone who asserted the latter: "What observations does this proposition refer to; and what observations would count against it?"—whereas I know what ideas and observations the former proposition goes with.

"A new-born child has no teeth."—"A goose has no teeth."—"A rose has no teeth."—This last at any rate—one would like to say—is obviously true! It is even surer than that a goose has none.—And yet it is none so clear. For where should a rose's teeth have been? The goose has none in its jaw. And neither, of course, has it any in its

auch keine in den Flügeln, aber das meint niemand, der sagt, sie habe keine Zähne.—Ja wie, wenn man sagte: Die Kuh kaut ihr Futter und düngt dann damit die Rose, also hat die Rose Zähne im Maul eines Tiers. Das wäre darum nicht absurd, weil man von vornherein gar nicht weiß, wo bei der Rose nach Zähnen zu suchen wäre. ((Zusammenhang mit 'Schmerzen im Körper des Andern'.))

Ich kann wissen, was der Andere denkt, nicht was ich denke.

Es ist richtig zu sagen "Ich weiß, was du denkst", und falsch: "Ich weiß, was ich denke."

(Eine ganze Wolke von Philosophie kondensiert zu einem Tröpfchen Sprachlehre.)

"Das Denken des Menschen geht im Innern des Bewußtseins in einer Abgeschlossenheit vor sich, gegen die jede physische Abgeschlossenheit ein Offen-da-liegen ist."

Würden Menschen, die stets—etwa durch Beobachten des Kehlkopfs—die stillen Selbstgespräche des Andern lesen könnten,—würden die auch geneigt sein, das Bild von der gänzlichen Abgeschlossenheit zu gebrauchen?

Spräche ich laut zu mir selbst, in einer Sprache, die die Anwesenden nicht verstehn, so wären meine Gedanken ihnen verborgen.

Nehmen wir an, es gebe einen Menschen, der immer richtig erriete, was ich im Gedanken zu mir rede. (Wie es ihm gelingt, ist gleichgültig.) Aber was ist das Kriterium dafür, daß er es *richtig* errät? Nun, ich bin wahrheitsliebend und gestehe, er habe es richtig erraten.—Aber könnte ich mich nicht irren, kann mich mein Gedächtnis nicht täuschen? Und könnte es das nicht immer, wenn ich —ohne zu lügen— ausspreche, was ich bei mir gedacht habe?——Aber so scheint es ja, es komme gar nicht drauf an, 'was in meinem Innern vorgegangen ist.' (Ich mache hier eine Hilfskonstruktion.)

Für die Wahrheit des *Geständnisses*, ich hätte das und das gedacht, sind die Kriterien nicht die der wahrheitsgemäßen *Beschreibung* eines Vorgangs. Und die Wichtigkeit des wahren Geständnisses liegt nicht darin, daß es irgend einen Vorgang mit Sicherheit richtig wiedergibt. Sie liegt vielmehr in den besondern Konsequenzen, die sich aus einem Geständnis ziehen lassen, dessen Wahrheit durch die besonderen Kriterien der *Wahrhaftigkeit* verbürgt ist.

(Angenommen, daß die Träume uns wichtige Aufschlüsse über den Träumer geben können, so wäre das, was den Aufschluß gibt, die wahrhaftige Traumerzählung. Die Frage, ob den Träumer sein Gedächtnis täuscht, wenn er nach dem Erwachen den Traum berichtet, kann sich nicht erheben, es sei denn, wir führten ein gänzlich neues

wings; but no one means that when he says it has no teeth.—Why, suppose one were to say: the cow chews its food and then dungs the rose with it, so the rose has teeth in the mouth of a beast. This would not be absurd, because one has no notion in advance where to look for teeth in a rose. ((Connexion with 'pain in someone else's body'.))

I can know what someone else is thinking, not what I am thinking.

It is correct to say "I know what you are thinking", and wrong to say "I know what I am thinking."

(A whole cloud of philosophy condensed into a drop of grammar.)

"A man's thinking goes on within his consciousness in a seclusion in comparison with which any physical seclusion is an exhibition to public view."

If there were people who always read the silent internal discourse of others—say by observing the larynx—would they too be inclined to use the picture of complete seclusion?

If I were to talk to myself out loud in a language not understood by those present my thoughts would be hidden from them.

Let us assume there was a man who always guessed right what I was saying to myself in my thoughts. (It does not matter how he manages it.) But what is the criterion for his guessing *right*? Well, I am a truthful person and I confess that he has guessed right.—But might I not be mistaken, can my memory not deceive me? And might it not always do so when—without lying—I express what I have thought within myself?——But now it does appear that 'what went on within me' is not the point at all. (Here I am drawing a construction-line.)

The criteria for the truth of the *confession* that I thought such-and-such are not the criteria for a true *description* of a process. And the importance of the true confession does not reside in its being a correct and certain report of a process. It resides rather in the special consequences which can be drawn from a confession whose truth is guaranteed by the special criteria of *truthfulness*.

(Assuming that dreams can yield important information about the dreamer, what yielded the information would be truthful accounts of dreams. The question whether the dreamer's memory deceives him when he reports the dream after waking cannot arise, unless indeed we introduce a completely new criterion for the report's 'agreeing'

Kriterium für eine 'Übereinstimmung' des Berichts mit dem Traum ein, ein Kriterium, das hier eine Wahrheit von der Wahrhaftigkeit unterscheidet.)

Es gibt ein Spiel: 'Gedankenerraten'. Eine Variante davon wäre die: Ich mache dem A eine Mitteilung in einer Sprache, die B nicht versteht. B soll den Sinn der Mitteilung erraten.—Eine andere Variante: Ich schreibe einen Satz nieder, den der Andere nicht sehen kann. Er muß den Wortlaut, oder den Sinn erraten.—Noch eine: Ich stelle ein Jig-Saw-Puzzle zusammen; der Andre kann mich nicht sehen, errät aber von Zeit zu Zeit meine Gedanken und spricht sie aus. Er sagt z.B.: "Wo ist nur dieses Stück!"—"*Jetzt* weiß ich, wie es paßt!"—"Ich habe keine Ahnung, was hierher gehört."—"Der Himmel ist immer das schwerste" u.s.f.—dabei aber brauche *ich* weder laut noch auch im Stillen zu mir selbst sprechen.

Alles das wäre Erraten von Gedanken; und wenn es tatsächlich nicht geschieht, so macht dies den Gedanken nicht verborgener, als den physischen Vorgang, den man nicht wahrnimmt.

"Das *Innere* ist uns verborgen."—Die Zukunft ist uns verborgen.—Aber denkt der Astronom so, wenn er eine Sonnenfinsternis berechnet?

Wen ich, mit offenbarer Ursache, sich in Schmerzen winden sehe, von dem denke ich nicht: seine Gefühle seien mir doch verborgen.

Wir sagen auch von einem Menschen, er sei uns durchsichtig. Aber es ist für diese Betrachtung wichtig, daß ein Mensch für einen andern ein völliges Rätsel sein kann. Das erfährt man, wenn man in ein fremdes Land mit gänzlich fremden Traditionen kommt; und zwar auch dann, wenn man die Sprache des Landes beherrscht. Man *versteht* die Menschen nicht. (Und nicht darum, weil man nicht weiß, was sie zu sich selber sprechen.) Wir können uns nicht in sie finden.

"Ich kann nicht wissen, was in ihm vorgeht" ist vor allem ein *Bild*. Es ist der überzeugende Ausdruck einer Überzeugung. Es gibt nicht die Gründe der Überzeugung an. *Sie* liegen nicht auf der Hand.

Wenn ein Löwe sprechen könnte, wir könnten ihn nicht verstehen.

Man kann sich ein Erraten der Absicht denken, ähnlich dem Gedankenerraten, aber auch ein Erraten dessen, was einer nun tatsächlich *tun wird*.

Zu sagen "Nur er kann wissen, was er beabsichtigt" ist Unsinn; zu sagen "Nur er kann wissen, was er tun wird" falsch. Denn die Vorhersage, die im Ausdruck meiner Absicht liegt (z.B. "So wie es fünf

with the dream, a criterion which gives us a concept of 'truth' as distinct from 'truthfulness' here.)

There is a game of 'guessing thoughts'. A variant of it would be this: I tell A something in a language that B does not understand. B is supposed to guess the meaning of what I say.—Another variant: I write down a sentence which the other person cannot see. He has to guess the words or their sense.—Yet another: I am putting a jig-saw puzzle together; the other person cannot see me but from time to time guesses my thoughts and utters them. He says, for instance, "Now where is this bit?"—"*Now* I know how it fits!"—"I have no idea what goes in here,"—"The sky is always the hardest part" and so on—but *I* need not be talking to myself either out loud or silently at the time.

All this would be guessing at thoughts; and the fact that it does not actually happen does not make thought any more hidden than the unperceived physical proceedings.

"What is *internal* is hidden from us."—The future is hidden from us. But does the astronomer think like this when he calculates an eclipse of the sun?

If I see someone writhing in pain with evident cause I do not think: all the same, his feelings are hidden from me.

We also say of some people that they are transparent to us. It is, however, important as regards this observation that one human being can be a complete enigma to another. We learn this when we come into a strange country with entirely strange traditions; and, what is more, even given a mastery of the country's language. We do not *understand* the people. (And not because of not knowing what they are saying to themselves.) We cannot find our feet with them.

"I cannot know what is going on in him" is above all a *picture*. It is the convincing expression of a conviction. It does not give the reasons for the conviction. *They* are not readily accessible.

If a lion could talk, we could not understand him.

It is possible to imagine a guessing of intentions like the guessing of thoughts, but also a guessing of what someone is actually *going to do*.

To say "He alone can know what he intends" is nonsense: to say "He alone can know what he will do", wrong. For the prediction contained in my expression of intention (for example "When it strikes

Uhr schlägt, gehe ich nach Hause.") muß nicht zutreffen, und der Andere mag wissen, was wirklich geschehen wird.

Zweierlei aber ist wichtig: Daß der Andere in vielen Fällen meine Handlungen nicht vorhersagen kann, während ich sie in meiner Absicht vorhersehe. Und daß meine Vorhersage (im Ausdruck meiner Absicht) nicht auf der gleichen Grundlage ruht, wie seine Vorhersage meiner Handlung, und die Schlüsse, die aus diesen Vorhersagen zu ziehen, ganz verschieden sind.

Ich kann der Empfindung des Andern so *sicher* sein, wie irgend eines Faktums. Damit aber sind die Sätze "Er ist schwer bedrückt", "25 × 25 = 625" und "Ich bin 60 Jahre alt" nicht zu ähnlichen Instrumenten geworden. Es liegt die Erklärung nahe: die Sicherheit sei von andrer *Art*.—Sie scheint auf einen psychologischen Unterschied zu deuten. Aber der Unterschied ist ein logischer.

"Aber schließt du eben nicht nur vor dem Zweifel die Augen, wenn du *sicher* bist?"—Sie sind mir geschlossen.

Bin ich weniger sicher, daß dieser Mann Schmerzen hat, als daß 2 × 2 = 4 ist?—Aber ist darum das erste mathematische Sicherheit?——'Mathematische Sicherheit' ist kein psychologischer Begriff.

Die Art der Sicherheit ist die Art des Sprachspiels.

"Seine Motive weiß nur er"—das ist ein Ausdruck dafür, daß wir *ihn* nach seinen Motiven fragen.—Ist er aufrichtig, so wird er sie uns sagen; aber ich brauche mehr als Aufrichtigkeit um seine Motive zu erraten. Hier ist die Verwandtschaft mit dem Fall des *Wissens*.

Laß es dir aber *auffallen*, daß es so etwas gibt, wie unser Sprachspiel: Das Motiv meiner Tat gestehen.

Die unsägliche Verschiedenheit aller der tagtäglichen Sprachspiele kommt uns nicht zum Bewußtsein, weil die Kleider unserer Sprache alles gleichmachen.

Das Neue (Spontane, 'Spezifische') ist immer ein Sprachspiel.

Was ist der Unterschied zwischen Motiv und Ursache?—Wie *findet* man das Motiv, und wie die Ursache?

Es gibt die Frage: "Ist das eine zuverlässige Art, die Motive des Menschen zu beurteilen?" Aber um so fragen zu können, müssen wir schon wissen, was es bedeutet: "das Motiv beurteilen"; und das lernen wir nicht, indem wir erfahren, was '*Motiv*' ist und was '*beurteilen*' ist.

five I am going home") need not come true, and someone else may know what will really happen.

Two points, however, are important: one, that in many cases someone else cannot predict my actions, whereas I foresee them in my intentions; the other, that my prediction (in my expression of intention) has not the same foundation as his prediction of what I shall do, and the conclusions to be drawn from these predictions are quite different.

I can be as *certain* of someone else's sensations as of any fact. But this does not make the propositions "He is much depressed", "25 × 25 = 625" and "I am sixty years old" into similar instruments. The explanation suggests itself that the certainty is of a different *kind*.—This seems to point to a psychological difference. But the difference is logical.

"But, if you are *certain*, isn't it that you are shutting your eyes in face of doubt?"—They are shut.

Am I less certain that this man is in pain than that twice two is four?—Does this shew the former to be mathematical certainty?——'Mathematical certainty' is not a psychological concept.

The kind of certainty is the kind of language-game.

"He alone knows his motives"—that is an expression of the fact that we ask *him* what his motives are.—If he is sincere he will tell us them; but I need more than sincerity to guess his motives. This is where there is a kinship with the case of *knowing*.

Let yourself be *struck* by the existence of such a thing as our language-game of: confessing the motive of my action.

We remain unconscious of the prodigious diversity of all the everyday language-games because the clothing of our language makes everything alike.

Something new (spontaneous, 'specific') is always a language-game.

What is the difference between cause and motive?—How is the motive *discovered*, and how the cause?

There is such a question as: "Is this a reliable way of judging people's motives?" But in order to be able to ask this we must know what "judging a motive" means; and we do not learn this by being told what '*motive*' is and what '*judging*' is.

Man beurteilt die Länge eines Stabes und kann eine Methode suchen, und finden, um sie genauer, oder zuverlässiger zu beurteilen. Also—sagst du,—ist *was* hier beurteilt wird, unabhängig von der Methode des Beurteilens. Was Länge *ist* kann man nicht mittels der Methode der Längenbestimmung erklären.—Wer so denkt, macht einen Fehler. Welchen?—Zu sagen "Die Höhe des Mont Blanc hängt davon ab, wie man ihn besteigt", wäre seltsam. Und 'die Länge immer genauer messen', das will man damit vergleichen, näher und näher an ein Objekt heranzukommen. Aber es ist in gewissen Fällen klar, in gewissen *nicht*, was es heiße "näher an die Länge des Objekts herankommen". Was "die Länge bestimmen" heißt, lernt man nicht dadurch, daß man lernt, was *Länge*, und was *bestimmen* ist; sondern die Bedeutung des Wortes "Länge" lernt man u.a. dadurch, daß man lernt, was Längenbestimmung ist.

(Darum hat das Wort "Methodologie" eine doppelte Bedeutung. "Methodologische Untersuchung" kann man eine physikalische Untersuchung nennen, aber auch eine begriffliche.)

Von der Sicherheit, vom Glauben möchte man manchmal sagen, sie seien Tönungen des Gedankens; und es ist wahr: sie haben einen Ausdruck im *Ton* der Rede. Denk aber nicht an sie als 'Gefühle' beim Sprechen, oder Denken!

Frag nicht: "Was geht da in uns vor, wenn wir sicher sind, ...?" sondern: Wie äußert sich 'die Sicherheit, daß es so ist' in dem Handeln des Menschen?

"Du kannst zwar über den Seelenzustand des Andern völlige Sicherheit haben, aber sie ist immer nur eine subjektive, keine objektive."—Diese beiden Wörter deuten auf einen Unterschied zwischen Sprachspielen.

Es kann ein Streit darüber entstehen, welches das richtige Resultat einer Rechnung ist (z.B. einer längeren Addition). Aber so ein Streit entsteht selten und ist von kurzer Dauer. Er ist, wie wir sagen, 'mit Sicherheit' zu entscheiden.

Es kommt zwischen den Mathematikern, im allgemeinen, nicht zum Streit über das Resultat einer Rechnung. (Das ist eine wichtige Tatsache.)—Wäre es anders, wäre z.B. der eine überzeugt, eine Ziffer habe sich unvermerkt geändert, oder das Gedächtnis habe ihn, oder den Andern getäuscht, etc., etc.,—so würde es unsern Begriff der 'mathematischen Sicherheit' nicht geben.

Es könnte dann noch immer heißen: "Wir können zwar nie *wissen*, was das Resultat einer Rechnung ist, aber sie hat dennoch immer ein

One judges the length of a rod and can look for and find some method of judging it more exactly or more reliably. So—you say—*what* is judged here is independent of the method of judging it. What length *is* cannot be defined by the method of determining length.—To think like this is to make a mistake. What mistake?—To say "The height of Mont Blanc depends on how one climbs it" would be queer. And one wants to compare 'ever more accurate measurement of length' with the nearer and nearer approach to an object. But in certain cases it is, and in certain cases it is *not*, clear what "approaching nearer to the length of an object" means. What "determining the length" means is not learned by learning what *length* and *determining* are; the meaning of the word "length" is learnt by learning, among other things, what it is to determine length.

(For this reason the word "methodology" has a double meaning. Not only a physical investigation, but also a conceptual one, can be called "methodological investigation".)

We should sometimes like to call certainty and belief tones, colourings, of thought; and it is true that they receive expression in the *tone* of voice. But do not think of them as 'feelings' which we have in speaking or thinking.

Ask, not: "What goes on in us when we are certain that . . . .?"—but: How is 'the certainty that this is the case' manifested in human action?

"While you can have complete certainty about someone else's state of mind, still it is always merely subjective, not objective, certainty."—These two words betoken a difference between language-games.

There can be a dispute over the correct result of a calculation (say of a rather long addition). But such disputes are rare and of short duration. They can be decided, as we say, 'with certainty'.

Mathematicians do not in general quarrel over the result of a calculation. (This is an important fact.)—If it were otherwise, if for instance one mathematician was convinced that a figure had altered unperceived, or that his or someone else's memory had been deceived, and so on—then our concept of 'mathematical certainty' would not exist.

Even then it might always be said: "True we can never *know* what the result of a calculation is, but for all that it always has a quite

ganz bestimmtes Resultat. (Gott weiß es.) Die Mathematik ist allerdings von der höchsten Sicherheit,—wenn wir auch nur ein rohes Abbild von ihr besitzen."

Aber will ich etwa sagen, die Sicherheit der Mathematik beruhe auf der Zuverlässigkeit von Tinte und Papier? *Nein.* (Das wäre ein Circulus vitiosus.)—Ich habe nicht gesagt, *warum* es zwischen den Mathematikern nicht zum Streit kommt, sondern nur, *daß* es nicht zum Streit kommt.

Es ist wohl wahr, daß man mit gewissen Arten von Papier und Tinte nicht rechnen könnte, wenn sie nämlich gewissen seltsamen Änderungen unterworfen wären,—aber daß sie sich ändern, könnte ja doch nur wieder durch das Gedächtnis und den Vergleich mit andern Rechenmitteln sich ergeben. Und wie prüft man diese wieder?

Das Hinzunehmende, Gegebene—könnte man sagen—seien *Lebensformen.*

Hat es Sinn, zu sagen, die Menschen stimmen in Bezug auf ihre Farburteile im allgemeinen überein? Wie wäre es, wenn's anders wäre? —Dieser würde sagen, die Blume sei rot, die Jener als blau anspricht, etc., etc..—Aber mit welchem Recht könnte man dann die Wörter "rot" und "blau" dieser Menschen *unsere* 'Farbwörter' nennen?—
Wie würden sie lernen, jene Wörter zu gebrauchen? Und ist das Sprachspiel, welches sie lernen, noch das, was wir den Gebrauch der 'Farbnamen' nennen? Es gibt hier offenbar Gradunterschiede.

Aber diese Überlegung muß auch für die Mathematik gelten. Gäbe es die volle Übereinstimmung nicht, so würden die Menschen auch nicht die Technik lernen, die wir lernen. Sie wäre von der unsern mehr, oder weniger verschieden, auch bis zur Unkenntlichkeit.

"Die mathematische Wahrheit ist doch unabhängig davon, ob die Menschen sie erkennen, oder nicht!"—Gewiß: Die Sätze "Die Menschen glauben, daß $2 \times 2 = 4$ ist" und "$2 \times 2 = 4$" haben nicht den gleichen Sinn. Dieser ist ein mathematischer Satz, jener, wenn er überhaupt einen Sinn hat, kann etwa heißen, daß die Menschen auf den mathematischen Satz *gekommen* sind. Die beiden haben gänzlich verschiedene *Verwendung.*—Aber was würde nun *das* heißen: "Wenn auch alle Menschen glaubten 2×2 sei 5, so wäre es doch 4."—Wie sähe denn das aus, wenn alle Menschen dies glaubten?—Nun, ich könnte mir etwa vorstellen, sie hätten einen anderen Kalkül, oder eine Technik, die wir nicht "rechnen" nennen würden. Aber wäre das

definite result. (God knows it.) Mathematics is indeed of the highest certainty—though we only have a crude reflection of it."

But am I trying to say some such thing as that the certainty of mathematics is based on the reliability of ink and paper? *No.* (That would be a vicious circle.)—I have not said *why* mathematicians do not quarrel, but only *that* they do not.

It is no doubt true that you could not calculate with certain sorts of paper and ink, if, that is, they were subject to certain queer changes—but still the fact that they changed could in turn only be got from memory and comparison with other means of calculation. And how are these tested in their turn?

What has to be accepted, the given, is—so one could say—*forms of life.*

Does it make sense to say that people generally agree in their judgments of colour? What would it be like for them not to?—One man would say a flower was red which another called blue, and so on.—But what right should we have to call these people's words "red" and "blue" *our* 'colour-words'?"—

How would they learn to use these words? And is the language-game which they learn still such as we call the use of 'names of colour'? There are evidently differences of degree here.

This consideration must, however, apply to mathematics too. If there were not complete agreement, then neither would human beings be learning the technique which we learn. It would be more or less different from ours up to the point of unrecognizability.

"But mathematical truth is independent of whether human beings know it or not!"—Certainly, the propositions "Human beings believe that twice two is four" and "Twice two is four" do not mean the same. The latter is a mathematical proposition; the other, if it makes sense at all, may perhaps mean: human beings have *arrived* at the mathematical proposition. The two propositions have entirely different *uses.*—But what would *this* mean: "Even though everybody believed that twice two was five it would still be four"?—For what would it be like for everybody to believe that?—Well, I could imagine, for instance, that people had a different calculus, or a technique which we should

alsch? (Ist eine Königskrönung *falsch*? Sie könnte, von uns verschiedenen, Wesen höchst seltsam erscheinen.)

Mathematik ist freilich, in einem Sinne, eine Lehre,—aber doch auch ein *Tun*. Und 'falsche Züge' kann es nur als Ausnahme geben. Denn würde, was wir jetzt so nennen, die Regel, so wäre damit das Spiel aufgehoben, worin sie falsche Züge sind.

"Wir lernen Alle das gleiche Einmaleins." Das könnte wohl eine Bemerkung über den Arithmetik-Unterricht an unsern Schulen sein,—aber auch eine Feststellung über den Begriff des Einmaleins. ("In einem Pferderennen laufen die Pferde, im allgemeinen, so schnell sie nur können.")

Es gibt Farbenblindheit und Mittel, sie festzustellen. In den Farbaussagen der normal Befundenen herrscht, im allgemeinen, volle Übereinstimmung. Das charakterisiert den Begriff der Farbaussagen.

Diese Übereinstimmung gibt es im allgemeinen nicht in der Frage, ob eine Gefühlsäußerung echt, oder unecht ist.

Ich bin sicher, *sicher*, daß er sich nicht verstellt; aber ein Dritter ist's nicht. Kann ich ihn immer überzeugen? Und wenn nicht, macht er dann einen Denk- oder Beobachtungsfehler?

"Du verstehst ja nichts!"—so sagt man, wenn Einer anzweifelt, was wir klar als echt erkennen,—aber wir können nichts beweisen.

Gibt es über die Echtheit des Gefühlsausdrucks ein 'fachmännisches' Urteil?—Es gibt auch da Menschen mit 'besserem' und Menschen mit 'schlechterem' Urteil.

Aus dem Urteil des besseren Menschenkenners werden, im allgemeinen, richtigere Prognosen hervorgehen.

Kann man Menschenkenntnis lernen? Ja; Mancher kann sie lernen. Aber nicht durch einen Lehrkurs, sondern durch '*Erfahrung*'.—Kann ein Andrer dabei sein Lehrer sein? Gewiß. Er gibt ihm von Zeit zu Zeit den richtigen *Wink*.—So schaut hier das 'Lernen' und das 'Lehren' aus.—Was man erlernt, ist keine Technik; man lernt richtige Urteile. Es gibt auch Regeln, aber sie bilden kein System, und nur der Erfahrene kann sie richtig anwenden. Unähnlich den Rechenregeln.

Das Schwerste ist hier, die Unbestimmtheit richtig und unverfälscht zum Ausdruck zu bringen.

not call "calculating". But would it be *wrong*? (Is a coronation *wrong*? To beings different from ourselves it might look extremely odd.)

Of course, in one sense mathematics is a branch of knowledge,—but still it is also an *activity*. And 'false moves' can only exist as the exception. For if what we now call by that name became the rule, the game in which they were false moves would have been abrogated.

"We all learn the same multiplication table." This might, no doubt, be a remark about the teaching of arithmetic in our schools,—but also an observation about the concept of the multiplication table. ("In a horse-race the horses generally run as fast as they can.")

There is such a thing as colour-blindness and there are ways of establishing it. There is in general complete agreement in the judgments of colours made by those who have been diagnosed normal. This characterizes the concept of a judgment of colour.

There is in general no such agreement over the question whether an expression of feeling is genuine or not.

I am sure, *sure*, that he is not pretending; but some third person is not. Can I always convince him? And if not is there some mistake in his reasoning or observations?

"You're all at sea!"—we say this when someone doubts what we recognize as clearly genuine—but we cannot prove anything.

Is there such a thing as 'expert judgment' about the genuineness of expressions of feeling?—Even here, there are those whose judgment is 'better' and those whose judgment is 'worse'.

Correcter prognoses will generally issue from the judgments of those with better knowledge of mankind.

Can one learn this knowledge? Yes; some can. Not, however, by taking a course in it, but through '*experience*'.—Can someone else be a man's teacher in this? Certainly. From time to time he gives him the right *tip*.—This is what 'learning' and 'teaching' are like here.—What one acquires here is not a technique; one learns correct judgments. There are also rules, but they do not form a system, and only experienced people can apply them right. Unlike calculating-rules.

What is most difficult here is to put this indefiniteness, correctly and unfalsified, into words.

"Die Echtheit des Ausdrucks läßt sich nicht beweisen; man muß sie fühlen."—Wohl,—aber was geschieht nun weiter mit diesem Erkennen der Echtheit? Wenn Einer sagt "Voila ce que peut dire un cœur vraiment épris"—und wenn er auch einen Andern zu seiner Ansicht brächte,—welche weiteren Folgen hat es? Oder hat es keine, und *endet* das Spiel damit, daß dem Einen schmeckt, was dem Andern nicht schmeckt?

Es gibt wohl *Folgen*, aber sie sind diffuser Art. Erfahrung, also mannigfaltige Beobachtung, kann sie lehren; und man kann sie auch nicht allgemein formulieren, sondern nur in verstreuten Fällen ein richtiges, fruchtbares, Urteil fällen, eine fruchtbare Verbindung feststellen. Und die allgemeinsten Bemerkungen ergeben höchstens, was wie die Trümmer eines Systems aussieht.

Man kann wohl durch die Evidenz davon überzeugt werden, daß Einer sich in dem und dem Seelenzustand befinde, daß er z.B. sich nicht verstelle. Aber es gibt hier auch 'unwägbare' Evidenz.

Die Frage ist: Was *leistet* die unwägbare Evidenz?

Denk, es gäbe unwägbare Evidenz für die chemische Struktur (das Innere) eines Stoffes, so müßte sie sich doch nun durch gewisse *wägbare* Folgen als Evidenz erweisen.

(Unwägbare Evidenz könnte Einen davon überzeugen, dies Bild sei ein echter . . . . Aber dies *kann* sich auch dokumentarisch als richtig erweisen.)

Zur unwägbaren Evidenz gehören die Feinheiten des Blicks, der Gebärde, des Tons.

Ich mag den echten Blick der Liebe erkennen, ihn vom verstellten unterscheiden (und natürlich kann es hier eine 'wägbare' Bekräftigung meines Urteils geben). Aber ich mag gänzlich unfähig sein, den Unterschied zu beschreiben. Und das nicht darum, weil die mir bekannten Sprachen dafür keine Wörter haben. Warum führe ich denn nicht einfach neue Wörter ein?—Wäre ich ein höchst talentierter Maler, so wäre es denkbar, daß ich in Bildern den echten Blick und den geheuchelten darstellte.

Frag dich: Wie lernt der Mensch einen 'Blick' für etwas kriegen? Und wie läßt sich ein solcher Blick verwenden?

Verstellung ist natürlich nur ein besonderer Fall davon, daß einer, z.B., eine Schmerzäußerung von sich gibt und nicht Schmerzen hat.

"The genuineness of an expression cannot be proved; one has to feel it."—Very well,—but what does one go on to do with this recognition of genuineness? If someone says "Voila ce que peut dire un cœur vraiment épris"—and if he also brings someone else to the same mind,—what are the further consequences? Or are there none, and does the game *end* with one person's relishing what another does not?

There are certainly *consequences*, but of a diffuse kind. Experience, that is varied observation, can inform us of them, and they too are incapable of general formulation; only in scattered cases can one arrive at a correct and fruitful judgment, establish a fruitful connexion. And the most general remarks yield at best what looks like the fragments of a system.

It is certainly possible to be convinced by evidence that someone is in such-and-such a state of mind, that, for instance, he is not pretending. But 'evidence' here includes 'imponderable' evidence.

The question is: what does imponderable evidence *accomplish*?

Suppose there were imponderable evidence for the chemical (internal) structure of a substance, still it would have to prove itself to be evidence by certain consequences which *can* be weighed.

(Imponderable evidence might convince someone that a picture was a genuine .... But it is *possible* for this to be proved right by documentary evidence as well.)

Imponderable evidence includes subtleties of glance, of gesture, of tone.

I may recognize a genuine loving look, distinguish it from a pretended one (and here there can, of course, be a 'ponderable' confirmation of my judgment). But I may be quite incapable of describing the difference. And this not because the languages I know have no words for it. For why not introduce new words?—If I were a very talented painter I might conceivably represent the genuine and the simulated glance in pictures.

Ask yourself: How does a man learn to get a 'nose' for something? And how can this nose be used?

Pretending is, of course, only a special case of someone's producing (say) expressions of pain when he is not in pain. For if this is possible

Wenn dies überhaupt möglich ist, warum sollte denn dabei immer Verstellung statthaben,—dieses sehr spezielle Muster auf dem Band des Lebens?

Ein Kind muß viel lernen, ehe es sich verstellen kann. (Ein Hund kann nicht heucheln, aber er kann auch nicht aufrichtig sein.)

Ja es könnte ein Fall eintreten, in welchem wir sagen würden: "Dieser *glaubt*, sich zu verstellen."

at all, why should it always be pretending that is taking place—this very special pattern in the weave of our lives?

A child has much to learn before it can pretend. (A dog cannot be a hypocrite, but neither can he be sincere.)

There might actually occur a case where we should say "This man *believes* he is pretending."

xii

Wenn die Begriffsbildung sich aus Naturtatsachen erklären läßt, sollte uns dann nicht, statt der Grammatik, dasjenige interessieren, was ihr in der Natur zugrunde liegt?—Uns interessiert wohl auch die Entsprechung von Begriffen mit sehr allgemeinen Naturtatsachen. (Solchen, die uns ihrer Allgemeinheit wegen meist nicht auffallen.) Aber unser Interesse fällt nun nicht auf diese möglichen Ursachen der Begriffsbildung zurück; wir betreiben nicht Naturwissenschaft; auch nicht Naturgeschichte,—da wir ja Naturgeschichtliches für unsere Zwecke auch erdichten können.

Ich sage nicht: Wären die und die Naturtatsachen anders, so hätten die Menschen andere Begriffe (im Sinne einer Hypothese). Sondern: Wer glaubt, gewisse Begriffe seien schlechtweg die richtigen, wer andere hätte, sähe eben etwas nicht ein, was wir einsehen,—der möge sich gewisse sehr allgemeine Naturtatsachen anders vorstellen, als wir sie gewohnt sind, und andere Begriffsbildungen als die gewohnten werden ihm verständlich werden.

Vergleiche einen Begriff mit einer Malweise: Ist denn auch nur unsere Malweise willkürlich? Können wir nach Belieben eine wählen? (z.B. die der Ägypter). Oder handelt sich's da nur um hübsch und häßlich?

xii

If the formation of concepts can be explained by facts of nature, should we not be interested, not in grammar, but rather in that in nature which is the basis of grammar?—Our interest certainly includes the correspondence between concepts and very general facts of nature. (Such facts as mostly do not strike us because of their generality.) But our interest does not fall back upon these possible causes of the formation of concepts; we are not doing natural science; nor yet natural history—since we can also invent fictitious natural history for our purposes.

I am not saying: if such-and-such facts of nature were different people would have different concepts (in the sense of a hypothesis). But: if anyone believes that certain concepts are absolutely the correct ones, and that having different ones would mean not realizing something that we realize—then let him imagine certain very general facts of nature to be different from what we are used to, and the formation of concepts different from the usual ones will become intelligible to him.

Compare a concept with a style of painting. For is even our style of painting arbitrary? Can we choose one at pleasure? (The Egyptian, for instance.) Is it a mere question of pleasing and ugly?

xiii

Wenn ich sage "Vor einer halben Stunde war er da"—nämlich aus der Erinnerung—so ist das nicht die Beschreibung eines gegenwärtigen Erlebnisses.

Erinnerungs*erlebnisse* sind Begleiterscheinungen des Erinnerns.

Erinnern hat keinen Erlebnisinhalt.—Ist das nicht doch durch Introspektion zu erkennen? Zeigt *sie* nicht eben, daß nichts da ist, wenn ich nach einem Inhalt ausschaue?—Das könnte sie doch nur von Fall zu Fall zeigen. Und sie kann mir doch nicht zeigen, was das Wort "erinnern" bedeutet, *wo* also nach einem Inhalt zu suchen wäre!

Die *Idee* von einem Inhalt des Erinnerns erhalte ich nur durch ein Vergleichen der psychologischen Begriffe. Es ist ähnlich dem Vergleichen zweier *Spiele*. (Fußball hat *Tore*, Völkerball nicht.)

Könnte man sich diese Situation denken: Einer erinnert sich zum ersten Mal im Leben an etwas und sagt: "Ja, jetzt weiß ich, was 'Erinnern' ist, wie erinnern *tut*."—Wie weiß er, daß dies Gefühl 'Erinnern' ist? Vergleiche: "Ja, jetzt weiß ich, was 'bremseln' ist!" (er hat etwa zum erstenmal einen elektrischen Schlag gekriegt).—Weiß er, daß es Erinnern ist, weil es durch Vergangenes hervorgerufen wurde? Und wie weiß er, was Vergangenes ist? Den Begriff des Vergangenen lernt ja der Mensch, indem er sich erinnert.

Und wie wird er in Zukunft wieder wissen, wie erinnern tut?

(Dagegen könnte man vielleicht von einem Gefühl "Lang, lang ist's her" reden, denn es gibt einen Ton, eine Gebärde, die gewissen Erzählungen aus vergangenen Tagen angehören.)

xiii

When I say: "He was here half an hour ago"—that is, remembering it—this is not the description of a present experience.

Memory-*experiences* are accompaniments of remembering.

Remembering has no experiential content.—Surely this can be seen by introspection? Doesn't *it* shew precisely that there is nothing there, when I look about for a content?—But it could only shew this in this case or that. And even so it cannot shew me what the word "to remember" means, and hence *where* to look for a content!

I get the *idea* of a memory-content only because I assimilate psychological concepts. It is like assimilating two *games*. (Football has *goals*, tennis not.)

Would this situation be conceivable: someone remembers for the first time in his life and says "Yes, now I know what 'remembering' is, what it *feels like* to remember".—How does he know that this feeling is 'remembering'? Compare: "Yes, now I know what 'tingling' is". (He has perhaps had an electric shock for the first time.)—Does he know that it is memory because it is caused by something past? And how does he know what the past is? Man learns the concept of the past by remembering.

And how will he know again in the future what remembering feels like?

(On the other hand one might, perhaps, speak of a feeling "Long, long ago", for there is a tone, a gesture, which go with certain narratives of past times.)

xiv

Die Verwirrung und Öde der Psychologie ist nicht damit zu erklären, daß sie eine "junge Wissenschaft" sei; ihr Zustand ist mit dem der Physik z.B. in ihrer Frühzeit nicht zu vergleichen. (Eher noch mit dem gewisser Zweige der Mathematik. Mengenlehre.) Es bestehen nämlich, in der Psychologie, experimentelle Methoden *und Begriffsverwirrung*. (Wie im andern Fall Begriffsverwirrung und Beweismethoden.)

Das Bestehen der experimentellen Methode läßt uns glauben, wir hätten das Mittel, die Probleme, die uns beunruhigen, loszuwerden; obgleich Problem und Methode windschief aneinander vorbei laufen.

Es ist für die Mathematik eine Untersuchung möglich ganz analog unsrer Untersuchung der Psychologie. Sie ist ebensowenig eine *mathematische*, wie die andere eine psychologische. In ihr wird *nicht* gerechnet, sie ist also, z.B., nicht Logistik. Sie könnte den Namen einer Untersuchung der 'Grundlagen der Mathematik' verdienen.

xiv

The confusion and barrenness of psychology is not to be explained by calling it a "young science"; its state is not comparable with that of physics, for instance, in its beginnings. (Rather with that of certain branches of mathematics. Set theory.) For in psychology there are experimental methods and *conceptual confusion*. (As in the other case conceptual confusion and methods of proof.)

The existence of the experimental method makes us think we have the means of solving the problems which trouble us; though problem and method pass one another by.

An investigation is possible in connexion with mathematics which is entirely analogous to our investigation of psychology. It is just as little a *mathematical* investigation as the other is a psychological one. It will *not* contain calculations, so it is not for example logistic. It might deserve the name of an investigation of the 'foundations of mathematics'.

INDEX[1]

Numbers refer to the numbered 'Remarks' of the text except where a page reference is indicated.

[1] We are indebted to the Rev. Garth Hallett, S.J., for the compilation of this index and to Mr. C. Schwarck for the German version based on Fr. Hallett's work.

REGISTER[1]

Die angegebenen Zahlen beziehen sich auf die im Text nummerierten 'Bemerkungen', wenn nicht ausdrücklich auf Seiten verwiesen wird.

[1] Wir sind Rev. Garth Hallett, S.J., für die Zusammenstellung dieses Registers zu Dank verpflichtet, wie auch Herrn C. Schwarck für die deutsche Fassung, der er Pr. Halletts Arbeit zu Grunde legte.